國家出版基金資助項目

中國琉球文獻史料集成

【第三卷】

賀聖遂 李夢生 主編

賀聖遂 李夢生 張喆 秦潔 賀詩菁 熊輝 校點

寧波出版社
復旦大學出版社

第三卷目録

琉球國志略

〔清〕周煌　撰

校點説明

《琉球國志略》十六卷，清周煌輯。

周煌（一七一四—一七八五），字緒楚，一字景桓（一作景垣），號海山，四川涪州人。乾隆二年（一七三七）進士，改庶吉士，授編修。歷官中允，遷侍講、内閣學士，四十四年擢工部尚書，調兵部，官至左都御史，卒謚文恭。

乾隆十九年（一七五四），琉球中山王世子尚穆遣使請襲封，次年，清廷命侍講全魁爲正使、編修周煌爲副使往琉球祭封。使舟於二十一年六月初十出五虎門開洋，七月初八日至琉球那霸，次年正月三十日返，二月十三日進五虎門。周煌完成使命後，除依例報告出使經過外，並未如前使撰寫「使琉球録」，而是有感於前使回國或僅記出使事，或所作中山國志簡略不實，乃廣泛搜輯所能見到的有關琉球資料，附以此次出使所親歷目見，用方志體作成本書，於乾隆二十二年（一七五七）十二月恭進御覽。

《琉球國志略》十六卷，於正文前尚有總目、凡例、採用書目；卷首録御書、詔敕、諭祭文、圖繪。圖繪所收琉球國全圖、針路圖向爲人所重。正文十六卷，依次爲星野、國統、封貢、輿地風俗、山川、府署、祠廟、勝跡、爵秩、賦役、典禮、兵刑、人物、物産、藝文、志餘。全書體例謹嚴，廣徵乾隆以前文獻，所記大都鑿鑿有據。凡與前人記録不同，或前人記録互有矛盾者，必據所見所聞或深入考證辨理，信者採用，疑者存疑，使本書不僅内容繁富，且翔實可靠。惟書中録明以前記載，如《隋書》、《宋史》等，雖努力駁其荒謬，仍未能證大、小琉球之别，要是一疏。

此次整理，據清乾隆刊武英殿聚珍版叢書標點。聚珍版叢書多收宋人著作，於元、明書即很少採録，本朝書除本書外，僅收《畿輔初瀾志》及《詩倫》，可見本書爲時所珍重。除聚珍版叢書外，現存尚有乾隆年刊漱潤堂本。

周煌《清史稿》有傳，今附書後，並附同時人有關此次出使所作詩文，以資參考。

（李夢生）

目録

採用書目

欽定明史
大清會典
淵鑑類函
大清一統志
福建通志
太學録
隋書
南史
唐書
宋史
元史
明實録
明一統志

明會典

明陳侃嘉靖甲午使録

高澄甲午操舟記

郭汝霖嘉靖辛酉使録

蕭崇業萬曆己卯使録

謝杰己卯使録　撮要補遺　日東交市記

夏子陽萬曆丙午使録

胡靖崇禎癸酉記録

國朝張學禮使琉球記　中山紀略

汪楫册封疏抄　中山沿革志　使琉球雜録

海東吟稿

林麟焻竹枝詞

海寶使琉球詩

徐葆光中山傳信録　使琉球詩

中山世纘圖

中山世鑑

中山詩彙集
指南廣義
杜氏通典
羸蟲録
星槎勝覽
集事淵海
使職要務
廣輿記
鄭若曾日本圖纂
朝野僉載
寰宇記
池北偶談
職方外紀
殊域周咨
渡海輿記

凡例

一、琉球國於元延祐間曾分爲三，遂以中山自别於山南、山北。前明洪武初，三王並封，至永樂中，尚巴志復合爲一，宜改稱矣，而相沿不察，且私謂中山能併山南、北，有矜艷之意，故仍其舊。大抵中山世號忠順，本不敢若倭人僭立元和、寬永等名號，而但以琉球爲國名，中山爲王號而已。國朝康熙元年頒賜王印，印文止「琉球國王之印」六字，不稱中山。今上以清篆告成，另鑄新印頒給，印文仍前，而先後使臣汪楫、徐葆光所録，尚以中山冠其書名，何耶？臣愚以爲詔書不没其中山舊號者，詔必宣示，令衆共聞，故俯從其王與國人之意，而印則視内地諸道關防，衹應以琉球括之。今臣所續纂，務從其實，恪遵印文，惟稱「琉球國志略」云。

一、前代詔敕，凡前録所收者，隨事存録。至國朝歷賜御書、詔敕、諭祭諸文，並恭録卷首，以昭聖代典謨。

一、圖書自昔並稱，圖繪之設，本以摹狀形勢，令彈丸黑子可按圖而得耳。今所繪衹擇其有關天文、地理及中華聲教者，衍爲數則，若島夷日用瑣屑，如舊録器玩之屬，概從略焉。

一、使之有録，自明陳侃始。侃直曰使録，郭汝霖、蕭崇業皆曰使録，俱止一篇。謝杰《使事補遺》始分八款，曰原委、使禮、册封、用人、啓行、敬神、國俗、禦倭，外集有《日東交市記》，又瑣言一條，曰事權，曰恤役。至夏子陽使録，則海圖之外，亦列八款，曰題奏、使事、禮儀、造舟、用人、敬神、質異、使務。國朝張學禮則「紀略」「雜録」各自成卷。汪楫則《疏抄》外，《中山沿革志》爲二卷，《雜録》五卷，曰使事、疆域、俗尚、物産、神異。至徐葆光《中山傳信録》較爲賅備，然條類繁多，不相統系，稽考難於檢閲。今臣所纂擬薈萃前使諸録，互相考證，訂其譌舛，併參前史，旁及百家紀載有關琉球事實者，兼收彙輯，質以親所見聞，爰成《琉球志略》一書。書似較前録稍詳，而云「略」者，以得自嚴程匆遽之餘，實不敢自信無誤，且冀竊比於古使臣，每懷靡及之意焉。卷首於凡例、書目、圖繪外，首列御書、詔敕、諭祭文。次則星野、國統、封貢、輿地、山川、府署、祠廟、勝蹟、爵秩、賦役、典禮、兵刑、人物、物産、藝文、志餘，爲目十有六，而各目中有須條析者别列小目附之，分爲十六卷。

一、琉球之有新志，猶是使録之舊例爾。但録係使臣一人之事，而志則關一國故實所存。方今中外一統，琉球被化尤深且久，似宜從中國諸道郡縣之例，故以志體擬録，庶益堅其向化悃忱，抑或可宣付史局，採臣所纂，俾附職方，則出自聖明鑒裁，非臣所敢擅請也。

奏摺

翰林院侍講臣周煌謹奏：爲恭進《琉球志略》，仰求聖鑒事。竊臣西蜀單寒，毫無學識，由進士蒙恩拔置史館，造就多年，幸窺中秘之書，粗習編摩之役。伏念臣自奉使之初，親承聖訓，以前此使臣類有紀録，意存潤飾傳聞異辭，玆當就耳目所及，加以訂正，務求徵信，無事鋪張。臣銜命戰兢，每懷靡及，遵即於往返途次及使館餘閒，隨時採輯，略具草稿。續自回京，數月以來，分門比類，以次告竣。臣愚竊謂前疑盡釋，識神護之非誣；近事有徵，較陳編而略備。謹齋心薰沐，恭録成書，上呈睿覽。外具該國地圖二幅，並録臣銜恩紀事韻語二册，隨書恭進，統祈皇上垂慈訓示，臣不勝惶悚屏營之至。謹奏。乾隆二十二年十二月十八日，奉旨：「留覽。」欽此。

琉球國志略首卷

御　書

聖祖仁皇帝御筆

中山世土。康熙二十一年，賜王尚貞。

世宗憲皇帝御筆

輯瑞球陽。雍正二年，賜王尚敬。

皇上御筆

永祚瀛壖。乾隆四年，賜王尚敬。

詔敕

順治十一年封王尚質詔

奉天承運皇帝詔曰：帝王祇德應治，協於上下，靈承於天時，則薄海通道，罔不率俾，爲藩屏臣。朕懋纘鴻緒，奄有中夏，聲教所綏，無間遐邇，雖炎方荒略，亦不忍遺，故遣使招徠，欲俾仁風，暨於海澨。爾琉球國粤在南徼，乃世子尚質達時識勢，祇奉明綸，既令王舅馬宗毅等獻方物，禀正朔，抒誠進表，繳上舊詔敕印，朕甚嘉之。故特遣正使兵科副理官張學禮、副使行人司行人王垓齎捧詔印，往封爲琉球國中山王，仍錫以文幣等物。爾國官僚及爾氓庶，尚其輔乃王，飭乃侯度，協攄乃藎，守乃忠誠，慎乂厥職，以凝休祉，綿於奕世。故兹詔示，咸使聞知。賜王印一，緞幣三十匹，妃緞幣二十匹。

臣按前使臣張學禮記，將敕印付官張宿耀上左臺宣讀，王跪聽，宣畢，將敕印并恩賜蟒緞裝花綾綢四十八匹，付王收受。王妃敕諭付官孟道脈上右臺宣讀，王妃跪聽，宣畢，將蟒緞裝花綾綢四十八匹，付王轉付妃收受。則似有兩敕，設兩臺，而匹數亦與詔文不符，謹録之以俟參考。

康熙元年封王尚質敕

皇帝敕諭琉球國世子尚質：爾國慕恩向化，遣使入貢，世祖章皇帝嘉乃抒誠，特頒恩賚，命使兵科副理官張學禮等賫捧敕印，封爾爲琉球國中山王。乃海道未通，滯閩多年，致爾使人物故甚多。及學禮等奉掣回京，又不將前情奏明，該地方督撫諸臣亦不行奏請，迨朕屢旨詰問，方悉此情。朕念爾國傾心修貢，宜加優恤，乃使臣及地方各官逗遛遲誤，豈朕柔遠之意？今已將正副使、督撫等官分別處治，特頒恩賚，仍遣正使張學禮、副使王垓，令其自贖前罪，暫還原職，速送使人歸國。一應敕封事宜，仍照世祖章皇帝前旨行。朕恐爾國未悉朕意，故再降敕諭，俾爾聞知。

康熙二十二年封王尚貞詔

奉天承運皇帝詔曰：朕躬膺天眷，統御萬邦，聲教誕敷，遐邇率俾。粤在荒服，悉溥仁恩；奕葉承祧，并加寵錫。爾琉球國地居炎徼，職列藩封。中山王世子尚貞屢使來朝，貢獻不懈。當閩疆反側，海寇陸梁之際，篤守臣節，恭順彌昭，克殫忠誠，深可嘉尚。兹以序當纘服，奏請嗣封。朕惟世繼爲家國之常經，爵命乃朝廷之鉅典。特遣正使翰林院檢討汪楫、副使内閣中書舍人加一級林麟焻，賫詔往封爲琉球國中山王。爾國臣僚以及士庶，尚其輔乃王慎修德政，益勵悃忱，翼戴天家，慶延宗祀，實惟爾海邦無疆之休。故兹詔示，咸使聞知。

康熙二十一年六月十一日。

康熙二十二年封王尚貞敕

皇帝敕諭琉球國中山王世子尚貞：惟爾遠處海隅，虔修職貢，屬在冢嗣，序應承祧。以朝命未膺，罔敢專擅，恪遵典制，奉表請封。朕念爾世守臣節，忠誠可嘉，特遣正使翰林院檢討汪楫、副使内閣中書舍人加一級林麟焻，賫敕封爾爲琉球國中山王，并賜爾及妃文幣等物。爾祇承寵眷，懋紹先猷，輯和臣民，慎固封守，用安宗社於苞桑，永作天家之屏翰。欽哉，毋替朕命。故諭。

頒賜國王

蟒緞二匹　青綵緞三匹　藍綵緞三匹　藍素緞三匹　閃緞二匹　衣素緞二匹　錦三匹　紗四匹　羅四匹　綢四匹

頒賜王妃

青綵緞二匹　藍綵緞二匹　妝緞一匹　藍素緞二匹　閃緞一匹　衣素緞二匹　錦二匹　紗四匹　羅四匹

康熙二十一年六月十一日。

康熙五十八年封王尚敬詔

奉天承運皇帝詔曰：朕恭膺天眷，統御萬邦，聲教誕敷，遐邇率俾。粤在荒服，悉溥仁恩，奕葉承祧，並加寵錫。爾琉球國地居炎徼，職列藩封。中山王世子曾孫尚敬，屢使來朝，貢獻不懈。當閩疆反側，海寇陸梁之際，篤守臣節，恭順彌昭，克殫忠誠，深可嘉尚。茲以序當纘服，奏請嗣封。朕惟世繼爲家國之常經，爵命乃朝廷之鉅典。特遣正使翰林院檢討海寶、副使翰林院編修徐葆光，賫詔往封爲琉球國中山王。爾國臣僚以暨士庶，尚其輔乃王慎修德政，益勵悃忱，翼戴天家，慶延宗祀，實惟爾海邦無疆之休。故茲詔示，咸使聞知。

康熙五十七年八月　日。

康熙五十八年敕諭王世子尚敬

皇帝敕諭琉球國中山王世子曾孫尚敬：惟爾遠處海隅，虔修職貢，屬在冢嗣，序應承祧。以朝命未膺，罔敢專擅，恪遵典制，奉表請封。朕念爾世守臣節，忠誠可嘉，特遣正使翰林院檢討海寶、副使翰林院編修徐葆光，賫敕封爾爲琉球國中山王，并賜爾及妃文幣等物。爾祇承寵眷，懋紹先猷，輯和臣民，慎固封守，用安宗社於苞桑，永作天家之屏翰。欽哉，毋替朕命。故諭。

頒賜國王

蟒緞二匹　青綵緞三匹　藍綵緞三匹　藍素緞二匹　閃緞二匹　衣素緞二匹　錦三匹　紗四匹

羅四匹　綢四匹

頒賜王妃

青綵緞二匹　藍綵緞二匹　妝緞一匹　藍素緞二匹　閃緞一匹　衣素緞二匹　錦二匹　紗四匹
羅四匹

康熙五十七年八月　日。

乾隆二十一年封王尚穆詔

奉天承運皇帝詔曰：朕恭膺天眷，統御萬方，聲教誕敷，遐邇率俾。粤在荒服，悉溥仁恩，奕葉承祧，並加寵錫。爾琉球國地居炎徼，遠隔重洋，世列藩封，屢膺朝命，代修職貢，恭順彌昭。兹以中山王世子尚穆，序當纘服，奏請嗣封。朕惟世繼爲家國之常經，爵命乃朝廷之鉅典。特遣正使翰林院侍講全魁、副使翰林院編修周煌賫詔往封爲琉球國中山王。爾國臣僚以暨士庶，尚其輔乃王慎修德政，益勵悃忱，翼戴天家，慶延宗祀，實惟爾海邦無疆之休。故兹詔示，咸使聞知。

乾隆二十年十二月　日。

乾隆二十一年敕諭王世子尚穆

皇帝敕諭琉球國中山王世子尚穆：惟爾遠處海隅，虔修職貢，屬在冢嗣，序應承祧，恪遵典制，奉表請封。朕念爾世守藩服，恭順可嘉，特遣正使翰林院侍講全魁、副使翰林院編修周煌賫敕封爾爲琉球國中山王，并賜爾及妃文幣等物。爾其祇承寵眷，克懋先猷，和輯臣民，增修德政，永延宗社之嘉庥，長作天家之屏翰。欽哉，毋替朕命。故諭。

頒賜國王

蟒緞二匹　青綵緞三匹　藍綵緞三匹　藍素緞三匹　閃緞二匹　衣素緞二匹　錦三匹　紗四匹

羅四匹　綢四匹

頒賜王妃

妝緞一匹　青綵緞二匹　藍綵緞二匹　藍素緞二匹　閃緞一匹　衣素緞二匹　錦二匹　紗四匹

羅四匹

乾隆二十年十二月　日。

諭祭文

康熙二十二年諭祭故王尚質文

維康熙二十二年歲次癸亥，八月庚子朔，越六日乙巳，皇帝遣正使翰林院檢討汪楫、副使中書舍人林麟焻，諭祭於故琉球國王尚質之靈曰：朕受天景命，君臨萬邦，殊方海澨，罔不賓服。凡有恪共藩職，累世輸誠，則必生加錫命之榮，歿隆賻卹之典。所以旌揚歸附，柔懷荒遠，垂爲國憲，昭示億年。爾琉球國中山王尚質，式廓前徽，誕膺世祚，作藩屏於南海，綏島服以咸寧。輯圭瑞於中邦，莅民人而胥靖。浮航貢賮，凛遵王享之規；踰險求章，虔秉朝宗之志。方謂河山永固，帶礪之祚常存；何期霜雪遄零，松柏之姿忽謝。眷言藩服，朕實傷焉。爰沛褒綸，優加祭卹。嗚呼！爾敦以下奉上之節，忠誠克勵於遐方；朕弘視遠如邇之仁，錫賚宜崇乎異數。肆陳芬苾，尚其來歆！

康熙五十八年諭祭故王尚貞文

維康熙五十八年歲次己亥，六月壬寅朔，越祭日丁卯，皇帝遣册封琉球國正使翰林院檢討海寶、副使翰林院編修徐葆光，諭祭於故琉球國中山王尚貞之靈曰：朕撫綏萬邦，中外一體，越在荒服，咸畀湛恩。矧效忠既篤於生前，斯賜卹彌隆於身後。眷言鴻代，宜賁寵光。爾琉球國中山王尚貞，肅凛朝章，丕揚世緒。秉聲靈於天府，水静鯨波；奉正朔於大庭，風清島服。靖共匪懈，恩早錫於九重；貞順彌加，時將歷乎三紀。方謂期頤未艾，何圖徂謝遥聞。深用愴懷，特頒祭卹。嗚呼！作屏翰於遐方，始終臣節；被優崇於幽穸，炳焕綸褒。用薦苾芳，尚其歆格！

康熙五十八年諭祭故王尚益文

維康熙五十八年歲次己亥，六月壬寅朔，越祭日丁卯，皇帝遣册封琉球國正使翰林院檢討海寶、副使翰林院編修徐葆光，諭祭於故琉球國王尚益之靈曰：朕承天庥，撫馭區宇，罔有内外，並予輯綏。凡所賓貢，不忘存恤，有庸必報，雖遠弗遺，所以示懷柔、昭鉅典也。爾琉球國王嗣尚益，承先受祚，繼志輸忠。世著勳勞，奉共球而內嚮；代修朝請，航溟渤以歸誠。乃莅職止於三年，嗣封闕於再世。眷言藩服，方期多福之是膺；勉樹嘉猷，詎意修齡之難得。訃音遠告，褒衈特申。雖錫命未逮於生前，而榮施實隆於身後。爰頒祭醊，用遣專官。嗚呼！玉册遥傳，庶慰來王之志；綸函覃被，聿昭撫遠之忱。載設牲犧，庶其歆格！

乾隆二十一年諭祭故王尚敬文

維乾隆二十一年歲次丙子，七月丁卯朔，越二十有七日癸巳，皇帝遣翰林院侍講全魁、詹事府右春坊右中允周煌諭祭於故琉球國中山王尚敬之靈曰：朕惟恩昭柔遠，眷藩服於東瀛；典著飾終，焕綸褒於北闕。奕世之效忠既篤，中朝之賜衈彌殷。爾琉球國中山王尚敬，繼緒球陽，作屏華嶼。納賮琛乎萬里，曰求厥章；奉珪瑞者卅年，予嘉乃德。方期保艾，膺帶礪以延休；何意奄徂，感春秋之屢易。茲以覃恩於嗣服，益深追軫於重泉。式薦苾芬，用昭優渥。嗚呼！衍嘉聲於世土，業永河山；賁顯寵於天朝，光增窀穸。歆茲奠醊，庶克欽承！

康熙二十二年諭祭海神文二道

維康熙二十二年歲次癸亥，六月壬申朔，越二十日辛卯，皇帝遣册封琉球國正使翰林院檢討汪楫、副使中書舍人林麟焻，致祭於海神曰：惟神顯異風濤，效靈瀛海。扶危脱險，每著神功；捍患禦災，允符祀典。兹因册封殊域，取道重溟，爰命使臣，潔將禋祀。尚其默佑津途，安流利涉，克將成命，惟神之休。謹告。

維康熙二十二年歲次癸亥，十二月戊戌朔，越八日乙巳，皇帝遣册封琉球國正使翰林院檢討汪楫、副使中書舍人林麟焻，致祭於海神曰：惟神誕昭靈貺，陰翊昌圖。引使節以遄征，越洪波而利濟。殊邦往復，成事無愆；克暢國威，實惟神佑。聿申昭報，重薦苾芬，神其鑒歆，永有光烈。謹告。

康熙五十八年諭祭海神文二道

維康熙五十八年歲次己亥，五月癸酉朔，越祭日癸巳，皇帝遣册封琉球國正使翰林院檢討海寶、副使翰林院編修徐葆光，致祭於海神曰：惟神顯異風濤，效靈瀛海。扶危脱險，每著神功；捍患禦災，允符祀典。兹因册封殊域，取道重溟，爰命使臣，潔將禋祀。尚其默佑津途，安流利涉，克將成命，惟神之休。謹告。

維康熙五十九年歲次庚子，二月戊戌朔，越祭日丁卯，皇帝遣册封琉球國正使翰林院檢討海寶、副使翰林院編修徐葆光，致祭於海神曰：惟神誕昭靈貺，陰翊昌圖。引使節以遄征，越洪波而利濟。殊邦往復，成事無愆；克暢國威，實惟神佑。聿申昭報，重薦苾芬，神其鑒歆，永有光烈。謹告。

乾隆二十一年諭祭海神文二道

維乾隆二十一年歲次丙子，六月丁酉朔，越六日壬寅，皇帝遣册封琉球國正使翰林院侍講全魁、副使詹事府右春坊右中允周煌，致祭於海神曰：惟神顯異風濤，效靈瀛海。扶危脱險，每著神功；捍患禦災，允符祀典。兹因册封殊域，取道重溟，爰命使臣，潔將禋祀。尚其默佑津途，安流利涉，克將成命，惟神之休。謹告。

維乾隆二十二年歲次丁丑，二月癸亥朔，越十三日乙亥，皇帝遣册封琉球國正使翰林院侍講全魁、副使詹事府右春坊右中允周煌，致祭於海神曰：惟神誕昭靈貺，陰翊昌圖。引使節以遄征，越洪波而利濟。殊邦往復，成事無愆；克暢國威，實惟神佑。聿申昭報，重薦苾芬，神其鑒歆，永有光烈。謹告。

圖繪

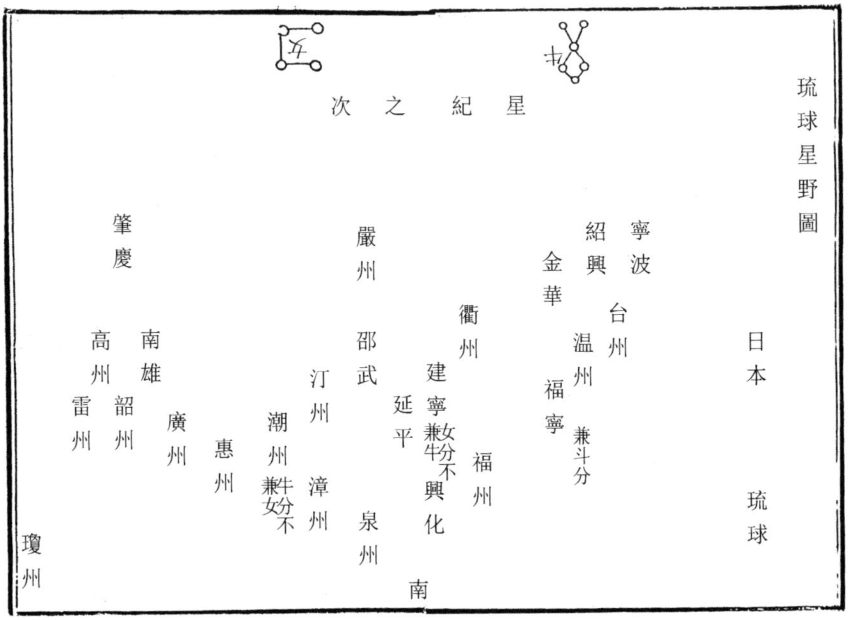
琉球星野圖
星紀之次
牛
女
寧波
紹興
金華
台州
温州
衢州
福寧
兼斗分
日本
琉球
嚴州
邵武
建寧
兼女牛分不
延平
福州
興化
泉州
汀州
漳州
潮州
兼牛女分不
惠州
廣州
肇慶
南雄
韶州
高州
雷州
瓊州
南

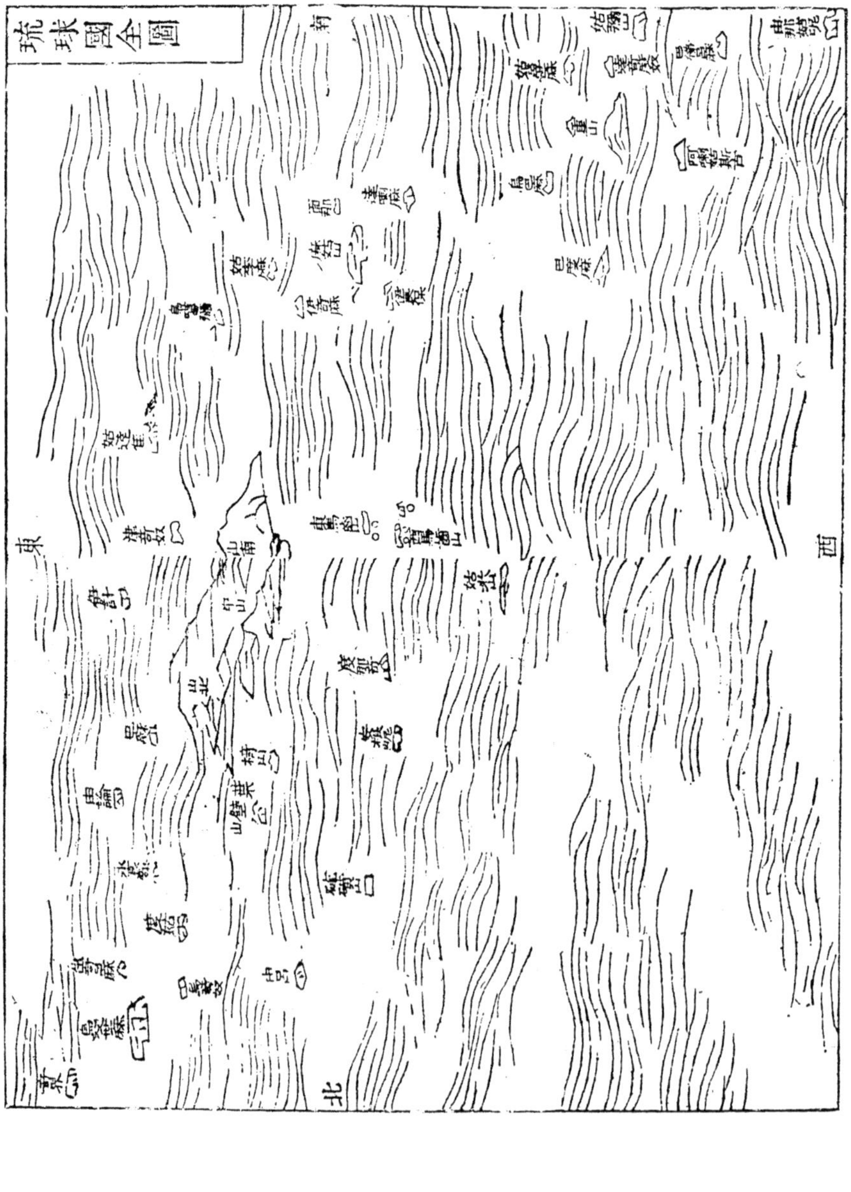
琉球國全圖
東
西
北

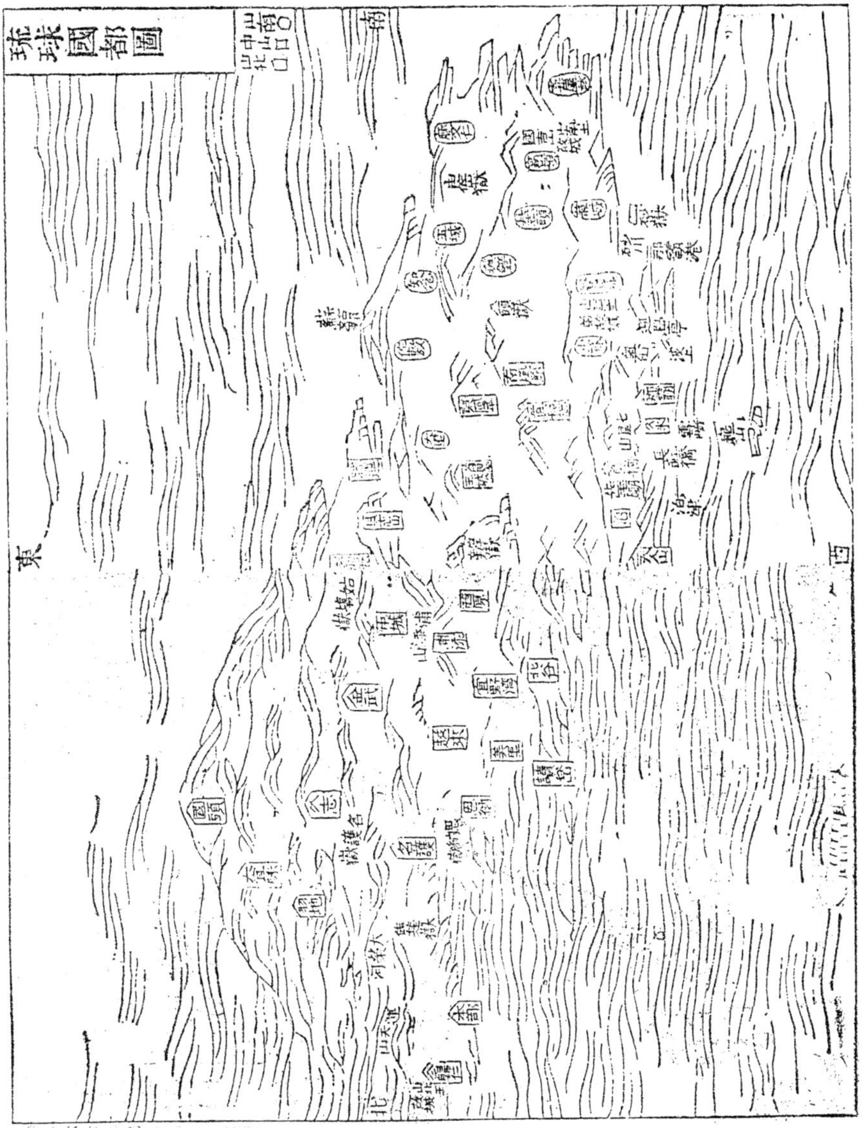
琉球國都圖
東
西
南
北

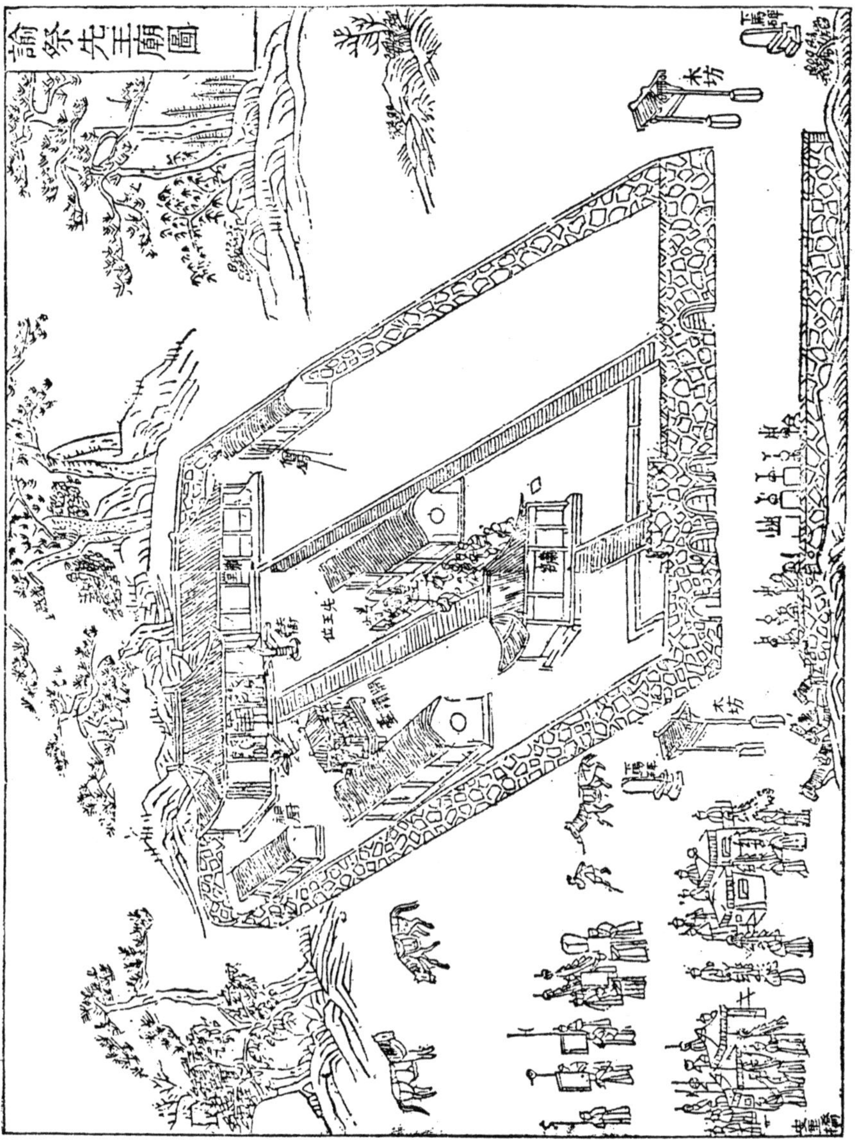
諭祭先王廟圖
木坊
木坊

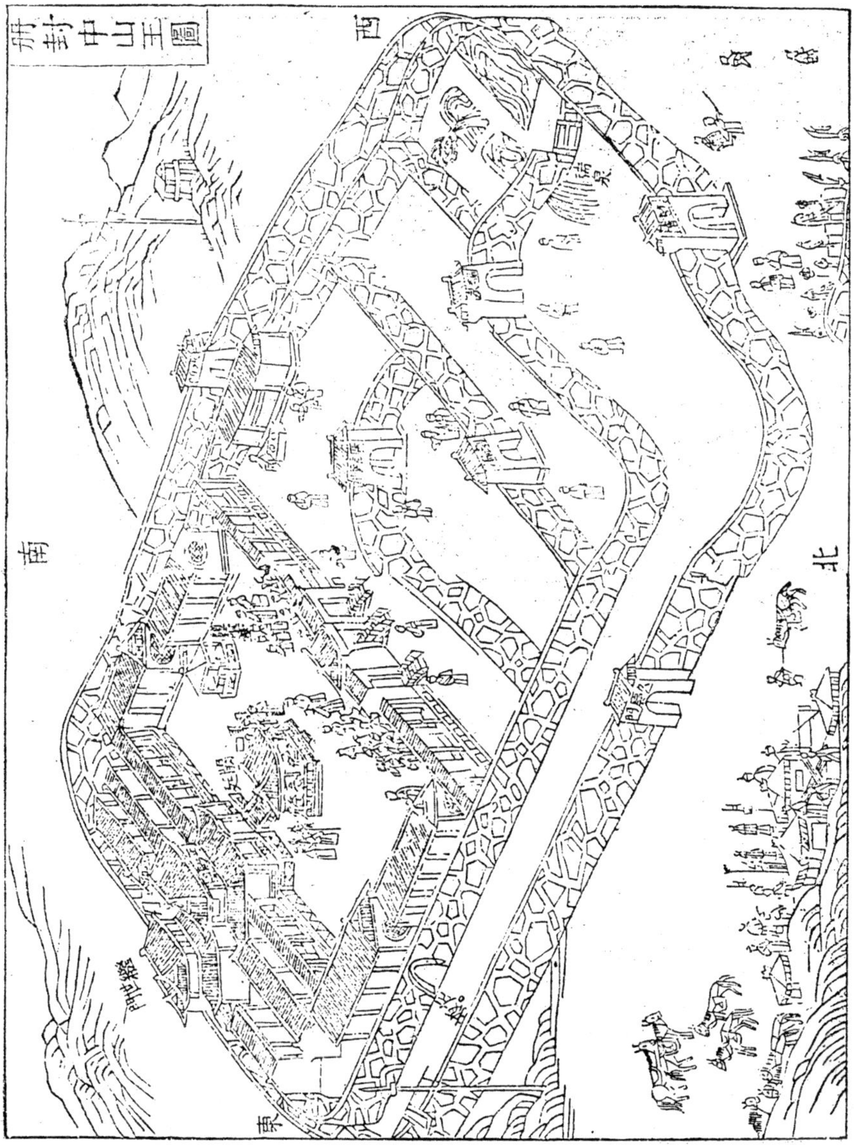
冊封中山王圖
西
南
北
東

中山王圖
年十八歲乾隆四年
己未　月　日生

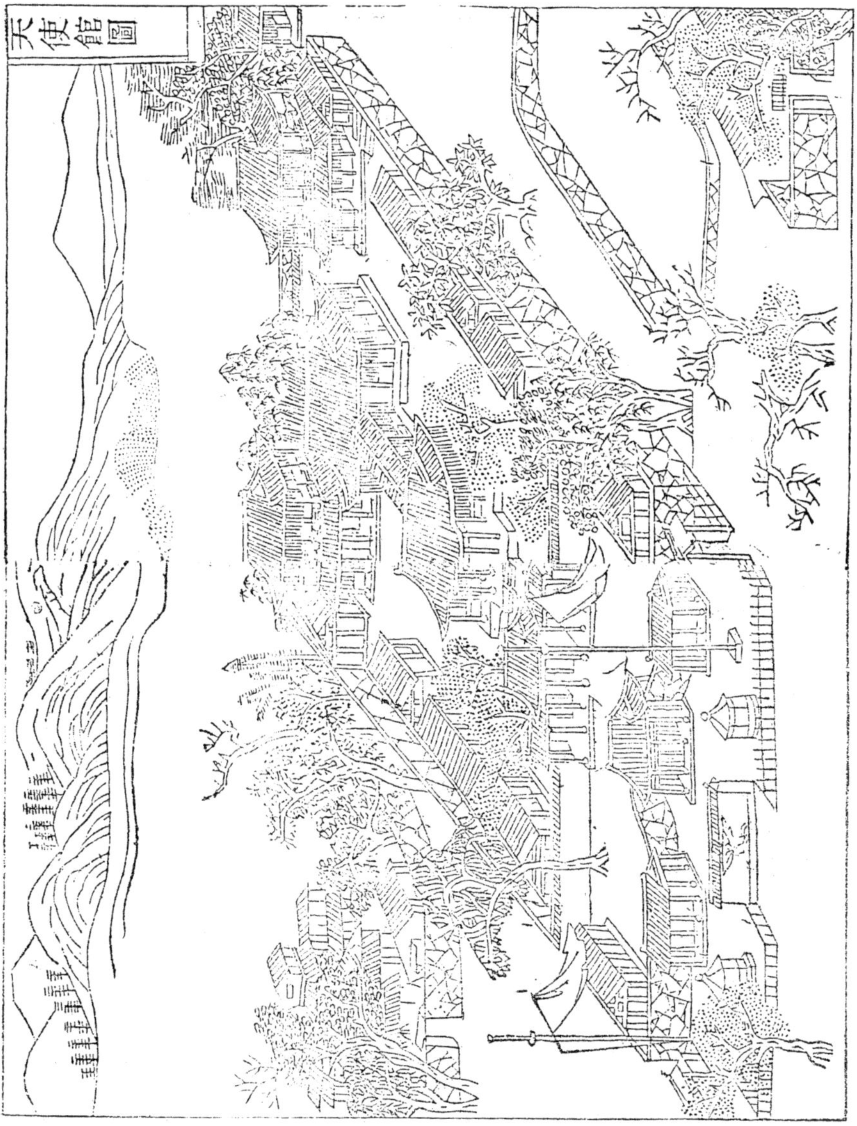

天使館圖

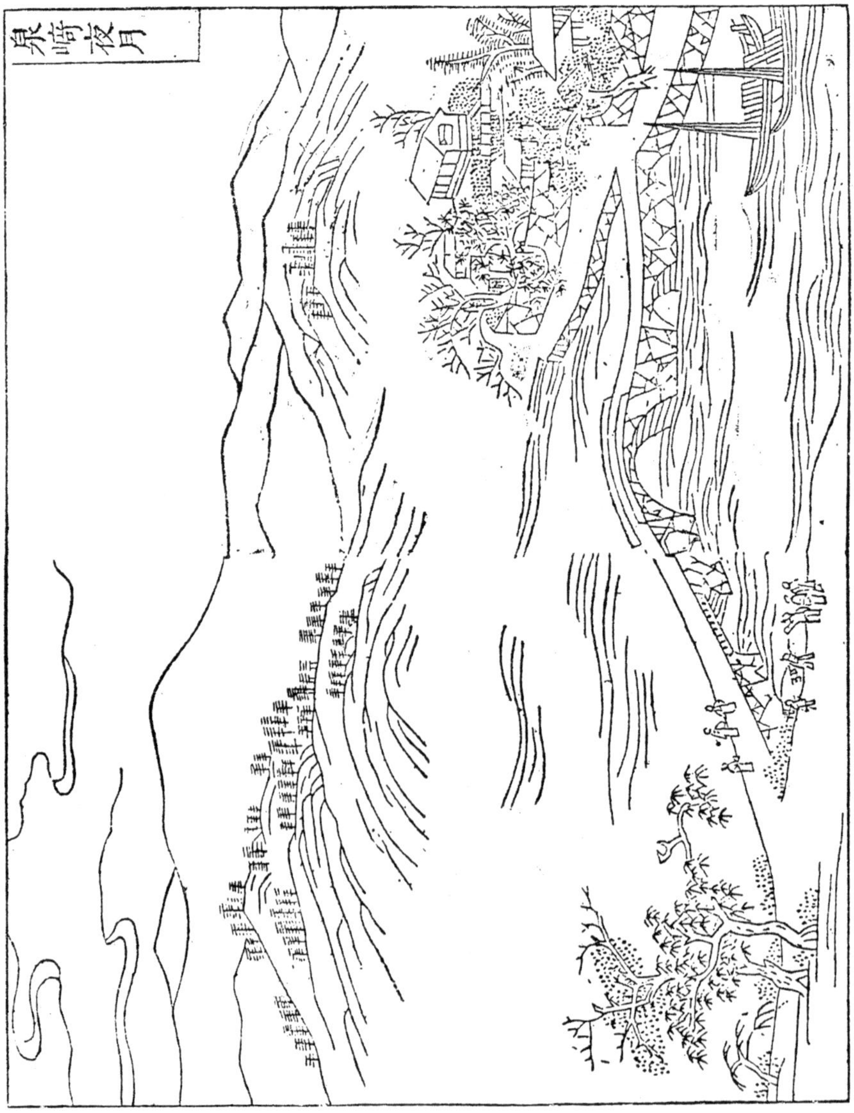
泉崎夜月

臨海潮聲

粂村竹籬

龍洞松濤

筍崖夕照

長虹秋霽

城嶽靈泉

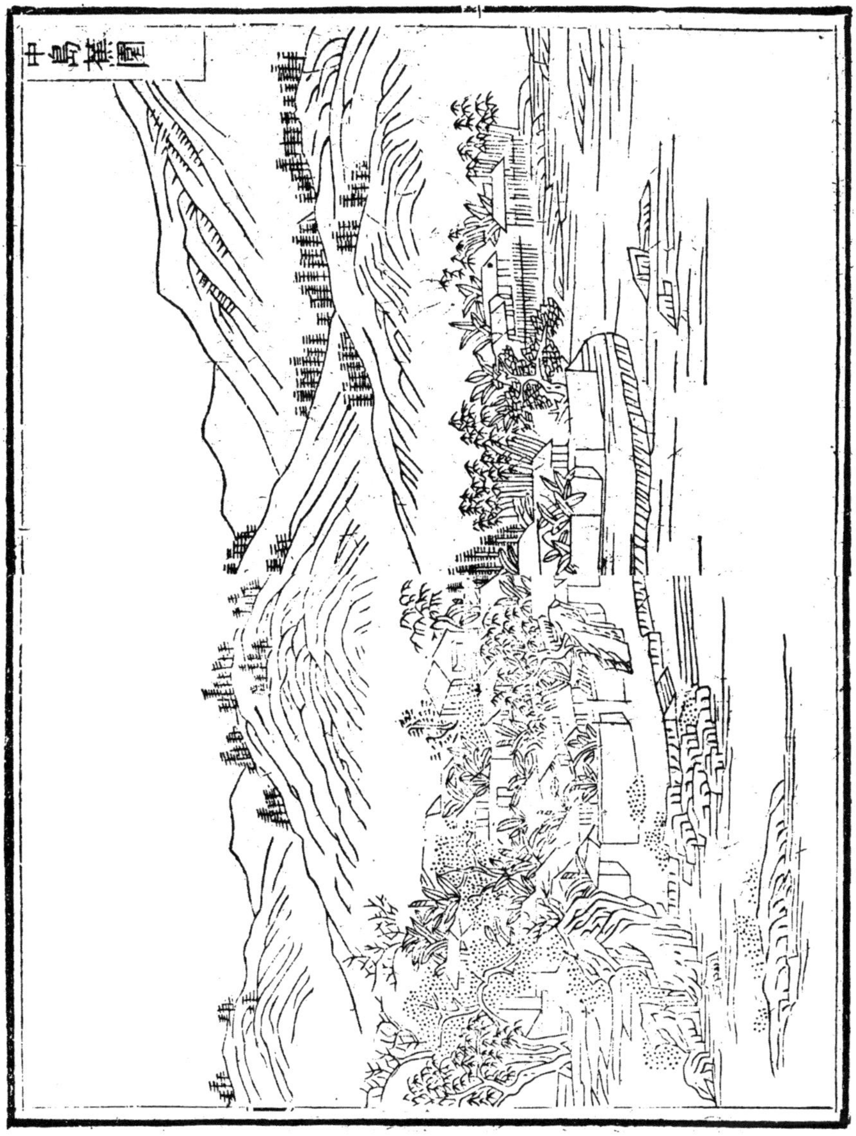
中島蕉園

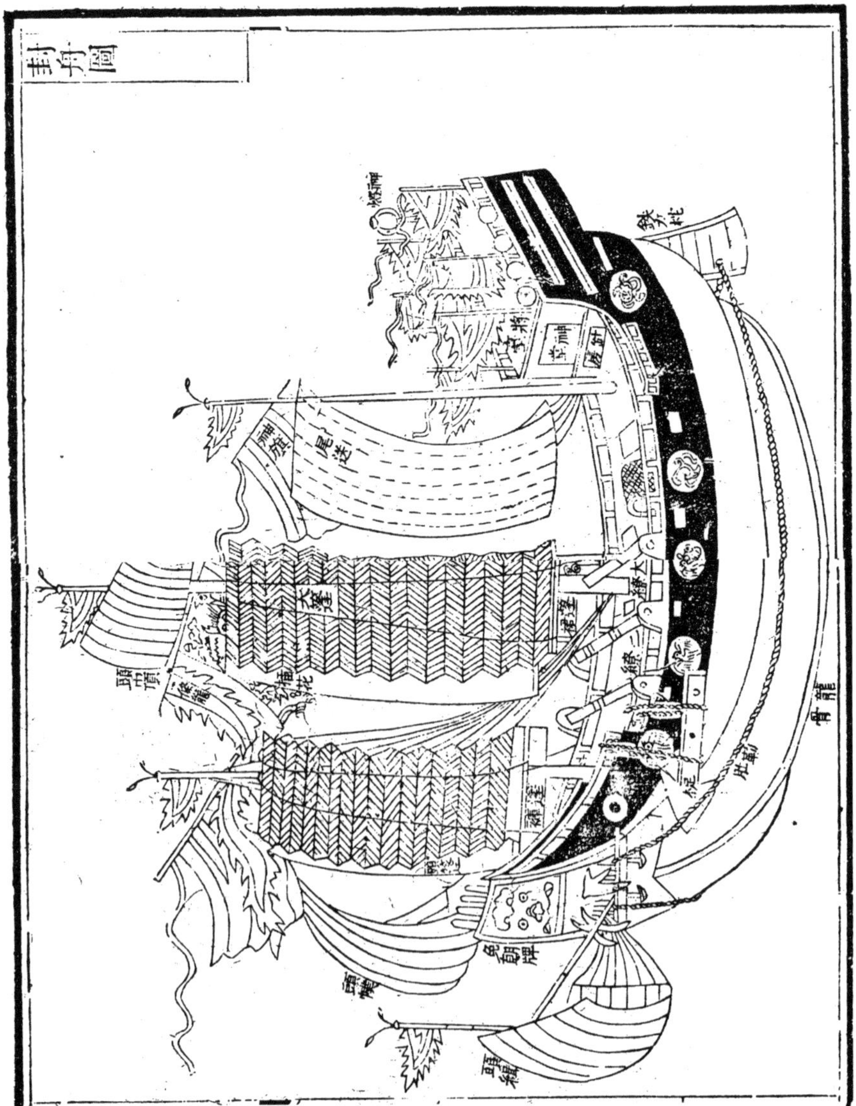
封舟圖

玻璃漏圖

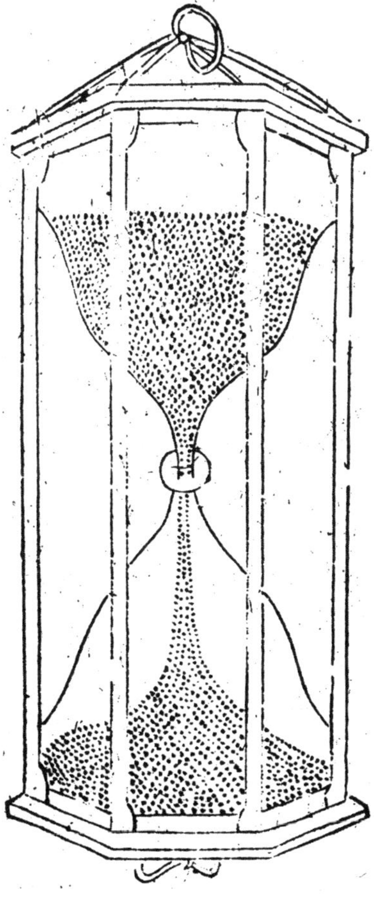

八方定位

二十四向定位

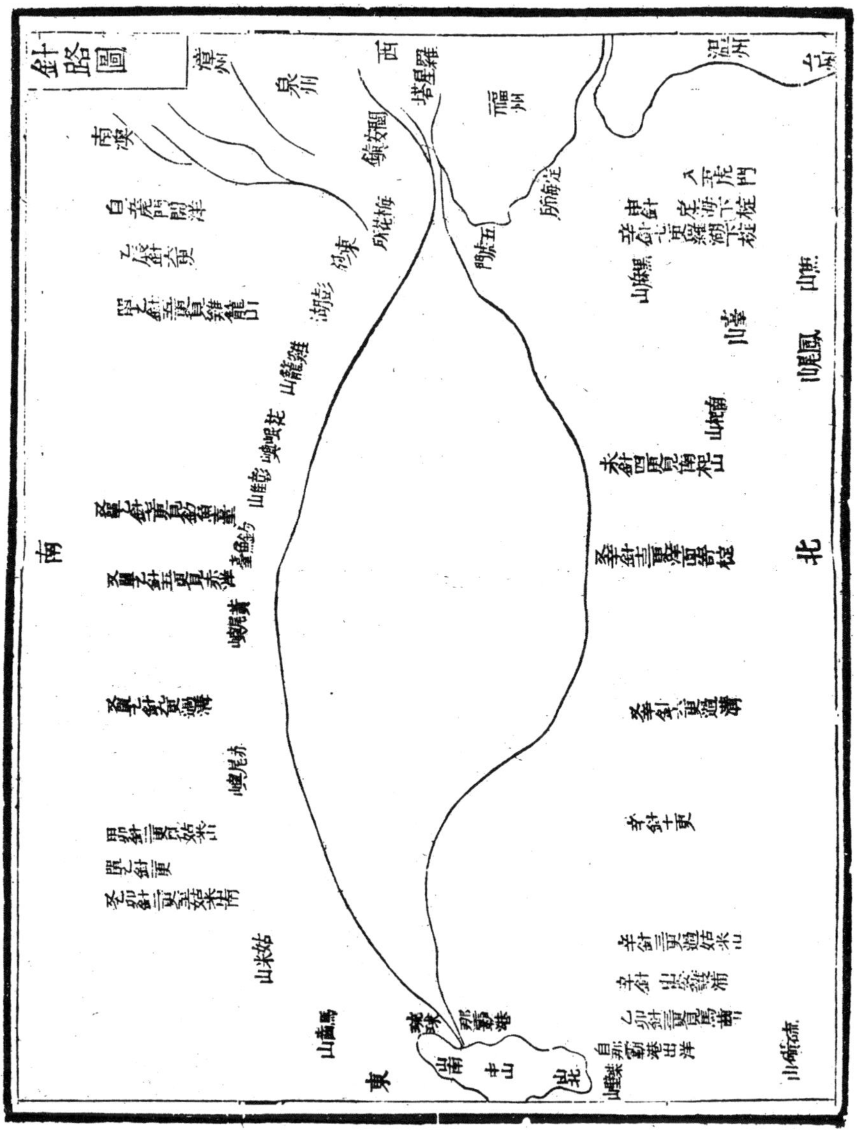
針路圖
南
北
東
西
福州
泉州
漳州
溫州
南澳
琉球
那霸港
中山
山南
山北

琉球國志略卷一

星　野

王者體國經野，仰觀俯察，以施其裁成參贊之方尚已。是以《周禮・大司徒》設土訓以周知九道之廣輪，《大易・通卦驗》立圭表以審視五星之經緯。欽惟聖祖仁皇帝北辰星共，乾坤合德，念琉球僻處東南海外，思有以定其分度次舍之象，與正其陰陽寒暑之宜，特遣精習理數内臣，聯颿飛渡，測晷占辰，務本夫張衡、裴秀之規，以準其遠近紆直之實，洵海邦萬世之指南也。我皇上繼天立極，幬覆群生，薄海内外，龍虎景從，箕畢攸好。近以西定伊犂，仍命大臣前往相度。蓋竪亥所不能步，大章所未及測者，又先後有同揆已。臣管蠡之微，莫窺萬一，謹録成章，以著無外之盛。志星野。

康熙五十八年，聖祖仁皇帝特遣内廷八品官平安、監生豐盛額，偕册使海寶、徐葆光同往琉球國測量。按琉球分野與揚州、吴越同屬女牛，星紀之次，俱在丑宫。舊測北京北極出地四十度，福建北極出地二十六度三分。今測琉球北極出地二十六度二分三釐，地勢在福州正東偏南三里許。舊測福建偏度去北極中線偏東四十六度三十分，今測琉球偏度去北極中線偏東五十四度，與福州東西相去八度三十分。每度二百里，推算徑直海面一千七百里。凡船行六十里爲一更，自福州至琉球姑米山四十更，計二千四百里。自琉球姑米回福州五十更，計三千里。乃繞南北行，里數故稍爲紆遠耳。始知從前動稱萬里者，皆屬懸揣云。

臣按：夏子陽録云：以《一統》輿圖視之，則在東南，以閩省視之，則在閩之東北。故去必仲夏，乘西南風；來必孟冬，乘東北風。兹役多用乙針直指姑米，遥度中山，又似實居艮方。姑據所見，罔敢臆斷。

琉球國志略卷二

國統

天生民立之君，自堯舜以來，正朔相承，尊無二上，國統歷歷可紀。至若四陲荒眇，彈丸黑子之地，莫不各君其國，而聲教之所未通，即皆甲子無稽，世次湮滅，理有固然。其列於圖經，如内地郡國志者，惟朝鮮最詳，而琉球即次之，則唯其回面内向，沐浴雅化之已久也。我朝定鼎燕京，琉球率先歸附，不敢自王，敦請襲封。嗣後貢職恪共，世守藩臣之分，憑藉寵靈，鎮撫荒徼，享祚綿遠，長作東南屏蔽，有由來矣。臣使役甫竣，諏詢往迹，知中山一區，禪革互乘，匪特《隋書》歡斯茫無可據，即如洪、永初封亦非姓尚。爰按前録，博採歷史，并其國中撰述，亦必詳譯覈審，上自天孫，遞至今爵，原流悉著，年世胥陳。務期信者有傳，疑者備考。且以告守兹土者毋恃險隘，毋敢驕淫，毋作威福，毋忘鑒戒云。志國統。

天孫氏琉球始祖。其初有一男一女，生於大荒，自成夫婦，曰阿摩、美久。生三男二女，長男即天孫氏，開國始主也。次男爲諸侯始，三男爲百姓始。長女曰君君，次女曰祝祝，爲國守護神，一爲天神，一爲海神。今寺院有三首六臂女神，手執日月，名曰天滿大自在天神，汪録云名辨戈天，崇祀特隆，蓋即此也。《隋書》云王姓歡斯，名渴利兜，國人呼王爲可老羊，王妻曰多拔茶，其即天孫氏之世歟？天滿、歡斯，國語音皆相混，故訛耳。傳二十五代，姓氏俱無考。起洪荒乙丑至宋淳熙十三年丙午，逆臣利勇鴆而弒之，遂自立。浦添按司舜天討之，利勇死，諸按司群奉爲王，天孫氏遂亡。凡一萬七千八百零二年。

舜天日本人皇後裔，大里按司朝公子，爲浦添按司。宋淳熙間，天孫氏逆臣利勇弒君自立，舜天討之，衆推爲王，年二十一。嘉熙元年薨，在位五十一年，壽七十二。子舜馬順熙嗣，有傳。舜馬順熙舜天長子，淳熙十二年生，嘉熙二年立，年五十四，淳祐八年薨。在位十一年，壽六十四。子義本嗣。義本舜馬順熙長子，開禧二年生，淳祐九年立，年四十四。朞年國中大饑，三年疾疫，人民半失，君歎息謂群臣曰：「饑疫并行，不德誰讓？」群臣舉天孫氏後惠祖嫡孫英祖，義本悦，召試國政，舉賢退不肖，疾疫遂止。攝政七年，義本讓位，退隱北山。在位十一年，壽五十四。

舜天至義本凡三傳，共七十三年。

英祖天孫氏裔，惠祖世主孫。宋紹定二年生，長爲伊祖按司。寶祐元年攝政，景定元年受義本讓位，年三十二。元大德三年薨，在位四十年，壽七十一。子大成嗣，有傳。大成英祖世子。淳祐七年生，大德四年立，年五十四，至大元年薨，在位九年，壽六十二。子英慈嗣，有傳。英慈大成次子。咸淳四年生，至大二年立，年四十二，皇慶二年薨，在位五年，壽四十六。子玉城嗣，有傳。玉城英慈第四子。元貞二年生，延祐元年立，年十九。世衰政廢，内色外禽，諸按司不朝。大里按司稱山南王，今歸仁按司稱山北王，玉城惟有首里等數國，自稱中山王，國分爲三，時發兵相攻戰。至元二年薨，在位二十三年，壽四十一。子西威嗣。西威玉城長子。（至）〔致〕和元年生，至元三年立，年十歲。政歸母妃，牝雞亂政。至正十年薨，在位十四年，壽二十三。時浦添按司察度有德，人心悦服，國人廢世子奉察度爲王。

英祖至西威凡五傳，共九十九年。

察度浦添間切謝那村奥間大親之子，始爲浦添按司。西威薨，世子五歲，母妃亂政，元至正十年，國人廢世子而立之。明洪武二十八年薨，在位四十六年，年壽無考。子武寧嗣，有傳。武寧察度世子。至正十六年生，洪武二十九年立，年四十一。違父遺命，荒於禽色，晝夜逸遊，諸侯背叛。永樂三年薨，在位十年。

臣按：洪武二十八年察度卒，武寧以二十九年立。《明實録》永樂改元，武寧始訃告于朝，二年，遣行人時中往祭賻，并詔武寧襲爵。三年，時中使琉球還。當是時，尚巴志既滅山南、山北，並滅中山，武寧遂以三年薨。巴志又奉其父思紹爲王，故五年思紹以父武寧之喪來告也。若《世纘圖》及《中山世鑑》俱云武寧在位二十六年，以永樂十九年卒，巴志以二十年立，則是誤謂巴志滅武寧而自立，追封其父思紹爲王，故紀年不合耳。至《明實録》間有故王已薨尚書王貢者，則以未及赴喪故也。徐録云：武寧永樂四年受封，薨於永樂三年，亦非是。

察度至武寧凡二傳，共五十六年。

思紹初爲山南王佐鋪按司，其子尚巴志嗣職。山南王無道，糾合義兵攻之，并攻山北王、中山王，次第滅之，奉思紹爲王。永樂四年立，五年以父武寧之喪來告，實非父子也。成祖賜祭武寧，詔思紹嗣爵。永樂十九年薨，在位十六年，壽無考。子尚巴志嗣。

臣按：《中山世鑑》謂宣德初封尚巴志爲中山王，乃追封其父思紹爲王，非也。追封之王，主不入廟，今先王廟中有思紹神主，况《實録》又鑿然可據也。

尚巴志思紹嫡子。洪武五年生，三十五年，年三十一，嗣佐鋪按司，後奉思紹爲王。永樂二十年立，年五十一。正統四年薨，在位十八年，壽六十八。子尚忠嗣，有傳。尚忠巴志次子。洪武二十四年生，正統五年立，年五十。九年薨，在位五年，壽五十四。子尚思達嗣。尚思達尚忠子。永樂六年生，正統十年立，年三十八。十四年薨，在位五年，壽四十二。無子，叔尚金福嗣。尚金福巴志第六子。洪武三十一年生，景泰元年立，年五十三。四年薨，在位四年，壽五十六。子尚泰久嗣。尚泰久金福長子。永樂十三年生，景泰五年立，年四十。天順四年薨，在位七年，壽四十六。子尚德嗣。尚德泰久第三子。正統六年生，天順五年立，年二十一。君德不修，朝暮漁獵，暴虐無道，鬼界島叛，不朝貢數年，自將伐之，歸彌自滿。成化五年薨，在位九年，壽二十九。世子幼，國人廢之，奉内間里主御鎖側爲王。

思紹至尚德凡七傳，共六十四年。

臣按：《明史》、《實録》云，金福卒，其弟布里與其子志魯争立。則争者必應立之世子耳。而《中山世鑑》乃云泰久尚金福第一子，志魯又果金福之第幾子耶？景泰六年詔書則曰金福既薨，其弟尚泰久敕書亦曰傳及爾兄，益隆繼述，爾乃王弟，宜紹國封。汪録引《世纘圖》則云泰久係尚志達之弟。志疑當作思，思達乃尚忠之子，而金福爲思達之叔。假泰久果係思達之弟，則泰久亦爲尚忠子而非金福子，尤非金福弟明甚。蓋《實録》據請封疏，原無舛謬，而《世纘》、《世鑑》二記亦不勝矛盾矣。

尚圓字思德，金伊平人。其先不可知，父尚稷爲伊平里主。圓生有異瑞，長爲内間里主，累轉御鎖側，德盛民歸。尚德卒，子幼，國人廢而弑之，迎圓爲王。成化十二年薨，在位七年，壽六十二。世子尚真年十二，王弟尚宣威攝位，有傳。

臣按：《中山世鑑》云，尚圓當尚金福時始給黄帽，泰久時領内間里主，即今遏闥理官。又云久旱，獨其田不雨而潤，民驚傳爲異。圓懼，載妻子隱避十四年。尚金福聞其賢，召爲黄帽官，轉御鎖側，即今耳目官云云。自尚忠至金福三世，共止十四年，泰久僅七年，何以云隱避一十四年耶？且金福在泰久之前，何以金福時始給黄帽，泰久時旋領内間，而十四年隱避之後，金福復召爲黄帽官，此金福又果何屬耶？以臆考之，始給黄帽，當是尚忠前事，領内間當是尚思達前事，後所云尚金福聞其賢當是尚泰久聞其賢耳。

臣又按：《世纘圖》云，尚圓王成化六年庚寅即位，在位七年，成化十二年己未七月二十八日卒。夫六年爲庚寅，則十二年當是丙申，汪録固辨之矣。今據圓覺寺西序諱辰牌所録，實作丙申，當是字訛無疑，觀下書成化十三年丁酉，益信。

臣又按：《世纘圖》云，成化十三年丁酉，尚宣威即王位，在位僅六月，丙申八月四日卒。既於丁酉即王位，而先以丙申卒耶？此丙申不知何指。且圓以丙申七月二十八日卒，宣威以丙申八月四日卒，則相距僅六日耳，何以云在位六月乎？《世鑑》云，尚圓卒，世子尚真年十三，宣威攝國事六閱月，國人樂附。後引尚真掖就王位，己東嚮立，退隱於越來，其年卒。據此則是退隱後之年耳，若即謂是攝位之年，則圓以丙申七月卒，至年終僅五閱月，丁酉攝位六閱月之説俱不符矣。又云宣威尚圓之弟，宣德五年庚辰生，壽四十八，尤謬。宣德五年爲庚戌，若以丙申八月卒，則壽止四十七矣。

尚宣威尚圓弟，少育於兄，夏子陽録作圓長子，立一年，未請封卒，誤。九歲從渡國頭至中山爲黄帽官，圓卒，宣威立，成化十三年引真掖就王位，己東嚮立，退隱越來，是年八月薨，壽四十八。國中私謚義忠。今其子孫尚存。立凡六閱月。尚真尚圓世子。成化元年生，十三年立，年十三。嘉靖五年薨，在位五十年，壽六十二。子尚清嗣，有傳。尚清尚真子。汪録據《世圖》作天纘王子，疑纘爲真之他號。弘治十年生，嘉靖六年立，年三十一。三十四年薨，在位二十九年，壽五十九。子尚元嗣，有傳。尚元尚清次子。嘉靖七年生，三十五年立，年二十九。隆慶六年薨，在位十七年，壽四十五。子尚永嗣。尚永尚元次子。嘉靖三十一年生，萬曆元年立，年二十一。十六年薨，在位十六年，壽三十五。無子，尚寧嗣。尚寧尚真孫，尚懿子。尚永無子，萬曆十七年立，年二十六。四十年倭入中山，襲執王，不屈，倭酋慶長異之，曰：「有此氣象，無惑乎受天朝封號也。」卒放回。泰昌元年薨，在位三十二年，壽五十七。無子，尚豐嗣。尚豐尚永弟，尚久第四子。萬曆十八年生，天啓元年立，年三十二。崇禎十三年薨，在位二十年，壽五十一。子尚賢嗣。尚賢尚豐第三子。天啓五年生，崇禎十四年立，年十七。國朝順治四年薨，在位七年，壽二十三。弟尚質嗣。尚質尚賢弟。崇禎二年生，順治五年立，年二十一。康熙七年薨，在位二十一年，壽四十一。子尚貞嗣。尚貞尚質子。順治二年生，康熙八年立，年二十五。四十八年薨，在位四十一年，壽六十五。子尚益嗣。

尚益尚貞世子，尚純之子。康熙十七年生。純爲世子，先卒，四十九年以嫡孫立，年三十三。五十一年薨，在位三年，壽三十五。未及請封，子尚敬嗣。尚敬尚益世子。康熙三十九年生，五十二年立，年十四。乾隆十六年薨，在位三十九年，壽五十二。子尚穆嗣，有傳。尚穆尚敬世子。乾隆四年生，十七年立，年十四。

臣按：汪楫録據《世纘圖》，尚清王謂爲天纘王，卜稱第五子。徐葆光録則云中山王無稱天纘王者，直謂爲尚真第五子。然中山王亦多有他號者，如尚圓稱思德金，而尚寧稱康翁，尚豐稱宗盛，尚賢稱秀英，尚質稱直高之類，天纘得無亦係尚真之别稱歟？不然何以傳元及永已歷三世，忽又及圓之孫寧，寧又及元之孫豐耶？但有疑當闕，斷以爲非尚真子不可，即以爲尚真子亦未見其可也。

琉球國志略卷三

封　貢　招撫　恩賜　襃卹　入監諸事附

《書》云：不寶異物則遠人格。故越雉旅獒，徵風聲之遠，而古先哲王，輒因以日懋厥德焉。國家文治郅隆，超唐軼虞，凡天之所覆，地之所載，莫不如衆星拱極，悉主悉臣，百餘年來，賮琛獻異，筐篚包匭，絡繹來庭，有塗山所未及輯，王會所難盡圖者，猗歟盛已！琉球東南蕞爾，隋招之不至，元讐之不服，迄明初始入貢稱臣，世爲屬國，然亦由明祖遣使慰諭而後致之。我世祖章皇帝應天受命，甫及三年，琉球則不需徵會，叩閩守臣，輸誠入貢。非夫赫聲濯靈，遠邇懷畏，何以得此？而其率先效順，世修侯度唯謹，亦足多也。聖祖仁皇帝六十餘年以來，三錫恩綸，賚予稠叠，且免其貢馬，及常貢内非其國所産，概予捐除。世宗憲皇帝嘉其恭順，屢輟貢期。該國君臣益深感激，恪共典禮，歷久彌虔。恭逢皇上御極，揆文奮武，萬國梯航，東撫暹羅，南懷緬甸，西掃伊犁、大宛，罔不率俾，矧琉球世守藩封者哉！今兹臣忝膺介選，遠賫簡書，開讀之日，拜瞻三朝宸翰，鸞翥龍翔，後先輝暎，洵爲海邦世寶，榮寵莫踰。爰集封貢事宜，并以前代招撫諸事附見於篇，重昭聖朝綏來雅化，度越前古，亦以徵東風入律，海不揚波，良非虚語云爾。志封貢。

明洪武五年，太祖遣行人楊載賫詔至國。詔曰：「昔帝王之治天下，凡日月所照，無有遠邇，一視同仁。自元政不綱，天下兵争者十有七年。朕起布衣，開基江左，命將四征不庭，西平漢主陳有諒，東縛吴王張士誠，南平閩越，北清幽燕。朕爲臣民推戴，即皇帝位，定有天下之號曰大明，建元洪武。是用遣使外邦，播告朕意。使者所至，稱臣入貢。惟爾琉球在中國東南，遠處海外，未及報知。兹特遣使往諭，爾其知之。」中山王察度遣弟泰期奉表貢方物。《中山世鑑》云：貢物馬、刀、金銀酒海、金銀粉匣、瑪瑙、象牙、螺殼、海巴、櫂子扇、泥金扇、生紅銅錫、生熟夏布、牛皮、降香、速香、檀香、木香、黄熟香、蘇木、烏木、胡椒、硫磺、磨刀石。

臣按：隋大業元年，海帥何蠻上言，海上有烟霧狀，不知有幾千里，乃流求也。流求之名始見於此。三年、四年屢遣使招之不服。元世祖至元中，曾命將往伐，無功而還。成宗元貞初，亦以師征，卒不聽命。至明太祖洪武初，遣行人賫詔往諭，而方貢乃來。此琉球通中國之始也。

七年，王又遣泰期等入貢，并上皇太子箋。太祖賜《大統曆》及文綺紗羅，賜泰期衣幣、靴襪，副使惹爬燕之及通事、從人皆有賜。是年泰期復來貢，并上皇太子箋。

八年，太祖命附祭琉球山川於福建。先是，天下山川太祖皆躬祀，太常以琉球入朝，亦請祀，已兩年矣。至是，禮部尚書牛諒言躬祀非禮，始改命。

九年，太祖命刑部侍郎李浩賫賜文綺、陶鐵器，且以陶器七萬、鐵器千就其國市馬及硫磺。王遣泰期從浩入貢馬四十匹。浩言其國不貴紈綺，惟貴磁器、鐵釜，自是賞賚多用是物。

十年，王又遣泰期等表賀元旦，貢馬及硫磺。

十一年、十三年，貢方物，賜賚悉如例。

十五年，王又遣泰期及亞蘭匏等貢馬及硫磺，太祖賜幣帛有加，命尚佩監奉御路謙送泰期等返國。

十六年，王遣亞蘭匏等表賀元旦，貢方物。山南王承察度亦遣其臣師惹等奉表入貢。太祖賜王鍍金銀印及幣帛七十二匹，賜山南王幣帛如之。時二王與山北王互相攻伐，遣中使梁民敕王。敕曰：「王居滄海之中，崇山環海爲國，事大之禮不行，亦何患哉！王能體天育民，行事大之禮，自朕即位十有六年，歲遣人朝貢。朕嘉王至誠，命尚佩監路謙報王誠禮，何期復遣使來謝。今令内使監丞梁民同前奉御路謙賚符賜王鍍金銀印一。近使者歸，言琉球三王互争，廢農傷民，朕其憫焉。《詩》曰：『畏天之威，于時保之。』王其罷戰息民，務修爾德，則國用永安矣。」并敕諭山南王承察度、《福建通志》作承宗，誤。山北王帕《通志》作怕。尼芝。敕曰：「上帝好生。寰宇之内，生民衆矣，天恐生民互相殘害，特生聰明者主之。邇者琉球國王察度，堅事大之誠，遣使來報，而山南王承察度亦遣人隨使者入覲，鑒其至誠，深可嘉尚。近使者自海中歸，言琉球三王互争，廢棄農業，傷殘人命。朕聞之不勝憫憐，今遣使諭二王，能體朕意，息兵養民，以綿國祚，則天祐之，不然，悔無及矣。」山南王、山北王皆遣使入謝，各賜衣幣。

十七年，王遣阿不耶等入貢，賜鈔幣。

十八年，表賀元旦，貢方物。太祖賜王海舟一，山南王如之。補給山南王、山北王駝紐鍍金銀印各一。

十九年，王遣亞蘭匏等貢馬百二十匹、硫磺萬二千斤，賜宴及鈔。

二十年，王遣亞蘭匏等貢方物，進皇太子箋，獻馬。山南王承察度叔汪英紫氏、山北王帕尼芝亦各遣使入貢。

二十一年，王遣使甚模結致等貢馬，賀天壽聖節。

二十三年，表賀元旦，貢方物。世子武寧亦貢馬五匹、硫磺二千斤、胡椒二百斤、蘇木三百斤。通事屋之結等私攜胡椒三百斤、乳香十斤，爲門者所獲，當入官，詔還之，仍賜屋之結等六十人鈔各十錠。

二十四年，王及世子武寧遣亞蘭匏、嵬谷致等貢馬及方物。山南王叔汪英紫氏亦遣使表賀天壽聖節。

二十五年，王及世子武寧各進表箋，貢馬，并遣從子日孜每闊、八馬寨官子仁悦慈入國子監讀書。太祖各賜衣巾、靴襪，并夏衣一襲，鈔五錠。秋又賜羅衣各一襲，及靴襪、衾褥。此國人就學之始。山南王亦遣從子三五郎尾及寨官子實他盧尾、賀段志等入監讀書，賚如中山例。遣歸惠州海豐所送至京採硫磺遭風人才孤那等二十八人，賜閩人善操舟者三十六姓，以便往來。今所存者七姓，然毛、阮二姓又萬曆間再賜者，實僅金、梁、鄭、林、蔡五家。賞通事程復、葉希尹以寨官兼通事職，加冠帶，從王請也。

二十六年，王遣使麻州等貢方物。已又遣使壽禮結致等貢馬，偕寨官子段志每入監讀書。太祖命賜夏衣、靴襪，秋又賜羅絹衣各一襲，傔從各給布衣。

二十七年，王遣亞蘭匏等貢方物，賜宴於會同館，賞亞蘭匏品秩冠帶，以通事程復、葉希尹充千户，從王請也。賜王相秩同中國王府長史，稱王相如故。

二十八年，王遣王相亞蘭匏貢方物。山北王岷、山南王叔汪英紫氏亦遣使入貢，賜鈔有差。

二十九年，王兩遣使貢方物。山北王攀安知、山南王承察度、山南王叔汪英紫氏亦入貢。詔遣三五郎亹《實録》前作尾，今作亹。等歸省，賜銀鈔緞匹有差。會世子武寧遣使入貢，偕寨官子麻奢理、誠志魯二人入監，三五郎亹復與俱來，請卒業，太祖許之，仍賜衣巾、靴襪。

三十年，王兩遣使貢馬及硫磺。山北王、山南王叔汪英紫氏亦入貢。

三十一年，王遣亞蘭匏等貢馬及硫磺，世子武寧貢如之。女官生姑魯妹偕入謝恩，以昔常在京讀書也。三月，太祖命以冠帶賜王，并賜臣下冠服。

永樂元年，太宗遣使以即位詔諭王，王遣從子三吾良亹奉表賀，且貢方物。太宗遣行人邊信、劉亢齎絨綿綺幣賜王。還奏稱旨，擢信爲湖廣道監察御史，亢爲工科給事中。未幾王卒，子武寧遣三吾良亹訃告於朝。山南王弟汪應祖遣長史王茂入貢。山北王攀安知遣使善住古耶貢方物，丐賜冠帶衣服，太宗許之。

二年正月，太宗遣行人時中往祭，賻以布帛，詔武寧襲爵。詔曰：「聖王之治，協和萬邦；繼承之道，率由常典。故琉球國中山王察度，受命皇考太祖高皇帝，作屏東藩，克修臣節。暨朕即位，率先歸誠。今既歿，爾武寧乃其世子，特封爾爲琉球國中山王，以承厥世。惟儉以修身，敬以養德，忠以事上，仁以撫下，克循兹道，作鎮海邦，永延世祚。欽哉！」四月，山南王承察度無子，遺命王弟汪應祖攝國事，遣隗谷結致貢方物，且奏乞如山北王例賜冠服。太宗謂吏部尚書蹇義曰：「國必有統，衆必有屬。既能事大，又能撫衆，且舊王所屬意也，宜從所言，以安遠人。」遂遣使齎詔封之，賜如所請。已而禮部尚書李至剛奏，其使擅詣處州市磁器，當逮問。成祖曰：「遠人知求利而已，朝廷于遠人當懷之不足罪。」暹羅船往琉球遭風漂至福建，布政司籍紀所有請命。成祖諭至剛曰：「暹羅與琉球通好，自是番邦美事，豈可乘其危而利之？鄉有善人，猶能濟困，況朝廷統御天下哉！其令所司，舟壞爲之修理，人乏食給之粟。或歸或往琉球，俟風便導之去。」

三年，行人時中使琉球還，命復職。中初爲四川布政司右參議，罪當戍，上書願改過，遂命使，至是還職。王遣三吾良亹奉表貢方物謝恩，已又遣養埠結制等賀萬壽聖節。山北王入貢。山南王亦入貢，又遣寨官子李傑赴國子監受學，賜衣如例。

四年，王及山南王、山北王皆表賀元旦。王遣寨官子石達魯等六人入監。王進閹者數人，太宗曰：「彼亦人子，無罪而刑之，何忍？」命禮部還之。禮部言恐阻遠人歸化之心，請但賜敕止其再進。太宗曰：「諭之以空言，不若示之以實事。今不遣還，彼欲媚朕，必有繼踵而來者。天地以生物爲德，帝王乃可絶人類乎？」卒不受。

臣按：汪楫志云：《世纘圖》云洪武二十九年王即位，凡在位二十六年。按其國繼世類先自立而後請于朝，故所紀嗣位之年與中朝遣封之時多不合。而其後憚于供應，甚有遲至十餘年乃上請者。然明初貢使時通，封卒年歲不應參差如是。即云洪武二十九年嗣位，中更靖難，赴告踰期，顧在位二十六年，則永樂之末宜尚無恙，何五年遂有祭賻之典耶？臣謹稽前史及其國纂記，詳考始末，務求至當，疑者仍闕，參之「國統」，可以互見。

五年，世子尚思紹遣三吾良亹貢馬及方物，別遣使以其父武寧訃告。太宗命禮部賜祭賻，詔思紹嗣王爵。

六年，王遣使阿勃吾斯奉表貢方物、謝恩，山南王亦貢馬，各賜鈔幣。

七年，王遣使賀萬壽聖節，山南王亦貢馬，各賜衣幣。

八年，王遣三吾良亹入貢，山南王亦遣使賀萬壽聖節，皇太子皆賜之鈔幣。王遣官生模都古等三人入監，皇太子各賜巾服等物。冬，太宗賜琉球生李傑等冬衣、靴襪。禮部尚書吕震曰：「昔唐太宗興學校，新羅、百濟皆遣子入學，當時僅聞給廩膳，未若今日賫予周備也。」太宗曰：「遠方慕中國禮義，故遣子入學，必足於衣食然後樂學。太祖高皇帝命資給之，著于令典，所謂曲成萬物而不遺者，安得違之？」賜通事林佑冠帶。佑本閩人。

九年，王遣三吾良亹賀元旦，偕王相子懷德、寨官子祖魯古入監，又遣使坤宜堪彌貢馬及方物。使人有匿不盡貢者，監察御史廉得其實以聞。太宗曰：「此非國王意也，宥之。」王遣使謝，貢方物，敕賜王鈔及綵幣，陞長史王茂爲國相兼長史事，命長史程復致仕還鄉，皆從王請也。復本江西饒州人。一作朱復。

十年，王遣使賀元旦，山南王亦入貢，已又遣使賀萬壽聖節。太宗賜鈔幣，又賜琉球生夏布襴衫、絛靴。

十一年，王兩遣使貢馬，偕寨官子鄔同志久等三人入監。三人一作三十人。已又與山南王各貢馬，賜鈔及永樂錢。模都古等三人奏乞歸省，太宗曰：「遠人來學誠美事，思親而歸亦人情，宜厚賜以榮之。」賜衣幣及鈔爲道里費，仍命兵部給驛傳，留學者皆賜冬夏衣。

十二年，王遣使賀元旦，遣三吾良亹貢馬及方物。皇太子賜琉球生益智每等二人羅、布衣等物，從人皆有賜。太宗賜鄔同志久等三人衣鈔。

十三年，太宗遣行人陳季芳一作若。等齎詔封山南王汪應祖世子他魯每爲琉球國山南王。時應祖爲其兄達勃期所弒，各寨官合兵誅達勃期，推他魯每攝國事，表請襲封，故遣使往，并賜誥命冠服及鈔萬五千錠。王及山北王俱遣使貢方物，世子尚巴志亦遣使宜是結制貢馬及方物，賜文綺三十表裏。

十四年，王遣三吾良亹貢馬及方物，謝遣使不謹之罪。先是貢使直佳魯犯法坐誅，太宗敕諭王曰：「比王所遣直佳魯等來京，朕優待之。及還至福建，乃肆狂悖，擅奪海舶，殺死官軍，毆傷中官，奪其衣物。直佳魯首罪當寘大辟，已命法司如律。其阿勃馬結制等六十七人，與之同惡，罪亦當死，眷王忠誠，特遣歸，俾王自治。自今遣使宜戒約之，毋犯朝憲。」已又遣使貢馬。山南王遣使入貢謝恩。賜琉球生夏衣。

十五年，王及山南王俱遣使入貢。已又與世子尚巴志各遣使貢馬。

十六年，王兩遣使貢方物，賜使者冠帶鈔幣有差。

十七年，王三遣使貢馬及方物。

二十年，王遣使賀元旦，已又遣貢方物。

二十一年，世子尚巴志遣使奉表貢方物，皇太子令禮部宴勞之。《世鑑》云：二十一年癸卯秋，遣使奏曰：「我琉球國分爲三者，百有餘年，戰無止時，臣民塗炭。臣巴志不堪悲歎，爲此發兵山南、山北，今歸太平。伏願陛下不違舊規，給臣襲封。謹貢土産馬及方物。」大明皇帝賜詔云：「爾琉球國分，人民塗炭，百有餘年，比爾義兵復致太平，是朕素意。自今以後，慎終如始，永綏海邦，子孫保之。欽哉！故諭。」尚巴志之奏及成祖之諭，《明史》、《實録》皆不載，姑存以備考。

二十二年二月，王訃聞於朝，遣官賜祭賻。九月，遣行人周彝齎敕以行。

臣按：徐葆光録稱思紹永樂五年嗣位，十九年卒，以《沿革志》稱二十三年卒爲非。又以《明實録》二十年以後尚書王貢如常，至二十二年始訃於朝，未詳其故。臣竊以《實録》止據本國疏文，比事屬辭，《沿革志》雖採《世纘圖》，實以《實録》爲主也。詳見「國統」。

臣又按：汪楫志稱山南王承察度遣從子三五郎尾又作亹。入學，中山王察度遣從子三吾良亹入謝，自是兩人無疑。第良亹既爲察度從子，則是武寧兄弟行矣。而武寧遣訃告哀及入謝皆曰姪，至思紹凡四遣入貢亦皆曰姪，豈數人名稱皆同，抑臣主不以世系爲序耶？臣因詳考其故，蓋國人名字皆王所賜，子孫不改，多係采地，間有以官爲名者，至後人有能亢宗者，又別賜采地，則更他名矣。且名字係有定製，大抵所名不過三四十數，比户多彼此同名者，問之，曰此琉球名也。亦別有姓名，備而不用，如按司國音呼爲安知，山北王有攀安知者，必其上世有爲按司者，故以官名也。

若斯之類，不一而足，豈僅鶩座之陳遵、小冠之子夏哉！惟久米村唐人三十六姓及本國常充貢使選者有姓字名號，倣效中華，聞亦各别有琉球名，與衆同，其姓名止爲朝貢設，國中不用也，想明初國俗猶樸故爾。

洪熙元年，仁宗遣中官柴山齎敕至國，封世子尚巴志嗣中山王。敕曰：「昔我皇考太宗文皇帝躬膺天命，統御萬方，恩施均一，遠邇歸仁。爾父琉球國中山王思紹，聰明賢達，茂篤忠誠，敬天事大，益久弗懈，我皇考良用褒嘉。今朕纘承大統，念爾父没已久，爾其嫡子，宜俾承續，特遣内官柴山齎敕命爾嗣琉球國中山王。爾尚立孝立忠，恪守藩服，脩德務善，以福國人，斯爵禄之榮，延於無窮，尚其祇承無怠無忽。」仍賜冠帶、襲衣、文綺。方仁宗遣山時，貢使已兩至，表稱世子賀成祖萬壽聖節，至是始知改元。是年凡四遣使貢馬及方物。

臣按：夏子陽録作宣德三年事，有副使阮姓，闕其名，且謂請封自巴志始，父思紹係追封。但抄舊録，未見《實録》故爾。

宣德元年，王遣使貢方物，謝恩。附奏曰：臣祖父昔蒙朝廷大恩，封王爵，賜皮弁、冠服。洪熙元年，臣奉詔襲爵，而冠服未蒙頒賜。宣宗命行在禮部稽定制製以賜之。先是，仁宗遣封已賜冠帶，而王復以爲請，以皮弁故，宣宗謂禮部尚書胡濙曰：「遠人歸誠，固是美事，特賜冠服，亦表異恩。古人言招攜以禮，懷遠以德。朕與卿等尤當念之。」又遣鄭義才進香長陵，賜海舟一。已又兩遣使貢馬及硫磺，賜襲衣靴襪有差。

二年，王兩遣使貢方物。山南王他魯每亦遣使進香長陵。

三年，王遣鄭義才貢馬及方物，謝賜皮弁、海舟。宣宗遣使齎敕勞王，并賜王紵絲、紗羅、錦緞，已又遣内官柴山、副使阮漸齎敕賜王金織紵絲、紗羅、絨錦。

四年，王遣使表貢，賀萬壽聖節，已又兩遣使貢馬及方物。山南王亦兩遣使入貢。賜宴及鈔幣，又命山南王使齎敕及鈔絹歸賜王。汪志云：自是山南王不復遣使，蓋并于中山矣。永樂十三年以後，山北王不復入貢，則山北先山南而亡者十四年矣。

五年，王四遣使入貢，宴賚如例，仍賜王鈔。

六年，王兩遣使入貢，又表貢馬及金銀器皿，謝賜錦幣。

七年，宣宗命内官柴山齎敕至國，令王遣人齎往日本，諭其朝貢。明年，日本遂來朝。命行在工部給王使漫泰來結制海舟一。是年王四遣使入貢，宴賚如例。

八年，王兩遣使入貢，宴賚如例。

九年，王遣使貢馬及方物，已又遣使謝賜衣服、海舟。命貢使齎敕及幣歸賜王。

十年，王遣使謝。禮部尚書胡濙奏曰：「比奉旨節一切冗費，以安軍民。今四裔使臣，動以百數，沿途疲於供給，宜敕諸路總兵官并都、布、按三司，繼今審其來者，量遣正副使、從人一二十人赴京，餘悉留彼處給待。」從之。

正統元年，英宗頒賜《大統曆》，適王遣貢使伍是堅至，令齎回，敕諭王及日本國王源義教。敕曰：「我國家統有天下，薄海内外，罔不臣服。列聖相承，無間遠近，一視同仁。爾爲國東藩，世修職貢，益永益虔，王遣使來朝貢馬及方物，禮意勤至。朕嗣承祖宗大寶，期與四海群生，同樂雍熙，矧王篤於事大，良可嘉尚。使者還，特賜王及王妃白金、彩幣，以答遠意。王其欽崇天道，仁卹有民，永保藩邦，以副朕意。」王再遣使貢馬及方物。使者至福建，如例止具貢物以聞。其自攜螺殼九十、海巴五萬八千，失於自陳，有司以漏報没入。使者籲請給值，英宗命行在禮部如例給之。後浙江市舶提舉司王聰復以爲言，英宗謂禮部曰：「海巴、螺殼遠人資以貨殖，取之奚用？」命悉還之，仍著爲令。

二年，王遣使義魯結制等貢馬及方物。附奏：本國各官冠服皆國初所賜，年久朽敝，乞更賜。又言本國遵奉正朔，而海道險阻，受曆之使或半載一載方返。事下禮部覆奏，命冠服本國可依原降造用，《大統曆》福建布政司給與之。

三年，王遣使義魯結制等貢馬及方物，賜幣有差。

四年，王遣使梁求保入貢，已又遣阿普禮是等入貢，宴賚如例。巡按福建監察御史成規疏言：琉球國往來使臣俱於福建停憩，館穀之需，所費不貲。比者通事林惠、鄭長所帶番稍人從二百餘人，除日給廩米外，其茶鹽醯醬等物，出於里甲，相沿有例，乃故行刁蹬，勒搯銅錢，今未半年，已用銅錢七十九萬六千九百有餘，按數取足，稍緩輒肆詈毆。雖遠人不足與較，而憑陵之風，漸不可長，已行福州等府縣，止將例應供給之物按日支與，不許私以銅錢支當。但煩瑣多端，終非久計。乞令該部定議，于人支日廩之外，量加少許，聽其自辦。其林惠等不行禁戢，坐視紛紜，請執治。事下行在禮部，以爲于例止日給廩米，一切費宜悉罷之。其通事人員不行禁戢，請治罪。英宗以遠人姑示優容，令移文戒諭之。

五年，王遣使步馬結制等貢馬及方物，宴賚如例。先是，朝貢者朝參出入皆給馬，至是令止給正、副使，著爲令。

六年，英宗遣還東影山遭風往爪哇國市貢物通事沈志良等。福建巡按鄭顒疏言：「琉球國通事沈志良、使者阿普斯吉載磁器等物並護船器械往爪哇國，遭風進港，妄稱進貢，今已拘收候旨。」英宗曰：「遠人宜加撫綏，況遇險失所，尤當矜憐。其悉以原物還之，聽自備工料修船，促還本國。」

七年，世子尚忠遣長史梁求保入貢，以巴志訃告請封。遣給事中俞忭、行人劉遜齎詔敕至國，封世子尚忠爲王。詔曰：「昔我祖宗，恭天明命，君主天下，無間遠邇，一視同仁。海外諸國，咸建君長，以統其衆。朕承大寶，祗奉成憲，用圖永寧。故琉球國中山王尚巴志，爰自先朝，恭事朝廷，勤修職貢，始終如一。兹既云亡，其世子尚忠敦厚恭慎，克類前人，上能事大，下能保民。今遣正使給事中俞忭、副使行人劉遜，齎敕封爲琉球國中山王，以主國事。爾大小頭目人等，其欽承朕命，盡心輔翼，惇行善道，俾國人咸樂太平，副朕仁覆蒼生之意。」并敕王曰：「爾遣長史梁求保奏爾父王尚巴志亡没，良深悼念。特遣使命爾爲琉球國中山王，以主國事。爾宜篤紹爾父之志，益堅事上之誠。敬守臣節，恭修職貢，善撫國人，和睦鄰境，庶幾永享太平之福。」仍賜王及妃皮弁、冠服、金織襲衣、幣布等物。忭等未至，忠已兩遣使貢馬及賀明年元旦，猶稱世子。

九年，王四遣使入貢，賜使臣梁回海舟一。

十年，王兩遣使入貢，宴賚如例。

十一年，王兩遣使入貢，宴賚如例。

十二年，世子尚思達遣長史梁球一作求。以其父尚忠訃告請封。三月，命給事中陳傅、行人萬祥諭祭故王尚忠，封世子思達爲王。敕曰：「爾比遣長史梁球等奏，爾父王尚忠亡没，良深悼念。特封爾爲琉球國中山王，繼承爾父，主理國事。爾宜篤紹先志，敬守臣節，恪修職貢，簡任賢良，善撫國人，和睦鄰境，以保國土。」仍以皮弁、冠服、常服及織金紵絲、羅緞等物賜王。復詔諭其國臣庶，盡心輔翼，各循理分，毋或僭踰，俾凡國人同樂雍熙，副朕一視同仁之意。王遣通事蔡讓等貢馬及方物，宴賚如例。

十三年，王遣使入貢。

十四年，王遣梁同等貢馬及方物，已又遣馬權度等入貢。王叔尚金福亦貢馬及方物。賜衣幣、冠帶，仍命齎敕并綵幣歸賜王及王妃、王叔。

景泰元年，王遣使百佳尼入貢。景帝命齎敕并文綺、綵幣歸賜王及妃。已又遣梁回貢馬及方物，宴賚如例。通事程鴻言船壞，願以賜幣造船。禮部請移文福建三司，聽其自造，不得擾民。

二年，王遣使察都等入貢，已又遣亞間美等入貢。察都請自備工料造船，禮部言宜令候本國進貢通事李敬等回日附載歸國。景帝命左給事中喬毅、《殊域周咨》作陳謨。行人童守宏童一作董。諭祭故王思達，封王叔尚金福爲王。

三年，金福兩遣使入貢，猶稱王叔，蓋命未達也。

四年，王四遣使入貢。未幾，王卒，王弟布里與其子志魯争立，焚燒府庫，兩傷俱絶，所賜鍍金銀印亦鎔壞。國人推尚泰久主國事。

五年，泰久以國難告，并請鑄印頒賜，命所司給之。已又遣使入貢，命齎敕及綵幣歸賜王弟。

六年，王弟兩遣使入貢，命給事中嚴誠、《殊域周咨》作李秉彝。行人劉儉充正副使齎詔敕封王弟尚泰久爲王。詔曰：「帝王主宰天下，恒一視而同仁；藩屏表率國中，或同氣以相嗣。朕躬膺天命，撫馭諸侯。琉球國王尚金福既薨，其弟尚泰久性資英厚，國衆歸心。茲特遣使齎敕封爲琉球國中山王。凡彼國中遠近臣庶，宜悉心輔翼，罔或乖違，長堅忠順之心，永享太平之福。故茲詔示，咸使聞知。」又敕王曰：「爾自先世恪守藩維，傳及爾兄，益隆繼述，敬天事上，久而愈虔。屬茲薨逝，軫于朕懷。爾乃王弟，宜紹國封。特遣使齎詔封爾爲琉球國中山王。賜爾及妃冠服、綵幣等物。爾尚砥礪臣節，懷撫國人。欽哉！」

七年，遣使入貢，猶稱王弟。及册封後遣使入謝，又别遣使入貢。

天順二年，王三遣使入貢。

三年，王遣使李敬貢馬及金銀器皿。疏言：「本國王府失火，延燒倉庫銅錢，請照永樂、宣德間例，所帶貨物以銅錢給賜。禮部以銅錢係中國所用，難以准給，宜將估計鈔貫照舊六分京庫摺支生絹，其四分移文福建布政司收貯紵絲、紗羅、絹布等物，依時值關給。」從之。已又遣使亞羅佳其等入貢，宴賚如例。

四年，王遣使入貢。

五年，王遣使王察等貢馬及方物。

六年，王遣使程鵬等貢方物，宴賚如例。已又遣使入貢，以泰久訃告。英宗命吏科右給事中潘榮、行人司行人蔡哲充正副使往祭故王泰久，齎詔封世子尚德爲王。詔曰：「朕紹帝王之統，纘祖宗之緒，主宰天下，一視同仁，撫馭華夷，靡間遐邇。惟爾琉球國僻居海島，密邇閩中，慕義來庭，受封傳業，蓋有年矣。故國王尚泰久，克篤勤誠，敬天事大，甫餘六載，倏爾告終，先業攸存，可無承繼？其世子尚德性資仁厚，國衆歸心。今特遣正使吏科右給事中潘榮、副使行人司行人蔡哲，齎詔往封爲琉球國中山王，仍賜以皮弁、冠服等件。凡國中官僚士庶，宜同心輔翼，作我外藩。嗚呼！循理謹度，永堅率俾之忠；親族睦鄰，丕冒咸寧之化。故茲詔示，咸使聞知。」

七年，王遣使崇嘉山等入貢，宴賚如例。

成化二年，王遣使程鵬等貢馬及方物，賜宴及衣幣。

三年，王遣長史蔡璟入貢，賜幣。

四年，王遣使程鵬，已又遣使讀詩貢馬及方物，俱賜衣幣。

五年，王遣長史蔡璟入貢，已又遣使查農是等入貢，宴賚如例。王卒，世子幼，國人廢之，共立御鎖側尚圓爲王。廣東市舶司奏：「九星洋有遭風番舶，審知是琉球貢船，欲貿貨往閩，造船回國。部覆令廣東巡撫嚴加譯審，果無虞詐，方許貿易。」仍諭今後進貢務由福建故道，并敕地方官禁約下人，不得因而侵損，失向化之心。

六年，王遣使程鵬貢馬及方物，宴賚如例。福建按察司奏：「琉球貢使程鵬至福州，與委官指揮劉玉私通貨賄，俱應究治。」詔逮治玉而宥鵬。

七年，尚圓遣使蔡璟等入貢，以父尚德薨來告，請封。憲宗命户部都給事中邱弘、行人司行人韓文充正副使，齎儀物行慶弔禮，封世子尚圓爲王。弘至山東病卒，改命兵科給事中管一作官。榮偕文往。貢使蔡璟以織金蟒羅製衣，爲錦衣衛校尉所詗，刑部鞫之，璟固稱是國王受賜于先朝者。稽舊籍無有，没入内庫，仍敕諭王知之。

八年，王遣長史梁應貢馬及方物，宴賚如例。福建三司官奏：琉球國先因進貢，潛居内地，遂成家業，應遣還。禮部議，其人若承户部勘合許入籍者留，餘如請。

九年，王遣王舅武實入貢，謝恩。奏稱王常遣人往滿剌加國收買貢物，遭風飄至廣東，有司轉送福建，願自備工料修船同回。許之。

十年，王遣使沈滿志等貢馬及方物，宴賚如例。仍以鈔絹酬其自貢物值，滿志等乞如舊制摺給銅錢。不許。

十一年，王遣使程鵬入貢。附奏：乞如常例歲一朝貢。禮部覆稱去年福建守臣言琉球使臣登岸焚劫，訪察不獲，宜令鵬等齎敕省諭，並定貢期。憲宗敕王曰：「王使朝貢，已如例賞賜遣還。近福建鎮守官奏，通事蔡璋等還次福州，殺人劫財，非法殊甚。今因使臣還，特降敕省諭。敕至，王宜問璋等故縱其下之罪，追究惡徒，依法懲治。自後定例二年一貢，只許百人，多不過加五人，除正貢外不得私附貨物，并途次騷擾，有累國王忠順之意，其省之。」

十二年，王遣使梁應等入謝。會憲宗立皇太子，應因奏乞如朝鮮、安南例賜詔齎回，禮部以海外國例不頒詔，憲宗特命降敕，并以錦幣歸賜其王及妃。是年王卒。

十三年，王遣使李榮奉表謝恩。已又遣使程鵬貢馬及方物，復請歲一遣使朝貢。不許。

十四年，世子尚真遣長史梁應等請襲封，命兵科給事中董旻、行人司右司副張祥充正、副使，齎詔封世子尚真爲王，賜皮弁、冠服、金鑲犀帶并以綵幣賜王及妃。應等具奏乞仍一年一貢。不許。

十五年，王遣使李榮朝貢，迎封册，賜宴及衣幣。

十六年，王遣使馬怡世入謝。附奏：臣伏讀祖訓條章，許臣國不時朝貢。故自臣祖父以來，皆一年一貢。邇年舊撫福建大臣以臣國使有違法規利者，令臣二年一貢，此誠臣之罪也。然臣祖宗所以殷勤效貢者，實欲依中華眷顧之恩，杜他國窺伺之患。乞如舊制。憲宗不許，敕王曰：「曩因爾國使臣入貢，往往假饋送爲名，污我中國臣工，其實以爲己利。又不能箝束傔從，以致殺人縱火，强劫民財，又私造違禁衣服，俱有顯跡，故定爲二年一貢之例。朝廷富有萬方，豈爲爾一小國而裁省冗費哉？此例既定，難再紛更，特兹省諭，王其審之。」

十八年，王遣使貢馬及方物，乞以陪臣子蔡賓五人於南京國子監讀書。令有司歲給衣服廪饌如例。王又以不時進貢爲請，疏言：以小事大，如子事父。禮部言其意實假進貢以規市販之利，宜勿聽。仍敕王曰：「朝廷定爾國二年一貢，已具前敕。臣之事君，遵君之敕可也。屢違敕奏擾，可乎？所以固拒者，非爲惜費，蓋二年一貢，正合中制，朕恤小之意實在此。王其欽遵，毋事紛更。」禮部又言琉球國進貢，舊例到京少則四五十人，多則六七十人，俱給賞有差。邇因各國進貢率多奸弊，每國只許五七人，不過十五人到京，餘俱留邊以俟。今福建以例止容正議大夫梁應等十五人赴京，既已給賞，餘六七十人俱留布政司，宜發官帑，以次均給，庶不減削太甚，失柔遠之意。從之。

二十年，王遣使程鵬貢馬及方物。奏永樂間所賜船破壞，止存其三，乞自備工料於福建補造。部議許造其一。

二十二年，王遣使蔡曦貢馬及方物。王咨部請遣官生蔡賓等五人歸國省親，帝曰：「昔陽城在太學，諸生三年不歸省者斥之，矧遠人豈可長留不遣？其即放歸，以遂定省之私。」

二十三年，王遣使馬審禮等貢方物、謝恩，孝宗賜冠帶、衣幣，仍命領詔賜王及妃錦幣。

弘治元年，王遣使皮揚那等入貢。時從浙江入貢，帝命却之，以貢道當由福建，且貢非其時。禮部言遠人之情可念，減賞從人，稍示裁抑。從之。時蔡賓亦隨貢使至，言成化中讀書南京國子監，今吏部侍郎劉宣時爲祭酒，特加撫恤，乞容執贄於宣所致謝。許之。

三年，王遣使馬仁等進香，別遣王舅麻勃都入貢。奏稱本國來貢人員近只許二十五人赴京，物多人少，恐致疏失。又謂貢船抵岸，所在有司只給口糧百五十名，其餘多未得給。命來京人員許增五人，增口糧二十名。

五年、七年，王皆遣正議大夫梁德入貢，賜王錦緞宴賚如例。

九年、十三年，王皆遣正議大夫鄭玖入貢，賜王錦緞宴賚如例。

十五年，王遣使入貢。

十六年，命廣東守臣送所獲國王遣使往滿剌加國收買貢物，遇風舟覆漂至海南登岸之吴詩等百五十二人於福建守臣處，給糧養贍，候本國貢使歸之。

十七年，王遣使補貢。王具言前使遭風未回，致失二年一貢之期，至是補貢。納之。武宗登極，命行人左輔頒詔至國。

正德二年，王遣王舅亞嘉尼施等貢馬及方物。奏乞每歲一貢，禮部議彼因入貢違期，故爲此奏以飾非，宜勿聽。武宗特許之。長史蔡賓奏乞自備工料修造貢船二隻，部議驗實量修，不必改造。賓復奏，武宗曰：「賓善人也。」令二船拆卸補造，第勿過式。

四年，王遣正議大夫程璉入貢。

五年，王請遣官生蔡進等五人入國子監讀書。許送南監，給衣廩如例。

六年，王遣正議大夫梁能，七年，遣正議大夫梁寬等入貢，宴賚如例。

十年，王遣長史陳義，十一年，遣正議大夫梁龍貢馬及方物，宴賚如例。

十二年，王遣正議大夫陳義入貢。

十三年，王遣長史蔡遷，十五年，遣長史金良貢馬及方物，宴賚如例。

嘉靖元年，王遣王舅達魯加尼進香貢方物，慶賀。詔賜王及妃錦幣，敕王仍遵先朝舊例二年一朝貢，每年不得過百五十人，仍命福建巡撫、御史查勘驗放。

三年，王遣長史金良等二十人入貢。良言先有正議大夫鄭繩領謝恩方物，風漂未至，表文在此，請得先進。許之。明年繩至，言方物以舟敗，至是復進。福建守臣以聞。世宗命就彼中宴賚遣還，方物令所司轉運，仍令繩賚敕轉敕日本國王，令捕繫倡亂者以獻。

五年，官生蔡廷美等請就國子監讀書，令禮部給衣廩如例。是年王卒。

七年，第五子尚清汪志作天纘王卜稱第五子，徐録云尚真第五子。遣正議大夫鄭繩等入貢請封。繩等回至海中溺死。

九年，又遣蔡瀚入貢，申前請。禮部以襲封重典，命福建鎮巡官查訪申報。瀚請遣蔡廷美等四人歸娶，給賞有差。《太學録》作十一年事。瀚又言來經日本國，正源義晴托齎表文，乞赦其使臣宋素卿之罪非，乞新勘合金印，復修常貢。禮部驗無印篆，倭情譎詐不可遽信，敕琉球國王遣人傳諭日本，令擒獻首惡，送回擄去指揮，奏請裁奪。

十一年，正議大夫金良賫國中人民結狀請封。世宗命吏科左給事中陳侃、行人司行人高澄充正副使，賫詔敕封世子尚清爲王。詔曰：「朕躬膺天命，爲天下君，凡推行乎庶政，必斟酌乎古禮，其於錫爵之典，未嘗以海内外而有間焉。爾琉球國遠在海濱，久被聲教。故國王尚真，夙紹顯封，已踰四紀，兹聞薨逝，屬國請封。世子尚清，德惟克類，衆心所歸，宜承國統。朕篤念懷柔之義，用嘉敬順之誠，特遣使賫詔封爾爲琉球國中山王，仍賜以皮弁、冠服等物。王宜慎乃初服，益篤忠勤，有光前烈。國中耆俊臣僚，其同寅翼贊，協力匡扶，尚殫事上之心，恪盡臣藩之節。保守海邦，永底寧謐。」又敕王曰：「惟爾世守海邦，繼膺王爵，敬順天道，世事皇明。爾父尚真自襲封以來，恭勤匪懈。比者薨逝，良用悼傷。爾以冢嗣，國人歸心，理宜承襲。兹特遣使封爾爲琉球國中山王，并賜爾及妃冠服、綵幣等物。爾宜祇承君命，克紹先業，修職承化，保境安民，以稱朕柔遠之意。」

十三年，遣正議大夫梁椿入貢，表稱世子，時詔命猶未達也。詔弛朝鮮、琉球貢使在京五日出之禁，從朝鮮國王李懌請也。

十四年，陳侃等使還，言海中值風濤之險，多藉神庥，不致顛覆，乞賜祭以答神貺。禮部議，令福建布政司設祭一壇。陞侃爲光禄寺少卿，澄爲尚寶司丞。王遣王舅毛實等入貢、謝恩，仍以錦幣、雜物賜王。先是，王以金四十兩饋侃等，不受。實等并以金奏，世宗命侃等受之。

十七年，王遣使陳賦入貢，宴賚如例。

十九年，王遣長史梁梓貢馬及方物。奏請造海舟四。許之。

二十年，王遣使殷達魯等入貢，宴賚如例。

二十一年，長史蔡廷美招漳州人陳貴等駕船之國，因與潮陽船爭利互殺，遂安置貴等於舊王城，盡没其貲。貴等夜奔，爲守者多所掩殺，於是誣貴等爲賊，械送福建。廷美賫表將赴京陳奏，巡按徐宗魯會三司官譯審以聞，留廷美等待命。得旨：貴等違法通番，着重治。琉球既屢與交通，今乃敢攘奪貨利，擅殺我民，且誣以賊，詭逆不恭，莫此爲甚。蔡廷美本宜拘留重處，念素係朝貢之國，姑且放回。後若不悛，即絶其朝貢。令福建守臣備行彼國知之。

二十二年，王遣正議大夫陳賦等貢馬及方物，宴賚如例，并以禮幣報王。王請遣官生梁炫等歸娶。時炫等就學南監，已踰七年，詔給資糧驛騎，遣人護歸。

二十四年，王遣長史梁顯入貢，送還朝鮮漂流人口，宴賚如例。

二十六年，王遣使陳賦入貢。賦與蔡廷會偕來。廷會祖璟，本閩人，永樂中撥往琉球充水手，而産籍在閩。會來與給事中黄宗概上世有親，遂與交通饋謁，事覺逮問，禮部請并罪賦。世宗曰：「陳賦無罪，賞如例。廷會交結朝臣，法當重治，念屬貢使，姑革賞示罰。仍行撫按官將廷會在閩産籍勘明處分。」

二十八年，王遣正議大夫梁顯入貢，宴賚如例。

二十九年，王遣官生蔡朝用等五人詣京，請入監讀書。許之。

三十二年，王遣長史梁炫入貢，宴賚如例。

三十四年，王遣正議大夫梁碩入貢，又請放官生蔡朝用等歸國省親。許之，遣使送歸。是年王卒。

三十六年，尚清第二子尚元遣正議大夫蔡廷會等入貢、請封。先是，三十五年倭寇自浙敗還入海，至琉求境，世子尚元邀擊，盡殲之，得中國被掠人金坤等六名。至是獻還，因乞每歲自行修買歸舟，不候題請。世宗嘉其忠順，許之，仍賜敕奬諭，賞銀五十兩、綵幣四表裏，有功人馬必度及廷會等俱厚賜。

三十七年，命給事中吳時來、行人李際春充正副使，齎詔封世子尚元爲王。時來尋疏論大學士嚴嵩奸邪狀，嵩言其畏航海之險，故生事妄言。世宗怒，杖戍時來，改使刑科給事中郭汝霖偕際春以行。

三十九年，汝霖等尚未行。正議大夫蔡廷會入貢奉表謝恩。時稱受世子命以海中風濤叵測，倭人出没不時，恐使者有他虞，獲罪上國，請如正德中封占城故事，遣人代進表文方物，而身同本國長史梁炫等賚回詔册，不煩遣使。巡按御史樊獻科以聞，下禮部議，言琉球在海中諸國頗稱守禮，故累朝以來，待之優異。每國王嗣立，必遣侍從之臣奉命服節册以往。今使者未至，乃欲遥受册命，則是委君貺於草莽，其不可一也。廷會奉表入貢，乃求遣官代進，昧以小事大之禮，棄世子專遣之命，其不可二也。昔正德中流賊爲梗，使臣至淮安，撫按官暫爲留住，俟事寧即遣貢闕下。占城國王爲安南所侵，竄居他所，故令使者賚回敕命，乃一時權宜，且此失國之君也。造無稽之詞以欺天朝，援失國之君以擬其主，其不可三也。梯航通道，柔服之常，彼所藉口者特倭人之警，風濤之險耳。不知琛賓之輸納，貢使之往來，果何由而得無患也？其不可四也。當時占城雖領回詔敕，然其王沙古卜洛猶懇請遣使爲蠻邦光重。且廷會非世子面命，又無印信文移，若遽輕信其言，萬一世子以遣使爲至榮，謂遥拜爲非禮，不肯受封，復上書請使如占城，將誰任其咎哉？其不可五也。令福建守臣以前詔從事便。至於未受封而先謝恩，亦非故典，宜止許入貢方物，俟受封後方進謝恩表文。世宗從之。

四十一年，汝霖等始奉詔至國。詔曰：「朕受天命，主宰寰宇，凡政令之宣布，惟成憲之是循，其於錫封之典，遐邇均焉。爾琉球國遠處海陬，聲教漸被，修職效義，閱世已久。故國王尚清顯荷爵封，粤踰二紀。兹者薨逝，屬國請封世子元。朕念厥象賢，衆心歸附，是宜承紹國統。特遣正使刑科右給事中郭汝霖、副使行人司行人李際春齎詔往封爲琉球國中山王，仍賜以皮弁、冠服等物。王宣謹守禮度，益篤忠勤。凡國中官僚耆舊，尚其同心翼贊以佐王，飭躬勵行，用保藩邦。故兹詔示，咸俾悉知。」王遣王舅源德偕汝霖等入謝，詔陞汝霖爲光禄寺少卿，際春爲尚寶司丞。初王以金四十兩餽汝霖等爲謝。却之。源德賫所餽金請命，世宗謂朝廷命使無受謝之義，詔聽汝霖等辭。尋以二臣遠行著勞，各賜銀幣。

四十二年，王遣正議大夫鄭憲入貢，送還中國漂流人口。世宗降敕褒諭，賜鏹幣。憲因奏本國亦有流入中國者，乞命守臣恤遣。下其疏於瀕海所司。

四十四年，王遣長史梁灼貢馬及方物，送回本國北山守備鄭都所獲中國被掠人口。世宗嘉王忠順，再敕獎諭，仍賜銀五十兩、綵幣四表裏，灼、都各二十兩、一表裏。

隆慶元年，王遣使入貢，宴賚如例。

二年，王遣使入賀，宴賚如例。

三年，王遣守備由必都等歸日本掠去人口，守臣以聞。穆宗以王屢效忠誠，賞銀幣同前，仍賜敕獎勵由必都等，給銀幣有差。

五年，王遣正議大夫鄭憲入謝，又歸被掠人口，再敕獎勵，賜銀幣給賞如前。遣官生梁炤等三人歸國，從王請也。明年王卒。

萬曆元年，尚元世子尚永遣使入貢，請封。禮部行福建鎮巡官查勘。又送還被掠人民，獎賚如例。

二年，遣王舅馬中叟、長史鄭佑等十八人入貢，賀登極，宴賚如例。

三年，世子兩遣使入貢。

四年，世子遣正議大夫蔡朝器等貢方物，如例給賞外，神宗命每五日另給鷄鵝、米麵、酒果，以示優異。命户科左給事中蕭崇業、行人司行人謝杰充正副使，賚皮弁、玉圭往封尚永爲王。崇業等疏言四事：一、頒去詔敕如彼國懇留，宜如例俯循其請；一、秩祀海神合舉祈報二祭；一、造船宜專責府佐，副以指揮二員，造完一併隨行；一、飲食物用、弓矢器械以及觀星、占風、聽水、察土、醫卜技藝之流畢備，許酌量取用。悉如所請。

五年，遣正議大夫梁灼入貢，表稱世子。時崇業等尚未行也。

八年，崇業等始賚詔敕至國。詔曰：「朕受天明命，君臨萬方，薄海内外，罔不來享，延賞錫慶，恩禮攸同。惟爾琉球國遠處海濱，恪遵聲教，世守職貢，足稱守禮之邦。國王尚元，紹序膺封，臣節寀謹，茲焉薨逝，悼切朕衷。念其侯度有常，王封當繼，其世子永德惟象賢，惠能得衆，宜承國統，永建外藩。特遣正使户科左給事中蕭崇業、副使行人司行人謝杰，賫詔往封爲琉球國中山王，仍賜以皮弁、冠服等物。凡國中官僚耆舊，尚其協心翼贊，畢力匡扶，懋猷勿替於承先，執禮益虔於事上。綏茲有衆，同我太平，則亦爾海邦無疆之休。」又敕王曰：「惟爾先世守此海邦，代受王封，克承忠順。迨於爾父元，畏天事大，益用小心，誠節懋彰，寵恩洊被，遽焉薨逝，良用悼傷。爾爲冢嗣，克修厥美，群情既附，宜紹爵封。茲特遣使封爾爲琉球國中山王，并賜爾及妃冠服、綵幣等物。爾宜恪守王章，遵述先志，秉禮守義，奠境安民。庶幾彰朕無外之仁，以永保爾有終之譽。」王遣王舅馬良弼入謝，偕陪臣子鄭週等三人就學，命送南監，給衣糧如例。

九年，王遣正議大夫梁燦入貢。

十一年，王遣使梁灼入貢。

十五年，王遣正議大夫鄭禮謝恩，别遣使貢方物。明年王卒。

十九年，尚圓嫡孫尚寧遣使鄭禮入貢，言國方多事，未暇請封。部咨該國世子宜速請襲爵，鎮壓國人，毋以地方多事爲辭。

二十三年，國人哈那等船飄温州，浙江巡撫劉元霖以聞，神宗命優恤遣還。

二十七年，寧遣使鄭道等入謝請封。部議不必遣官，但取具該國王舅、法司等官印結，與世子奏本到即頒封。神宗命選廉勇武臣一員同往。

二十九年，命兵科給事中洪瞻祖、行人司行人王士楨充正副使往。禮部右侍郎署尚書事朱國祚言：「琉球國僻處東南，世修職貢，時當承襲，屢遭倭警，延逭至今。既經世子尚寧奏請，相應准封，其該用皮弁、冠服、紵絲等項，宜照例應付遣官，已奉明旨。但據其陳乞情詞，援引《會典》，必以文臣爲請，惟聖明裁定。」得旨如請。時浙江巡撫劉元霖報獲海船係琉球國差探封貢聲息，其中類倭數人，衣笠刀仗皆倭物，會同館譯問長史蔡奎，奎不能辨。神宗命待該國質審回奏，再遣瞻祖等往。已而瞻祖以憂去，以兵科右給事中夏子陽代之。

三十二年，寧遣王舅毛繼祖等入賀册立東宮，并謝賜還本國漂流人口，各賜衣服、帽襪。

三十三年，神宗命夏子陽等作速渡海，以彰大信。仍傳諭彼國，以後領封海上，著爲定規。先是二十三年，琉球使臣於霸等爲世子請封，撫臣許孚遠以倭氛未息，議遣使賚敕至福建，聽來使面領，或遣慣海武臣同彼國使臣往，得旨待世子表請然後如議頒封。迨二十八年，請封表至，則有用武臣之旨。二十九年，世子再疏，乞差文臣，始改後命。於是夏子陽等方賚敕入閩，而巡按方元彦以濱海多事，警報頻仍，偕撫臣徐學聚請仍遣武臣前往。子陽等具言，屬國言不可爽，使臣義當有終，乞堅成命，以慰遠人。俱未報。而禮部侍郎李廷機言，宜斷行領封初旨，并武臣之遣而罷之。於是御史錢桓、給事中蕭道高各具疏力言其不可，且云：「此議當在欽命未遣之先，不當在册使既行之後。宜行該撫速造海船，勿誤今年渡海之期。俟事竣復命，然後定爲畫一之規。先之以文告，令其領封海上，永爲遵守。」從之。子陽等齎詔敕至國。詔曰：「朕躬膺天命，誕受多方，爰暨海隅，罔不率俾，聲教所訖，慶賚惟同。爾琉球國僻處東南，世修職貢，自我皇祖，稱爲禮義之邦。國王尚永，祗襲王封，恪遵侯度，倏焉薨逝，良惻朕心。其世子寧賢足長人，才能馭衆，間關請命，恭順有加。念其國統攸歸，人心胥屬，宜膺寵渥，固我藩籬。特遣正使兵科右給事中夏子陽、副使行人司行人王士楨齎詔往封爲琉球國中山王，仍賜以皮弁、冠服等物。凡國中官僚耆舊，尚其殫忠輔導，協力匡襄，堅事上之小心，鞏承先之大業。永綏海國，共享昇平，惟爾君臣亦世世永孚于休。」又敕王曰：「惟爾上世以來，建邦海外，代膺封爵，長固藩維。爾父永恪守王章，小心祇畏，忠誠茂著，稱我優嘉，遽至長終，良深悼惻。爾爲冢嗣，無忝象賢，既允群情，宜崇位號。兹特遣正使兵科右給事中夏子陽、副使行人司行人王士楨，齎敕諭封爾爲琉球國中山王，并賜爾及妃冠服、綵幣等物。爾宜益虔侯度，克紹先猷，保乂人民，奠安境土。庶幾恢朕有截之化，抑亦貽爾無疆之休。」

三十四年，子陽等事竣復命，陞子陽爲太常寺少卿，士楨爲光禄寺丞。王遣王舅毛鳳儀、正議大夫阮國入謝。鳳儀等齎子陽等所辭金上於朝，神宗命來使齎回。王附奏洪、永間賜閩人三十六姓，知書者授大夫、長史，以爲朝貢之司，習海者授通事，總爲指南之備。今世久人湮，文字、音語、海路更針常至違錯，乞依往例更賜。禮部寢之。

三十六年，王遣使鄭子孝等十三人入貢，宴賚如例。

三十八年，王遣王舅毛鳳儀、長史金應魁急報倭警，致緩貢期，巡撫陳子貞以聞。

四十年，浙江總兵官楊崇業奏報倭情，言探得日本以三千人入琉球國，執中山王，遷其宗器，宜敕海上嚴加訓練。而兵部疏言倭入琉球，獲中山王，則三十七年三月事也。時福建巡撫丁繼嗣奏：「琉球國使柏壽、陳華等執本國咨文，言王已歸國，特遣修貢。臣竊見琉球列在藩屬，固已有年，但爾來奄奄不振，被拘日本，即今縱歸，其不足爲國明矣。況在人股掌之上，保無陰陽其間？且今來船方抵海壇，突然登陸，又聞已入泉境，忽爾揚帆出海。去來倏忽，迹大可疑。今又非入貢年分，據云以歸國報聞。海外遼絶，歸與不歸，誰則知之？使此情果真，而貢之入境有常體，何以不服盤驗，不先報知，而突入會城？貢之尚方有常物，何以突增日本物，於硫磺、馬、布之外貢之？齎進有常額，何以人伴多至百餘名？此其情態已非平日恭順之意，況又有倭爲之驅哉！但彼所執有辭，不應驟阻，以啓疑貳之心，宜留正使及人伴數名，候題請處分，餘衆量給廪食，遣還本國。非常貢之物，一併給付帶回。始足以壯天朝之威，正天朝之體。章下禮部，覆如撫臣言。」

四十四年，王遣通事蔡廛來言，邇聞倭寇造戰船五百餘隻，欲協取鷄籠山，恐其馳突中國，爲害閩海，故特移咨奏報。福建巡撫黄承立以聞。

天啓元年，頒登極詔於福建布政司，轉命衛指揮蕭崇基齎詔之國。

三年，尚豐遣使蔡堅等貢硫磺、馬匹，請封。尚豐，尚元第三子尚久之子，元之孫也。先是定期二年一貢，萬曆間國被倭難，詔停貢已十年，至是以爲言。部議本國休養未久，暫擬五年一貢，待册封後另議。

五年，豐遣使入謝并乞封典。

六年，豐遣使入貢。

七年，豐遣正議大夫蔡延等入貢，宴賚如例。

崇禎二年，豐遣使入貢，再申前請。禮官何如寵以履險糜費，請令陪臣領封，不從。命户科左給事中杜三策、行人司司正楊掄充正副使，齎詔及儀物往封尚豐爲王。

六年，三策等始至。國王遣使入謝。

九年，王遣使入貢，宴賚如例。

十二年，王遣使蔡堅等入貢。明年王卒。

十七年，尚豐第三子尚賢遣使金應元入貢，請封。會中朝道阻，不得歸。

大清順治三年，福建平，尚賢請封使者與通事謝必振等至江寧，投經略臣洪承疇，轉送入京。禮部言前朝敕印未繳，未便授封，遣通事往諭。

六年，尚賢弟尚質自稱世子，遣本國通事周國盛齎表歸誠，隨通事入朝。

七年，質遣王舅阿榜琨、正議大夫蔡錦等奉貢入賀，船漂没未達。

八年，世祖章皇帝令來使周國盛齎敕歸諭世子。

十年，世子遣王舅馬宗毅、正議大夫蔡祚隆等貢方物，繳前朝敕印，請封。備言其國王没，敕即隨葬，惟尚寧未葬，故即以寧敕繳。

十一年，又遣官進貢，請封。賜國王蟒緞二、綵緞六、藍緞二、素緞二、閃緞二、錦三、綢四、羅四、紗四，賜王妃綵緞四、閃緞一、藍緞二、素緞三、錦二、羅四、紗四，賞王舅綵緞、表裏各四，正議大夫綵緞、表裏各三，藍緞一、綢二、羅二，使者綵緞、表裏各二，藍緞一、綢一、紗一、羅一，通事、從人紗緞、綢布、銀兩各有差。遣兵科愛惜喇庫哈番張學禮爲正使，行人司行人王垓爲副使，賫詔書一道、鍍金銀印一顆，令二年一貢，進貢人數不得過一百五十人，許正副使二員，從人十五名入京，餘俱留邊聽賞。學禮等疏請十事，部議賜一品麟蟒服，於欽天監選取天文生一人，南方自擇醫生二人，賜儀仗，給驛護送，外給從人口糧，至福建修造海船，選將弁二兵二百人隨往。因海氛未靖，還京未行。聖祖仁皇帝御極，念遠人延佇日久，譴責學禮等，卒遣行。康熙二年至國，詔仍順治十一年所頒，敕則康熙元年也。

三年，王遣陪臣吴國用、金正春奉表謝封、進貢，且疏言：「捧讀敕諭，因臣使物故甚多，滯閩日久，將正副使併督、撫諸臣處治。但中外均屬臣子，臣躬承天庥，不能少爲諸臣之報，而反重爲諸臣之累，臣何人斯，豈能宴然清夜？」聖祖命還學禮等原職，賜國王蟒緞二、綵緞四、藍緞二、素緞二、閃緞二、錦二、綢二、羅二、紗二，賞王舅綵緞、表裏各四，羅四，綵緞三，靴一雙，紫金大夫綵緞、表裏各四，羅三，靴一雙，使者綵緞、表裏各二，摺鈔布四，通事、從人緞布有差。王又另疏進學禮等所辭宴金正使一百兩，副使九十兩，請令二臣收受。部議不可。奉旨：這琉球國所與宴金，仍著使臣收受。

四年，王遣使進香，并賀登極，進貢。其貢物有在梅花港口遭風漂溺者，奉旨免其補進。

五年，補進貢物。聖祖命發回。又令應進瑪瑙、烏木、降香、木香、象牙、錫速香、丁香、檀香、黄熟香等十件，不係土産，免其進貢。其硫磺留福建督撫收貯。餘所貢方物令督撫差人解送，其來使不必賚送，到京即給賞遣回。

六年，令貢使仍賫表入覲。明年王卒。

八年，尚質世子尚貞遣使入貢，於常貢外加進紅銅及黑漆嵌螺茶碗，照例給賜，惟正使不係王舅，與副使正議大夫賞同。

十年，進貢，於常貢外加進鬃烟、番紙、蕉布，其被風飄失貢物，免其查議。

十三年，進貢，於常貢外加進紅銅及火爐、絲烟。

十八年，補進十七年貢。除赴京存留官伴外，其餘員役令先乘原船歸國。

十九年，世子遣使進貢。聖祖諭琉球國進貢方物，止令貢硫磺、海螺殼、紅銅，其餘不必進貢。貢物舊有金銀罐、金銀粉匣、金銀酒海、泥金綵畫圍屏、泥金扇、泥銀扇、畫扇、蕉布、苧布、紅花、胡椒、蘇木、腰刀、大刀、鎗、盔甲、馬鞍、絲綿、螺盤，後俱免進。外有加貢物無定額，熟硫磺一萬二千六百觔、海螺殼三千箇、紅銅三千觔。

二十年，世子遣使入貢。聖祖以貞恪共藩職，當耿精忠叛亂之際，屢獻方物，恭順可嘉，賜敕褒諭，仍賜錦幣五十，又於常貢内免其貢馬，著爲例。

二十一年，世子遣耳目官毛見龍、正議大夫梁邦翰上言，先王尚質於康熙七年告薨，貞嫡嗣應襲爵，具通國結狀請封。禮部議，航海道遠，應令貢使領封，見龍等固請，部議執不可。聖祖特允之，遣翰林院檢討汪楫、内閣中書舍人林麟焻爲正副使。楫等疏陳七事：一、請頒御筆；一、請照例諭祭海神；一、渡海之期，不必專候貢使；一、請帶修船官匠一同渡海；一、請給關防，以稽詐冒；一、請增兵護行，以壯國威；一、請預支俸銀，爲辦裝貲。禮部盡議不行，仍令會同户、兵、工三部再議，奏上，聖祖大書「中山世土」四字賜王，特許帶修船匠役隨行，製祭文二道祈報海神，并給俸二年以往。

二十二年，楫等至閩。時方治兵攻臺灣，遂不候造船，徑取戰艦渡海。六月，楫等至國，諭祭故王尚質，册封尚貞爲王。王遣法司王舅毛國珍、紫金大夫王明佐等謝封。楫等回京，復爲題請遠人向化，請賜就學。禮部議覆准行。王又另疏進楫等所辭宴金一百九十二兩，請令二臣收受。部議不可，奉旨：這琉球國所與宴金，仍著使臣收受。

二十三年八月，奉聖祖諭：汪楫等奉使琉球，往回甚速，黽勉盡職可嘉，著吏部議敘具奏。

二十五年，王遣官生梁成楫、蔡文溥、阮維新、鄭秉均等四人入太學，附貢使耳目官魏應伯、正議大夫曾夔船，桅摺傷，秉均飄至太平山修船。

二十七年，貢使到京，於正貢外加屏風紙二千張、嫩蕉布五十匹。聖祖令成楫等三人照都通事例日廩甚優，四季賜袍褂、衫褌、靴帽、被褥俱備，從人皆有賜，又月給紙筆墨硃銀一兩五錢，特設教習一人，又令博士一員督課。

三十年，王遣貢使耳目官温允傑、正議大夫金元達到京，請官生歸國。賜宴，各給賞雲緞、綢布等，乘傳厚給遣歸。以後貢使例遣耳目官一員爲正，正議大夫一員爲副，後不具書官名，他官則書。

三十二年，王遣馬廷器、王可發等入貢，宴賚有差。

三十四年，王遣翁敬德、蔡應瑞入貢。

三十六年，王遣毛天相、鄭弘良入貢。

三十八年，王遣毛龍圖、梁邦基入貢。

四十年，王遣毛得範、鄭職良入貢。得範至杭州病卒。

四十二年，王遣毛興龍、蔡應祥入貢。

四十四年，王遣温開榮、蔡肇功入貢。

四十六年，王遣馬元勳、程順則入貢。

四十八年，王遣向英、毛文哲入貢。國中多災，宫殿盡焚，颱颶頻作，人畜多死，草木皆枯。是年王卒。

四十九年，尚貞世子尚純子尚益以嫡孫嗣立。

五十年，益遣孟命時、阮維新入貢。

五十一年，尚益卒，未及請封。

五十二年，尚益世子尚敬嗣立，遣毛九經、蔡灼入貢。灼至福州病卒。

五十四年，敬遣馬獻功、阮璋入貢。

五十六年，敬遣夏執中、蔡温入貢，且告曾祖尚貞與其父尚益之喪，請封。

五十七年，遣翰林院檢討海寶、編修徐葆光充正副使往。

五十八年，又遣向秉乾、楊聯桂入貢。聯桂至通州病卒。六月，海寶等至國，諭祭故王尚貞、尚益，册封尚敬爲王。

五十九年，海寶等自琉球回，代請官生入學，并請給天妃春秋祀典。禮部議俱准行。王遣王舅向龍翼、紫金大夫程順則入貢，并謝封，貢金鶴、盔甲、馬鞍等物，宴賚有差。徐録：金鶴二，銀座全；盔甲一副，護手護臁全。金靶鞘腰刀二，銀靶鞘腰刀二，黑漆靶鞘鍍金銅結束腰刀二十，黑膝靶鞘鍍金銅結束衮刀十，黑漆灑金馬鞍一，鞶鐙全，金綵畫圍屏四，扇五百，土綿二百，紋蕉布二百，土苧布一百，白鋼錫五百觔，紅銅五百觔。以上皆謝封貢物。舊例有胡椒，今缺，以鋼錫代之。其常年貢物止白錫一千斤、紅銅三千斤、硫磺一萬二千八百斤，硫磺納藩庫，貢使賫銅錫至京。前明於福州特設市舶提舉一員，專理琉球貢事，以内官領之。本朝省，并其事於本府海防同知，今貢使猶稱之曰提舉云。王又另疏進海寶等所辭宴金一百九十二兩，請令二臣收受。部議不可，奉
旨宴金仍著使臣照舊例收受。

六十年，王遣毛廷黼、梁得宗入貢。聖祖諭將琉球國王照安南國王於常賞緞匹數目外增添緞匹加賞，交來使賫回，賜王其正副使、通事人等各加賞緞匹有差。

六十一年，王遣毛弘健、陳其湘入貢，附遣官生四人入監，至閩洋，觸礁，俱溺死。

雍正元年，王遣王舅翁國柱及曾信入貢，復遣官生鄭秉哲等四人入監，路卒一人。

二年，世宗憲皇帝召見王舅翁國柱於乾清宮，御書匾額「輯瑞球陽」四字賜王，及玉、緞等物交與翁國柱賫回，仍賞國柱銀幣。法瑯爐缾盒一分，白玉盒一對，漢玉玦一件，白玉鎮紙二件，三喜玉盃一件，青玉爐一件，白玉提梁礶一件，漢玉螭虎筆洗一件，青玉三喜花插一件，白玻璃大碗四，白玻璃蓋碗六，磁胎燒金法瑯有蓋靶碗六，青花白地龍鳳蓋碗十二，青花白地龍鳳蓋鍾十，藍磁碟十二，霽紅碟十二，霽紅碗十，填白八寸盤十二，緑龍六寸盤二十，青花如意五寸盤二十，青團龍大碗十二，五彩宮碗十四，緑地紫雲茶碗十，紫檀木盒緑端硯一方，棕根盒緑端硯一方，上用緞二十匹。賞王舅翁國柱銀一百兩，上用緞八匹。卹病故官生蔡宏訓銀三百兩。留一百兩修理墳墓，其二百兩著翁國柱帶回交宏訓之母養贍。王遣毛健元、蔡淵入貢。

三年，王遣紫巾官向得功及鄭士絢入貢。

四年，召見紫巾官向得功於乾清宫，賜王玉、緞等物，交得功賫回，仍賞得功銀幣。内造緞二十匹，玉方鼎一件，玉夔龍水注一件，漢玉方壺一件，玉五老雙壽杯一件，玉異獸花插一件，玉荷葉盤一件，玉龍鳳方盒一件，玉螭虎雙壽碗一件，玉雲喜巵一件，玉磬一架，白玻璃碗四，藍玻璃蓋碗六，青龍紅水七寸盤十二，霽紅白魚七寸盤二十，青花如意五寸盤二十，緑地紫雲茶碗十，青龍暗水大宫碗十二，五綵蟠桃宫碗十四，霽紅盤十二，霽紅蓋碗十，霽藍盤十二，紅龍高足有蓋茶碗六，青花龍鳳蓋碗十二，青花龍鳳蓋鍾十，法瑯爐鉼盒一分，紫檀木盒緑端硯一方，杏木盒緑端硯一方。賞紫巾官向得功内造緞八匹，銀一百兩。王遣毛汝龍、鄭廷極入貢，并進謝恩禮物。世宗命將進到四年貢物存留，准作六年正貢，其六年應進表文，仍令照例遣使赴京恭進。嗣因汝龍等呈請表文、方物一併來京，部議不許，仍令將六年表文俟八年正貢時一併恭進。遣官生鄭秉哲、鄭謙等歸國。

六年，王遣毛鴻基、鄭秉彝入貢。

八年，王遣王舅向克濟及蔡文河入貢。

九年，禮部議琉球國王奏進貢方物，請遵依舊典，二年一貢，不敢愆期。應如所請。奉諭旨：「朕因琉球地處重洋之外，奉表修貢，遠涉風濤，深爲軫念，曾經降旨，將雍正八年貢物准作十年正貢。今該國王奏請按期入貢，情詞懇切，具見誠悃。知道了，著仍遵前旨，若十年貢物已經遣使起程，即准作十二年正貢，十一年不必遣使前來。將此行文該國王知之。」

十年，賞王舅向克濟玉、磁器物。黄玻璃鉼一對，紅玻璃鉼一件，緑玻璃鉼一件，白玉筆擱一件，白玉雙龍觥一件，漢玉雙喜杯一件，紅瑪瑙水盛一件，牛油石福壽盒一件，銅法瑯花餅一件，銅法瑯茶盤一件，瓊石荷葉觥一件，青緑鼎一件，綵漆小圓盤八件，哥窑四繫花囊一件，藍磁瓶一件，霽紅瓶二件，霽青膽瓶一件，哥窑瓶一件，官窑雙管瓶一件，填白雙圓瓶一件，粉紅磁小餅一件，青花磁桃式盒一件，五彩套盃一副，正彩酒鍾四件，洋紅酒鍾四件。王遣温思明、鄭儀入貢。

乾隆元年，王遣毛光潤、鄭國柱入貢。光潤至福建病卒。

二年，王遣王舅向啓猷及金震入貢。

三年，王遣向維豪、蔡墉入貢。

四年，皇上以王遣使慶賀，忠藎可嘉，降敕奬諭，併御書匾額「永祚瀛壖」四字賜王及文綺等物。

五年，王遣王舅翁鴻業及蔡其棟入貢，并進謝恩禮物。其棟至福州病卒。

六年，禮部議琉球國謝恩禮物，照雍正四年之例存留，准作二年一次正貢。奉旨依議。

七年，王遣毛文和、蔡用弼入貢。

九年，禮部議將琉球國進到禮物存留准作九年正貢，其九年應進表文，仍令照例遣使赴京恭進。奉旨依議。

十一年，王遣毛允仁、梁珍入貢。

十三年，王遣向永成、鄭秉哲入貢。

十五年，王遣毛元烈、阮爲標入貢。元烈至福建病卒。又遣都通事阮超群等送回十四年内地被風失舟吴永盛等四船九十二名，其林士興等六船一百三十名，因船身堅固，先已撥給桅木廪餼，資送回籍。閩浙總督喀爾吉善、巡撫潘思榘以聞。奉旨賜國王蟒緞二匹、閃緞二匹、錦二匹、綵緞四匹、素緞四匹，以示嘉獎，其伴送之都通事阮超群、東觀旭等亦著該督撫優加奬賚有差。

十六年，福撫潘思榘奏：「琉球國使臣毛如苞等二號貢船一隻，在洋遭風，飄回本島，修葺補進，并將閩縣遭風船户蔣長興等、常熟縣商民瞿長順等三十九人留養兩年，隨船護送來閩。奉旨於常例外賜國王蟒緞二匹、閃緞二匹、錦二匹、綵緞四匹、素緞四匹，以示優獎。其在船官伴人等，亦著該撫分別賞賚有差。是年王卒，世子尚穆遣陪臣鄭國貞告哀。署福建巡撫新柱以聞。」

十七年，世子穆遣向邦鼎、楊大壯入貢。

十九年，世子穆遣毛元翼、蔡宏謨入貢，兼請襲封，疏云：「琉球國中山王世子臣尚穆謹奏，爲瀝懇循例封襲，以光世土，以效忠勤事。竊以敝國蕞爾彈丸，眇兹尺土，沐天朝深仁厚澤，有加無已。臣元祖尚質，於順治十一年荷蒙天恩，頒給王爵印篆，爲中山王，永奠海邦。臣高祖尚貞於康熙二十一年，恭沐詔敕册封，臣曾祖純、祖益未及請封，早已辭世。臣父敬於康熙五十七年叨蒙册封爲中山王。嗣爵以來，夙夜惟寅，矢勤矢慎，虔輸忠誠，恪恭匪懈，於乾隆十六年正月二十九日薨逝。念臣小子穆恭循典例，以嫡繼統，謹遣陪臣耳目官毛元翼、正議大夫蔡宏謨等，虔賫奏請，伏乞聖恩，體循臣父事例，差選天使，按臨蛟島。俾臣穆拜綸音於海表，永守藩疆；賡詔命於波區，代供貢職。則頂祝皇恩浩蕩，世世不朽矣。伏祈睿鑒，敕部施行，臣穆不勝惶悚待命之至，謹具奏以聞。」「琉球國中山王世子臣尚穆誠惶誠恐，稽首頓首，謹奉表上言：伏以玉版恢圖，焕規模於舊制；寶綸沛澤，隆體統於藩臣。率土莫不尊親，衆星拱北；普天咸稱神聖，諸水朝宗。歡洽臣民，慶騰宇宙。恭惟皇帝陛下，覆育同天，光華匝地。躬桓蒲穀，悉歸王會之圖；侯甸要荒，盡入職方之府。臣穆世沐帝澤，代守海藩。胙土分茅，自古之帝王大典；請封襲爵，今日之臣子微忱。謹遣陪臣毛元翼、蔡宏謨等，仰請綸音，望龍墀而悚慄；叩希天眷，瞻鳳詔以遥頒。伏願至德彌崇，覃恩愈廣。制儀制禮，因舊典以廣新恩；教孝教忠，由内臣而及外吏。將見川岳效靈，九有覿昭光之盛；江河獻瑞，萬方沾熙皥之隆矣。臣穆無任瞻天仰聖激切屏營之至，謹奉表恭進以聞。乾隆十九年十月二十二日琉球國中山王世子臣尚穆謹上表。」

二十年五月初七日，遣翰林院侍講全魁、編修周煌充正副使往封。

二十一年七月初八日，臣魁、臣煌至國，先行諭祭故國王尚敬，以八月二十一日宣讀詔敕，册封尚穆爲琉球國中山王。是年，王遣向全才、阮超群入貢。

二十二年正月，臣魁、臣煌自琉球還，代請官生入國子監讀書，并陳天威遠播，神應彌昭，請加天后封號，别頒諭祭文二道。事下禮部，部議俱准行。王遣王舅法司官馬宣哲、紫金大夫鄭秉哲入貢，奉表恭謝天恩，貢金鶴、盔甲、馬鞍等物，宴賚有差。

琉球國志略卷四上

輿　地 建置　疆域　形勝　城池　砲臺附

《淮南子》謂八埏之外有八極，裨海之外復有大瀛海環之，其言廓落，不足徵信，固然矣。顧乾坤定位，覆載難名，指實固屬臆説，據理則甚尋常。昔人多謂琉球北有落漈之患，漈即尾閭，臺灣淡水外亦然。據此則琉球以東別無地矣，何以尚有鳥語鬼形之昆舍那國，蠕蠕於琉球東隅烟霧間耶？是弱水之外，更有洲嶠，扶桑以後，猶多島嶼，誠不容以蛙蠡之見概之也。國家膺圖御宇，聲教暨訖，幅幀周廣，列在職方者不勝億計。琉球蕞處萬里外，視版圖所繪，僅如毛髮，比獨能尊事天朝，世世滋益恭，因是以仰賴皇威，永保厥土。鄰境讋伏，一視中華蒲穀之班；瀕海安恬，無復曩時鷸蚌之擾。臣於使竣，輒按方輿，得其道里遠近之數，與其村縣統轄之詳，而形勢要害，以次附録，務期異同有考，今古殊觀，庶蜃穴鮫區，燦然如指上螺紋，爰以備史宬採輯之萬一。志輿地。

建　置

流虬，隋使羽騎尉朱寬至國，於萬濤間見地形如虬龍浮水中，始曰流虬。《中山世鑑》

流求國居海島之中，當建安郡東，水行五日而至。土多山洞，其王姓歡斯，名渴利兜，不知其由來，有國代數也。《隋書》

流鬼。見《新唐書》

宋景定五年，西北諸島始來貢。咸淳二年丙寅，北夷大島來朝。自後每年來貢。《中山世鑑》

瑠求在漳、泉、福州界，與澎湖諸島相對，西南北岸皆水。《元史》《粤志》亦作瑠求。

元延祐元年，國王玉城嗣位，世衰政廢，内爲色荒，外爲禽荒，諸按司不朝，國分爲三。大里按司，據佐敷、知念、玉城、具志頭、東風平、島尻、喜屋武、摩文仁、真壁、兼城、豐見城十一國稱山南王。今歸仁按司，據羽地、名護、國頭、金武、伊江、大宜味、恩納七國，稱山北王。中山惟有首里王城、那霸、泊、浦添、北溪、中城、越來、讀谷山、具志川、勝連、首里、三平西平、南平、真地平。等數國。《中山世鑑》

明洪武十六年，命内使監丞梁民同奉御路謙賫符賜王鍍金銀印，二十八年補給山南王、山北王駝紐鍍金銀印各一。《明史》《實録》

洪武二十三年庚午，南夷宫古島、八重山島始來貢，其後每年來貢。《中山世鑑》

永樂二十一年癸卯秋，尚巴志遣使奏曰：「我琉球國分爲三者百有餘年，臣巴志爲此發兵山南、山北，今歸太平。伏願陛下聖鑒，不違舊規，給臣襲封。」《中山世鑑》自後國雖合一，仍稱中山王。

國朝順治八年，世祖章皇帝遣使封尚質爲中山王，賜印一顆，印文止稱琉球國王，詔敕文稱琉球國中山王如故。

疆域

琉球國國都元延祐間分爲三，宣德時并爲一。國分爲三省，中山爲中頭省，屬府十四；山南爲島宧一作尻。省，屬府十二；山北爲國頭省，屬府九。府土名間切。府所屬曰村頭。土名毋喇。地形東西狹，其寬處可有數十里，南北長四百四十里。自中山首里南至喜屋武邊海緊行一日半，北至國頭邊海緊行三日半。臣按汪楫録云，幅員周迴可五六千里，東西長，南北狹，非惟國都失實，即以屬島準之亦非是。

進貢由福建海道，來以冬至，自姑米山起五十更。六十里爲一更，計三千里。回以夏至，至姑米山止四十更。二千四百里。姑米至國都四百八十里。徑直海面西距福建布政司一千七百里，距京師七千八百三十二里。國人至今自呼琉球地曰屋其惹。

臣按：屋其惹，徐葆光録謂其舊土名，非也。細考之，乃土音如此，令之作書，則仍是琉球兩字耳。

轄三十六島，東四島，西三島，西北五島，東北八島，南七島，西南九島，水程南北三千里，東西六百里。遠近環列，語言惟姑米、葉壁與中山爲近，餘皆不相通。擇能中山語者給黃帽爲酋長，又遣黃帽官涖治之，主聽訟徵賦，名奉行官，亦名監撫使，歲易人，土人稱之曰親雲上。讀如牌金，蓋三字兩音也。太平山、大島、八重山各三員，馬齒山二員，小島各一員，惟巴麻、國音讀間字同麻，華言山也。伊計、椅山、硫磺山四島不設。

中山省首里、泊、久米、那霸不入間切，真和志以下共十四間切。

首里，王宫所在，不稱間切，屬村縣二十一。崎山在王宫東。金城在王宫西南。内金城　新橋在王宫東北。赤平在王宫北。儀保在朱平村北。西儀保　末吉在王宫北。山川　新川　殿川　寒川　大中　鳥崛　汀白次　赤田　姑場川　桃原　當藏　真和地　立岸

泊，土音土馬爺，一字三音，在首里西五里。屬村縣二。東境　西境

那霸，在首里西十里。屬村縣六。東縣　西縣　泉崎　若狹町　辻山辻音失汁，一字兩音。渡地

久米，粂字土音苦念搭，一字三音，今訛爲久米，在那霸東。屬村縣四。東門村　西門村　北門村　南門村亦名大門村。舊有普門寺，又名普門地，皆洪武中賜閩人三十六姓居之，不他徙，故名唐營，亦稱營中，後改唐榮。以村中貴者爲總理唐榮司。

真和志，在首里西五里。屬村縣十二。識名　國場　牧志　天久　松川　與儀　龜田　安里　湊川　古波藏　仲井間　上間

南風原，在首里南七里。屬村縣七。宫平　津嘉山舊有玉那霸，今并入。内嶺　本部　喜屋武讀如腔，三字一音。神里　平川

東風平，在首里南二十五里。地在山南省界中。屬村縣九。東風平　富盛　志多伯　世名城　友寄　高良　山川首里同名。宜壽次　當銘

西原，在首里東七里。屬村縣十六。幸地　小橋川　安室　桃原首里同名。　我謝　翁長　平郎　小那霸　棚原　末吉首里同名。　石嶺　嘉手刈　小波津　與那城與那城府同名。　内間　吴屋

浦添，在首里東三十里。屬村縣十一。浦添　伊祖　牧港　安波茶　澤岻　屋富祖　城間　西原西原府同名。　内間西原同名。　勢理客　前田

宜野灣，在首里東三十里。屬村縣十二。宜野灣　謝名　普天間　新城　具志川具志川府同名。　城田　嘉數　安仁屋　伊佐　喜友名　野嵩　我如古

中城，在首里東四十里。屬村縣十九。中城　姑場　熱田　當間　島袋　奥間　和宇慶　屋宜　津覇　安谷屋　伊集　渡口　喜舍場　添石　瑞慶覽　新垣　安里真和志同名。　中順　比嘉

北谷，亦稱北溪，在首里北四十里。此府多稻田。屬村縣十二。北谷　濱川　砂邊　野國　野里　玉代勢　屋良　桑江　嘉手納　平安山　伊禮　前城

讀谷山，在首里東六十里。屬村縣十二。讀谷山亦稱座喜味。　高志保　喜名　宜間　渡具知　大灣　伊良皆　渡慶次　波平　長濱　瀨名霸　根波

勝連，在首里東北六十里。屬村縣十。勝連　神谷　比嘉中城同名。　平敷屋　平安名　内間浦添同名。　新垣中城同名。　龜島　濱村　南原

與那城，在首里東北五十里。屬村縣六。仲田　平安座　安勢里　上原　池宮城　伊計

越來，在首里北五十里。屬村縣十。越來尚圓王弟宣威采地，代尚圓立，六月讓位圓子尚真，退老於此。今

其子孫世爲此村領主。

美里，在首里北六十里。屬村縣十八。嵩原　高原　恩納亦稱東恩納，以別北山之恩納。　石川　古謝　伊波　野原　松本　田里　楚南　比屋根　與儀真和志同名。　宮里　知花　池原　嘉手苅　登川　山城　照屋　安慶田　湖屋　上地　諸見里　山内　宇慶田　大古迴　中宗根

具志川，在首里東六十里。屬村縣十五。安里真和志同名。　上江洲　宇堅　祝嶺　中嶺　天願　高江洲　田場　田崎　安慶名　江洲　大田　榮野比　川崎　兼嘉段

山南省屬間切十二

大里，在首里南二十里。屬村縣十七。與那原　與古田　湧稻國　板良敷　仲程　與那霸　稻福　上與那原　大城　宮城　古堅　目取真　島袋中城同名。　南風原南風原府同名。　高宮城　真境名　當真

玉城，在首里南四十里。屬村縣十一。玉城　中村渠　富里　絲數　垣花　富名腰　前川　當山　和名　奥武　志堅原

豐見城，在首里南十五里。有山南王弟故城，國中祈雨例在此。屬村縣十七。豐見城　饒波　長堂　翁長西原同名。　真玉橋　盛島　奥平　高嶺　儀保首里同名。亦稱宜保。　我那霸　渡嘉敷　高安　伊良波　名嘉地　田頭　保榮茂　嘉數宜野灣同名。

小禄，在首里南二十里。屬村縣十一。小禄　上原　當間中城同名。　孯宮城土音孯爲五十，宮爲誠，

城爲五十姑，三字六音。　大嶺　儀間　湖城　具志　多加良　安次嶺　赤嶺

兼城，亦曰金城，在首里西南三十里。屬村縣十。兼城　座波　照屋越來同名。　嘉數宜野灣豐見城同名。　波平　武富　安波根　絲滿在海邊，村石甚奇。　湖平　志茂田

高嶺，土名多嘉嶺，在首里西南三十里。屬村縣五。大城大里同名。　真榮里　國吉　與座

屋姑

佐敷，亦稱佐鋪，在首里南二十里。屬村縣八。佐敷　新里　屋比久　手登根　外間　津波古　與那嶺　小谷

知念，在首里南三十里。屬村縣十。知念　敷名　久手堅　山口　鉢嶺　久高　外間佐敷同名。　知名　安座真　下敷屋

具志頭，在首里南三十里。屬村縣六。具志頭　波名城　中座　喜納　新城宜野灣同名。　與座高嶺同名。

麻文仁，麻亦作摩，在首里南四十里。屬村縣五。麻文仁　米次　石原　松嶺　小渡

真壁，在首里南四十里。屬村縣八。真壁　田島　真榮平　絲洲　宇榮城　古波藏真和志同名。　新垣中城勝連同名。　名城

喜屋武，在首里南四十里。爲國中極南沿海邊上。屬村縣五。喜屋武南風原同名。　上里　福地　山城美里同名。　東邊名

山北省屬間切九。

金武，在首里東北九十里。屬村縣五。金武　宜野座　奥松　漢那　祖慶

恩納，在首里北一百里。屬村縣九。恩納　安富祖　名喜真　山田　真榮田　仲泊　古良波　谷茶　富津喜

名護，在首里北一百五十里。屬村縣九。名護　屋部　世富慶　安和　喜瀨　幸喜　松堂　許田宮里美里同名。

久志，在首里東北一百五十里。屬村縣十一。久志　松田　邊野古　嘉陽　宜作次　瀨嵩　汀間松濱　田榮良　川田　宇富良

羽地，在首里北一百七十里。屬村縣六。池城　屋嘉　伊指川　真喜屋　源河　謝敷

今歸仁，在首里北二百里。屬村縣十二。今歸仁　親泊　謝名宜野灣同名。　中城中城府同名。　運天亦稱上運天。　崎山首里同名。　玉城玉城府同名。　平敷　仲宗根　吴我　天底林木最茂，不見天日。　我部

本部，在首里北三百里。南風原同名。屬村縣七。伊野波　浦崎　渡久知　崎濱　瀨底　伊豆味　謝花

大宜味，在首里東北三百里。屬村縣五。屋嘉比　喜如嘉　田湊　根路銘　津波

國頭，在首里東北三百十里。屬村縣四。國頭　邊土名　伊地　宇郎

東四島

姑達佳譯爲久高，在國東一百四十五里。夏録作孔達佳。山多螺石、海松，産赤秔米、黄小米、海帶、龍蝦、佳蘇

魚、五魯魚。

津奇奴譯爲津堅，在國東三十五里。産海松。

巴麻譯爲濱島。南北二島，在國東三十五里。

伊計譯爲池島，在國東三十五里。四島語言頗相近。

西三島

東馬齒山在國西一百三十里。大小五島。夏録云，俗呼溪頼米。産牛、馬、粟、布、文貝、螺、怪石。屬間切一。渡嘉敷豊見城同名。

西馬齒山大小四島。屬間切一。座間味地極磽瘠，人多黑色，善泅水，久久乃出。産海松、魚、螺、鹿。別有姑巴汎麻山。近姑米山，無人居，産鹿。

姑米山譯曰久米島，在國西四百八十里。産五穀、土綿、繭紬、白紙、蠟燭、螺、魚、雞、豚、牛、馬。由福州至國必針取此山爲準。屬間切二。安河　具志川仲里或作金城、名地二間切。

西北五島

度那奇譯曰渡名喜島，近姑米山，多牛。

安根岯一作阿姑尼，譯曰粟國島，又爲安護仁，與度那奇俱近姑米山，語言亦相類。産鐵樹，比他處良，多豕。

椅山亦曰椅世麻，亦曰伊江島，在中山、北山之間。四面黄沙，潮漲隔半里許，水退可徒涉至山。上有稻田，民頗富饒。

葉壁山土名伊平屋島，在國西北三百里。夏録云，俗呼禹臣馬。産米、五穀、棉花、蕉絲、海膽、毛魚。

硫磺山一名黑島，多鳥，又名鳥島，在國西北三百五十里，與姑米山相對。不生草木，置採硫礦户數十家，歲運米廩食之，統以二酋長，泊府官遥領之。其人目爲硫氣薰灼，皆如羊，不精明。相近有灰堆山，尤家埠，移山奥。

東北八島國人皆曰烏父世麻，過此爲土噶喇七島。土噶喇亦作度加喇。

由論在國東北五百里。産芭蕉果、〔樫〕木。

永良部訛爲伊蘭埠，在國東北五百五十里。有温鎮。

度姑譯曰德島，土音讀德字爲度姑二音。在國東北六百里。

由吕一作由路，在度姑東北三十八里。

烏奇奴又曰浮野，在度姑東北四十里。

佳奇吕麻吕一作路，又作加喜吕麻，在國東北七百七十一里。

大島土名烏父世麻，在國東北八百里，水行三日可達。其島長一百三十里，自稱小琉球，分七間切，有西間切、東間切、笠利名、瀨屋、喜住用、古見等，分屬二百餘村。大酋長十二員，小酋長一百六十餘員領之。有四書五經、唐詩等書。産米、粟、麥、豆、薯、木棉、芭蕉、棕、桑、竹、櫨、羅漢松，雜畜禽鳥，多有海鮮，有草鱣魚。海爪，蟶類，小似爪子。果有櫧子，燒酒、米肌、黑糖、蘇鐵皆有之。

奇界亦名鬼界，在國東北九百里。人多黑，産樫木。

臣按：汪楫録七島者，口島、中島、諏訪瀨島、惡石島、卧蛇島、平島、寶島也，人不滿萬，惟寶島較大，國人統呼之曰土噶喇，或曰即倭也。然國人甚諱之，殊不知有日本者。臣閒覽其國所置經書，悉係日本所刻，仍用漢文，旁印鈎挑字母，且有寶曆、永禄、元和、寛永、天和、貞亨、元禄諸名色，又皆日本僭號，則與日本素相往來明矣。一説七島本國屬，尚寧王被虜，割地與之，王乃歸，即七島也。今非所屬，故不詳。前使臣汪楫至時，適七島人在其國，欲仰覲天朝使者，因得一見。至問之，則書手版曰琉球國屬地，是未免國人諱之耳。汪又云北山寂無人來，或云倭常執王割地乃得返，即北山，實則非也。

南七島國人皆曰太平山。

太平山始爲宫古，後爲迷姑，今爲麻姑，在國南二千里。夏録云，俗呼苗恭，用艮寅針至中山，福州自東湧開洋，至釣魚臺，北風用單卯並乙辰針可達。周圍五六十里，頗富饒。每年五月歸貢稅於中山。

臣按：汪楫録云：太平山去國甚近。豈二千里可云近耶？殆未之詳考也。

伊奇麻譯曰伊喜間，一作伊計間，在太平山東南。

伊良保一作惠良部，在太平山西南。

姑李麻譯曰古裹間，一作來麻，土名來曰姑李，在太平山正西。

達喇麻一作太良末，在太平山正西。

面那一作水名，土音水曰而子，名曰那，在太平山西南。

烏噶彌一作宇間味，在太平山西北。

西南九島國人皆曰八重山。

八重山一名北木山，土名彝師加紀，在太平山西南四百里，去中山二千四百里。由臺灣彭家山用乙辰針可達。察度王當洪武時二大島來貢，即八重山、太平山也。較太平尤饒給，多樫木、黑木、黄木、赤木、草蓆，産牛、馬、螺石，出麻布、棉布、海參，紅酒名蜜林酒，五穀、琿璖、瑇瑁、珊瑚、羊肚，松紋、海芝、海松、海柏等石，每年五六月與太平山來貢中山。

烏巴麻二島，譯曰宇波間，一作小濱，在八重山西南。

巴度麻譯曰波渡間，一作鳩間，在八重山西南。

由那姑呢譯曰與那國，在八重山西南。以上四島皆近臺灣。

姑彌一作西表。産異蘭，名西表蘭。在八重山西，較諸島爲大。

達奇度奴譯爲富武，一作武富，在八重山西，姑彌東。

姑吕世麻譯爲久里島，一作黑島，在八重山西少北。

阿喇姑斯古譯曰新城，在八重山西。

巴梯吕麻譯曰波照間，在八重山極西北。

臣按：《隋書》大業四年煬帝遣武賁郎將陳稜浮海至高華嶼，又東行二日至鼅鼊嶼，又一日至流求。《明一統志》亦云鼅鼊嶼在國西，水行一日。高華一作英。嶼在國西，水行三日。今皆無其名。又《元史》瑠求境與澎湖諸島相對。《明一統志》亦云澎湖島在國西，水行五日。然考澎湖與臺灣相近，實非國之屬島也。至鄭若（會）〔曾〕所著《琉球圖》，以針路所取，去國都二三千里之彭家山、釣魚臺、花瓶嶼、雞籠、小琉球等山錯列，在那霸港左近，去國都二千里之太平山，誤置於中山歡會門之前，前人則既詳辨之已。

形勝

中山雄踞東溟，土磽地險，三十九府棋列於中，三十六島星羅於外，洵海表之鉅藩也。北恃葉壁尾閭控其後，敵虜落漈；南憑那霸馬加鎮其前，舟櫂衝礁。處則以逸待勞，如長蛇之陣，〔摯〕〔擊〕首則尾應；出則因臂使指，若捕鹿之形，扼吭而角掎。宜乎倭酋不敢侵，大島不復貳，長爲天家之屏翰，世守瀛嶠之金甌歟？

地形狹長，海水環注，井極深，多鹹苦，然在處山隈竇巖有甘泉湧出。

王城高峙中山絶〔頂〕，俯視南北，遥矚群島，四面海（頂）洋皆在眉睫中。左聳龍岡，右蹲虎崒，當諸間，切孔道，有居重馭輕、由中制外之勢。自萬歲嶺東至王府，衢路太直，特結圓墩一所，琢礪石砌成，上植鳳尾蕉十餘叢，籍之以上培國脉，下阜民生，亦堪輿家羅星水口補湊之法所不可缺者。

久米村舊爲普門寺地，明洪、永間賜閩人三十六姓，因以居之。奥山作案，辻阜爲屏，泉崎水縈，帶其閩中島石卓立如印，真所謂天馬行空，鬼樂相生。但帷幛重疊，氊褥未備。乃港堤突出，園廣如屑，加以木石分植，宛似龍形，有文明之象，允宜簪纓甲諸材而俊髦輩出，嶄然見頭角也。

臣按：汪楫録稱那霸港口礁石峥嵘，左右築砲臺，實無一人一物，土人謂無（儉）〔險〕可守。

惟港口數里皆鐵板沙，非生長斯土者不能引舟入港。大海中既不得泊，近山又慮觸礁，且遥望雉堞翼如也，有望而返耳，以故恒不設備。然萬曆間薩洲島倭猝至，王被執去，所謂鐵板沙者亦不足恃。據此則與莒人城小而惡，又不設備，卒無救渠邱之潰，古今同誚，《書》所以云有備無患也。倘恃險而驕，虐用其民，雖金城湯池無所用之。是知保邦之勝算，又在德不在險矣。

城　池炮臺附

王城在首里中山絶頂，累礪石爲垣，高四五丈，廣四五里。四門，前歡會門，西向，即國門也。後繼世門，東向。左水門，南向。右久慶門，北向。進歡會門爲瑞泉門，左右二掖門有刻漏樓，倣中國麗譙爲内城，皆無雉堞。

臣按：外間切及各島以城名者甚衆，要皆不立城郭，徒有其名，故不録。

砲臺有三，俱在那霸港口，中流有巨石，名馬加，四圍皆鐵板沙，沙堅踰鐵，嵌空嵯岈，沿海皆是，潮長則没，舟誤觸輒碎，國人恃爲金湯。南北跨海築長堤，兩砲臺並峙，皆琢礪石砌成，極堅整，方廣畝許，環以埤堄。北堤中作橋門三，以通潮。橋西有臨海寺，門外有重修臨海橋碑一，康熙三十五年程順則立，五十二年再刻碑陰。橋東迎恩亭前有修堤碑一，康熙五十五年蔡温立。南砲臺堤中有番字石碑一，額曰了攬新森城，碑文嘉靖三十三年國王尚清時立，餘皆番字，石剥蝕不可讀。又一石，題一梵字乇，下有小字云書《法華經》一石，「一」字漫。湖中别有小砲臺，突起小嶼，四面臨水，上狹下廣，方長可畝許，無雉堞，近奥山。屬島姑米山、馬齒山俱有砲臺，亦曰烟臺，爲往來舟楫舉號火處。

琉球國志略卷四下

風俗 形質　氣候　習尚　儀節　節令　服飾　舍宇附

琉球國俗，臣至日所見，如席地危坐，盤盂依倣俎豆，行酒必主人先飲而後酌客之類，皆爲近古。聞曩時世家大族始創瓦屋，邇乃棟宇漸興，頗知營造。要之初猶儉嗇朴野，幾與雕題鑿齒、反踵貫胸、裸袒涅顔者埒，今歷染華風，頓除蠻習，誠有如夏子陽所云蹋蹄嫫主之陋，浸爲王化所移，不可盡詆杜氏之謬也。志風俗。

《隋書》：深目長鼻，亦有小慧。

《朝野僉載》：人形短小，似崑崙。今亦有魁梧俊偉者。首里、久米、泊、那霸四村，秀美尤多。姑米山所見間有豐頤修髯，殊異常夷。

胡靖録：國中無名利縈心之累，民間無有餘不足之憂。人無所事事，亦不群然嬉聚。或一二静對清言，茹烟而已。是以人無勞心，多致天年。夏録云：邇來漸有機械，渾沌日雕琢矣。

《集事淵海》：其人驍健。夏録云：但能耐饑寒，任勞苦，尚血氣，不平則露齦裂眦相忿争，或持刀剚之，旋自引刀自剖腹死。以上形質。

謝杰《使録補遺》：地無木棉，隆冬亦衣苧，較閩加密，用以禦寒。富貴者或衣絲棉，貧子衣苧，五六觔重，即過一冬。我衆十月西歸，身猶衣葛，由氣候之煖也。

夏子陽録：氣候常熱，以海島卑濕而近於東，隆冬時間有霜雪。

又云：田多瘠磽，穀亦豐歉不齊。俗傳受封之後必大有年，頃駐節日驗之，果歲豐時和，雨露之澤，良不偶耳。

徐葆光録：多煖少寒，無冰，霜雪希降，草木常青。蚊至冬不收聲。十一月秧田插蒔。徐葆光《冬耕》詩：「寒風颯颯却爲霖，高下連山耕事深。十月芋田葉未老，隔稜已透緑秧針。」「菊含英處已尋梅，六月收田十月栽。有稻常聞兩番熟，無花不是一年開。」以上氣候。

《隋史》：無文字。徐録稱舜天時依日本國書制字母四十七，名依魯花：イ依ロ魯ハ花ニ義ホ夫ヘ揮ト都チ痴ハ利ヌ奴ル禄ヲ烏ワ哇カ喀ヨ夭タ達乙カソ蘇ツ即子你十那ラ喇ム某宀務井依ノ奴オ烏ク姑セ耶マ馬ケ其フ夫コ庫ユ而テ梯卩牙廾沙キ基ユ天乂霉三米ì志卫意匕蜚モ毛セ世ス使二一音嫣。此另是一字，以聯屬諸音者，合之共四十八字。有一字可作二三字讀者，有二三字可作一字讀者，略倣中國切音三十六字母意，或借以反切，或取以連書。如春色二字，琉人呼春爲花魯二音，則合書八口二字即爲春字；色爲依魯二音，則合書イ口二字即爲色字。若有音無字，則合書二字反切行之。如村名泊與泊舟之泊並讀作土馬伊，則一字三音矣。村名喜屋武讀作腔字，則又三字一音矣。語言亦多以五六字讀作一二字者。得中國書多用鈎挑旁記，逐句倒讀，實字居上，虚字倒下逆讀，語言亦然。文移中亦參用中國一

二字，上下皆國字也。據元陶宗儀云：琉球國進貢中華表文，用木爲簡，高八寸許，厚三分，闊五分，飾以髹，釦以錫，貫以革，而横行刻字於其上，字體科斗書。又云日本國中自有國字，字母四十有七，能通識之便可解其音義。其聯輳成字處，彷佛蒙古字法。以彼中字體寫中國詩文，雖不可讀，而筆勢縱横，龍蛇飛動，恍有顛、素之遺。今表疏皆中國書，如陶所云，或其未通中國以前，字體如此。但今國中字母亦四十有七，以國書寫中國詩文，果與顛、素無異。汪録云皆草書，無隷字，信然。國僧多游學日本，歸教其國中子弟，則其爲日本國書無疑。臣嘗見其國中四書悉照中國官板印刷裝釘，兩旁字母鈎挑疎密分明，細如絲髮。詢之云自福州購回，福州殊無是也。偶見有寶曆、寬永日本諸僭號，始信徐録不謬。夏子陽録：僧識番字，亦識孔氏書，以其少時嘗往倭國，習於倭僧，陪臣子弟十三四歲皆從之習字讀書，若三十六姓，復從舊時通事習華語，以儲他日長史、通事之用。作詩惟僧能之，然頗曉音韻而已，許以效唐則過也。

杜氏《通典》：婦人産必食子衣，以火自炙，令汗出。食皆用手，偶得異味，先進尊者。今俱不然。

謝杰《補遺》：儉而不勤，貧而不盜，渾樸而有等。職官之家有彌旬茹蔬者。女力織作，男反坐而食之。

夏子陽録：男子多仰給於婦人，司牝雞之晨者十室而九。

汪楫録：農習于惰，紝婦較耕男爲勤家，織蕉布，非是則無以爲衣也。負薪運水亦婦人爲之。

張學禮録：小心畏法，道不拾遺，夜不閉户。臣茲役見道旁有以竹枝夾物件插置墻隙者，問之，云係見遺失者拾而插之，以俟本人來取，即他人亦無冒取之也。後又聞有竊盜者，則黠夷乘隨封人衆，番官難於稽察，故間有之。

汪楫録：國人無姓，或以所生之地爲名，或以上世所官之地爲名。至充貢使或謁使者，旋乞姓名，書手版上，與本名迥異。臣履其國，細詢之，乃知其名祖父子孫兄弟皆同，或國中集事，則書其名於上，旁别注某子幾男之類，以故事多延緩。至有功，王賜以姓，始敢稱姓。實則各有私姓，家藏圖譜。王城以紫巾官入國史院者專掌之，若古者獻民數之遺，不僅首里、久米有姓也。然即二府人平居極親昵，相比鄰問以所識者之名氏，懵如也。問以田名，則隨口而對矣。若姓名則曰唐名。

張學禮録：士大夫恒好奕，僧院輒以奕供客，有倦意則授以枕。枕如小文具，中藏三四層，人各枕其一。

徐葆光録：棋局高尺許，脚三四寸，面厚七八寸，極堅重。黑子磨黧石爲之，白子磨螺蛤頂骨爲之。人皆善奕，謂之悟棋。下時不用四角黑白勢子，局終數空眼多少，不數實子也。亦有象棋。

汪楫録：士大夫無事輒聚飲，好以拇戰行酒，曼聲而歌，擖三弦和之，其音哀怨，抑而不揚，秋夜四望，絲肉盈耳。近亦有唱中國弦索歌曲者，云係飄風華人所授。

又云：無貴賤老幼，遇中國人必出紙乞書，不問其工拙也。得使臣書尤恭謹，俯身搓手，高舉加額而後啓視。臣見其國俗凡有所受，必高舉爲禮，一茶一烟皆然，即尊長受之卑幼亦然，不獨得使臣書始然也。

張學禮録：女子有不嫁人者，離父母自居，專接外島貿易之客。女之親戚兄弟毋論貴賤，仍與外客序親往來，不以爲耻。臣兹役甫至，風聞土妓甚衆，謂之侏儷，實則傾城二字之音也。外島且更繼至，因移書唐榮總理司，諭其善爲驅逐，毋令蠱我華人。以上習尚。

《隋書》：土人呼王爲可老羊，妻曰多拔茶。夏録云：今稱王曰敖那，稱妃曰札喇。豈方言或以世異乎？徐録：琉球國曰倭急拿敖那國，王曰哭泥華，王妃曰倭男禮喇。臣細訪之，國語多有音無字，即國字譯者第就漢文之音同者代之，究非的字也。今稱曰御主加那志，御主二字音如屈詩，又如勿蘇。稱妃曰御妃，音爲屈非。國之女人則稱妃曰倭男札喇加那子，國人讀可字音如加，老字音如那，蓋《隋書》係其國人姑以漢字與國語同音者譯加那兩字，初未嘗知華音爲可老也。敖與加國音相近，故夏録因作敖字。徐録則祗據其音書之，不知御音如屈，主音如詩，因以相近哭泥之音代之。若解御音爲屈，則屈非正御妃正字耳。至國人呼男曰會几噶，女曰會南姑，亦只男女二字其音若是，故呼册使曰阿几噶加那子，呼妃曰倭男札喇加那子，倭男即會南音也。想徐録必誤謂夏録札字係礼字省文，故特書正文禮字，遂大逕庭矣。大抵夷語音多字少，與華人酬接，今俱用漢文，可不深究也。若可老音如加那則拔茶，音正與札喇不遠，又不得概謂舊史之不足信也。故夏録、張録、徐録末皆以國語附之，實多影嚮傅會，間有一二合者，率皆淺俚，無適於用，今俱略之。又彼國以御字作尊字用，如御用、御座，平等書札皆用之，對華人則不敢用。

夏子陽録：王視朝，群臣具夷服搓手膜拜，跪移時不起。

又云：過先王廟前輒下馬搓手而行。居官言事必具酒二壺，至其家跽而酌之，酌畢，告以所事。

張學禮録：百姓見官長經過，男女皆去簪脱屐，俯伏道旁，俟過而後行。今不去簪，若坐則兩手據地，蟻行而過。

汪楫録：屋内必布細席，内裹草薦，以布爲緣，名曰脚踏棉。

徐葆光録：室中皆席地坐，無椅桌之用，飲食諸具皆低小。

胡靖録：客至脱屨以進，始知坐字兩人從土。《禮》云户外二屨，其謂是歟？

汪楫録：客入無拱揖之煩，坐定，主人則以烟架置客前，聽客自取。架列火爐一，唾壺一，烟匣一，烟管横其上，一室中常置數架，人各授一具。今俗呼烟爲淡巴菰，總呼曰淡巴菰盆。

徐葆光録：飲食置碗之具如古俎豆槃器，或方或員，皆著脚，高廣各尺許。水火爐製用輕簡，銅表錫裏，一置水，一置火，外作一木架盛之。下二層黑漆奩三四事，中藏茗具。國王令秀才二人值之，客出遊則携以隨。茶甌色黄，描青緑花草，出土噶喇。其質少粗無花，但作冰紋者出大島。甌上有朱黑漆木蓋，下有空心托子。甌頗大，斟茶止二三分，用果一小塊貯匙内。此學中國獻茶法，若彼國烹茶法，以茶末雜細米粉少許入碗，沸水半甌，用小竹帚攪之，起沫滿甌面爲度，以敬客。士夫家有一榼，滲金間采，製作甚精。郊飲各携一具，中四器置食物，旁置酒壺二，盞筯略備。民家食榼或方或員，皆作三四層，刳木爲之。曲隱几仿古式繞身如扇形，高尺許。書架如鏡架，着小座高半尺許，席地坐用之。燈製四方木格，上寬下窄，白紙糊之，空其頂，施木柄釘柱上。民間燈多不用燭，以木作燈，四方糊紙，籠油盞其中，置地席上。

胡靖録：《隋書》：凡有宴會，執酒者必待呼名而後飲，上王酒者亦呼王名銜盃共飲。夏子陽云：今不然。餚饌盡乾製，無調羹，各盤貯而不相共飲。酒止以一杯相傳，有我合彼分、我分彼合之别。

張學禮録：宴賓席甚簡薄，觔肉樽酒可當數人，敘款洽而已。一席不過一二器，即妻子從不同食。客來不分坐次，隨客意自坐。今賓主平等，皆危坐，或皆盤膝。若卑幼則跪伏于前，然後危坐，尊者令安坐始敢盤坐，或主人係卑幼，賓至則改危坐。坐下烟茗酒饌，接踵而至，客退竟出，主人絶不迎送。

《隋書》：嫁娶以酒餚、珠貝爲聘，或男女相悦，便相匹偶。

《明一統志》：浴死者之屍，以布帛纏之，裹以葦草，亦知造墳。

夏子陽録：今官民之家，遇有吉慶之辰，親知具酒一壺相賀。有喪則鄰里聚送，親者護柩而泣，送至墓，掩畢而歸。木主屬僧題之，男書圓寂大禪定，女書禪定尼，絶無考妣之稱。

汪楫録：嫁女不治奩具，父母走送之，壻家衣仍白，國俗不諱也。送葬者亦剪紙垂布爲旛前導。棺制三尺，長僅及身之半，屈死者足殮之。

徐葆光録：墓皆穴山爲之，既窆壘以石，貴家則磨石方整，亦建拜臺，墓門遠望如橋門，更有在層崖之上者。女墓前挂櫻葉片扇、白巾，男墓前白布笠、立杖、草履、木屐，若插花筒，置香爐則男女墓皆同。臣聞舊俗每三年開函一視，復封之，今則不爾。亦有以三和泥築成者。國中無道士、尼姑，惟有僧，亦有男巫、女巫。

渡海者家立長竿，置小木舟其上，長尺許，桅柁帆櫓皆備。另作薄木片風輪五葉，安船首尾，以候風之有無順逆，歸乃撤之，即古五兩旗遺意也。

凡許願皆以石爲神。神嶽叢祠皆無神像，設香爐炷香燒酒，搓手膜拜。若渡海則凡在船人等同日齊往數十處神祠遍禱，奉一石置船上，歸國又遍酬之。

夏子陽録：國中有女王者，王宗姊妹之屬，世由神選以相代。五穀成時，女王渡海至姑達佳山，採其穀穗嚼之，各山乃敢穫，若未嘗先穫者，食之立斃。

又云：凡月初三、十八、二十三夜皆修吉果拜待。初三夜焚香對月拜；十八夜焚香立待，待升明而拜，拜畢乃敢坐；二十三日焚香坐待，待月出則拜。謂可延齡益壽，今皆無之。吉果，糯米粉爲餅，火焙熟之，白浄如雪，國王每朔望餽天使食物有之，圓大如盤。聞此惟王府得爲之，民間只三指寬、三四寸長而已。姑米山人呼曰雪米烏喇。以上儀節。

《隋書》云：望月盈虧以紀時節，候草榮枯以爲年歲。臣按：此皆未通中國之初然爾，今歷世凜奉正朔，貢使至京必候賜時憲書賫回，而國中特設通事官豫依萬年書推算應用。書面云「琉球國司憲書官謹奉教令印造，選日通書」，權行國中，以俟天朝頒賜，憲書頒到日通國皆用憲書，共得凜遵一王之正朔，是千億萬年尊王嚮化之義也。琉球雖窮島荒陬，固長在光天化日之下矣。因併録其俗之節令，以備採風。

元旦至初六拜賀如中國。

徐葆光録：正月十六日，男女俱拜墓。是月女子皆擊毬板舞爲戲。板舞者，横巨板於木橙上，兩頭對立，一起一落，就勢躍起四五尺許，不傾跌欹側也。徐葆光《鵲踏花翻》詞：一板橫蹺，兩頭起落，雙雙瞥見飛仙駕。翩反如燕身輕，借勢低昂，春風擫袖爭高下。一邊乍踏鵲翻枝，一邊已打烏飛柘。那霸正月，彩虹齊跨，驚鴻不着鞦韆架。掀動六尺輕槎，縱然平地，歸客猶驚詫。羨他纖趾會騰空，凌波可學應無價。

二月國中同定吉日祭麥神。十二日各家俱浚井，汲取新水洗額，云可免病。

三月三日作艾糕相餉遺。同定吉日又祭麥神，謂之大祭。

五月五日競渡，泊一，那霸一，久米一，共龍舟三。角黍、蒲酒拜節同中國。定吉日祭稻神，此祭未行，稻雖登場，不敢入家。

六月同選吉日又祭稻神，亦謂之大祭。又同選吉日作六月節，國中蒸糯米爲飯相餉。

七月十五日盆祭祀先，預于十三日夜列火炬二於大門外以迎祖神，十五日盆祭畢送之。臣至國適上旬，出經道旁民舍，小童各手一紙幡對立招展，問之爲中元迎送祖神也。亦有延僧作盂蘭盆醮祀者。

八月初十、十五兩日各家蒸糯米交赤小豆爲飯相餉。徐録有白露先後三日守天孫，今無其俗。

九月放紙鳶。

十二月初八日通國作糯米糕，櫻葉包裹三四層，和葉烝食相餉，名曰鬼餅，亦驅儺之意。徐録作庚子、庚午日。二十四日送竈，次年正月初五日迎竈。正、三、五、九此四月名爲吉月，婦女相率至沿海雪崎洞中拜水神祈福。每月朔望，婦女取餅果至砲臺汲新潮水歸獻竈神，及獻天后宮前石神。以上節令。

《隋書》：男女皆以白紵繩纏髮，從項後盤繞至額。男子冠裝以珠貝，飾以赤毛，形製不同。婦人以羅紋白布爲帽，其形方。織鬬鏤皮并雜色紵雜毛爲衣，綴毛垂螺爲飾，下垂小貝，其聲如佩，綴鐺施釧懸珠於頸，織藤爲笠，飾以毛。今俱無之。

張學禮録：男女不剃胎髮。男二十成立完姻之後，將頂髮削去，惟留四餘。今則孩童至五六歲皆髠然如僧，即十三四便有薙髮者。未薙前則呼小名，名之類約有四十餘，隨其所用，惟父子不得同，孫則同祖之名。既薙後則改呼田名，如某地筑登之座。至二十以上，有職事者謂之某地筑登之。惟久米人七歲後稱若秀才，給米二石。薙髮後先拜孔聖，次拜國王，王籍其名，謂之秀才，給米三石，康熙癸亥年各裁一石。首里、泊、那霸子弟仕至庫官，始有俸也。未剃頂時，髻上插長簪八九寸許，如婦人簪，冠則易短簪一、梅花頭一，耳挖形。夏録云：首里人髻偏右，久米人髻居中。今悉居中。《隋書》云：男子剪去髭鬚。夏録云：今剪唇上髭令齊者，間有之。徐録云：惟三種人髮盡剃如僧，一醫官，一王府茶役曰宗叟，一司灌園人。今醫官亦不剃。簪制，王用龍頭金簪，妃鳳頭金簪，官爵最貴者起花金簪，次者金頭銀柱，餘皆用銀，百姓則用銅。命婦士妻視其夫，民間則以玳瑁，皆倒插髻中，翹額上。土妓若中國人遺以銀簪則弗禁。別無首飾，珠翠皆不用。凡花有香有色者俱不戴，惟木蘭則纍纍髻畔。不穿耳，年十五即針刺手指背，以墨黥之，歲歲增加，至中年黧然矣。或方或員，形狀不倫。《南史》云：作蟲蛇之文。夏録云：作花卉文。張録云：作梅花文。皆不實。衣服男女寬博交衽，袖廣二尺許，長不掩指，右襟末缺五六寸，袖口不緝。夾衣則兩面可反覆穿之。皆無鈕無帶，總名曰衾。以織成棋紋細布爲之，亦有素質染繪成文者。裏衣短小，男女皆作竪領，如中國女衣，項上一鈕，胸右一帶。外衣惟男子以帶束之。别有大帶，長一丈四五尺，寬六七寸，圍於腰。帶錦細花最貴，錦大花次之，龍蟠紅黄緞又次之，雜花色者不拘。胸前將前襟搊起凸然，烟包、紙袋、小刀、梳篦之屬皆懷之。幼童及僧衣兩脅下皆不縫。帽則初以帕纏首，後易薄檻木片爲骨，以帕蒙之，前七層，或九層，後十一二層，紫最貴，黄次之，紅又次之，青緑斯下矣。中又以絹之花素爲别。國王見天使仍明時衣冠，烏紗帽，雙翅側衝上向，盤金朱纓垂頷下，更有皮弁，受封後詣館謝及望舟宴時皆着之。聞居常亦裹五色帽，而攝政者則花錦帽，遠望如屋漏痕。又有片帽，以黑色絹爲之，漫頂下，簷作六稜，寒時皆戴之。雨笠以麥莖及藤爲之。皮笠則黑漆其外而朱其裏，係官役所戴。女人衣不設帶，左右手曳襟以行，襟袖視男子較長。土妓多衣紅衫，俗呼紅衣人。汪録云：良家婦行路上手持尺布以自别。徐録云：妓襟用紅絹爲緣。今俱無之。男婦皆無中衣，今間有之。婦裳至短叠其下爲兩層，風不得開。髻垢輒洗之，散髮行走，不以爲異也。抱兒惟一手叉置腰間。履無貴賤，男女皆草靸，名曰三板。編草爲底，上横平梁，中界寸繩，着時舉足入梁，納繩于拇指、二指之間。貴宦近亦着襪，或布或革，及踝而止，别爲一竇棲將指。貴家女衣襟上，即本色或異色紬紗作鱗比五層狀。亦有比甲，背後下垂處或作燕尾形。

《明一統志》：地不産奇貨，人無剽掠，商賈不通。時駕舟楫，縛竹爲筏，急則群舁之泅水而遁。夏録云：舟舶之制與中國略同，如小艇則刳木爲之。陪臣入貢，航海必别以巨舟，縛竹爲筏未之見也。徐録云：前明洪、永中賜海舟，後每請自備工料於福州改造，今本國亦能自造如式。各島之船大小皆尖底，太平山船加飾欄檻，小船皆刳獨木爲之，或不勝載則並兩爲用。

王肩輿照中國式，或八人，或十六人。轎上亭蓋帷幔髹木爲之。國相以下轎高不踰三尺，席底趺坐，四圍以席，遠望如籠榼。貴族亦有用羅漢杉木雕鏤金漆錦邊繪裏紗縠爲蔽。皆用兩人，以木杠貫其頂而擡之。

馬高者絶少，善山行，上下沙礫中，不見顛蹶。終歲食青，不識棧豆，故雖村户下貧亦多畜馬。鞍制略同中國，朱黑漆描金，前後加紅帕四條以爲飾，鞦黑漆皮描金龍，簡略者只用紅氊一條。勒索用五色相間蕉布全幅，入手兩盤，垂之尚及馬脇。鐙以木或銅鐵爲之，式如曲杓形，一邊着繩繫鞍下，空其口以便赤足穿踏。騎馬皆不用鞭。官家女人騎馬擁領蔽面，多側坐鞍上，兩足共一鐙，人控徐行。以上服飾。

屋宇不甚高，以近海多風，去地必二三尺，以避地濕。每一間瓦脊四出如亭子樣，瓦皆甌瓦，粘蓋極厚，非此不能禦颱颶也。門牕皆無户樞，上下限俱刻雙溝道，設門扇其中，爲方格以紙糊之，左右推移，以爲啓閉。外限復設板門，重叠一處，閉時遞次至末扇，内有暗拴自落限竅。屋用樫木，紋理細潤堅重，千年不蠹，出奇界島尤良，然價貴難購，故久米有從仕多年尚處茅屋者。壁無粉墁，多用砑粉花箋及名書畫表之。室内地板上無貴賤悉鋪脚踏，畫軸皆短小，屋矮故也。中間多作神龕，以香爐置青石其中，白沙實之爲玩，或云即祖神也。蓋家不設神主，貴家始有祠堂。又多以天、地、君、親、師五字供奉者。竹簾以全莖細竹爲之，挂四周，内可見外，外不見内。然皆一行作屋，無重構複室也。居無磚墻，惟叠海崖礪石砌成，貴家有削磨極平者。屋上門前多安瓦獅及立片石，刻石敢當者。《隋書》謂門户必安獸頭、骨角，殆以此歟？屋中開軒多旁向，或東或西。庭院中設小山石，樹烏木、榕、檜、樫木、福木及佛桑、紫薇、山丹、榴、槿、蘭、竹之類。更地多茸草，極細軟如茵。或置小石池，畜金魚、螺蜯其中。石上植鐵蕉，墻上密栽慎火草。庭隅必立石椿，置石盆貯水，椿前用瓴砌如小池，填以石筍。池前鋪一石，或方或員，以備盥洗手足之用。蓋國人晨起即盥滌其中，不用熱水故也。村逕皆極寬潔，多編細葉小竹，或列植十里香作屏籬，時時剪剔，令整齊方平。久米最盛，爲中山八景之一。徐葆光《粂村竹籬詩》：村村編竹墻，筠緑滿秋徑。客伴迷東西，隔籬忽相應。米廩亦懸地四五尺，遠望如草亭，下施十六柱，柱間空處可通人行，上爲板閣，村民有數家共一亭者。

女集向在天使館東、天后宫前，後徙馬市街，今移在辻山沿海坡上。早晚兩集，無男人，俱女爲市。市物惟魚鹽米菜及粗窳陶木器，間有土織蕉棉布，亦極薄惡，價復不賤。道中無肩擔背負，凡柴薪米豆累百餘觔者，女人悉以首襯草圈頂之，垂手曳袖，無偏墮者。聞首里市集亦女人爲之，店肆惟使館前略有數間，近皆移空以居從役。以上舍宇。

琉球國志略卷五

山 川國中山　屬島山　海　潮候　風信　針路附　水泉　橋梁

臣竊聞前代洪武時，嘗躬祀琉球山川之神于南京，尋改附祀于福建，典綦隆已。兹秋奉命到國，輒訪其境内之名山川，而蕃官以三山五嶽對。徐流覽其都邑，祇中國一大培塿耳，嶽云乎哉！按《星槎勝覽》謂球山抱合而生，有翠麓、一作麗。大崎、斧頭、重曼等名，今俱無有。而前明陳侃、胡靖暨本朝使臣張學禮等圖録，又皆繪山南、山北離立海中，與中山隔别，不知山南北固與中山聯在一島也。臣詳考圖經，細分原委，於山則先國中之顯著者，次及屬島之有聞者；於海則風潮與封貢暨常所往來諸地之針路尤晰，而水利、橋梁相因而見。雖不敢擬諸山經水注，而以覘異域流峙之大較，則與侈談蓬島，誕説瑶池者業有間矣。志山川。

國中山

崎山在王府繼世門之東，爲中山龍脉，上有望仙閣，下爲雩壇。壇側建茶亭，去亭百步有石巖，鐫梵書霧字一，大盈丈。下瞰大壑，雲濤蜃彩，曠幻杳忽，不可名狀。古松偃鬱，怪石蒼褊。有堂曰東苑，前使汪楫書額。苑外十數里，竹徑紆迴，密篠成墻，高不踰尋，平直如削，洵第一勝處也。東望林木叢茂，爲佐敷，隔海港少西見一山，鬱然青翠，即辨嶽也。　汪楫《崎山道中》詩：「竹屏十里若爲栽，細葉繁枝費剪裁。記取崎山山下路，夢遊時向此中來。」　升籥山在王府東北，有故宫人宅。石虎山在王城北赤平村下，有天慶院。龜山在王城北末吉村，亦稱末吉山。重岡環繞，山半有亭，南望見海。山下有萬壽寺，寺中有察度王舊影，後燬于火。　勒馬岩在王城西。下瞰龍潭，蒼瑩可愛。　萬松嶺在首里立岸村，一名萬歲嶺。山北大道上下石碑略曰：兹嶺以萬歲爲名，蓋取嵩呼之義，以作中山都會。尚真君上命於天，俾爲斯記。大明弘治丁巳仲秋吉日，奉詔扶桑散人樗不材謹記。　泊山在首里西五里。有橋跨海，前有泊津，西流入海。　天久山在泊村西北。沿海與波上雪崎相望，下有聖現寺。東行大石離立，或方或圓，崖洞頗奇。　奥山在那霸砲臺西水中。潮至則瀰漫數十里，潮退則沙平可涉。舊爲蛇窟，僧心海始闢之，蛇相率渡水去。築堤截潮，引泉種松，建龍渡寺。　徐葆光詩：「水遠平如鏡，山圍翠作堆。分明洞庭渚，不見雁飛來。」「客去山更寂，回首俄成昨。明月櫂歌聲，又向泉崎落。」　鶴頭山在奥山東。萬松森立，西望有泉從岩底噴流，供諸村茗飲。每潮至，板敷、宇平等湖漁舟夕照，爲那霸近所第一勝處。　辻山國人讀爲失汁山，一字兩音。汪録作青芝山。小石阜，沿海下皆夷塚，亦多僧塔，女集在焉。下爲舊演武場。　波上　在辻山東北，一名石筍崖。山下海中生石芝、石松，多白色，嵌空玲瓏，仍具扶踈之態。山頭石垣四周，有板閣三楹，旁爲護國寺。右崖左小神舍，八月十八夜多候潮于此，爲中山八景之一。　汪楫《波上》詩：「海之水瀰瀰，刻屈勞天風。萬里赴峭壁，一激凌蒼穹。回頭發長噫，紛紛成白虹。海之水泠泠，吞天一色青。觸石石不受，砉若奔繁星。歷落歸何處，浮光入杳冥。」徐葆光《筍崖夕照》詩：「日日晚來遊，殘霞水外浮。鄉心隨日下，不覺海東流。」雪崎山在辻山東北。近海磧有洞可供玩憩，國人多以正、三、五、九月男女群至拜禱。龜山在雪崎東北，峙海灘上。拳石嶙峋，非末吉之龜山也。識名山在真和志。有神應寺，東苑八景「識名積翠」即指此。七星山在牧志村長虹隄南。墩阜錯峙，若斷若聯，故名。西里許爲城嶽，叢灌成林，密篠攢蕉，雲日屏翳，四山皆松。壺家山城嶽東，爲國中陶處。中島在泉崎南，與奥山隔湖遥對。昔多蕉樹，今廢，爲中山八景之一。徐葆光《中島蕉園》詩：「蕉影墻頭合，人家住緑雲。機聲織明月，幅幅冰綃紋。」浦添山在首里東三十里。山水明秀，土田肥沃，中山龍氣小蟠結處。姑場山在姑場村。有姑場嶽，常爲王孫采地。以上俱中山省。

石火山在豐見城饒波村。山下有水東北流，爲饒波。小禄山在首里南二十里。儀間山在那霸對岸。山下有垣花村，多米廪。徐葆光《垣花村》詩：「欲問山南路，垣花第一程。横橈弄清淺，振策上峥嶸。冬雨秧田緑，寒陂水岸平。勸農初遣使，應向此間行。」大嶺在海邊。村無他樹，滿望皆呀咀呢，泉石頗佳。徐葆光《大嶺》詩：「孤村背嶺住，一徑野人家。叢棘種成樹，畬田耕帶沙。岡寒牛卧日，潮去岸留楂。回首山南石，崚嶒叠海霞。」高嶺土名多嘉嶺，在首里西南三十里。有山南王故城，東北有八頭嶽。國吉山在高嶺東南。櫻島山在麻文仁村。山形如櫻，丹崖碧嶂，故名。以上俱山南省。

金武山在首里東北九十里。上爲金峰，下有洞，有千手院，有富藏河。恩納山在首里北一百里，一名佐渡山。名護山在名護間切，去首里北一百五十里。上有萬松院，産異蘭。有嶽祠，稱名護嶽。佳楚山在今歸仁府，一名宇勝嶽。最高，爲中山第一峰。運天山一名上運天，在名護山北。下有運天江，多稻田。以上俱山北省。

屬島山凡島皆山也，既以島名，不複列，兹特就其島中之小山著名者揭書一二，不能詳也。清水山　菊花山　永明山俱在大島。筑山在太平島。山甚高，土名七姑山，上有碧於亭。金城山在姑米山。松杉蔽天，下有甘泉，瀉石崖直下如瀑布。以上俱外島。

海潮候　風信　針路附

環島皆海也。海面西距黑水溝，與閩海界。福建開洋至琉球，必經滄水，過黑水，古稱滄溟。溟與冥通，幽元之義。又曰東溟。琉地固巽方，實符其號。東鄰日本薩摩洲，《指南廣義》作耍是麻。常所交市國，一葦可航。北望野古，可直達高麗。南逼臺澎淡水後之溜山，恰與葉壁後之漈水同屬尾閭沃焦之壤。而三十六島唇齒相依，臂指互用，水中復有沙洲隱現，斷續于各島間，直若草蛇灰線、馬跡蛛絲。以故氣脉牽聯，地土物候大同小異。是海固不可以道里計，而球陽之海則實有無形之區限在焉。若其舟航之便利，鱗介之蕃滋，又足以聚其人民而遂其生長。建邦斯土者，其永覩海波之不揚，而長祝中國萬年有道之聖人，恪共爾職，慎固吾圉，我皇上覆載同仁，中外一體，自必深嘉樂予，加惠無窮，而不忍膜外視之者矣。

水之進退有度，朝而至者爲潮，夕而至者爲汐。然世之論者不一。《山海經》以爲海鰌出入之故。夫鰌特一微物耳，顧能横四海之大而鼓之以盈縮耶？浮屠氏謂爲神龍變化之迹。殊不知龍見于春夏，蟄于秋冬，則秋冬之潮汐又何物變化而致其往來乎？《抱朴子》則云兩水相合相蕩而成。然必疾風暴雨始足以張其勢，乃雨霽水枯未聞其或輟也。要皆支離誕妄，不足爲典要。及觀盧肇之賦，以日出於海，衝激而成。而《高麗圖經》謂天包水，水承地，地沉則水溢，地浮則水縮。余襄公之論獨以爲水之應月，各從其處，月臨卯酉則水漲于東西，月臨子午則水平于南北。綜是數説，應月之論爲最與邵康節《經世書》所云「海潮者月之喘息」相脗合。臣竊覩陰燧、水精皆可映月，而取明水於八月望夜尤速，且多可驗，應月之説爲不誣矣。福州與各直省潮水率皆與月爲進退，琉球獨較福州每潮率後三辰。望日福州午時潮滿，琉球則滿以戌時。餘日因以遞遲，似不與月運同行，然據望日晝潮以戌時滿，而望前夜潮則實于望日辰時滿，雖謂之早于福州兩辰亦可，況凡物必有所自始，而其來也有漸。琉球地偏東極，而尾閭在其後，安知非月始離海之精，琉球受光獨近，得氣尤盛，初出之光華，與内地方中之精彩略等。且水生于西而歸于東，而物從其朔。潮之生也，恒自東，則琉地之潮逐月始生而即漲，又何足異乎？故八卦先天之坎位，月象也；而後天之坎位，乃一六生成之所，疇謂潮汐非應月而生者哉？雖然，覆載之大，非可以常見拘。據各洋船往來所見潮候，又各不同。西洋一日一潮，定以申漲以寅退，是有汐而無潮。馬尋諸國則一日兩潮，計晝夜各兩潮兩汐。即錢塘潮古亦有偶三日不至者。臣所以不能不復參之理氣之説也。華錀謂潮汐者天地噓吸之氣，陰陽消長之理，自然而成。似屬通論，足括群言。潮候。

封舟例以夏至後乘西南風至琉球，以冬至後乘東北風回福州。然北風凛烈，不比南風和緩，故歸程尤難考。嘉、萬封舟回閩最稱安吉者，惟蕭崇業，其放洋日期及十月二十四日。故海船老夥長皆言無論冬至遲早，總以十月二十後東風順送爲吉，若冬至前後則風勢日勁，浪從船上過矣。正月風颶最多，應期不爽，萬無行舟之理。二月則多霧，恐風順遇山不見，反致逼山。且龍蟄甫驚，常多出海，復有龍風之患。前使海寶等回閩於二月十六日放洋，十七日即見二龍起于船之左右，水沸立二三丈，益信十月二十後之説爲不刊也。

清明以後地氣自南而北，則南風爲常；霜降以後地氣自北而南，則北風爲常，反是颶颱將作矣。正、二、三、四月多颶，五、六、七、八月多颱。颶驟發而倏止，颱漸作而多日。九月則北風或至連月，俗稱九降風，間有颱起，亦驟如颶。船在洋中遇颶猶可，遇颱難當。十月以後多北風，颱颶無定期，舟人視風隙以來往。凡颶將至，天色有黑點，急收帆嚴柁以待之，稍遲則收帆不及，或至傾覆。颱將至，天邊斷虹見若片帆者，曰破帆，稍及半天，如鱟尾者，曰屈鱟，若見北方者，比他方尤虐。又海面驟變，多穢如米糠及海蛇浮游，皆颱颶徵。

十二月二十一日起，一日應來年一月，或一日風作一次二次，則來年所應之月颱亦一兩作，多次亦如之。記而驗之，無不應者。

暴期：正月初三日龍神會。初四日接神颶。初八日龍神會。初九日玉皇颶。此日有颶，各颶皆驗，此日無颶，則各颶多不驗。十一日龍神會。十三日關帝颶。二十五日龍神會。二十九日烏颶。又龍神會。二月初二日白鬚颶。初三日龍神朝帝。初七日春明暴。初九日龍神朝帝。十二日龍神朝帝。二十一日觀音暴。二十九日龍神朝帝。三月初三日真武暴。又龍神朝星辰。初七日閻王暴。又龍神朝星辰。十五日真君暴，多風。二十三日天妃誕，媽祖暴，多雨。二十七日龍神朝星辰。二十八日諸神朝帝。四月初一日白龍暴。初八日佛子颶。又龍會太白。十二日、十七日俱龍會太白。二十三日太保暴。二十五日龍神太白暴。五月初五日屈原颶。又天帝龍王朝玉皇。十一日天帝龍王朝玉皇。十三日關帝颶。二十一日龍母暴。二十九日天帝龍王朝玉皇。六月初九日地神龍王朝玉皇。十二日彭祖暴。此日至念四皆係大颶旬。十八日彭祖婆暴。二十四日雷公誕。此暴最准，名爲洗炊籠颶。二十七日地神龍王朝玉皇。七月初七日、初八日、初九日皆神煞交會。十五日鬼颶。又神煞交會。二十七日神煞交會。八月初一日竈君颶。初三日龍王大會。初五日係大颶旬。初八日龍王大會。十四日伽藍暴。十五日魁星暴。二十一日、二十七日皆龍神大會。九月初九日重陽暴。十一日、十五日皆龍神朝帝。十六日張良暴。十九日觀音暴。又龍神朝帝。二十七日冷風暴。十月初五日風信暴。初八日東府君朝玉皇。初十日水仙王暴。十五日東府君朝。二十日東嶽朝天。二十六日翁爹暴。二十七日東府君朝。十一月十四日水仙暴。二十七日普安颶。二十九日西嶽朝天。十二月二十四日送神颶。又名掃塵風。自此日至年終每遇大風名送年風。二十九日火盆颶。

凡遇暴期，不在本日則前後三日。又日值箕、壁、翼、軫四宿，亦主起風，皆宜謹避。以上風信。

琉球在海中，與浙閩地勢東西相值，但平衍無山，船行海中，以山爲準。福州往琉球出五虎門取雞籠山、花瓶嶼、彭家山，或作平佳。釣魚臺、黄尾嶼、赤尾嶼、姑米山、馬齒山，以上山皆取北過。收入那霸港。回福州出那霸港，由姑米山取温州南杞山、臺山、里麻山，一名霜山。收入定海所，進五虎門。《指南廣義》云：自五虎至姑米四十更，自姑米至定海五十更。一更六十里，以沙漏定之。漏用玻璃瓶兩枚，細口大腹，一枚盛沙滿之，兩口對合，中通一線以過沙，倒懸針盤上，沙盡爲一漏，復轉懸之，計一晝夜約二十四漏，每二漏半有零爲一更。風緩船遲，雖及漏刻尚不及更，風疾船速，未及漏刻已逾六十里，爲過更也。

高澄《操舟記》：漳人謝敦齊曰：西南諸國行不二三日即有小港避風，若琉球則去閩萬里，中道無止宿地。

陳侃使録：嘉靖十二年癸巳，封王尚清。五月，侃至閩。七月初二日，與副使高澄照題准定式定艭造船。長十七丈，寬三丈一尺六寸，深一丈三尺三寸。擇日務與使臣之年庚合，非是弗利。十三年三月船竣，五月初八日自广以冉切。石放洋。初九日小琉球。初十日過赤嶼，一晝夜兼三日程。十一日夕見古米山。十二日至山下。十三日北風。十四日夕舟裂。十五日塞罅。十六日見葉壁山，申刻泊山。十八日小舟四十牽挽。十九日風逆甚，泊移山之澳。二十五日至那霸。共十八日。九月十二日登舟，風逆，二十日開洋。二十一日颶作，桅柁摺。二十三日易柁。二十六日舟行如飛。二十七日黎明見福建山。二十八日至定海。共七日。十月初二日入城。針路無考。

郭汝霖使録：嘉靖三十四年乙卯，封王尚元。九月至福州。十一月起工造船，倭警。三十九年八月再定艭，十一月畢工。舟長十五丈，寬二丈九尺七寸，深一丈四尺。四十年五月二十九日梅花開洋，過東湧、小琉球。三十日過黃茅。閏五月初一日過釣魚臺。初三日赤嶼，無風。初七日午風，見土納奇，申刻見古米山，幾下葉壁，初七日未刻見那霸港。初八日暴雨。初九日辰刻到那霸。共十一日。十月十八日開洋，二十日夜二鼓柁失拋貨。二十一日換柁，肚繩斷，鑿二艙繫柁。二十六日至清水。二十七日見寧波山。二十九日至福寧，入五虎門。共十一日。十一月初二日入城。針路不載。

蕭崇業使録：萬曆四年丙子，封王尚永。十月至閩。五年七月定艕，旋壞，十月再定艕。舟長十四丈，寬二丈九尺，深二丈四尺。七年五月二十二日梅花開洋，直至三十日不見山，孤燕繞桅飛，青蜓入神舍不去，三龍起於海。六月初一日過葉壁山。初五日泊那霸港。共十四日。十月二十四日開洋。二十七日北風暴，柁牙摺，柁葉失。二十九日晚見台州山。三十日次温州。十一月初一日經臺山。初二日進定海。共九日。初五日入城。

蕭崇業《過海圖》：梅花頭正南風，單辰針六更，辰巽針二更，取小琉球，乙卯針四更彭佳山，單卯針十更釣魚嶼，乙卯針四更黄尾嶼，單卯針五更赤尾嶼，單卯針五更姑米山，乙卯針六更馬齒山。

夏子陽使録：萬曆三十年癸卯，封王尚寧。十月入閩。甲辰八月二十二日定艕，丙午三月告竣。船度未載。五月二十四日自梅花所開洋，過白犬嶼，又取東沙，丁風用辰巽針八更取小琉球山，未風乙卯針二更，二十五日過雞籠山。申酉風甲卯針四更，二十六日過平佳山。亥風乙卯針三更，未風乙卯針三更取花瓶嶼，二十七日丁未風乙卯針四更取釣魚臺。丙午風乙卯針四更二十八日過黄尾嶼。柁牙數摺。丙風乙卯針七更，丁風辰巽針一更，二十九日過古米山。三十日又辰巽針六更過度那奇山，又辰巽針一更至馬齒山。六月初一日至那霸港。共八日。十月十五日登舟，二十一日開洋。二十二日過古米山。二十三日一麻雀入船，斷虹見西北，北風大發，柁繩斷，夥長鈎取續之。二十四日巳刻柁摺，易副柁。柁牙連摺，二桅損裂，夜初副柁又摺。二十五日酉刻，又易柁。二十六日，麻雀群飛船上。

二十七日柁葉失去，起柁幹。二十八日舟裂入水，集棉布數百疋絞之。二十九日離黑水，入滄水，風大，幾逼山，神火示現，見礁急轉柁免。三十日入鰲嶼。十一月初一日到五虎門。共十一日。舟閣淺，損裂水入，各覓小船扶救，僅以身免。初三日入城。

杜三策從客胡靖録：崇禎元年，封王尚豐。六年五月二十三日登舟。舟長二十丈，廣六丈，深五丈，載五百人。六月初四日梅花開洋。初八日暮過姑米山。初九日到那霸港。共六日，徐録九日誤。十一月初八日登舟，初九日開洋。十一日颶風大作，斃一柁工，柁牙日摺幾十次。十九日異鳥集檣杪。二十日到五虎門。共十二日，徐録十一日誤。

國朝張學禮使録：順治十一年，封王尚質。十二年三月入閩造船。十五年以海氛未靖掣回。康熙元年復遣行，二年四月入閩，五月初四日登舟。舟長十八丈，寬二丈二尺，深二丈三尺。候風至六月初七日，梅花開洋。初九日過分水洋。十一日見巨魚如山。十二日過糠洋。自梅花七日不見山，十五日見北山。十九日泊伊蘭埠，地近龍潭，二龍見，大桅决，鐵箍失，二三轉至山南。二十五日次温鎮，抵那霸港。共十九日。十一月十一日冬至，十二日登舟。十四日開洋，過姑米山。十六日颶大作，桅半摺，霹靂斷桅。十八日勒索斷柁浮。十九日風止起柁。二十一日異鳥集戰臺。二十三日見浙江山。二十四日到五虎門。共十一日。

汪楫疏抄：康熙二十二年，封王尚貞，移文閩督，選二鳥船。長十五丈，寬二丈六尺。《海防册》：烽火營鳥船一長十二丈三尺，寬二丈五尺。閩安中營鳥船一長十二丈二尺，寬二丈六尺五寸。六月二十三日開洋，雙魚導引，萬鳥迴翔。二十四日酉刻過釣魚臺。二十五日過赤嶼，薄暮祭溝。二十六日過馬齒山，至那霸港。計四日。洋船針簿載汪楫海行，云乙辰八更取雞籠頭，用辰多辰巽三更取梅花嶼，單卯十更取釣魚臺北邊過，乙辰四更過黄尾嶼，甲卯十更取姑米山，乙卯七更取馬齒山，甲寅并甲卯取那霸港。十一月二十四日開洋。二十七日過姑米山。二十八日夜初颶大作，大桅鐵箍斷，十三頂繩斷，金栓裂尺餘。十二月初二日見南杞山。初四日泊定海。共十一日。

徐葆光《傳信録》：康熙五十八年，封王尚敬。閩督預取寧波商船二號備用。船長十丈，寬二丈八尺，深一丈五尺。五月二十二日出五虎門開洋。前此皆由梅花所，由五虎自己亥始。夜丁未風乙辰針三更半。二十三日丁未風乙卯針二更。二十四日丁午風乙卯針過米糠洋，二大鳥集桅，夜四更當見雞籠山，不見，復四更。二十五日丁未風單乙針二更，乙卯針一更，半夜正南風單乙針一更半。二十六日正南風轉丁午復丁未單乙針一更，晚丙午風乙卯針夜丁午風乙卯針一更，單卯針二更。二十七日丁午風夜丁風乙辰針二更半。連日用卯針二十七更半，船身東北下六更許，諸山皆不見。二十八日改用乙辰針丁未風二更半日，入丁午風辰巽針二更。二十九日見葉壁山，日中坤申庚風，又子癸風迴針東南行，取讀谷山，日入丑艮風丙巳針，又用丙午單卯針取那霸港。六月初一日登岸。共十日。五十九年二月十六日開洋，南風乾亥針一更半，單乾針四更，日入見姑米山，夜丁未風轉坤未風乾戌針三更半，頭巾頂繩連斷三次。十七日二龍見，水沸立，西北風單子針一更，夜坤未風乾戌針一更。十八日用單乾乾戌針四更，日入西南風乾戌針四更半。十九日辛酉風單庚針一更，午轉壬子癸風單酉針，日入子癸風又丑癸風單戌針三更半。二十日東北艮寅順風，午轉甲卯風辛戌針四更，日入乙辰風，夜過溝，巽巳風辛酉針三更半。二十一日大霧，有鳥集桅，夜東北大順風，庚申針二更。二十二日東北風，庚酉申針四更半，日入，雙燕集桅，乙卯風庚酉針一更。二十三日日入壬子風庚酉針二更，未明見山。二十四日單申針一更，至魚山，日晡轉北風丁未針三更，日入至鳳尾山。二十五日無風，舟停。二十六日壬亥風，用單未坤未針三更，日入單未針一更。二十七日見盤山，東北風用坤申庚針四更，離北關一更許，日入一更至臺山。二十八日，夜颶作椗走，乙辰針二更半。二十九日至霜山，東北風用申庚酉針，日晡與二號船齊至定海所。謝恩船先一日到。三十日進五虎門。共十五日。

臣謹按：琉球海道雖與福州東西徑直，然船身宜上不宜太下。歷考前使，自陳侃有録以來，封舟不至落北者，惟前明册使夏子陽及本朝使臣汪楫，餘皆多用卯針，以致飄過北山。臣茲役深鑒前車，獨删《指南廣義》主用卯針之説，摺衷於夏、汪二録，時飭本舟夥長敬謹遵用，以故由五虎開洋，三日之間，直至姑米。方謂媲美前封，迺臣等奉使無狀，陡遭巨颶，閣礁壞船，幾至顛覆。幸以詔敕在舟，神靈顯應保護，天章紅光示見，俾臣等獲登彼岸。使事有終，莫非深荷皇上生成之德，覆載之仁，謹述茲役往琉、回閩針路，附載於篇。

乾隆十九年，琉球國中山王世子尚穆遣其陪臣毛元翼、蔡宏謨等賫表恭請襲封。二十年五月初七日，大學士會同翰林院掌院等揀選帶領引見，奉旨：侍講全魁充正使，編修周煌充副使，欽此。禮部條列封例上聞，蒙恩賜正一品麟蟒服。臣等於二十一年二月初四日恭請聖訓，次日赴禮部祇領節詔、敕諭、祭文、新鑄清篆駝紐印、銀幣等物。初九日馳傳出都門，以四月二十四日抵閩。而督臣喀爾吉善、撫臣鍾音已先選備福州民船二座充用。船長十一丈五尺，寬二丈七尺五寸，深一丈四尺，加上棚六尺，前九艙，中八艙，後七艙，水櫃二，水桶二，共受水六百二十石。擇六月初二日恭捧詔敕奉安官艙正中。由南臺江登舟，初五日至太平港，初六日祭江取水，申刻到怡山院，諭祭海神，天后宫行香。初七日至金牌門上道。初九日巳刻到五虎門，未時祭海。初十日早潮出五虎門，過官塘進士門開洋。單午風乙辰針至日入行船六更，夜單午風單乙針行船五更，見雞籠山頭。十一日上午坤未風單乙針二更，下午單酉風單乙針至日入行船四更，見釣魚臺，連日俱有大魚夾舟左右，或三或四，又宿洋鳥繞檣而飛。夜單丙風單乙針行船四更。十二日單午風單乙針一更見赤洋，轉單丁風單乙針至日入行船五更，夜單午風單乙針四更，是夜過溝祭海。十三日丁午風甲卯針行船二更，見姑米山，風輕轉單午單乙針日入行船一更，夜丁午風乙卯針二更，姑米人登山舉火爲號，舟中以火應之。十四日單甲風，姑米頭目率小舟數十牽挽至山西下椗。十五日單卯風，小舟又挽至山北下椗，距岸約三四里許。自開洋至姑米北岸計五日。礁石獰狰，鐵沙蕩激，舟未得近。十六日風止舟膠。十七、十八日俱東北逆風。十九日寅刻，雷雨風暴。二十日卯刻，虹見，東北風，辰刻雨。二十一日卯刻微雨，東北風。二十二日東北大風，接封大夫鄭秉和請易小舟登岸暫避，臣等懼其驚衆，不許。是夜風轉暴。二十三日暴甚，船身播蕩，嘔伏者相枕。鄭秉和再請登岸，臣等諭以詔敕在舟，豈容暫離，若奉以行，衆將何恃，不如勿動，以安人心。有議以繩繫腰而縋入小舟者，其說愈陋，復力止之。二十四日風愈暴，椗索屢下屢斷，衆議以地多礁石，欲起帆隨風漂流，臣等以利害婉示之，問筊于神，神許以專泊此地，可保終吉，因謂之曰：「風勢如此，不致逼山者，帆未起也。脱一起帆，瞬息虀粉矣。且柴蔬水米俱盡，開將何往？」乃止。是夜四鼓，椗索十餘一時皆斷，柁走，龍骨觸礁而拆，底穿入水。時既昏黑，兼大雷雨，帆葉厨棚吹没殆盡。倏見神火飛向桅末，焚招風旗而墜。又海面一燈浮來，若烟霧籠罩狀。于是衆悉呼曰：「天妃遣救至矣！」須臾船身直趨向岸，一礁石透入船腹，不動亦不沉。因令解放杉板本舟小船。下水，臣等乃獲捧詔敕節印，陸續登岸。同舟二百餘人，舉慶更生，僉謂仰賴我皇上如天之福，阽危獲安，且群頌天后廣庇之德，隨感而孚云。是日起，島人日送蔬米公館中，供應彌謹。二十九日，王世子遣耳目官等來候。七月初四、初五日，王世子連撥國中海舶迎載。初七日，臣等謹捧詔敕節印賜物，奉安船上，仍迎請天后神像登舟，遂乘西南風開駕，夜過馬齒山。初八日至那霸港。自遭風登岸易海舶至那霸，計二十三日。

十月中旬，琉球國更造新船，配用原船桅柁報竣。臣等即于本月二十六日恭奉節印登舟，中山王尚穆先詣迎恩亭候送，跪請聖安。十一月初一日冬至，初七日東風微起，封舟同謝恩、進貢兩舟，乘潮出港。午遇颶，仍同收回。潮落風狂，幾復觸礁。嗣因風信已過，波浪日惡，至二十日中山王遣陪臣敦請進館，須候春信始可開洋。臣等謹奉節印，再入館中。十二月十二日，二號船到。臣等飭將原船修補，擇乾隆二十二年正月二十八日登舟。三十日卯時，東北風，遂率三舟一同開洋。用乙卯針行三更，午時至馬齒山安護浦下椗。二月初一日西南風。初二日未刻轉西風。初三日北風甚壯。初四日寅時，單癸風用午針出澳，巳刻轉丑風單辛針三更，午時過姑米山，單申針五更。初五日早乙辰風單辛針五更，夜辰巽風單辛針六更，過溝祭海。初六日單艮風辛針六更，轉辰巽風單辛針四更。初七日風同，辛針三更，申刻大霧，不見山，寄椗。初八、初九日俱大霧，西南風。初十日早，白虹見，霧暫開，見台州石盤山。午復大霧，白虹再見，轉午風，戌時東北風，起椗用未針見温州南杞山，亥時雷電風雨交作，船欹，急落帆葉，只用半篷。十一日東北風單辛針七更，晚至羅湖下椗。十二日風同，用申針收入定海所下椗。十三日巳刻進五虎門，午時至亭頭。二號船已於初六日先至。臣等至怡山院行諭祭海神禮，進貢船同日至，謝恩船是日至定海。共十四日。十六日入城。以上針路。

水泉

瑞泉在首里王城歡會門内。城建山巔而泉脉上湧，極甘烈，大旱不竭。石壁峭立，高廣數十丈，於泉眼以鐵龍嵌之，泉從龍口噴流，跳珠飛雪，沁入肌骨。下承以小方池，旁通小溝，伏流直灌龍潭，分溉田圃。民苦斥鹵，甚利賴焉。外樹柵扃之，設司守之，日供王府茗飲。册封時則日遣紅帕筑登之押送兩石到館，以漆箭盛之，加封鐍焉。徐葆光《報謝國王日餽瑞泉二斛》詩：「數斛清甘應客須，碧筒金鎖候泉隅。赬肩得得馳山驛，絳帕朝朝送水符。乍出靈源無點濁，向來渴疾已全蘇。何當一勺遥相報，空説中泠在我吴。」龍潭王城北，瑞泉下流滙處。廣可兩畝，長數里，隄岸堅整，與圓覺寺前圓鑑池通。上跨觀蓮橋，清漣澄澈，雜植芰荷，遊魚可數。國中競渡多在于此，重陽日王宴天使亦設棚隄北，作龍舟之戲焉。奇泉在王府西南毛氏園内。吉泉在末吉村龜山下。笠泉在桃原村。泊津在泊村，西流入海。那霸港首里西十里，直達大洋。馬加石對峙如門，底皆鐵板沙，左右建砲臺二。凡封舟貢舶及往來諸舟悉灣泊焉。設渡船二，以通山南行旅。漫湖通海，即那霸港所停瀦處。港狹，束水而入，經漫湖四溢，各間切遠近紆迴可數十里，而凝聚豐見山下，環奧山縈中島，溝塍聯注，脉絡貫通，潮盡則坦然可徒步，潮漲則一望瀰漫，故名一作縵湖。傍水中一石甚奇聳，正對久米村。日泉在真和志牧志村。相傳見紅日墜地生泉，泉上有古松。旺泉在真和志城嶽内。天真泉在宜野灣普天間村松壽院傍。無漏溪在北谷村。宋淳祐中溪有惡蛟爲害，義本王募生男女以祭。宜野灣章氏女捨身養母，感神滅蛟。玉泉在玉城，國王每歲祈雨處。饒波在豐見城石火山下，東北流。玉湖在真玉橋村。砂川在大嶺村。下有砂嶽，在海中一里許。正南爲麻姑山。　徐葆光《砂川》詩：「沙浄潮初上，粼粼散馬蹄。蹴波飛作雨，破浪踏成蹊。石立雲根漏，川横嶽勢低。麻姑如可望，幾點没鳧鷖。」樂平泉在儀間山垣花村東。惠泉在高嶺村，山南王故城下。　徐葆光《惠泉》詩：「勺水無興廢，泠泠傍故城。猶堪資谷汲，只守在山清。石罅通泉脉，松間作溜聲。夕陂還歇馬，一掬漱餘酲。」芳泉與惠泉相近。富藏河在金武山下千手院傍。諸喜泉在名護山懸瀑崖上。轟泉在名護松堂村。手水在許田村。昔有客遇一女求水，女手水進之，故名。許田湖在許田村下。大榮川在宇勝嶽下，西南流。親川泉　獲劍溪俱在今歸仁親泊村。運天江在今歸仁運天村，亦名運天津。西流，北山舟多泊此。以上國中。

白川在姑米山。上行瀑在姑米山安嘉村。凡瀑皆懸流順瀉，惟此瀑自下而上，盤踰山脊，乃旁溢四注。蓋兩山相距不遠，本山陡峭，泉脉直衝地底，伏流湧見，而對山稍低，勢亦邪衍，不似本山之峻絶，兩旁沙土高突，中見石骨微凹，山趾適當泉眼，擁激有力，不暇旁溢，迎距互乘，擊蕩萬狀，恍如醉漢争鬭。前者勢孤，後者勢盛，群而擠之，前者雖不迴顧，業已却步而退尺矣。激而行之，可使在山，固其勢使然也。面那水近伊良保西南。赤瀨在大島。有大石如圓柱，廣一里，純紫色，無人居。温泉北山、硫磺山俱有之。

橋梁

龍淵橋在龍潭上。天女橋　觀蓮橋俱圓覺寺前蓮池上。臨海橋那霸港北砲臺隄上，作三門以通潮。旁有臨海寺，程順則有記，見「藝文」。泉崎橋在漫湖滸。雙門拱月，每當皓魄澄虚，一碧萬頃，如玻瓈世界中，不復有凡俗想。爲中山八景之一。　徐葆光《泉崎夜月》詩：「明月送潮來，橋上不知暮。遥見渡頭人，紛紛廠西去。」地近陶廠，故云。金城橋在首里王城西南。茶崎橋在立岸村。長虹橋在真和志牧志村長虹隄上。旁多鹽埠，爲中山八景之一。　徐葆光《長虹秋霽》詩：「跨海卧長隄，秋來宜曉望。脚底彩雲生，月在虹霓上。」安里橋在真和志安里村先王廟右。八幡橋在八幡嶺上。旁有八幡宫，供八幡大士。泊橋在泊村，亦名高橋。真玉橋在豐見城北玉湖之上，爲往山南要路，汪録誤以安里橋當之。石火橋在豐見城石火嶺下。　徐葆光《石火橋》詩：「涉海不知遠，盤山覺路遥。暮烟迷絶磴，驚瀑撼危橋。前嶺火相接，隔溪人互招。山山名字别，譯語問歸樵。」大里橋在高嶺村山南王故城下。舊爲石橋，水門三，今架木爲之。

琉球國志略卷六

府　署王府　世子府附　使館　學校

古稱島夷卉服，則穴居土處可知。按《隋書》稱國王所居曰波羅檀洞，塹栅三重，環以流水，樹棘爲藩。蓋其時棟宇之制未備，而亦寖異乎巢窟之舊矣。今則閈閎輪奂，階戺軒崇，大改前模。至于安奉詔敕，供頓使臣，公所則多倣中國矩度，縱未足云壯麗，亦既燥濕不虞，無憂從者。不直此也，方當聖朝重熙累洽，百有餘年，舉萬類而甄陶之，凡在域外波臣，咸知向學，文教浸興，則又且俎豆尼山，置師儒弟子，膠黌之設，無異華風，前此未有也。志府署。

王　府

王城在首里田萬松嶺東上數里許，衢道修廣，有坊牓曰中山。道南有安國寺，對街爲世子第。中路砌石爲大墩，内植鳳蕉一叢。更進又一坊，牓曰守禮之邦。汪録云：萬曆初封王尚永制詞有足稱守禮之邦，故以爲額。道左有天界寺，寺西南爲王塋。對街爲大美殿，更進爲歡會門，即王府城也。高踞山巔，礪石砌成，削磨如壁，蒼黝磊歷，遠望如聚髑髏，故《隋書》因其形似，誤謂王所居多聚髑髏其下耳。城外石崖上左刻龍岡，右刻虎崒。城四面門各一，前西向即歡會門，後東向爲繼世門，汪録：世子嗣位由此門入。左南向爲水門，右北向爲久慶門。進歡會上崖有門，西北向，牓曰瑞泉。門左有碑，前使徐葆光鐫「中山第一」四字。左右甬道有左掖、右掖二門，通入王宮。更進有樓，西向，牓曰刻漏。上設銅壺漏水。更進有門西北向，爲廣福門，即王府門也。城周迴三四里，有馬道，無雉堞。

王殿在山頂，康熙元年燬，五十一年重建。前使臣張學禮時殿尚未建，預題曰「東南屏藩」，受封在世子殿。前爲奉神門，左右三門並峙，在廣福門内，與殿皆西向。山形本南北向，以中國在海西，表忠順面内之意故也。殿九間，左右夾室一。殿前月臺建穹亭覆之，中階七級，石欄周護，雕刻花鳥頗工整。殿上有樓，爲御書樓，極高敞壯麗，鉅梯當檻立，正中懸奉聖祖仁皇帝御書「中山世土」匾額，左奉世宗憲皇帝御書「輯瑞球陽」匾額，右奉皇上御書「永祚瀛壖」匾額。臣等於開讀日拜瞻宸翰，天章炳焕，日月光華，誠海邦世寶也。下爲王聽政位，中壁懸上古伏羲畫卦像，龍馬負圖立其前，汪録作孔子像。絹色蒼古，微有剥蝕，非近代物。前使臣海寶《題中山王府》詩：「中山祖德見詒謀，世纘圖成貢典修。三錫皇綸來漢使，萬年臣節戴宗周。星棋花嶼環芳甸，弦管烟村帶畫樓。敷命采風皆我職，史編爲紀海東頭。」前使臣徐葆光《拜瞻御書華匾恭紀二章》：「錫祚煌煌語有神，帡幪五世命三申。垂封已許天同久，拜賜時瞻墨尚新。玉札半綸爲誓券，滄波一渡作通津。桑田可變恩常在，不怕重揚東海塵。」「龍章卅載賁山隈，拜舞樓頭五色開。始信天文垂象遠，直從海角覲光來。河山舊誓留千葉，鸞鳳餘輝照八垓。真箇乘槎到雲漢，舉頭咫尺見昭回。」殿庭方廣數十畝，分砌三道，方磚鋪之。左廂北向爲南樓，窻盡垂簾，樓隅隙地畝許，蟠松與鳳蕉錯植奇石間，前使汪楫題曰「聽濤」。右廂南向爲北宫，匾曰「忠順可嘉」，亦用制詞中語。凡宴天使皆於此。以其地面南，故殿屋皆固樸，多柱礎，一間至用二十餘柱，屋梁舉手可接。以處山岡，且防海颶。

世子府第在安國寺南，别有世子殿在中城。徐録云：國王時往遊。

天使新館

館在那霸，去迎恩亭里許。面南，一倣中朝官廨制度。前築照墻，東西轅門，外栅四周，栅内東西門房各四楹，以居國之執事人員。左右鼓角亭各一，旗竿二，上施册封黄旗各一。大門署曰天使館。門内東西班房各六楹，以處書吏、隸役。儀門署曰天澤門，前明册使夏子陽題，年久失去，前使徐葆光隸書補題。門内甬道至月臺前，徐葆光種榕樹左右各兩株。庭中廣可數畝，陪臣行禮於此。正中爲大堂，前楹前使張學禮、王垓隸書「天威遠播」匾，屏門上前使汪楫、林麟焻題「敷命堂」匾，汪楫又聯于門曰：「帝德著懷柔，正朔萬年頒上國；臣心表忠信，南風三日到中山。」中楹前使海寶、徐葆光題「皇綸三錫」匾。臣魁題其左曰「露灑扶桑」。左右楹間徐葆光復書二牓，一載前明册使姓名，洪武五年詔中山王察度，使行人楊載。永樂二年封武寧，使行人時中。五年封思紹，不遣使。洪熙元年封尚巴志，使中官柴山。正統十年封尚忠，使給事中俞忭、行人劉遜。十三年封尚思達，使給事中陳傅、行人萬祥。景泰二年封尚金福，使給事中喬毅（一作陳謨）、行人童守宏。六年封尚泰久，使給事中嚴誠（一作李秉彝）、行人劉儉。天順六年封尚德，使吏科給事中潘榮（福建龍溪人）、行人蔡哲。成化六年封尚圓，使兵科給事中官榮、行人韓文。尚宣威未請封。成化十三年封尚真，使兵科給事中董旻、行人司副張祥。嘉靖七年封尚清，使吏科給事中陳侃（浙江鄞縣人）、行人高澄（順天固安人）。四十一年封尚元，使吏科左給事中郭汝霖（江西永豐人）、行人李際春（河南杞縣人）。萬曆四年封尚永，使户科左給事中蕭崇業（雲南籍應天上元人）、行人謝杰（福建長樂人）。二十九年封尚寧，使兵科右給事中夏子陽（江西玉山人）、行人王士楨（山東泗水人）。崇禎元年封尚豐，使户科左給事中杜三策（山東東平州人）、行人司司正楊掄（雲南籍上元人）。尚賢請封，未獲卒。一載本朝歷遣使臣姓名。康熙二年封尚質，使兵科副理官張學禮（遼陽人）、行人王垓（山東膠州人）。二十一年封尚貞，使翰林院檢討汪楫（江南儀徵人）、内閣中書舍人林麟焻（福建莆田人）。尚純未立先卒，子尚益未請封。五十八年封尚敬，使翰林院檢討海寶（滿洲鑲白旗人）、翰林院編修徐葆光（江南吴江人）。今上乾隆二十一年封尚穆，使臣魁臣煌忝任斯役，謹續題其後。後爲中堂，安奉詔敕所，臣煌恭題曰「聲教東漸」，復敬書一聯曰：「聖化浹扶桑，萬里而遥瞻日近；皇華臨辨嶽，九州之外仰天高。」左右爲兩使臣房，堂後左右板閣各一。汪楫題其左曰「長風閣」，林麟焻題其右曰「停雲樓」，尋廢，徐葆光重書之，且系以詩。左右廊房各九楹，以居從人。東院有水井一。礪墻周圍如城高丈餘，堂屋皆上用瓴瓦，下用方磚，壁悉用厚板。役舍則以蘆箔漫土其上。樓上鋪脚踏棉，餘舍鋪設桌椅牀帳及諸什物，悉照中國製造，設專司掌之。堂後徐葆光構小東軒，叠石種蕉，以供燕適，今廢。臣煌重植鳳蕉一叢。徐葆光《敷命堂前種榕》詩：「使館邀綸世一開，聖皇册命已三來。天無稽澤隨時降，樹有餘陰爲手栽。門合海隅迎日月，根蟠龍爪壓風雷。諸卿好與勤封殖，若木光中拱上台。」○汪楫《長風閣喜雨》詩：「三年荒徼望甘霖，一夜輕雷送好音。有脚春來天子惠，隨車雨足使臣心。蕉花穿户紅全濕，橘葉遮垣緑更深。見説塗人歌且舞，老夫高眺亦長吟。」徐葆光《停雲樓》詩：「身似孤雲復此停，樓頭舉目海天青。行人舊蹟今何在，鴻爪從來偶一經。」「停雲靄靄覺身孤，盡日流觀山海圖。一出隨風棲絶島，無心也憶故山無。」又《小東軒》詩：「半庭花藥好，鑿牖小樓偏。卧席看雲變，規窻學月圓。一琴消院漏，薄醉作秋眠。燈影凌虚泛，吴江舴艋船。」又《使院種芭蕉》詩：「踰海莫逃暑，況兹日出隅。人徒既充院，而復晝地居。主人夙敬客，莽灌咸掃除。庭宇固疎曠，炎鬱乃不舒。朝樹盼夕蔭，十年計何迂。芭蕉葉垂雲，草木無一如。分列植百本，取諸織紝餘。微雨衆卷坼，一夕俄紛敷。礪墻影交碧，灰野光斂晡。炎風應序來，颯然秋與俱。人事戒欲速，濟變亦良圖。置物苟得所，安往非吾廬。」

天使舊館 支應司附

舊館在使館西南，大門上有小板閣。入門大堂三楹，萬曆中册使蕭崇業取唐人「海東萬里灑扶桑」句以「灑露」名之，前使王垓書「駐節」匾。堂中楹明使臣杜三策書「每懷靡及」匾。後有樓，樓西隙地數畝，前封測量平安豐盛額居之。胡靖記云：楊行人掄居西偏小樓，名曰聽海，杜三策題四律，有「一帆多藉乘風力，萬里長懸捧日心。興來欲泛張騫斗，歸去羞言陸賈金」諸警句。樓今廢。張學禮記云：樓上有明杜三策梅花詩百首，今已漫滅，并詩亦不傳。胡靖《聽海樓》詩二首：「夜聽魚龍出水吟，一尊對月酒頻斟。寒濤噴灑連天雪，殘菊飄零滿地金。數曲歌縈孤客思，幾回夢繞故園心。平生浪跡知多少，此處夷猶可再尋。」「支離遊況此來豪，萬頃波光入彩毫。潑墨烟雲龍出海，臨池朗月鶴鳴臯。浮槎欲泛天河斗，乘興猶疑雪夜舠。千飲中山渾是夢，不知身寄海天高。」或云彌世公館即其地。

天使館旁支應分設七司。一館務司，掌館中應行事件。一承應所，掌館中修葺物件。一掌牲所，掌羊、豕、雞、鴨支送等事。一供應所，掌酒、米、小菜支送等事。一理宴司，掌七宴事。一書簡司，掌書帖往來等事。一評價司，掌評定物價等事。每司遣大夫一員，紅帕三人，雜差等二十人主其事。七司外又有總理司，亦名長史所，設紫金大夫一人、長史四人、筆者十二人，總理七司大小事，及上下文移。其朝夕供應奔走，別有庫官等爲之。

附那霸公館有二，一在舊使院前，一在天使館東下天妃宮左。皆極深邃宏敞，爲差辦管理那霸錢穀、獄訟二官公所。

附姑米島公館亦有二，一在金城間切，一在内間切。在内間者臣等兹役遇颶登岸時同居之。臣煌顔其堂曰「寶典流輝」，後系一聯云：「鼇首駕山來，擁衛不違天咫尺；蜑民迎節拜，歡呼創見漢威儀。」

學校

學校在久米村泉崎橋北，聖廟東偏。康熙十三年立廟，廟制詳見祠廟、典禮。尚未立學。五十六年紫金大夫程順則啓請建明倫堂，又於堂北祀啓聖併四配神主。五十七年冬堂成，蓄經書略備。國王又敬刊《聖諭十六條》，命程順則演其文義，月吉讀之。官師則紫金大夫一員司之，每三、六、九日詣講堂，稽察諸生勤惰，兼理中國往來貢典。講解師則擇久米内文理精通者一人爲之，不拘大夫、都通事、秀才皆可，歲廩十二石。訓詁師則擇句讀詳明者一人爲之，歲廩八石。程順則有《廟學紀略》，蔡文溥有《中山學校序》頗詳，悉俱見「藝文」。久米七歲以上初學者則設塾於上天妃宫以教之，首里亦設鄉塾三所。外村小吏百姓之子弟則以寺爲塾，以僧爲師，皆學國字，有草書無楷字。近那霸等村亦多家塾，讀書之聲有中宵朗朗弗輟者，殊可嘉也。

乾隆二十二年四月二十一日代請官生入學讀書疏：「翰林院侍講臣全魁、臣周煌謹奏，爲據詞代請事。臣等蒙恩簡用，遠使琉球，事竣將旋，中山王臣尚穆詣館宴送，令陪臣通事向臣等致詞云：海隅下國，叠被皇仁，宸翰榮褒，綸音寵錫。但僻處彈丸，荒陋成俗，向學有心，執經無地。先于康熙二十二年經懇前使汪楫等代請陪臣子弟四人入學讀書，奉部議准，遣官生阮維新等入學在案。嗣于五十九年懇前使海寶等援例代奏，復蒙許遣。今幸天遣使臣至國，敢祈陳明遠人向化之誠，俾得再遣入學讀書，下國不勝悚企等語。臣等理合據詞繕摺代奏，伏候聖鑒，敕部議覆施行。謹奏。」即日奉旨：該部議奏，欽此。禮部謹奏：「爲遵旨議奏事。乾隆二十二年四月二十三日，内閣抄出翰林院侍講全魁、周煌奏稱，臣等使竣將旋，中山王令陪臣通事致詞云：海隅下國，荒陋成俗，向學有心，執經無地。先于康熙二十二年經懇前使汪楫等代請陪臣子弟四人入學讀書，奉部議准，遣官生阮維新等入學在案。嗣于五十九年懇前使海寶等援例代奏，復蒙許遣。今幸天遣使臣至國，敢祈陳明遠人向化之誠，俾得再遣入學讀書，下國不勝悚企等因。具奏到部。查康熙二十三年册封使臣翰林院檢討汪楫等，五十九年使臣翰林院檢討海寶等，事竣回京，俱奏稱該國王懇求轉奏，令陪臣子弟入監讀書，經臣部覆准具奏，奉旨：依議，欽此。隨據該國王前後遣令官生到京，臣部並劄國子監讀書三年，遣令歸國各在案。今翰林院侍講全魁等既稱該國王尚穆向化輸誠，懇請陪臣子弟入學讀書，應如所請，准其于應貢之年，遣令來京，臣部劄行國子監肄業。俟命下之日，行文福建巡撫，轉行該國王遵照可也。謹奏。」于乾隆二十二年五月初一日奏，本日奉旨：依議。欽此。

琉球國志略卷七

祠廟寺院附

《周官》宗伯禳祈宜報之典最繁，所以昭誠敬、廣仁孝也。國家歲事有常，百神效靈，山海寧謐。琉球仰遵聖教，頗知淫祀無福，諸不在祀典者，罔敢僭黷。是以舉行蜡臘，崇飾宮牆，而寢廟城叢，亦皆式禮莫愆，允合生三事一之義。若乃像教之設，雖儒者所不道，要其大旨，足以警醒貪嗔，揆之神道設教遺意，初無大忤，且點綴名山邃谷，上以備祝釐净地，下亦供登覽勝遊，未爲不善也，因復略表其尤著者焉。志祠廟。

社壇在首里末吉村。祭國中山川處。

雨壇有二。一在豐見城，十月下種時迎龍神像，設壇祈雨處，爲國相采地；一在玉城村，又曰雲城，國王每歲祈雨處。

雩壇在首里崎山東苑内。旱甚，國王詣壇躬禱。

雷神廟在那霸護國寺前，祀雷聲普化天尊，故俗呼「天尊廟」。汪録云：永樂中，貢使自京師塑像歸。崇禎末，王尚質新之，其上樑文有「祈通渡唐之船，冀遂懋遷之願」。舊録作三清殿，今無此稱。徐録云供玉皇，誤。左右懸絹旛二，實書雷神號也。張録云：殿前二松，大數圍，高二十餘丈。今無。殿前百步有方池畝許，池下新栽松近百餘株。中楹張學禮題「蒼生司命」匾。殿廊懸大鐘一，鐫字曰：「王大世主庚寅慶生，茲現法王身量，大慈願海，新鑄鉅鐘，寄捨天尊殿，以上祝萬歲之寶位，下濟三界之衆生。辱命相國鈌爲銘。銘曰：華鐘鑄就，挂着珠林。撞破昏夢，正禱天心。君臣道合，蠻夷不侵。彰鳧氏德，起追蠡吟。萬古皇澤，流妙法音。景泰七年丙子九月二十三日，住持樘律師艮舜證之，大工國吉奉行智賢并與那福中西。」

臣按：景泰七年爲王尚泰久時。《中山世鑑》云：泰久以永樂十三年乙未生，距庚寅差五年。尚圓亦以是年生。泰久於景泰五年甲戌嗣位，四十歲，至天順四年庚辰薨，壽四十六，則非庚寅生矣。而《世鑑》又云諸山寺大鐘皆王所鑄，故銘文或書丙子，或書丁丑，皆署景泰年號。若尚圓則以成化六年庚寅即位，至十二年丙申薨，壽六十二，更無涉矣。《世纘圖》則謂尚德王始鑄大鐘。考尚德以正統六年辛酉生，亦與庚寅不合也。豈《世鑑》所云泰久以乙未生，或考之未審耶？

文廟在久米村泉崎橋北。南向，紅牆朱扉，左右立下馬碑。内櫺星門三，進門，廣庭甬道，上設拜臺。大殿三間，奉先師孔子神位。聖像兩旁二龕，設四配位像，各手一經。中樑摹竪聖祖御書「萬世師表」匾一，康熙十三年建，前使汪楫、林麟焻各有記，見「藝文」。五十六年紫金大夫程順則復啓建明倫堂，又於堂中近北壁分三小間祀啓聖并四配位，兩廡蓄經書略備。國王命順則敬刊《聖諭十六條演義》，於月吉讀之，久米之子弟就學其中，順則立碑記之。又有《廟學紀略》。前使徐葆光爲書啓聖祠、明倫堂、儒學三大牓，立碑一，俱見「藝文」。臣煌至館，循例展謁，拜瞻之下，進諸秀才悉加奬勉，諄宣我皇上右文德意，令通事官傳示，衆皆忻忻拱聽，似有會心者。其規制未備，則如啓聖公主尚仍公號，殿上未增祀十二哲，亦未建兩廡祀配食諸賢。臣因舉内地諸郡邑條規移咨國王知之，其春秋祀典詳見「典禮」。

天妃宫有三。一在那霸天使館東，曰下天妃宫，門南向，明夏子陽、王士楨立「靈應普濟神祠」額。前廣數十畝，有方沼。池門左右石神二。甬道寬廣，殿宇宏敞。堂内有崇禎六年册使杜三策、楊掄「慈航普度」匾，順治六年招撫司謝必振「普濟萬靈」匾，康熙二年册使張學禮、王垓「普濟群生匾」，張録别有「中外慈母」匾。五十八年册使徐葆光書聯云：「那霸唐營，並峙兩官分上下；夏來冬往，安流二至合華彝。」有鐘一，銘文與天尊廟同，唯相國缺名處作辱命，相國安灊爲其銘，末作景秦丁丑年。一在久米村，曰上天妃宫。夏録云：嘉靖中册使郭汝霖所建。門南向，亦爲石神二。甬道左右寬數畝，周圍繚垣，正中爲天妃神堂，右楹祀關帝，左爲久米幼童誦讀地。門額舊夏子陽、王士楨書「靈應普濟神祠」，年久匾失。康熙中徐葆光取宋宣和及元天曆兩賜額合書之，曰「順濟靈慈之宫」。堂内有杜三策、楊掄「德配元穹」匾，康熙中張學禮、王垓「生而神靈」匾，徐録作「生天福靈」，汪楫「朝宗永賴」匾，林麟焻聯一：「累朝叠誥表神功，嶽降自鯑江，翊運疑麻，頻現紅燈宣聖化；重譯獻琛逢盛世，皇華臨馬齒，摳衣展拜，永清碧海耀聖宗。」麟焻莆田人，天妃族，故末稱裔姪孫。徐葆光聯一：「統全海之洪波，俯順人情，應念東西南北；綜歷朝之實册，仰覘聖德，一心忠孝慈仁。」臣等姑米遇颶，仰藉皇上威靈，神光護佑，全船二百餘人，無一虧損，易舟到港，謁廟行香。臣煌謹安「願大能成」匾一，「神爲德其盛乎，呼吸迴天登彼岸；臣何力之有也，忠誠若水證平生」聯一，敬抒微忱，稍答神貺。有鐘一，鐫文與下天妃宫同。一在姑米山，係新建。兹役觸礁，神燈示見，且姑米爲全琉門户，封貢海道往來標準，臣煌謹同臣魁公啓國王，代建新宫，崇報靈蹟。中山王尚穆現在遴員卜地鳩工，臣煌使旋有日，恭製匾聯各一，匾曰「玉山仙姥」，聯曰：「鳳舸燦神光，一片婆心扶泰運；龍津標聖蹟，萬年福曜鎮安嘉。」米姑名地更爲立碑，以紀其事。

臣謹按：天后氏族里居，存没之蹟，錯出前紀，街談巷説，傳聞異辭。據徐葆光録《天妃靈應記》云：天妃姓林氏，莆田湄洲人。張記云蔡氏猴嶼人。非是。宋都巡檢愿一作孚。第六女，以建隆元年庚申三月二十三日生。彌月不啼，名曰默。生而神靈，少與群女照井，有神捧銅符出以授妃，群女奔駭，自是屢顯靈異。常乘片蓆往來海上，或驅簷前鐵馬渡江，人咸稱爲通賢靈女，或稱神姑。一日方織，忽據機瞑坐，顔色變異，母蹴問之，寤而泣曰：「父無恙，兄殁矣。」頃之信至，父與兄渡海舟覆，父若有挾之者，得不死，兄以柁摧救不獲。雍熙四年九月初九日昇化，室處二十八歲。張記云救父投海身亡。誤。時顯靈應，或示夢，或示神燈，海舟獲庇無數，土人相率祀之。

天后封號

宋徽宗宣和五年，給事中路允廸使高麗，八舟溺其七，獨允廸見神朱衣坐桅上，遂安，歸聞於朝，賜廟額順濟。高宗紹興二十六年，始封靈惠夫人，賜廟額靈應。三十年，海寇至江口，神見風濤中，寇潰就獲，泉州上其事，加封昭應。孝宗乾道二年，興化疫神降於白湖，去湖丈許，得甘泉，飲者立愈。又海寇至，霧迷其道，至廟前就擒。加封崇福。淳熙十一年，助巡檢姜特立捕温台寇，加封善利。汪録作靈慈昭應崇福善利夫人。靈慈乃廟號，凡加封皆原靈惠始封之號，當作靈惠。以上夫人凡四封。光宗紹熙三年，以救疫旱功，特封靈惠妃。寧宗慶元四年，以救潦功，加封助順。嘉定元年，平大奚寇，以霧助擒賊。金兵至淮甸，戰花靨鎮，及紫金山神見像，再捷，三戰遂解合肥圍，加封顯衛。十年，救旱獲海寇，加封英烈。嘉熙三年，錢塘潮決，至艮山祠，若有限而退，加封嘉應。寶祐二年，救旱，加封協正。三年，加封慈濟。四年，以浙江隄成，加封善慶。五年，教授王里請於朝，封妃父積慶侯，母顯慶夫人，女兄以及神佐皆有錫命。景定三年，反風膠海寇舟就擒，加封顯濟。以上封妃凡十。宋共十四封。

元世祖至元十八年，以海運得神佑，封護國明著天妃，又進顯佑。成宗大德三年，以漕運效靈，加封輔聖庇民。仁宗延祐元年，加封廣濟。文宗天曆二年，加封靈感助順福惠徽烈，共二十字。廟額靈慈。元晉封天妃。凡五加封。

明太祖洪武五年，封昭孝純正孚濟感應聖妃。成祖永樂七年，封護國庇民妙靈昭應弘仁普濟天妃。自後遣官致祭，歲以爲常。莊烈帝封天仙聖母青靈普化碧霞元君，又加青賢普化慈應碧霞元君。明封聖妃一，改封天妃一，改封元君二，凡四封。

本朝康熙十九年，收復臺灣，神靈顯應，提督萬正色以聞，加封護國庇民妙靈昭應弘仁普濟天妃，仍永樂七年號。遣官諭祭。

臣謹按：天妃廟祀自元至元中於直沽、平江、周涇、泉、福、興化等處皆有廟，皇慶以來，歲遣使賫香遍祭。明嘉靖中，册使陳侃使還，乞賜祭以答神貺，禮部議令布政司設祭一壇，報可。萬曆三年册使蕭崇業始請秩祀海神，合舉祈報二祭。至今封舟出海因之。康熙二十二年册使汪楫等還，疏請照嶽瀆諸神著地方官行春秋二祭，部議未准。五十八年，册使海寳等具疏再請，得旨着地方官春秋致祭，編入祀典。臣等茲役，自閩海往還，祈神獲佑，竊疑封號尚襲前明，即諭祭文内但云海神，不言天妃，敬瀝微忱，乞加封號，並請明頒諭祭，俱蒙聖慈俞允，崇報益隆，名實悉稱，典禮周詳，超軼千古矣。

乾隆二十二年四月二十一日請加封號諭祭疏：「翰林院侍講臣全魁、臣周煌謹奏，爲天威遠播，神應彌昭，敢瀝微忱，仰祈睿鑒事。臣等蒙皇上天恩，簡使海外，陛辭之日，訓誨周詳。賫命以來，惟冀克竣典禮，無貽隕越。顧往返輒有滯留，風波不無驚阻。今得趨赴行在，瞻仰天顔，皆由我皇上再造之鴻恩，故能使天妃效靈，更生有慶。所有微臣等感激之私，有不得不陳請於聖主之前者。伏查天妃於康熙十九年收復臺灣，神靈顯應，福建提督臣萬正色奏請加封，經禮部議准，封爲護國庇民妙靈昭應弘仁普濟天妃，則是仍明永樂間封號也。又查前明册封琉球，有祈報海神文二道。康熙二十一年，前使臣汪楫等奏請諭祭海神，其略云海神天妃，靈感最著，是以海神爲天妃矣。臣等茲役，遵例於怡山院致祭。按其地有天妃宫，僅一拈香，而諭祭之典則又設位於江岸，實望祭也。伏讀祭文内所引事實，似指天妃，然但云致祭於海神，未明著天妃之號。臣等竊疑海自有神，嶽瀆載於祀典，似不得即以天妃爲海神明矣。伏念臣等始渡海時，以六月初十日出五虎門，十三日已見琉球之姑米山，十四日近山下椗。守風之次，適當暴期，波浪兼天，舟身震撼，嘔逆顛仆者無數。臣等屢禱於神，神出筊示，謂寧泊此，毋捨去也。於是肅將簡命，虔告天妃，神若默佑生靈，當爲神乞加封號，並請於册封之年，明頒諭祭。奈臣等忠信未孚，延至二十四日，夜颱颶大作，椗索十餘，一時皆斷，舟走觸礁，龍骨中摺，底穿入水。時既昏黑，兼值雷雨，距岸約六七百步許，自分此時，百不一生，呼籲之頃，忽神火見於桅頂，又海面燈光浮來若烟霧籠罩狀，舉舟之人皆所共見，乃胥呼曰：「天妃救至矣！」須臾舟稍向岸，賴一礁石透入舟腹，得不沉溺，復不漂流，以故解放本舟小船，次第救免。臣等於萬叠驚濤之中，賫奉節詔賜物登岸，實皆荷我皇上洪福，恩同覆載，履險終平，而天妃呵護之靈，尤其彰明較著者。是用殫竭愚忱，仰懇皇上天恩，敕部議加封號，更請於册封之年，別頒諭祭文二道，與海神並舉。抑或於諭祭海神文内，明著天妃之號，庶崇報益隆，名實允稱。爲此繕摺恭奏，伏候聖裁。臣等無任激切屏營之至，謹奏。」即日奉旨：「該部議奏。」欽此。

禮部謹題，爲遵旨議奏事。乾隆二十二年四月二十四日，内閣抄出翰林院侍講全魁、周煌奏稱天妃於康熙十九年收復臺灣，神靈顯應，福建提督臣萬正色奏請加封，經禮部議准，封爲護國庇民妙靈昭應弘仁普濟天妃，則是仍明永樂間封號也。又查前明册封琉球，有祈報海神文二道，康熙二十一年前使臣汪楫等奏請諭祭海神，其略云海神天妃，靈感最著，是以海神爲天妃矣。臣等茲役遵例於怡山院致祭，按其地有天妃宫，僅一拈香，而諭祭之典則又設位於江岸，實望祭也。伏讀祭文内所引事實，似指天妃，然但云致祭於海神，未明著天妃之號。臣等竊疑海自有神，嶽瀆載於祀典，似不得即以天妃爲海神明矣。伏念臣等始渡海時，以六月初十日出五虎門，十三日已見琉球之姑米山，十四日近山下椗。守風之次，適當暴期，波浪兼天，舟身震撼，嘔逆顛仆者無數。臣等屢禱於神，神出筊示，謂寧泊此，毋捨去也。於是肅將簡命，虔告天妃，神若默佑生靈，當爲神乞加封號，並請於册封之年，明頒諭祭。奈臣等忠信未孚，延至二十四日，夜颱颶大作，椗索十餘，一時皆斷，舟走觸礁，龍骨中摺，底穿入水。時既昏黑，兼值雷雨，距岸約六七百步許，自分此時，百不一生，呼籲之頃，忽神火見於桅頂，又海面燈光浮來若烟霧籠罩狀，舉舟之人皆所共見，乃胥呼曰：「天妃救至矣！」須臾舟稍向岸，賴一礁石透入舟腹，得不沉溺，復不漂流，以故解放本舟小船，次第救免。臣等於萬叠驚濤之中，賫奉節詔賜物登岸，實皆荷我皇上洪福，恩同覆載，履險終平，而天妃呵護之靈，尤其彰明較著者。是用殫竭愚忱，仰懇皇上天恩，敕部議加封號，更請於册封之年，别頒諭祭文二道，與海神並舉。抑或於諭祭海神文内，明著天妃之號，庶崇報益隆，名實允稱。等因具奏到部。該臣等謹按《會典》，四海龍神各有封號，東海稱顯仁龍王之神，西海稱正恒龍王之神，南海稱昭明龍王之神，北海稱崇禮龍王之神，有司以歲時秩祀。《會典》内開載天后亦稱海神，康熙十九年敕封海神天妃爲護國庇民妙靈昭應弘仁普濟天妃。二十年，福建提臣萬正色以天后著靈，奏聞於朝，詔封昭靈顯應仁慈天后。五十九年，翰林院檢討海寶等奏稱，奉旨册封琉球，於怡山院祭天妃，往返海道，略無危險。經臣部議准，該地方官春秋致祭，編入祀典。乾隆二年，福建總督郝玉麟疏，稱臺灣守備陳元美等在洋遇風，虔禱天后，俱獲安全，褒封宜加。亦經臣部議准加封其字樣交内閣撰擬進呈，欽定「福佑群生」四字，欽遵各在案。是向來册封琉球使臣所祭實係天后，而非南海昭明龍王之神，已確有可據。今該侍講全魁等奏稱萬叠驚濤之中，賫奉節詔賜物登岸，實皆荷我皇上洪福，恩同覆載，履險終平，而天妃呵護之靈，尤其彰明較著者，仰懇天恩，敕部議加封號，更請於册封之年，别頒諭祭文二道，與海神並舉，抑或於祭文内明著天妃之號等語，應如所奏，恭請加封。其封號字樣，應照例交内閣撰擬進呈，恭候欽定。嗣後諭祭天后祈報文二道，書明天后封號，即於怡山院天后宫舉行祭事，於禮乃爲允協。並請别頒諭祭南海龍神祈報文二道，於江岸望祭，庶禮儀咸備而祀典逾隆矣。恭候命下之日，行文該處，欽遵辦理，臣等未敢擅便，謹題請旨。乾隆二十二年五月十四日，奉旨：「依議。」欽此。

内閣謹奏，爲請旨事。據禮部來文内稱，本部議覆翰林院侍講全魁、周煌題請加封護國庇民妙靈昭應弘仁普濟福佑群生天后，以酬神貺，其加封字樣，交内閣撰擬等因，移咨前來。臣等謹擬加封字樣進呈御覽，伏侯欽定。乾隆二十二年六月十八日，奉旨：用「誠感咸孚」。欽此。

天后靈蹟

臣謹按：天后救濟靈蹟，不勝枚舉，兹但就歷使封舟顯應條録於左。洪熙元年册使中官柴山遇險獲濟事，詳《顯聖録》，以後無考，今斷自陳侃始。

嘉靖十三年，册使陳侃、高澄舟至姑米山發漏，呼禱得塞而濟。歸值颶風，桅檣俱摺，忽有紅光燭舟，乃請筊起柁，又有蝶、雀示象，冠服禱請立碑，風乃弛。還請春秋祀典。詳甲午使録。

嘉靖四十年，册使郭汝霖、李際春回閩日，颶將發，有二雀集舟之異。及颶發失柁，汝霖等爲文以告，風乃息。更置柁，一異鳥集桅不去。詳癸亥使録。

萬曆七年，册使蕭崇業、謝杰針路舛錯，且柁葉失去，虔禱之次，俄有一燕、一蜻蜓飛繞船左右，遂得易柁。詳己卯使録。

萬曆三十年，册使夏子陽、王士楨舟過花瓶嶼，無風而浪，禱於神，得風順濟。歸舟柁索四斷，失柁者三，大桅亦搯，水面忽見神燈，異雀來集，東風助順。詳丙午使録。

崇禎元年，册使杜三策、楊掄歸舟颶作，搯柁牙數次，勒索皆斷。舟中有奇楠木，高三尺，三策等捐千金購刻神像，俄有奇鳥集檣端，舟行若飛，一夜抵閩。詳癸酉使録。

本朝康熙二年，册使張學禮、王垓歸舶過姑米，颶作，桅左右攲，龍骨半搯，忽有火光熒熒，霹靂起，風雨中截斷仆桅，柁旋不止，勒索皆斷。禱神起柁，三禱三應，易繩下椗，有一鳥若雁，緑嘴紅足，集戰臺上，舟人喜曰：「天妃遣來引導也。」遂達定海。詳記録。

康熙二十二年，册使汪楫、林麟焻歸舟颶三晝夜，舟上下傾仄，水滿艙中，虔禱天妃，許請春秋祀典，桅箍斷而桅不散，頂繩斷而篷不落，與波上下，竟保無虞。詳使録。

康熙五十八年，册使海寶、徐葆光多用卯針，幾至落漈，虔禱得改用乙辰針，又筊許二十八日見山，果見葉壁。復禱，得西北風，一夜抵港。歸舟至鳳尾山，旋風轉船，篷柁俱側，呼神復正。至七星山，颶作椗走，幾觸礁，呼神獲免。詳《傳信録》。

臣等兹役，舟泊姑米候風，忽颶颱作，連三晝夜。六月二十四日夜半，椗繩盡斷，龍骨觸礁而搯，底穿入水，呼籲之頃，衆見神火起於桅頂，焚招風旗而落，又海面燈光浮來，若烟霧籠罩狀，船遂牢擱礁上，得不沉溺，以次獲濟登岸。歸舟至石盤，阻霧不進，禱得見山。既起椗，霧復合，風雨雷電交作，落帆葉不下，舟攲甚，再禱再霽，賴以安行。臣又聞護封二號船去時，亦於六月二十四日夜在洋被浪擊損，右舷杉板漂失，神前燈已滅，踰時復燃，舟以漸駛得抵温州云。

關帝廟在上天妃宫神堂之右。册使汪楫匾曰「莫不尊親」，徐葆光聯云：「赤心常掛扶桑日，正氣時通大海風。」程順則有記，見「藝文」。

龍神廟在上天妃宫大門内，左廂北向。徐葆光聯云：「受朝宗而宅海，敷雨露以行天。」國王禱雨，以舟載像至豐見城，設壇祈之。

水母廟張學禮圖録近奥山，今未詳其處。

先王廟在真和志安里村廟前。松岡數重，左右溪澗環注安里橋下入海，復有海水來朝。廟貌渾樸，叠石爲墻，左右立木坊及下馬碑石。路修廣，老樹森列。正中作圈門三，左右角門二。前堂三楹，匾「肅容」二字，祭畢設宴之所。更進甬道，東西廳各三楹，堦畔鐵樹兩叢。正廟七楹，正中向，外通爲一龕，安奉諸王神位。舜天居正中，左昭舜馬、順熙、英祖、英慈、西威、武寧、尚巴志、尚思達、尚泰久、尚圓、尚宣威、尚清、尚永、尚豐、尚貞、尚益共十五位，右穆義本、大成、玉成、察度、思紹、尚忠、尚金福、尚德、尚真、尚元、尚寧、尚賢、尚質、尚純、尚敬共十五位。諸皆稱神主，惟寧、豐、賢、質四主稱尊靈，又加稱寧曰康翁，豐曰宗盛，賢曰秀英，質曰直高。左壁向右木主一，書歷代有功王叔神位，右壁向左木主一，書先代王妃神位。楹上前使臣張學禮、王垓題「河山帶礪」匾，汪楫、林麟焻題「永觀厥成」匾，海寶、徐葆光題「世篤忠貞」匾，臣等亦書「源遠流長」四字懸其次。堂西神厨二。楹東爲佛堂，前後六楹，旁三楹，爲僧厨，即崇元寺。

圓覺寺内亦有先王神位，中一龕五主，正中祀尚圓，稱龍慶雲君，蓋其私謚也，爲不祧之祖。中左第一主祀尚貞，爲高祖。中右第一主祀尚純，爲曾祖。中左第二主祀尚益，爲祖。中右第二主祀尚敬，爲禰。左一龕正中尚稷，左第一主尚清，右第一主尚永，左第二主尚豐，右第二主尚質。右一龕正中尚真，左第一主尚元，右第一主尚寧，左第二主尚賢，皆祧主也。與《傳信録》所記大異。

臣按：先王廟乃歷代統祀，非一姓也。圓覺寺自尚圓始爲本宗。天王寺内亦有神主。佛堂左一龕神主二，一爲尚稷，乃始祖尚圓之父也。一爲尚久，乃尚豐王之父尚元第三子也。二人皆王父，未爲王，故别奉。於此旁二主爲王妃，右一間四主皆王妃。天界寺内有尚懿神主，乃尚寧王之父。寺中皆女主，供王妃及王姊妹，出嫁者，雖有家祠，亦得祔。

嶽祠

國中皆以石爲神，凡神嶽叢祠之所，礪垣四周，灌木密鬱，巨石離立數處。置香爐於前，澆酒設牲果，渡海、祈福、酬願、報賽，惟就石膜拜獻供，不立神像也。在處有之，今略記其有名可指者。

城嶽在真和志古波藏村。古松森立，可數百株。東三十餘步，有泉名旺泉，從石溜出，甚甘潔，爲中山八景之一。徐葆光《城嶽靈泉》詩：「瑞泉托王居，巨榜標金闕。玉乳瀉巖溜，泠泠自幽絶。」又《城嶽》詩：「一邱古廟只荒榛，叢灌無人敢作薪。渡海人歸還賽社，祠旁澆酒石爲神。」

辨嶽在崎山西南。墻四周叢木尤密，小門内拒南向，門外木亭二所，左傍有小石塔及石燈案左右各五。入門石磴北屈而東，數十級至頂，有石香爐，爲祭山神處。木亭前平地方廣南向，見海東南方，有石爐炷香，爲祭海神處。嶽神名祝祝，天孫氏第二女也。國王登位受封，皆齋戒親祭。每年正、五、九月祭山海及護國神皆於此。或遣官行禮。

八頭嶽在高嶺東北。

佳楚嶽在今歸仁村，一名宇勝嶽。最高，爲中山第一峰。

名護嶽在名護村。山出異蘭。

恩納嶽在恩納村。以上國人稱爲五嶽。

姑場嶽在中城村。

蘇姑那嶽在佐敷村。

砂嶽在小禄大嶺村海中一里許。巨石甚奇，枵然如屋，石根穿漏，垂若鍾乳，下可容百餘人。徐葆光《砂嶽》詩：「漱海無頑石，山根鐵板沙。映波横嶽面，回沫吐鯨牙。脚底舒雲葉，潮頭結浪花。醉來平處坐，一一似尊窪。」

寺院附

圓覺寺在王宫北久慶門外，爲天德山國王本宗香火所在。規制頗倣中國叢林，山門高敞，有樓翼然，左右金剛神，額爲「靈濟」，法嗣徑山所書。寺門外方池數畝，名圓鑑池，清泉澄碧，荇藻交横，水通入龍潭，芰荷遍滿，林木攢圍。有觀蓮橋，製甚整緻。中砌一臺，建亭其上，供辨才天女，即斗姥也，名天女堂。架橋達之，名天女橋。更西有龍潭橋，亦名龍淵橋。入寺，佛殿七間，極鉅麗。更進，大殿亦七間，名龍淵殿。中爲佛堂，左右奉本宗先王主。左序爲方丈，右序爲客座，皆鋪席滿室，纖塵不染。前楹板閣，雕欄護之。方丈左爲香積廚，廚側有井泉，名石冷泉。方丈前爲蓬萊庭。客座右廣庭中有小山，名古松嶺，相傳有神木，數百年物，今無。別有數小松及諸花樹，奇石錯立，蟠屈飛舞。兩廂左僧寮，右獅子窟。僧寮南有鐘樓，樓南有雜花園，奇花繁艷，簇錦鋪霞，國人沿稱圓覺八景。寺係明弘治時王尚真所建。池前土阜，上有三山許天錫碑記，見「藝文」。林麟焻《圓覺寺贈喝三和尚》詩：「蘭若因王造，焚香印土時。虛廊雙不借，静案一軍持。笑契三三語，來尋默默師。徑山宗派在，休唱嗣阿誰。」徐葆光《圓覺八景示僧了道》詩：「圓覺寺在中山巔，山圍橋轉稱龍淵。鑑圓池中水空碧，天女亭外環青蓮。蓬萊庭中古松嶺，香積廚下清冷泉。園裏雜華四時好，朱幡朝夕飄香烟。中山世祀三百載，八景自昔名僧傳。我來欲訪喝三徑，白頭弟子移興禪。蒙茸逼仄入蕭寺，本師塔號猶高懸。咫尺珠林是遺蹟，重題舊景空潸然。」

天王寺在圓覺寺東北門前。臨溪有古松四株，寺東有天王橋，堂上額亦名龍淵。殿巍麗與圓覺彷彿，板閣光滑如鑑，古色斑駁，蓋樫木年久，刮磨漸積，黑質白章，如貝如錦，絶可人意。中奉金剛，手七星輪及刃。左右龕祀先王之父及諸妃。一鐘爲景泰七年丙子鑄，上刻天龍寺鐘。寺在浦橋，有二鐘，移其一於此。

天界寺去守禮坊不數武。門北向，寺西南石室高丈許，方廣封而不樹，中山王塋也。尚圓以來皆葬於此。殿宇兩進，亞於圓覺。山門石神二。佛殿正中設當今皇帝萬歲龍牌，及旁供火神，皆如圓覺。内殿祀先王之父及王妃、王女。左僧室，右客座。庭中松樹、鐵蕉皆盤鬱有奇態，桄榔數株，椰樹一株，極高大。左階架鐘一，尚德王時鑄，考銘文，本相國寺鐘。銘曰：「琉球國君世高王乘大願力，新鑄巨鐘，寄捨相國寺。説偈以銘，是祝王基之萬歲。安國利民，聖天子繼唐虞之化；全文偃武，賢宰相霈霖雨之秋。兹有巨鐘新鑄，就高樓挂，肅萬機心。無端扣起群生夢，天上人間妙法音。時成化己丑十月七日，住持溪隱。」寺有僧名湛元，能詩。　以上稱首里三大寺。

安國寺世子府對，國中案牘多儲此寺中。

仙江院天王寺（有）〔南〕。汪録云：行荒榛中，門户蕭然，僧宗實能詩，學元僧《白雲集》體。

蓮華院原爲萬松院，天界之支寺也。在天王寺之南，不羈徒元仁别開院于北山，名護嶽，仍名萬松院。徐葆光詩：「不羈遺躅杳難尋，石徑盤緑古院深。手種小松今偃蓋，層層能作老龍吟。」

興禪寺在圓覺寺北。庭中花藥甚多，磴道曲摺，爲圓覺退隱之所。客座寬廣，松檜蟠地作虬龍形。僧律嚴整，經案静清。林麟焻詩：「曾扣招提白板扉，霜寒松老葉初飛。祇今弟子成行脚，猶想參禪上翠微。」徐葆光詩：「一聲清磬定回時，有客相從問本師。老衲不曾通世語，壁間争指舍人詩。」

廣德寺在蓮華院南。花木幽麗，僧宇亦高廣。院後杜鵑、山茶、梅皆數十株，以類分立，不相間雜，尤爲諸寺花藥之冠。

建善寺或稱建慈，在廣德寺南。諸寺客座皆居右巖，此獨居中，正對廣庭。院後高巖陡峭，環衛如屏。巖左石隙迸泉，纚爲雙流注壑，及兩小池，種蓮養魚，諸寺中所僅有者。

慈眼院在首里立岸村。上有觀音堂。

天慶院在赤平村石虎山。

萬壽寺在末吉村龜山下。寺中有察度王舊影堂，萬曆中燬。

手水觀在名護許田村。

萬松院在名護嶽。爲上天授山蓮華院僧元仁字東峰誅茅新建，仍用蓮華院舊名。徐葆光《天授山萬松院歌爲東峰上人賦》：「我聞中山萬松境，舊有名僧號不羈。同伴苦吟三老衲，瘦梅宗實俱工詩。元僧實存有遺集，流傳海外皆宗之。仙島同遊自倡和，滄溟萬象搜無遺。至今忽逾三十載，我來已晚徒增慨。萬松舊院改蓮華，老僧滅度今無在。臺下悲濤惟古松，聳肩松下人難再。跼蹐遍訪覓遺篇，色相俱空舍利碎。白頭法嗣有東峰，開院北山仍萬松。自言身住最靈境，天花雲石相葱蘢。山名天授不可到，但求詩句標幽蹤。數言楚楚字畫勁，一斑直已窺宗風。我役萬里窮水陸，山海之觀未盈掬。蓬瀛咫尺漏芒鞋，聞語心神已飛逐。《白雲》舊集貯瓠蘆，移錫開山志重續。煩師更作畫圖看，萬壑松風捲空瀑。」

大日寺在金城村。尚質王時建，供大日龍智如來。僧名彈雪。

神宮寺

松壽院俱在宜野灣普天間村。

臨海寺在那霸北砲臺隄上。舊名定海，汪楫隸書「臨海寺」額，爲國王祈報所。門東向，佛堂面南，三楹，面東板閣一，石垣四周，潮至墻下，爲中山八景之一。有鐘，明天順三年鑄。　胡靖《臨海寺聽潮》詩二首：「蕭蕭蘭若海門懸，物古音奇漫紀年。時與濤聲相節奏，一天秋水月孤圓。」「海邊寥廓白雲高，嶼色蒼茫映碧滔。忽送金聲風上下，如龍吼月和寒濤。」　徐葆光《臨海潮聲》詩：「晨鐘應潮生，夕唄應潮止。老僧無我聞，常定潮聲裏。」

護國寺辻山上。護一作輔，舊名安禪寺，亦名海山寺，亦名三光院。有神手劍而立，名曰不動王。前置銅盞十，迴環瀉水着盞中，喃喃作語，是爲佛事。庭中鳳尾蕉數十本，與奇石錯植，參差高下，殊有意致。殿下有鐘大小各一，景泰七年丙子鑄，與天妃宮文同，亦國王祈報處。僧名石雲，有徒石牀、覺保，皆能詩。石牀現爲善興監寺，今移主萬壽寺。　胡靖《輔國寺觀海》四首：「幾年觀海志，此日始登臨。浪湧千重雪，潮來一片霒。胸中吞地闊，眼底插天深。頓覺乾坤裏，波濤自古今。」「數頃看無際，徘徊望莫從。微茫但一水，蕩漾是千峰。遂爾煩襟滌，逌然豪興濃。臨崖思大道，萬派總歸宗。」「寺古依松竹，巉巖石筍懸。洪濤衝岸畔，乳燕巢峰巔。下上天成兩，東西水並圓。平臨增悵望，每歎説桑田。」「蕩跡似何極，探奇絶險中。霾鰲翻雪浪，海馬御天風。興與雲飛逸，情同鶴唳空。置身聊不邇，已比扶桑東。」

波上寺在護國寺後石筍崖上，即護國之佛堂也。國中寺多於近寺中另建板閣，如神德之八幡宮、善興之天滿堂皆此類。礪墻四周，板閣二所，離立不相屬。閣外隙地數畝，下瞰石壁拔起，國人常以八月十八夜候潮於此。寺前茵草芊茸，如行緑氈碧毯中。汪録云：閣中皆扃固，云中祀阿彌陀佛，左藥師，右觀音。强啓視之，皆無，惟香一握及銅片幡一掛而已。鑿「奉寄御幣」四字，餘皆番書，背鑿「元和二年壬戌」六字，不解何義。

臣按：汪楫或疑元和爲李唐年號，以唐時琉球未通中國，不知乃係倭人僭號也。臣曾見日本馬場信武所撰《八卦通變指南》，内列「三元指掌」一條，云上元起永禄七年甲子，元和九年癸亥止。中元起寬永元年甲子，天和三年癸亥止。下元起貞亨元年甲子，今元禄十六年癸未。據此則壬戌適爲元和八年，恐二年字汪録偶誤記耳。

臣又按：徐葆光録謂其國平日皆行寬永錢，註云：日本寬永元年，當前明天啓二年。壬戌亦非寬永元年，屬甲子，宜當天啓四年。

廣嚴寺在天尊廟南小巷中，名萬年山。徐葆光詩：「茸草烟濃柏翠浮，行樽小占一庭秋。高人避客穿林去，石上殘枰子未收。」

海藏寺在廣嚴寺後門前。一石佛趺坐，佛宇卑隘，簷前懸鐵鐸一，風至自響。

法音軒在海藏院前。小屋數椽，園池甚廣，庭前有草樹，極似芍藥，云生海崖上。

龍翔寺在天尊廟東。頗宏曠，亦多花竹。

善興寺在天使館後。依山崇基，花木清幽，係重建，爲護國寺下院。舊有池，今塞，疊石培鳳蕉其上。佛堂供不動王并三目六臂天孫神。有井泉甚甘美。庭中福木森列，榴薇交映，磬聲乍響，鳴鳥不驚，時往遊焉，頓息塵勞。墻外周垣可五六畝，中建一板閣，祀天滿大自在天神，扃錮不開，祈報者門外膜拜，放瓣香不焚，撤米數撮而去。汪楫詩：「曲巷叢陰合，尋常屨滿門。架簾分樹影，鑿水護雲根。碁局當庭設，茶鐺近客喧。蘭闍僧不解，相對總忘言。」

龍渡寺在砲臺西水中奥山上。舊爲蛇窟，僧心海始闢之，蛇相率渡水去，因築堤截潮，引泉灌花，構屋五六楹。階前方沼，小亭二所，遍植佛桑、鳳蕉，頗可玩憩。寺旁躡級而上，繞出山後，松陰交蔭，漫湖流光。草坪方廣如堂，祓蘭佩茰之勝境也。　徐葆光《遊奥山次韻》四首：「有寺藏山腹，輕橈隔溆通。一筇穿窈窕，雙屐鬭玲瓏。山遠浮空碧，花繁滿徑紅。登臨同客賞，觴咏播華風。」「開山結禪宇，截港叠泉聲。梵典真言授，奇花番字名。巖風吹袖舉，人影落波明。碧海爲空界，塵心何處生。」「松林無雜樹，一碧並孤岑。當午露猶滴，先秋暑不侵。石枰鏗落子，詩席間分陰。弦外輕濤响，琴聲向夕沉。」「小舟膠斷渚，儵爾到山灣。潮上鷺頻起，月來人欲還。捫星銀漢底，流吹白雲間。使職無餘事，清遊盡日攀。」

普門寺在久米村，今廢。

西福寺今廢。

東壽寺徐録云：在泉崎橋之東。今考其地在東禪寺後。僧貧寺售，别結草菴以居。

東禪寺重建，在久米東北，圓覺寺下院也。規造宏廓，大異前時。徐葆光詩：「絶島寡塵事，晤言必緇衣。空門混疎親，禪話時依依。寂寞東禪寺，經聲出翠微。榕門掩清晝，苔徑行踪稀。揭來當秋霽，向夕敲岩扉。茶烟正輕颺，馴鴿彎環飛。僧徒兩三輩，瑶席披清機。梵語少通俗，默焉離是非。松陰霜月落，脱屧坐忘歸。」

清泰寺在東禪寺北，今廢爲蔡氏家祠。

聖現寺在泊村天久山。石墻四圍，方十數畝，中屋一區，老松盤鬱。

神德寺在真和志安里村八幡橋西北。寺門東向，供不動神。上有八幡宫，南向，尚德王所建，供八幡大士。

崇元寺即先王廟左間，監司香火。

神應寺在真和志織名山下。

松山軒在東禪寺後。僧名覺林。

和元寺在久米村。

琉球國志略卷八

勝蹟

勝蹟者，地以人傳，人以事傳。窮海之濱，足跡罕至，雖有奇巖幽壑，極瑰尤詭異之觀，孰從而傳之？琉球之有勝蹟，則自得通中國始也。其地環山縈海，波濤之所蕩激，清淑之所鍾毓，自宜高高下下，時出勝概，譬猶披沙揀金，豈曰無得？而况皇華數臨，鶴書遥降，循習於舞蹈拜揚之節，浸潤乎詩書禮樂之容，山爲增輝，水爲增媚，而况於人乎？臣職忝清班，文慚華國，誠不敢望如白詩見珍於高麗，柳書取貴於新羅，而夙夜兢兢，捧盈是惕。竊幸心神無越，典禮告成，因得流覽蟻封，緬思賢達，徵文考獻，頗非一端，蓋所以著天地之大，而聖朝聲教之遠被，亦於是見焉。志勝蹟。

迎恩亭在那霸港堤上，明洪武時武寧王建。凡封舟到港，陪臣班列，皆集亭下，迎詔至館。國王至亭前迎詔，徒步至亭中，恭請聖安，則自兹役始。徐葆光詩：「一片仙飄下九天，海東屬島喜駢闐。迎恩亭下潮初〔張〕〔長〕，百綆争牽萬斛船。」

却金亭在那霸港，封舟登岸處。爲前明嘉靖七年册使陳給事侃建。侃浙江鄞縣人。胡靖録爲夏言建，誤，言實未嘗至中山也。侃字汝言，嘉靖五年進士，訛或以此，亦未可知。

息思亭在舊天使館内。嘉靖三十七年册使郭汝霖有《息思亭説》，云：琉球天使館，自門而入，正堂三間。自正堂引至書房三間，余處于東，李君際春處于西。房之後再三間，官舍輩處之。兩旁翼以廊房，各六間，門書、輿皂寓焉。暑月蕴隆，琉之人爲予卜後垣空地砌土瓦茅竪柱而亭之，予因扁曰息思。以咏以歌，庶忘其身之在異鄉已。

灑露堂在舊天使館内。萬曆四年，册使蕭崇業有《灑露堂説》，云：使館故有扁弗稱，唐人云「海東萬里灑扶桑」，意在懷遠也，余以「灑露」名之。副使謝杰記云：灑露堂者，天使館之堂也。諫議蕭使公所以名斯堂也。

東苑在崎山上。前使臣汪楫書扁，有記。門西向，入門茵草遍地，板亭南面二間，更進而南二間，天啓五年詔使指揮同知蕭崇基書「潮音應世」額，今失。亭東土阜一邱，形如覆盂，汪録云是雩壇。南下西轉，山巖上鎸梵字一，狀如霧字。石獅一，蹲岩旁。下有小方池，激泉從石龍脣吐出，養金魚其中。前植竹萬竿，後古松數十株，皆盤根石上，極蟠屈有致。東行爲望仙閣，前使臣林麟焻題扁，跋云：昔荀中郎在京日登北固望海，云雖未覩三山，已使人有凌雲意。中山雄踞島嶼，三十六峰羅列環抱，亦海外之京口也。山既擅一方之勝，閣復據登臨之美，額曰「望仙」，蓋以供賢王休暇登眺讌遊，延鄒召枚耳，豈真有黄金白銀闕可見、諸仙人長生之藥皆在耶？彼褰裳濡足之主，冀倖一遇，終非仙才，良可歎也。閣後小板閣爲能仁堂，南面。出堂東過可望佐敷，少西見林木鬱然，即辨嶽也。相傳苑内有八景：東海朝曦，舊爲久高朝旭，中山之東屬島姑達佳，譯爲久高，故云；西嶼流霞，南郊麥浪；北峰積翠，舊爲識名積翠，以識名村在首里之北也；石洞獅蹲，雲亭龍涎，松徑濤聲，仁堂月色。　林麟焻《望仙閣》詩：「崎山少住秋事殘，衙齋寂寂長閉關。有時命駕輒徑出，山南山北恒躋攀。客言望仙樓閣勝，登之可以開心顔。來穿蘿逕尋絶頂，插籬修竹紛檀欒。憑高陡覺海雲蕩，豈惟聊散腰脚頑。虬松屈鐵蹙鱗甲，石罅吐水聽淙潺。問誰所築極幽雅，島王休暇修遊觀。茅茨約椽存朴素，不丹不雘殊塵寰。吾皇聖德同禹儉，遂使此意風百蠻。雙眸下瞰九萬里，歸墟積水何漫漫。伊藍古米尻首接，蒼茫七島相彎環。是時新秋木葉脱，破山巨浪排風寒。方壺員嶠不可辨，但覺隱見青雲端。月明廣宴長樂夜，定有笙鶴來瑶壇。惜哉秦漢覓仙輩，未到此地成虚還。神芝百本産崖谷，玉牀箭簇光斑斕。安得服之鍊金骨，一任日月雙跳丸。興酣發狂浮大白，番吏羅勸冠黄冠。凉風蓬勃拂衫袖，連鑣欲下仍盤桓。歸來閉目想清景，頓令重遊心飛翻。」 徐葆光詩：「一曲崎山路，峰迴啓苑扉。垣緪藤絡石，蓋地毯爲衣。岩瀑當門落，林禽背客飛。置身瀛海上，寥廓坐忘機。」「極目浩無界，超然八景空。雲開識名翠，日上久高紅。宫闕仙山近，樓臺蜃氣通。望來高閣上，坐御列仙風。」「昔構原從簡，今來未改觀。依山微鑿磴，倚樹借爲欄。景色圍空翠，烟雲洗碧丹。亭中祖訓在，澹泊素能安。」「叠叠南山秀，都歸東苑偏。海濤晴帶雨，嶽色午浮烟。儉德存遺構，清遊繼昔賢。壁紗籠句處，猶賽鳳池篇。」

茶亭亦在東苑内。汪録云：國王游觀之所。屋三楹，壁有箋曰「粗茶淡飯飽即休」，王命都通事蔡某所書，今亦失去。其臣真常有記，見「藝文」。

同樂苑在姑場川。亦有八景：延賢橋、恤農壇、洗筆塘、望春臺、觀海亭、翠陰洞、摘茶巖、種藥堤。

觀旭峰一名望日亭。張學禮圖録：近圓覺寺後。

神木在圓覺寺内，一名古松嶺。 胡靖《圓覺寺古松》詩：「知是天工巧自栽，遥瞻海色迴蓬萊。孤根勁挺亭三尺，古幹横斜蓋二臺。夜静龍鱗明月照，天空鶴影倚雲來。菁葱已濕千年露，曾見三花幾度開。」 徐葆光《神木》詩：「圓覺古松號神木，廣庭深護朱欄曲。三尺蟠根二百年，虬枝拳翠攢苔緑。佛座長明無盡燈，珠幡上頌無疆福。右廡重簷廟南向，國王家祠神龕肅。始祖尚圓宗尚貞，高曾四代分昭穆。至今廟食儼如新，山龍藻火施章服。崇元寺裏受恩綸，歸向靈前申號祝。廟中僧禄比貴臣，歲廩王田八十斛。中山之始本三分，山北山南鼎連足。自昔巴志好弄兵，左右齒邦盡强肉。豈知未及五六傳，天道好還反乎覆。尚圓修德起伊平，歸仁一綫如遥續。綿綿禋祀比松年，號曰中山實山北。國祚長休木不凋，濯濯靈柯似初沐。」

金宫在宜野灣謝名村。察度王母天女也，行其地，見石物皆金銀。父勝連按司遣大夫取之，曰此地靈所孕也。作樓閣金宫。

戲馬臺在今歸仁親泊村。

翠巖在首里金城村。

白金巖在兼城絲滿村。巨石圍立，前通一門，中可坐數百人，榕樹蔽之。徐葆光遊山南與大夫蔡温等聯句於此。　徐葆光《絲滿村白金巖》詩：「邊土行將盡，摇鞭絲滿村。溪深查渡馬，廬合樹爲門。村女窺崖隙，山農列酒罇。白金聯句就，書破翠巖痕。」

龍洞在奥山。萬松蒼茂，每清風徐來，輒與潮聲答響，爲中山八景之一。　徐葆光《龍洞松濤》詩：「中山松最奇，臨水更增勝。虚濤應暮潮，颯然滿秋聽。」

金峰洞在金武村山下。

嶮石在那霸港口，土名馬加。　徐葆光詩：「巨石亘港口，天設海門壯。鰲戴儇若浮，虎蹲屹相向。静鎮齧隄沙，怒擘迎風浪。狂瀾却倒迴，安流使徐漲。馮夷送潮來，低頭聽收放。中山形勢雄，碧海流虬樣。右翼葉壁張，左臂馬齒傍。外島三十六，遥遥若連障。腹地抱重岡，那霸實其吭。鐵板沙四周，雙臺勢相仗。得此砥中流，長隄更新創。宛宛如遊龍，到海回頭望。當關似一夫，外禦抵千嶂。所以此邦人，雍容自無抗。封貢共升平，萬古皇風暢。」

受劍石在今歸仁故城内。山北王素尊一石爲神，戰敗以石不佑，砍分爲四，今石痕猶在。

山南王故城在高嶺村，今山南王子孫那姓居之。　徐葆光《高嶺城》詩：「高嶺餘空壘，瓦松生繚墻。披圖尋往蹟，策馬踏荒岡。文砌支豨梱，宫溝瀉鴈梁。中原人一到，徙倚立斜陽。」

山南王弟故城在豐見城山。　徐葆光詩：「豐見山頭虎豹蹲，霸圖銷歇氣猶存。頹垣宫闕無全瓦，荒草牛羊似破村。蜂割一房曾並立，蝸空半角是誰吞。故城高嶺遥相望，鏡裏西風暮色昏。」

山北王故城在今歸仁村。

佐敷殿在首里新橋村。尚益王爲世子采地，封佐敷，故名。後以居舊宫人。

尚圓王舊宅在浦添内間村。王始爲内間里主，後避位，居於此。

麻氏隱居在陶廠西。　徐葆光詩：「尋幽小步廠西村，一曲池塘未掩門。種樹陰成雲滿徑，灌園人老竹生孫。隔墻翠袖翻蕉影，繞砌文螺疊石根。半醉歸來絃管鬧，泉崎橋外落潮痕。」

毛家園在金城村王府西南，國丈毛氏居此。園内有凌霄亭，甚宏麗。

澹園爲法司蔡温别墅，在首里王府北。　徐葆光詩：「澹園一曲倚王城，賜第依然舉室清。松嶺乍通粗闢徑，草亭未蓋已題名。烹茶共品家泉味，剪韭同嗜采地羹。海外荒經與誰續，赤平村裏有端明。」

碧於亭在太平島筑山上。

塋兆附

山北王墓在今歸仁運天村，土人呼百按司墓。

尚圓王祖塋在葉壁山中。有一山宛轉如游龍。

中山王祖塋在王城西南。張録云：塋中無塚，石碑鐫中山王祖塋。前五峰相對，左右有情沙水相映，前山開曠。

琉球國志略卷九

爵　秩

自古屬國封號，祇及其王，而其臣之品秩不與聞焉。琉球越在重洋，聖天子授之王印，以示尊寵，亦政不欲遥制之爾。前使臣徐葆光《傳信録》有官制一篇，云從其臣紫金大夫蔡温得其大概。紫金大夫程順則又以所輯官制進，臣觀其體制亦頗典重，乃徐察其實，十不符二三，始知蔡、程二書係奉其王令新定品秩，尚未舉行，嗣以三法司耻居正二品班寢之，閲十餘年更定，大改前規。臣叩之日所晉接諸人，率多不諳故典，無一能言之郄子。最後於餞别之次，前所稱蔡温者尚在，通謁求見，臣亟問其略，奈已龍鍾昏眊，語焉不詳。今亦惟就所見聞少爲臚列。大抵官雖有品，不必品有其人；官雖分職，不必職專其事。而君臣之通義，無逃天地之間，要亦較然可覩也。志爵秩。

國王世子嗣位稱權國事，奉表請封，及見册使，皆稱中山王世子。明夏子陽録：洪武初，賜駝紐鍍金銀印，封爲琉球國中山王。以其時山南、山北並受封，故别之。秩正二品，降皇子、親王一等，皮弁犀帶。國中攝政亦許其弁上加覆綴，前後各七旒，腰玉。常服側翅烏紗帽。國朝不設品，印文只稱琉球國王，敕文仍加中山二字，冠服悉從其便。

臣按：徐葆光録有元侯、郡侯、邑侯、郡伯、邑伯等爵，今皆未見。

王子總理一郡或二郡，赤地五色金花帕，龍花錦帶。其長子世領一郡，稱某間切按司。

按司赤地五色花帕，大花錦帶。王子按司不係品，有才德者授國相職。

臣按：國中按司有三等，一爲王子及貴臣遥領之按司，一爲王所領之郡不設按司，一爲各土著世業之按司。或授以朝列，或選充王壻，皆令常居首里。徐録云：舊制每府一按司涖治之，權重兵争，尚真王改令聚居首里，遥領其地，歳遣察侍紀官一員知其府事，歳終上其成於按司。

國相二員。左相紫地五色花冠，錦花帶；右相青地五色花冠，錦花帶，俱正一品。

法司官三員，從一品。一司除授刑法，一司錢穀出入，一司禮儀圖籍。然事雖分掌，每事必三人集議，議定上之國相，王受成而已。徐録分天、地、人三曹，今亦無此稱。遇請封及謝恩慶賀大典，則遣一員充正使，紫金大夫一員副之，例以首里尚、向兩家，毛、翁、馬、夏七姓爲之，故法司多王叔、王舅，由紫巾官入國史院加法司銜及耳目官有功者升授，久米、那霸、泊三府人不得爲，偶有爲者，則入居首里，子孫遂爲首里人。紫綾冠，錦帶，有功紫地織花冠，錦帶。

紫巾官、紫金大夫加法司銜俱正二品，紫綾帕，黄地龍蟠帶。以上皆金簪。

紫巾官、紫金大夫俱從二品，紫綾帕，黄地龍播帶，金花銀柱簪。

耳目官四員，正三品。一司賓，土名御鎖側；一典寶，一作司賞，土名御雙紙庫理；一司刑，土名平等側；一司禮，一作管泊，土名泊地頭。皆稱謁者，土名申口衆。黄綾帕，黄地龍蟠帶。以下皆銀簪，遇貢期則遣一員充正使，正議大夫副之。

正議大夫加耳目官銜土名申口座，從三品。冠帶同。

吟味官，徐録作「贊議」。正議大夫俱正四品。黄綾帕，赤地龍蟠帶。

那霸官、察侍紀官、中議大夫、長史、中議大夫、都通事皆爲之。都通事俱從四品。冠帶同。

正殿遏闥理官正五品。黄綾帕，雜色花帶。

副通事加遏闥理官銜從五品。冠帶同。

正殿勢頭官正六品。黄縐帕，雜色花帶。

加勢頭官從六品。冠帶同。

里之子親雲上、副通事正七品。

筑登之親雲上從七品。俱冠帶同六品。

正殿里之子土名察度奴示。正八品。紅縐帕，雜色花帶。

里之子座從八品。冠帶同。

正殿筑登之正九品。

筑登之座從九品。俱冠帶同八品。

臣按：自里之子親雲上至筑登之座及國中或呼副通事、通事、筆者、若筆者、秀才、若秀才，臣所謂品不必有其人，職不必專其事者，此類是也。

久米府官，紫金大夫四員、總理唐榮司一員即於四員中以一員統轄一村事爲最尊，主朝貢禮儀文移。正議大夫、中議大夫、長史、都通事、加遏闥理衙副通事、副通事、通事。皆久米人秀才習漢文者任其職。

臣按：三十六姓皆洪、永兩朝所賜，至萬曆中存者止蔡、鄭、梁、金、林五姓，續賜者阮、毛兩姓，每姓子孫亦不甚繁衍，餘寄籍起家貴顯者有之。自大夫、長史以下，由秀才升授。今取士之法，惟憑總理司及諸長史、學中教習僉詞薦舉，即許出身。徐録謂秀才每年於十二月試之，出四書題令作詩一首，或八句，或四句，能者籍名升爲副通事，由此漸升至紫金大夫。臣細訪之，從無此例。

琉球三省，中山十四府，山南十二府，山北九府，每府除酋長外，遣察侍紀一員、掌筆帖一員治之。每逢册封之期，領郡按司率察侍紀親理府事。屬島如八重山、麻姑山、姑彌島、度姑島、烏父島、奇界島，每島除頭目酋長外，遣監撫使一員、掌筆帖二員治之。餘三十島則監撫使一員、掌筆帖一員。三省及各島頭目總名保長，有地頭，土音之渡弟。俗呼首里大屋子，土音奴夫即姑。最尊，次大掟，土音無暇之。又次南掟，土音符恒之。又次西掟，土音日升之。又次掟，土音没勿之。又次手文士，土音提姑姑。遞相統轄，惟地頭銀簪。餘俱銅簪，帽用青緑布不一。

臣士之家有上、中、下三等。上等自里之子始入流品，中等自筑登之始入品，下等略同。未入品者許紅絹帕，若農工商中有勤勞者令戴青絹、紅絹、黄絹等帽以旌異之。

俸米有三等。有俸米不論品職尊卑各有應得之米，王府按時給領，官罷則已。有采地官尊者或一郡，或兩郡，或一邑，或數邑，或計畝，子孫以次遞減，至曾孫則不減，永爲世禄。有功官俗呼切米，功字之訛也。官尊而有功者量功者俸米，采地之外，加切米或數百石，或數十石，無定制，臨時視功爲額。其切米亦有三等，有終其身者，雖罷官亦給；有定限數年或數世者，限滿則止；有永爲世業者。

僧亦有秩，自房頭歷升法印，至座師而上人爲最尊。

琉球國志略卷十

賦　役 錢法附

東瀛之島如暹羅、蘇門、滿喇加、高句麗、爪哇、日本、交趾、占城等國凡十數，而琉球最貧，明初始受封入貢，亦因以貿遷有無，以供國用。本朝列聖軫恤窮蕃，度越前代，屢免方貢馬匹，且加意懷柔，弛海舶市貨之禁，國中物力藉是稍紓，故能仰體皇上深仁，子惠黎庶，輕徭薄税，以治其邦。但地小土磽，山多人少，其度支贏縮，輸納條款，求之聞見，未悉其詳。臣謹録其有據者，以存屬國穗秸、蜑民趨事之梗概云。志賦役。

夏子陽録：中山田賦，稍寓古人遺法，上下各食其土，無他誅求，惟過世及請封則從其始日即派取穀米苧布於各屬島，預爲積貯數年，以供宴犒，事畢乃止。

臣按：其田有公私之別。公田有二，一爲王府公田，每畝收穀，歲有定額，農民代耕，碾米入倉，王家儲供及各官俸禄功米支給，悉資於是；一爲各官采地公田，分給各官，與農民均分，凡田土應派公費雜項，則出於官所應分數内。二項田皆不得售買。私田則係民間應募墾闢，及自行開墾者，除每畝量納官米外，聽爲世業，仍許售買，然價值甚昂，畝約二三百金。受役之法，各地頭每歲比户派定人數，有事按名受役，每人役二日，大事則盡役之。官府無役隸輿皂，係其采地之人來受役，視官秩爲多寡，皆月更，其雞豕薪樵之數，以米石多少爲準，以時供送。

錢法：國中常用寬永錢，每遇册封，則另鑄小錢，開局兑换。非鉛非鐵，大不及鵝眼，無輪廓文字，虚其中以受貫，一百可長寸許。或三十爲一貫，或五十、或一百以至一千皆自成貫，以草繩穿定，繩頭緊札，以紙封固，用黑硃小印鈐記之。或貫繩散斷，印文擦損，則不堪用。事畢則按數繳還，兑回銀錢。然亦有私鑄，中國人不能辨，時有受其欺者，誤攜以入市，市人不受也。五十五貫當球銀一兩。

徐録稱洪武、永樂皆賜錢，天順二年請照永樂、宣德間例以銅錢給賜，禮部議寢之。本朝無賜錢例，故國中少中國錢。

琉球國志略卷十一

典禮

臣聞天地之氣，吹萬不同，而喁喁于于，罔不與天地相應，是故風之所及遠矣。琉球荷國家招懷柔撫，百有餘年，其恪共職貢，頗爲志敬，而節具自不可與一切羈縻者同論，先後使臣每樂于此觀禮焉。故事，封舟到港，世子以攝行國事，守次不出，祇遣陪臣迎迓，于義未協。今兹之役，世子親率諸陪臣預詣海隄佇候，臣等恭捧詔敕，登岸時跪迎道左，復趨至迎恩亭，恭請聖安，雝雝肅肅，似服習有素者。嗣是臣等遞舉諭祭、册封諸大典，悉復寅畏有加，禮儀卒度。至與臣等酬接，一一謹率舊章，雖事涉瑣細，無足紀録，然臣竊念該國王以臣等忝膺簡命，備致情文，敬使臣正所以尊天朝也，因併節録其概，附見正禮之末。抑臣又聞，風聲之樹，自近而遠，聲教之訖，遠如其近，《詩》云「皇皇者華」，志美盛也，蓋萬國之觀瞻視此矣。故以該國請封、朝廷遣使之典先焉。志典禮。

先一歲，該國世子取具通國臣民結狀，遣其國貴臣耳目官等齎表請封，福建撫臣以聞。禮部上其議，特命選正副使二員，廷見遣之。前明夏子陽録：賜一品服給事中以麒麟，行人以白澤，俱大紅織金羅爲表，絹爲裏，緑羅搭護，青羅褶子裏，亦用絹帶，以玉則自備。本朝仍之，帽用東珠頂，賜服俱麒麟，則自前封使臣海寶、徐葆光始，以同官翰林故也。葆光紀恩詩云：「前事兵垣主出疆，行人白澤副麟章。自注：前例琉球封以兵科爲正使，賜麒麟服；行人副之，賜白澤。茲行並選瀛洲侶，極品均頒御府藏。此役二人皆用翰林，皆賜正一品麟服。節重假威臨絶域，官卑加秩敵蕃王。儒臣捧册邀榮遠，壓帽蠙珠照海光。」臣茲之役，忝備介員，實從其例，殊榮異數，後先輝映云。

迎詔禮

封舟七月初八日午刻至那霸港，潮水正滿，迎舟十數，皆其國陪臣之貴近者，奉世子命來接。又獨木舟數百槳，水中島民無數，悉施長緪，引舟至卻金亭下，搭浮橋直接亭階。陪臣班列，儀仗鼓吹皆集亭左右，迎請龍亭登岸。衆官前導，王世子吉服跪迎道左，復至迎恩亭中香案前行三跪九叩頭禮，恭請皇上聖躬萬安，臣等謹對「聖躬萬安」。禮畢，復導迎至館，奉安詔敕節印。王世子旋至館候問，臣等對拜，待茶畢，送歸府。

諭祭禮

七月二十七日行諭祭禮，臣等參酌前使臣汪楫、徐葆光二録，更定諭祭儀注。先一日，長史等官灑掃廟中堂，以便迎請龍亭，設香案於廟中。司香二人，設開讀臺於滴水西首，設開讀位東南向，設先王神主位於露臺東首西向，設世子俯伏位於先王神主位之下北向，設世子拜位於露臺中北向，衆官拜位設在世子後，左右列設奏樂位於衆官拜位之下亦北向。諭祭日，黎明法司官率衆官金鼓儀仗齊集天使館，啓門參見畢，請龍亭進公館中堂，捧軸官捧諭祭文奉安龍亭内，彩亭二，載祭絹、祭銀。奏樂，引禮通官唱排班，各官行三跪九叩頭禮畢，前導至安里橋。世子素衣角帶率衆官跪於橋頭道左，龍亭暫駐，世子、衆官平身，天使趨前，分立龍亭左右。引禮通官唱「排班」，世子率衆官行三跪九叩頭禮畢，世子前導，至廟門外，由東角門進，立於先王神主側。龍亭由中門進，至廟内中堂，天使隨入，左右立。宣讀官、展軸官由西角門入，至開讀臺下，東向立，司香者舉案置龍亭前添香。世子上露臺，率衆官行三跪九叩頭禮畢，復立於先王神位下。捧軸官由廟東邊門進，天使授諭祭文於捧軸官，捧軸官由中門出，上開讀臺，宣讀官、展軸官次之。捧軸官立案右，展軸官立案左，對展，宣讀官就開讀位，世子率衆官俯伏於先王神位下，西北向。引禮通官唱「主祭官就位」，天使詣先王位前，上香獻爵，不行禮。引禮官唱「開讀」。讀畢，引禮官唱「焚帛」，世子平身，至焚帛所，捧軸官捧謄黄加帛焚之。焚畢，捧軸官捧諭祭文由正中門入，奉安龍亭内。世子率衆官回露臺，再行三跪九叩頭。謝恩禮畢，天使詣先王神位前行一跪三叩頭禮，世子率衆官俯伏於先王位側，禮畢，退班。世子捧先王神主由廟東邊門進廟内，安於東偏神座，世子謝天使，行一跪三叩頭禮，天使答拜。世子出更衣，天使易服。世子揖至前堂，天使居東，世子居西，皆四拜。拜畢，安坐，正使東首，副使西首，俱面南坐。世子西首面東北坐，不設樂。茶酒皆親獻，天使辭，紫金大夫代獻；天使酬獻，世子亦辭，引禮通官代獻。席終，天使輿至滴水前，世子下階揖别，衆官出門跪送。是日世子遣官詣館謝天使，次日遣官入王城答謝。

八月二十一日行册封禮。臣等參酌前使臣汪楫、徐葆光二録，更定册封儀注。先一日，所司張幄結綵於天使館，備龍亭三座，彩亭二座，國中經過處所皆結綵。造板閣一楹，爲闕庭，設於王殿庭中。中置殿陛，左右層階，設御案五於闕庭中，中案奉節，左案奉詔敕，右案置印，邊左置賜王幣，邊右置賜王妃幣。設香案於闕庭前，設司香二人於香案左右，設世子受賜予位於香案之前，設宣讀臺於殿前滴水之左，設世子拜位於露臺正中，設衆官拜位於世子後左右層列。世子左右立引禮官二員，衆官左右立贊禮官二員。陳儀仗於王殿左右，設奏樂位於衆官拜位之下。册封日，黎明法司官、衆官皆吉服候於館外，金鼓儀仗畢備。天使啓關，參見畢，迎請龍亭入公館中堂。正使捧節，副使捧詔敕，捧印官隨行，各安奉龍亭中。捧幣官捧緞匹，置於左右彩亭中。奏樂，排班，衆官行三跪九叩頭禮畢，前導，世子率衆官伏迎於守禮坊外。龍亭暫駐，世子衆官平身，天使趨前，分立龍亭左右。引禮官唱「排班」，世子率衆官行三跪九叩頭接詔禮畢，世子前導入國門，立殿下。龍亭進至奉神門，執事者脱節衣奉節授正使，奉詔敕授副使，奉印授捧印官，捧幣官分捧緞幣隨行，至闕庭正中，各安奉御案上。天使分立左右，捧詔官、捧敕官立殿陛下，宣讀官立開讀臺下，司香者舉香案於御案前添香。奏樂，引禮官引世子由東階升，衆官各就拜位。世子詣香案前，樂止。引禮官唱「跪」，世子、衆官皆跪。引禮官唱「上香」，案右司香者捧香跪進於世子之左，世子三上香訖，平身，奏樂。引禮官引世子出露臺，就拜位，率衆官行三跪九叩頭拜詔禮畢，平身，樂止。副使詣前正中立，捧詔官、捧敕官由東階升，奏樂。副使取詔授捧詔官，取敕授捧敕官，高舉下殿陛，同宣讀官上宣讀臺，奉詔敕並置案上。引禮官唱「跪」，世子、衆官皆跪。引禮官唱「開讀」，樂止，捧詔敕官以次對展，宣讀官讀畢。引禮官唱「平身」，世子、衆官皆平身。奏樂，捧詔敕官各捧詔敕升殿陛，副使仍安奉御案上。捧詔敕官下東階，國王率衆官行三跪九叩頭謝封禮畢，平身，樂止。天使宣制曰「皇帝敕使賜爾國王及妃緞幣」。引禮官引國王由東階升，法司官隨行，至受賜予位跪，奏樂。正使取國王緞匹，副使取王妃緞匹，一一傳授國王，國王高舉，法司官跪接，傳置案上，畢，平身。引禮官引國王復位，率衆官行三跪九叩頭謝賜禮畢，平身，樂止。天使宣制曰「清字篆文告成，另鑄新印，皇帝敕使賜爾國王領受」。引禮官引國王由東階升，法司官隨行，至受賜予位，跪，奏樂。天使取印親授，國王高舉，法司官跪接，仍傳置案上。畢，平身，引禮官引國王復位，率衆官行三跪九叩頭謝賜印禮畢，平身，樂止。引禮官引國王由東階升至香案前，跪請留詔敕爲傳國之寶。法司官捧前代詔敕一一呈驗，天使驗明，允所請。副使捧詔敕親授國王，國王平身，仍安奉御案上。法司官捧舊印授國王，國王跪授天使，仍併置御案上。奏樂，引禮官引國王復位，率衆官行三跪九叩頭謝恩禮畢，平身。正使取節，執事者加節衣，仍置御案上。詔敕、印、幣法司官等捧入内殿，節案、舊印案仍設闕庭中，各派官員敬謹守護。國王請天使拜御書，引上殿閣，天使瞻拜禮畢。國王請天使更衣，同往北宫。奏樂並四拜禮畢，安坐獻茶，一如前儀。席終，國王前導，仍至御案前，正使奉節，副使奉印，各安奉龍亭内。天使隨出奉神門，與國王揖别，各乘輿。國王先行，率衆官出俟歡會門外。龍亭回過，國王以下跪送。天使至，出輿，國王揖别，衆官皆跪送。是日國王遣官詣館謝天使，次日遣官入王城答謝。

謝册使禮

國王既受册封大典，擇八月二十四日率百官于王府庭中行北面謝恩之禮。二十六日，詣天使館拜謝。是日，鼓吹儀仗照例全備，國王先至更衣處，差長史一員來禀。國王轎至頭門，巡捕官跪請，轎進至儀門，王欲下轎，巡捕官跪請如前。國王至滴水而下轎，天使進前迎接，一揖拱，上大堂交拜，一跪三叩首禮畢。天使請國王更衣，揖讓登席，一如前儀。席終，國王辭回，一揖，天使送至滴水，同一揖。國王上轎，一揖，天使亦一揖。國王轎至儀門，巡捕官跪送。

國王冠服儀仗路供附

國王戴皮弁，常服黑紗帽，旁斜展兩翅。汪録云：王欲着皮弁，以朝祭之服謁天使，意實恭謹。而通事以爲倨，令易前服。今從其舊。服蟒衣，玉帶垂裳結佩。謝杰補遺：王受封後，服玉帶以出。詰之，曰：帶賜犀而腰玉何也？長史禀曰：「相沿已久。國相大夫束花金，長史束光金，王若腰犀，恐國人驟見，駭以王之服飾反出國相大夫下。願稍存國體，以釋衆惑。」乃仍之。乘十六人肩輿，鼓吹八人，鳴金四人，方棍二人，紅隔路二人，旗十二人，鐵叉二人，曲鎗二人，狼牙鈎二人，長鈎四人，鉞斧四人，長桿鎗三十二人，月牙叉四人，雞毛帚十二人，馬尾帚二人，大刀二人，黄繖二人，花繖二人，看馬四人，提爐二人，黄緞團扇二人，緑珠團扇二人，印箱二人，衣箱二人，紅桿鎗四人，長腰刀四人，黑腰刀二人，長砍刀四人，蕭崇業録有武士戴銅假面衣漆甲帶刀者數十人，今無。大掌扇一人，金爐二人，以下俱近侍小童執，名察度奴示。金葫蘆二人，緑珠兜扇二人，小鵝毛扇四人，蠅拂二人，金漆匣二人。自法司以下皆從行，紫帕者近二十人，黄帕百餘人。是日國王經行之處，久米人于泉崎橋隄上道旁列盆花數十種，朱欄繞之，中刻木作麒麟形，題云：「非龍非彪，非熊非羆，王者之瑞獸。」那霸人於下天妃宮前植大松數株，叠假山數堆，作白鶴二、子母鹿三四，池上結一大葡萄棚，池中浮水刻鯉魚數箇，竹欄環之。旁竪木坊，匾曰「偕樂坊」。柱懸一長版，題曰：「鹿濯濯，鳥翯翯，牣魚躍。」王歸則撤之，他日王出復設如故。

宴禮

張學禮録：舊例使臣有七宴，迎風宴、事竣宴、中秋宴、重陽宴、冬至宴、餞別宴、登舟宴。徐葆光録：諭祭第一宴、册封第二宴、中秋第三宴、重陽第四宴、餞別第五宴、拜辭第六宴、望舟第七宴。今與徐同。

諭祭宴：似不宜宴，然與飲胙之意略近。是日不奏樂，不簪花，天使、世子肅容堂上，各一席，隨弁左廡國相陪之，從客右廡紫金大夫陪之，俱各一席，皆高座。兩廂及堂左右全半廩、給口月糧等分坐，以長史或正議大夫、中議大夫陪之。通事時在天使左右傳譯，不預席。

册封宴：天使于王殿右廂正中設席，隨弁左右皆面南，從客于王殿左廂設席，面北，全半廩、給口月糧等設于奉神門左右房及廣福門内。是日奏樂簪花。

中秋宴：王府庭中于右廂滴水前造戲臺一所，帷幕四週，天使及隨封員役皆坐位如前，惟從客坐位移王殿右序向西，以便觀演夷劇。樂工十餘人，俱著紅帕。伶童數十人，皆戚臣子弟俊秀者習之。衣彩衣，著紅綾襪。先演舞隊，作一老人登場唱起神歌，歌罷退，小童齊唱太平歌，樂工引聲和之，皆侏儒不可解。譯者稱黃髮老人百拜稽首，恭頌皇上恩德如天，國王帶礪百世，中外昇平，共蒙福祉。今當中秋佳節，天使遥臨，正神人共喜之日也。次笠舞，次花索舞，次花籃舞，次竹拍舞，次武舞，次獅毬舞，次桿舞。後演雜劇，悉其國中故事。凡舞劇皆以提琴、三絃、短笛、小鑼鼓和之。小童只演科白，唱則樂工。昏時撤帷幕，庭中設烟火數架，又有數人騎紙馬，頭尾烟爆齊發，奔走戲樂。宴畢出城，火炬夾道送歸使館。所有歌曲關白，大略與前録相同，然皆淫哇鄙陋，不足備鞮鞻氏之採。張録有走馬弄刀、刺鎗擊劍、踘毬走索諸戲，今悉無之。

重陽宴：是日先設坐於龍潭之北觀競渡。龍舟三，朱一白一黑一，衣飾槳幟各如其色。久米、那霸、泊村人各辦一舟，舟中執楫則皆首里貴戚子弟唱習者。汪録云，國中競渡以重陽，猶中朝端午也。實亦端午各戲于本村，至宴天使則因現在龍舟姑演之以供遊燕。金鼓震蕩，歌聲應節。汪録有歌詞云：「三龍舟，池中游。彩童歌唱報重恩，鳳凰臺上鳳凰遊。」「天朝仁，如海深。球國歌唱報重恩，忠敬兩字萬世心。」「一朝表奏九重天，雙鳳銜書渡碧淵。風送玉音知帝德，雲捲旌旗五色懸。」「炎海藐然隔遠洲，南屏北座枕中流。福星臨照雙呈彩，草木含暉露下稠。」「氣吞雲夢壓飛塵，恭承聖澤寵賚新。自慚海岳恩難報，忠誠兩字長書紳。」「天池挺出雙瑞蓮，炎帝贈君荷蓋錢。金尊未盡莫辭醉，又看秋鴻蹴水仙。」「太乙星移下泰階，長安日麗擁三台。歸帆自有風神佑，萬里長途一瞬哉。」「錦舸言旋入帝京，車書萬里慶昇平。大清日月當天照，常有餘光到海城。」今所歌略同。龍舟戲畢，仍開宴於王府，座次、演劇，與中秋宴同，不設烟火。

餞別宴：座次、演劇如前。

拜辭宴：如前儀。宴畢，國王揖送，先至世子第中，更設小座，手奉三爵爲別。

望舟宴：國王至天使館設宴，禮如前儀，面致金扇一握爲別。

臣等宴禮既畢，涓吉登舟候風，中山王臣尚穆親率陪臣以下詣迎恩亭恭送節印，跪請聖安，俱如前禮。王遣法司、王舅、紫金大夫等齎表謝恩并貢物，自附常年貢船一號，隨封舟同發。

中山王謝恩表

琉球國中山王臣尚穆誠懽誠忭、稽首頓首，謹奉表上言。伏以帝澤旁流，九邊盡播史臣之册；皇仁廣被，四海悉歸王會之圖。恩沛九重之膏，湛露時降；瑞兆五雲之彩，醴泉常生。歡溢臣民，慶騰宇宙。欽惟皇帝陛下，慮周萬物，治冠百王。乃聖乃神，焕規模于典禮；允文允武，隆體統于海陬。臣穆嗣守藩封，代供貢職。拜荷鳳詔褒封之典，社稷生輝；仰沐龍墀錫予之章，蝸居增色。對天使而九叩，望象闕以三呼。拜命增虔，撫躬益勵。謹遣陪臣馬宣哲、鄭秉哲等齎捧表章，恭陳帝座。伏願德合坤乾，恩同川嶽。感覆冒者萬國，莫不尊親；沾雨露者四方，盡皆頂祝。將見文麟獻瑞，調玉燭以無疆；彩鳳來儀，鞏金甌于有永矣。臣穆無任瞻天仰聖踴躍懽忭之至，謹奉表稱謝以聞。乾隆二十一年十月十二日，琉球國中山王臣尚穆謹上表。

奉硃批：「覽王奏謝，知道了。該部知道。」

又謝恩兼陳封舟情形疏

琉球國中山王臣尚穆謹奏。爲恭謝天恩，兼陳封舟情形，仰祈睿鑒事。臣穆彈丸小國，僻處海隅，荷沐皇上鴻慈，允臣嗣封。乾隆二十一年欽差正使翰林院侍講全魁、副使翰林院侍講周煌等持節齎捧詔敕幣帛，欽頒新印，于本年七月初八日按臨臣國。臣穆即率百官臣庶，于迎恩亭恭請皇上聖躬萬安，奉詔敕安于天使館。擇吉于七月二十七日，先蒙諭祭臣父王臣尚敬，隨于八月二十一日荷蒙宣讀詔敕封臣穆爲中山王，欽賜臣並妃蟒緞綵緞等物。臣穆率領百官拜舞叩頭謝恩外，隨請于天使，懇留詔敕，爲傳國之寶。蒙天使查驗前封卷軸，依聽許留，付臣一併珍藏。復蒙頒賜清篆鍍金銀印一顆，臣穆恭設香案拜受訖。其順治十一年所領鍍金銀印一顆，臣謹親交天使代送繳銷。竊惟聖朝加意撫柔，有同覆載，臣穆忝膺寵命，曷勝感激。惟是臣夙夜歉仄，不能自安者，六月十七日據姑米地方報稱，册封頭號寶船于十四日因風不順，暫在姑米港口抛下碇索候風，臣隨即連遣官問候天使起居。詎意二十四日夜風暴大作，碇索已斷，封舟觸礁致壞，幸賴皇上之洪福，聖朝之庥恩，天使親奉詔敕登岸，隨封二百餘人皆獲安全。臣得報之下，恐懼靡寧，星夜趲備海船，差法司官馬宣哲等迎接。七月初八日轉到那霸，得見天使，詢無恙，大喜且驚。但護封二號船被風飄回，十二月十二日已抵臣國，始知洋面遭颶經危之事。臣心惴惴，既乃安然。爲此特遣陪臣法司王舅馬宣哲、紫金大夫鄭秉哲、使者向廷瑛、都通事毛如苞、通事鄭鴻勳、金宿等齎捧表章、土儀，赴京叩謝天恩，仰冀睿慈，俯鑒下悃，臣穆無任激切屏營之至，謹上奏以聞。乾隆二十一年十二月二十四日，琉球國中山王臣尚穆謹奏。

奉硃批：「覽王奏謝，具見悃忱，知道了。其進貢方物，念中國加惠外藩，不欲頻煩貢獻，但航海遠來，又不便令其攜帶回國，著將所進方物留作下次正貢。該部知道。」

貢物

金鶴二鶴踏銀岩座全。　盔甲一副護手、護膁全。　金靶鞘腰刀二　銀靶鞘腰刀二　黑漆靶鞘鍍金銅結束腰刀二十　黑漆靶鞘鍍金銅結束鎗十　黑漆靶鞘鍍金銅結束衮刀十　黑漆灑金馬鞍一轡鐙全。　金彩畫圍屏四　扇五百　土棉二百　練蕉布二百　紋蕉布一百　土苧布一百　白鋼錫五百觔　紅銅五百觔

又請存舊禮以勞使臣疏

琉球國中山王臣尚穆謹奏，爲頒封事竣，懇存舊禮，以勞使臣事。乾隆二十一年蒙欽差正使翰林院侍講全魁、副使翰林院侍講周煌等持節恭奉詔敕、幣帛、篆印于本年七月初八日按臨臣國。二十七日先蒙諭祭臣父王臣尚敬，續于八月二十一日荷蒙宣讀詔敕，封臣穆爲中山王，欽賜臣並妃蟒緞綵緞等物，此誠皇上天高地厚之殊恩，而臣穆永代之榮光也。竊惟天使入國以來，撫綏海邦，臣民無不感仰。惟臣穆所深愧者，臣國邊海，無以將敬，故于宴款之際，代物以金，雖自知乎菲薄，實是緣以爲例。乃辱使臣屢辭，往還再三，固卻不受。在使臣冰兢自矢，允矣有恥不辱，爲天朝使節之光矣。但念使臣間關勞瘁，遠涉風濤，實爲臣穆之故，藉物表敬，禮不將儀，心已難安，況重以姑米之險，行李損失，辛苦倍常，尤臣所悚惕靡寧者也。臣于臨行時復將屢宴前金，特差法司、大夫、長史等官專送懇受，使臣仍復送還。清白之操，可謂始終無間。獨是微臣酬德報功，莫展萬一，殊慚舊禮有闕，寸志莫伸。謹將送還屢次宴金二封，共計一百九十二兩，具本附遣陪臣法司王舅馬宣哲、紫金大夫鄭秉哲等齎進，懇乞欽賜使臣收

受，臣穆不勝惶恐激切之至，謹上奏以聞。乾隆二十一年十月十二日，琉球國中山王臣尚穆謹奏。

奉硃批：覽王奏，知道了。使臣奉命册封，自應仰體朕意，不欲滋擾外藩，所送宴金不必收受，著仍令該國使臣帶回。該部知道。

參謁供應

天使初進館，陪臣進謁天使，法司、王舅、紫金大夫、紫巾官爲一班，一跪三叩頭，天使立受，揖答之。耳目官、正議大夫、中議大夫爲一班，一跪三叩頭，天使立受拱手答之。那霸官、長史、遏闥理官、都通事爲一班，一跪三叩頭，天使坐受，抗手答之。白事必長跪，命坐賜茶，法司官等設氈堂内，耳目官等坐廊下，那霸官等坐露臺下。朔望及每五、十兩日，王俱遣陪臣起居餽食，進謁如儀，天使各即以餽物款酌之，別賚以扇、筆、字畫、香墨等物。徐録云，起居日餽生豬羊各一、雞二，蛋、魚、海蛇、海蟳、石鉅、車螯、麵條、麵粉、醬、葴、醋、蒜、胡椒、甘蔗、蕉果、燒餅、佳蘇魚各一盤，燒酒一埕，炭一包，燭四枝。朔望加吉果、米肌、銀酒、黄酒之餽。今同。

天使日有供應米一斗，麵粉四觔，猪肉五觔，羊肉三觔，雞二隻，蛋十枚，生乾魚各四觔，蟳二枚，西瓜二圓，蔬菜十一觔，米、醬、醬油、醋、鹽、菜油各四盞，豆腐三觔，醬菜半觔，燭四枝，燒酒二瓶，炭十觔，柴四束。

每日國王以瑞泉水供客，緑水箭貯之，加封鎖其上，派紅帕察度奴示輪值押送，兩使各二石。

隨弁二員，每日供應米四升，猪肉三觔，羊肉一觔，生魚二觔，乾魚三觔，雞一隻，蛋十枚，菜五觔，豆腐一觔，米、醬、醬油、菜油、鹽、醋各一盞，燒酒六盞，燭二枝，炭五觔，柴二束。

全廪給每日米四升，肉二觔，生魚一觔，乾魚二觔，雞一隻，蛋五枚，蔬菜一觔，豆腐一觔，豆醬、菜油、醋、鹽各一盞，燒酒三盞，小燭二枝，柴二束。

半廪給每日米三升，肉一觔，乾魚一觔，雞一隻，蔬菜一觔，豆腐一觔，豆腐、菜油、醋、鹽各一盞，燒酒二盞，柴二束。

口糧每日米三升，肉一觔，乾魚一觔，蔬菜一觔，豆腐半觔，豆醬、菜油、醋、鹽各半盞，燒酒一盞，柴一束。月糧每日仝。

國中諸禮

冬至、元旦國王皮弁執珪，先拜歲德，隨歲德所向方設位拜之。北向遥賀皇上萬萬歲，三跪九叩頭禮畢，登殿受國中諸臣賀禮，如明制，就班，一揖，跪，三拜，興，一揖，跪，又三拜，興，又一揖。夏子陽録云，元旦行禮後各官易常服，王亦衣寬博錦衣，戴五色錦帽，坐閣二層，衆官跪階下，唱太平曲。卑者按拍和歌，尊者捧觴爲壽。王亦等級賜之酒餚。每月十五日，久米大夫以下朝，王賜茶酒，本國諸臣則止賜茶。上元國主受賀如元旦禮。皇上萬壽聖誕，王率陪臣北向祝如元旦禮。國王誕日，受賀如元旦禮，各官升遷俱於此日，計功定爵。國有大慶則赦，凡遷徙者皆放還。職官或遷秩，或增禄米。

聖廟春秋二祭，遵用二仲上丁，孔子用太牢，啓聖用少牢，爵帛、粢盛、籩豆之類，悉遵《會典》。其祭品本國所無者，以上品土産代之。前期三日，與祭者皆齋戒。前一日，演禮省牲。丁日，王遣紫金大夫祭啓聖祠，遣法司官祭聖廟，皆行三跪九叩頭飲福受胙禮。

辨嶽，國王嗣位及受封皆親祭。每年正、五、九月國王齋戒，舉行祭山海及護國神禮，或遣官致祭。

蜡祭，每年五六月收穫後，各地方舉行報賽田神諸禮。《世鑑》云：古初未知稼穡，阿摩美久初分種粟菽于久高島、知念、大川、玉城諸處，春稻夏熟。至今所在春夏四祭，久高以二月，知念等以四月。

請雨，每于十月墾種後，先三日齋，各官詣龍王殿及天尊廟拜請。又請龍王神像升龍舟至豐見城，設雨壇拜祭。旱甚，國王親詣崎山雩壇躬禱，或詣雨城躬禱，圓覺寺、護國寺皆令衆僧祈禱。

先王廟，春秋二祭或親祭，或遣官。三日齋，樂用《天孫太平歌》。圓覺、天王、天界三寺内，本宗香火，有時祭，有月祭，名蘭盆祭。三日齋，忌辰有特祭，朔望獻茶。

琉球國志略卷十二

兵刑

小國之大勢，弱則久存，强則速敗。琉球之俗，頗諱言兵，而刑章亦甚簡略，豈所稱畏天保國者歟？當其先世，三王爭强，尋戈未已，後卒并爲中山。迨尚寧王之世，恃其險阻，傲睨强鄰，倭人入執其王，久乃釋歸，則知鐵板爲門不足深恃，况區區三首六臂之神所稱鄰寇來侵，能易水爲鹽，化米爲沙者，尤荒忽而略無據乎？今自洪、永建封，尚姓享祚垂四百年，而奉事聖朝尤爲恭順。其旁近島夷皆知琉球之于中國，如滇王之見寵于漢世，不敢少萌覬覦，其君臣亦遂得宴然高枕，與内地臣民分樂利之萬一，蓋幾幾乎刑可措而兵不用矣。兹特搜討古今，存其崖略，不賅不備，則具如向所云焉。志兵刑。

《隋書》：國有四五帥統諸洞，洞有小王，往往有村。村有鳥了帥，並以善戰者爲之，自相樹立，理一村之事。有刀矟弓箭劍鈹之屬，其處少鐵，刀皆薄小，多以骨角助之。編紵爲甲，或用熊豹皮。王乘木獸，令左右轝之而行，導從不過數十人。小王乘機，鏤爲獸形。國人好相攻擊，人皆驍健善走，難死而耐創。諸洞各爲部隊，不相救助。兩陣相當，勇者三五人出前跳譟，交言相詈，因相擊射，如其不勝，一軍皆走，遣人致謝，即共和解，取鬬死者共聚而食之，仍以髑髏將向王所，王則賜之以冠，使爲隊帥。大業間，將軍陳稜招之不服，獲其布甲而還。

臣按：《隋書》所稱諸洞，疑即今之間切，小王疑即按司，鳥了帥疑即庇椰之屬。

夏子陽録：兵器惟盔甲與刀，頗稱堅利，餘諸矛戟，皆脆弱，徒具文耳。弓長如屋簷，射則樹於地，以兩手彎之，發矢甚遠。

徐葆光録：弓長七尺餘，卓地高齊屋簷。箭比中國箭較短一握許，射必卓地，執靶時不在正中，乃就下窄處扣弦發矢。皆用决拾，如古制。舊録云射二百步外，則未之見。

臣按：國中軍器略具，亦解製火藥，砲位多用銅鑄，要皆備舟艦水戰之用。故弓必卓于船上始發，而矢必扣于下方狹處，實可百餘步。

汪楫録：國中不見有兵，册封日自王廟至首里約十數步即對立二人，執長竿如鎗，其末加短鞘，迫視之，中無寸鐵也。近王城有鎗刀十數對，即王之儀衛云。

臣按：明初三王争衡，兵革不息，至中山尚巴志併山南、山北二王爲一，漸獲安居。尚德王時奇界島叛，尚真王時八重山叛，尚清王時烏父島叛，皆時發兵攻討。尚真王因於那霸江口築左右砲臺，聚兵守之。那霸見世館，俗呼親見世。屬島頭目酋長等每年來聚，則於館中犒之。中有可賞可罰者，則召入見世館，正之决之。其罪重者，屬戚咸來，恐有騷動，則聚兵卒爲防譟亂之患。

演武場，在辻山旁。

臣又按：其國兵制，略倣寓兵於農之意，五家爲伍，五伍又各相統。其稱親雲上筑登之者，皆習弓箭，家有刀甲，有事則皆領平時派定農民，如百夫長、千夫長之屬。徐録云，除儀衛使、武備司而外武職太略，不知皆文官兼之也。以上兵制。

謝杰補遺：民患剽掠，無輕重輒加開腹之刑。

夏子陽録：忿争持刀剚人者輒引刀自剖腹而死，否則下於理，決抵償而無繫獄。法司、紫巾官極稱貴倨，有犯亦抵法，止令坐地，不綁縛，輕則流徙太平山，錮之終身。

張學禮録：執法甚嚴，不徇情面，即官長父子兄弟犯法，輕則徒流，重則處死，不曲庇絲毫也。民有犯罪者，大夫聞之法司，法司察其曲直，令曲者死，亦不敢遲留也。有犯法重者竟自刎投繯，不敢妄辨求生。如有夫之婦、有妻之夫犯淫，男女俱死，鰥曠未減。

汪楫録：國中不設官廨，無聽訟之所。民有犯罪當死者輒自殺，重者刳其腹，輕者徙置馬齒、硫磺諸山，又輕則令自閉室中不得出户，或三年二年，乃縱之。近亦設搒掠之具，然不甚施用。國有大慶則赦，凡遠徙者皆放還。

臣按：其國刑法有死刑三：一凌遲，一斬首，一鎗刺。用木樁作十字架，細手足，以鎗刺其心令死，即梟于其處，樁倒乃止。輕刑五：一流，流有三等：有配定流至某島安置，不准放還；有爲惡不悛，族人共稟法司，請加流罪者，則限以年數，配遣所流之島，頭目等申其改過許遣還，否則至期復流遠島，仍前法申遣，再不悛，顛轉流於三十六島外之別島矣；有犯罪重者，則縛其手足，以獨木小舟配遣西馬齒山巔，轉遞至外島，然多有漂没者。一曝日，一夾，一枷，有輕重二等，輕者數十斤，重者數百斤。一笞。竊盜最嚴，初犯笞若干、夾一次，曝日一次。再犯、三犯以次遞加，亦有時竟立斬者，立配流外島者。以上刑法。

琉球國志略卷十三

人　物賢王　忠節　忠義　孝義　列女　文苑　方外

臣聞醴泉無源，芝草不根，五行之精，原不擇地而産，矧夫烏反哺，羊跪乳，蜂蟻知有君臣，雁鴻以况夫婦，故人而自外於爲人之道，即飛走之不若。以此而推，則琉球之有人物，固其所矣。國家彰善癉惡，樹之風聲，凡在内地之忠孝節義，上自薦紳，下逮蔀屋，莫不闡揚幽隱，給帑建坊，以垂奕禩。臣幸得採風海外，輒復據所見聞，從寬節録，陳之黼座，以爲諸蕃有志者勸。而其近天子之光，涵濡於百年之澤者，抑愈知所自勵也夫。志人物。

賢　王

舜天，日本人皇後裔。父朝公，大里按司。宋淳熙七年庚子，年十五，屢有奇徵。及長，爲浦添按司。人奉其政，斷獄不違。值天孫氏二十五世政衰，逆臣利勇恃寵執權，鴆其君而自立。舜天討之，利勇死，諸按司推奉即位。賞功罰罪，民安國樂，始立文字。

英祖，天孫氏裔，惠祖世主孫。生有瑞徵，十二歲名聞國中，二十通經傳，國人師事焉。長爲伊祖按司。宋寶祐初，義本德讓以群臣僉舉命攝政，歷七年，義本遜位，隱於北山，遂自立。重農貴粟，庶政修舉，時西北諸島及北夷大島相繼朝貢，國寖以强。

大成，英祖世子，元大德四年嗣位。能以禮讓接物，以仁義措事，國治民安。

英慈，大成第二子。元至大初嗣位。爲治遵用舊章，疏通知事，深而有謀。

察度，父爲浦添間切謝那村奥間大，親業農，質性純厚，天女來格而生察度。始爲浦添按司，有德，國人歸服。元至正中，西威薨，世子幼，母妃亂政，衆廢世子，奉以爲王。即位後災變日銷，國家豐饒。明洪武初遣行人楊載頒詔至國，奉貢歸誠，樂天事大，遠夷震慴，南夷宫古島、八重山島相率朝貢。太祖授以鍍金銀印，封爲中山王。復向慕文教，時遣子弟及國秀入監讀書，太祖賜閩人三十六姓以充朝貢譯使。文明日啓，漸染華風，倭人不敢嚮邇。

尚巴志，思紹子。初嗣父爲佐鋪按司，賞罰不違，視民如傷，南方諸侯歸之者衆。山南王恃勝而驕，窮欲于人，朝暮遊宴，巴志合諸按司攻落之，并攻山北、中山，皆次第降，山北王自殺，遂滅武寧，而奉思紹爲王。及嗣位，復滅山南王。自元延祐中，國土三分，至是又合爲一。賜尚姓自兹始。

尚圓，字思德，金伊平人。或云義本讓位，隱北山，圓即其後，或云葉壁有天孫嶽，圓即天孫氏之裔。父尚稷爲里主。圓生有異瑞，年二十四，始渡國頭，來仕中山。尚金福時始給黄帽，尚泰久時領主内間，内間民皆親愛之。時久旱苗槁，獨其田不雨而潤，民驚傳爲異。圓懼，載妻子隱避一十四年，德日懋。中山王聞其賢，召爲黄帽官，轉御鎖側，即今耳目官也。閭閻侃侃，萬事當理，德著民懷。尚德嗣位，多行不義，圓諫云：「君用財若無窮，殺人若不勝。」尚德怒，不聽，再避隱於内間。德卒，世子幼，衆欲立圓，圓曰：「世子在，孰敢奸此位乎？」衆弑世子於真玉城，迎圓，固讓不獲，乃至首里嗣王位。除其虐政，順民所喜，山林隱遯，隨材器使，遠近蠻夷皆歸心焉。

尚真，尚圓世子。天姿明敏，謙己受益，繼述父業，治道大明，政刑咸備，享國年長矣。

尚清，尚真王子。聰明智果，剛强英毅，能振其祖父遺緒，國中事多所興革，至今法守。東北屬國大島恃其險遠，朝貢屢絶，王遣將往征，守度如常。

尚敬，字允中。恤農愛士，尤尊禮老成，國中政務皆親謀獨斷，歷久弗懈。濱海鹹鹵，王飭撥庫儲修砌隄岸，及那霸等處溝洫，民弗苦旱潦。山原高阪，悉募民墾闢，栽種藷、麥、松、杉，聽爲世業。尊事天朝，職貢彌謹。護恤難商，絡繹相望，屢蒙敕諭奬勵。其奉母太妃克盡孝道。性習冲淡，不邇聲色，旁無姬媵。宜其民物安阜，膺爵最久云。

忠節

馬順德，官國頭按司。尚元王時二大島弄兵，屢至那霸，王自往撫之，得疾危甚。順德籲天祈代王死，果死，王疾瘳。官其子，令世廕爲國頭領主。

鄭迵，字利山。祖本閩人，賜籍中山，都通事禄次子。嘉靖中入太學讀書歸，累官至法司。球例，法司無用三十六姓者，有之，自迵始。夏子陽使録作週。迵字格橋，官長史，未嘗爲法司也。禄三子，其長曰達，次曰迵，季曰週。萬曆間，浦添孫慶長即察度王，後興於日本，自薩摩洲舉兵入中山，執王及群臣以歸，留二年，迵不屈被殺。王危坐不爲動，慶長異之，卒送王歸國。

忠義

長田，富盛按司侍士。富盛廉潔慈愛，爲絲數按司所併，夫人投岩死。其子小按司年十五，長田攜至與座村，匿於從兄慶留庇椰所，尋爲絲數偵知，令侍士志堅原率兵搜捕。慶留有子名慶路子，其女乙鶴請與小按司易服代死。後長田復與慶留謀復主仇，知絲數上巳出郊戲馬爲樂，奉小按司仝慶路子伏兵道側，要絲數歸而殺之，復立小按司爲主。乙鶴别見列女。

孝義

鶴壽，平良按司長子。聘保榮茂按司女乙達吕。鶴壽三歲母亡，未幾保榮茂亦卒，無子，鶴壽長，將贅焉。繼母愛其子，毒鶴壽，瞽其雙目，令平良離乙達吕婚，女不從。繼母復蠱平良，放之八頭山石穴中，欲餓斃之。乙達吕感夢告其母，尋歸，醫治目復明。保榮茂夫人送還平良，且語之故，平良悟，大怒，逐其繼妻。鶴壽泣請曰：「兒自幼穉賴母以生，母前所爲乃偶誤耳，豈可以一旦之誤而忘罔極之德哉？且母去弟幼，將誰倚耶？」泣下如雨。平良感其意，不加譴，迎乙達吕，而使鶴壽繼保榮茂之後爲按司。乙達吕别見列女。

謝納，大謝名庇椰長子。次子入神宫寺爲僧，名慶運。大謝名有駿馬，鎖側官高平良求之不得，鴆之。納銜恨往尋其弟，弟曰慶運，僧也。僧戒殺生，况殺人乎？納叱曰：「父仇不共戴天，汝雖僧，身自空桑來耶？」因與密謀，托爲戲技，藏劍於竹内，即以竹負戲具，偵高平良在小灣，遂爲獅舞象鬬之戲以侑酒。納忽把平良袖大呼曰：「我大謝名之子也，今日得報汝矣！」拔劍斬之。有司憐其孝，特原焉。

毛鶴、毛龜，中城按司國鼎子。鼎爲勝連按司阿公所譖，王即令阿公率兵討之，鼎伏劍，殲其族。鶴、龜適隨其生母歸山南查國吉外家。時鶴年十三，龜年十二。生而英俊，父居常教之擊刺，聞變，乃泣請於母，欲以間殺阿公。母以二劍授之，曰：「此汝兄弟生時爾父以賜我者，今以付汝。汝能報仇，吾之願也。然汝兄弟勢無生歸之理，吾聽汝死亦即縊矣。」二子步至勝連，伺阿公春遊，即懷劍而前。阿公喜且醉，解衣帶賜二子，併賜鶴劍，鶴因而刺之，阿公及其群從無一生者。

列　女

真鶴宜，野灣民章氏女。宋淳祐中，義本王當國，北谷村無漏溪有惡蛟，常興暴風雨爲患，王議捐萬金募童男女爲犧祭之。真鶴父亡母寡，貧甚，時年十四，弟思德年十二，聞募，争欲捨身得金養母。真鶴争之力，乃密囑其弟事母而獨往北谷自投。孝感天神，雷電交作，滅蛟除害。王大喜，以配王子，思德亦尚主焉。

乙鶴，慶路子女。祖慶留庇椰匿富盛按司子，爲絲數按司所覺，令侍士志堅原追捕。乙鶴年十五，謂其父慶路子曰：「事急矣，請以兒服衣小按司，兒仍衣小按司服，敵可紿也。」已及搜擄，乙鶴復曰：「祖與父均盡心於小按司者，爲報仇地也。如被獲，事不諧矣。願乞捨身代小按司死。」慶路子初不忍，乙鶴詞益迫切，乃斬首出示志堅原，圍遂解。後小按司復有富盛，以夫人禮追祀乙鶴焉。

大里按司妻，不知其名氏，爲大里按司繼室夫人。大里貪黷，吞併大城按司。大城有臣普嘉真，藏其夫人長子於儀間村，數年糾衆與鮫川按司合兵誅大里，仍奉長子爲大城按司。大里夫人攜二子匿於荻堂村長子乳母之家。時長子度羅壽九歲，次子嘉寧松六歲，被普嘉真察獲，將殺之。夫人奔至按司所，反覆哀懇，乃議殺長子，流次子於津堅島。夫人曰：「若然，願流長子，殺次子。」按司問故，曰：「長子乃妾前夫人之子，次子妾所生也。」按司與普嘉真曰：「俗皆愛所生而嫉前妻子，今反棄己子以救前室所生，誠賢婦也，可如其言。」度羅壽復乞先嘉寧松而死，按司與普嘉真深感其義，皆宥之。

豐姐，悌陀喜瀨女。初嫁爲真壁按司夫人，未幾真壁爲國吉按司所併，無子，夫人遁歸父家。高嶺按司聞其美，欲娶之，召侍士由查諭意悌陀喜瀨，瀨許之，婚有日矣。夫人聞之，仰天哭曰：「吾自城亡覓按司白骨函之，而不即從死者，豈有他哉？爲存祭祀耳。父母不諒，欲奪吾志，吾豈忍偷生以失節耶？」乃闔户自縊。父母覺而救之，適由查至，歸告高嶺。高嶺怒，親强委禽焉。夫人取懷中骨出示之，曰：「真壁雖白骨，妾暫時不離，肯從爾耶？」遂欲自刎。高嶺急止之，因謂悌陀喜瀨曰：「爾有貞烈之女，顯名後世，吾得聞烈女之言，亦改前非，請宥吾罪。」

乙達呂，鶴壽妻，保榮茂按司女。初茂與平良按司友善，一日相與，結男女未生緣。後平良生男鶴壽，保榮茂生女即乙達呂。鶴壽三歲母亡，後母愛己子而忌之，稍長，陰以藥瞽其雙目。無何，女亦孤，鮮兄弟，母夫人將贅鶴壽而襲其業。平良遣其弟饒波庇椰告：「鶴壽不幸爲廢人，謹辭前約，願別婚他族。」夫人以語女，女曰：「先按司婚約於前，奈何死按司而變前約爲？鶴壽雖瞽，兒未生前定約之夫也。背父棄夫，真禽獸已。」饒波復婉諭之，女曰：「煩吾子從九泉下親告吾父，若見許諾，詞無費矣。」饒波回語平良，平良曰：「愚女不顧家門，執拗乃至是耶？」繼室復譖曰：「若鶴壽不在，女自別嫁矣。」殺之不可，暫放之於外，俟女婚更議召回未晚也。」饒波慫恿之，遂放於八頭山石穴中。是夕女夢一神女備告以故，且指示其放所。寤以告母，乃遣人如夢中所示向覓之偕來。夫人召醫治目復明，因送歸平良，成禮如約。

許氏，美里嵩原村酋長許田女。有殊色，二十而寡，矢志守節，豪右争求娶之，父母欲奪焉，强逼再三，氏乃剪笄而辭之，節操彌勵。

蔡氏，名亞佳度，久米村人蔡禧女。年十七嫁陳氏子，十八而寡。陳氏門衰祚絶，無孤可立，氏不得已大歸母家，守節不嫁，紡績窮晝夜，壽六十八。臨訣時出所積紡績餘金，囑其族人曰：「我孀守父家，賴爾曹膳養，今願付所遺爲蔡氏建一宗祠，令子姪誦讀其中，吾目瞑矣。」適得清泰寺廢地，遂購而建祠焉。族姪孫温有碑記其事。

文苑

程順則，字寵文，久米村人。勤學勵志，言行交修。位紫金大夫，愛民潔己，不營寵利。年七十餘，卒之日書籍外無餘貲，國人至今猶爭道之。所著有《燕遊草》、《中山官制考》。其一時先後蜚聲藝苑者，久米則有曾益，字虞臣，著《執圭堂草》。蔡鐸，字聲亭，著《觀光堂遊草》。鐸子温，字文若，著《澹園集》。鐸族子文溥，字天章，著《四本堂集》。首里則有周新命，字熙臣，著《翠雲樓集》。何文聲，亦有詩名，徐葆光嘗題其集。

方外

日秀，不知所自。明時泛海至金武山，住富藏河千手院。年歲屢豐，民爲之謠曰：「神人來兮富藏水清，神人遊兮白沙化米。」後住波上三年，復回北山。

際外，仙江院僧。舊名宗實。能詩，學元僧《白雲集》體，與萬松院不羈、天王寺瘦梅相倡和。前使汪楫稱球陽三詩僧，徐葆光使中山時猶在，贈詩有云：「海外三僧海内傳，瘦梅化去不羈仙。山中禪老惟師在，數臘春來七十年。」蓋道其實云。

琉球國志略卷十四

物産 穀 貨 蔬 果 草 木 禽 獸 鱗 介 蟲

天地之風氣日開，王者之長育無外。故知玉帛萬國，尚在中原；會稽群神，未盡分野。向使統而有之，則禹貢之包匭篚筐，當不僅在蠙魚絲枲之屬矣。國家中外一統，百貨來同，奇琛異寶，何所不有。琉球孤懸絶島，素稱磽瘠，初免其馬貢，繼紓其歲獻，固列祖之所包荒，聖上之所矜惜，何有於昆刀火浣而煩職方之羅列耶？然而地不愛寶，人不愛情，不惟其物惟其情，芹曝之喻所由來矣。又況其猥瑣荒怪而不在常貢之數者，正復不少，恒人怪所未見，聖人亦有不知，飛車砮矢，爰有自來，豹鼠鯷魚，均無可棄。志物産。

穀之屬：稻中山地廣人稀，山多田少。十月布秧，五六月熟。地氣常煖，本宜兩種，因八月後多大風拔苗，故止一熟。姑米山、八重山産米最多。米惟國王及諸貴族宦家得食，小民皆食番薯。

赤杭米　黄小米俱出姑達佳島。　黍　粱　麻　芝麻　菽俗曰豆，有緑、赤、白、黑、蠶豆，小、大、刀、匾諸種。大豆即黄豆。　麥有三種。異産有番薯在處有之。有數種，莖葉蔓生，瘠地皆可種，生熟皆可食，土人以爲糧。

貨之屬：絲土人不知養蠶，姑米山多植桑養蠶，絲粗黑不如中國。棉夏録云土不宜棉，今間有之。姑米、葉壁、八重、太平諸島出，價極貴。綢有土綢，以中國絲織成。有繭綢，出姑米山。布有棉布，以土棉織成。有絲布，以絲經麻緯成，一名羅布。有蕉布，縷芭蕉皮内絲織成。有麻布，治麻織成。皆花紋相間，綦組斕斑，亦有用五色染成者，皆以自服，若餽遺交易，概用本色。草蓆治葥草編成，有極細密者，人家坐卧及鋪地脚踏棉皆用之，出姑米、太平、八重諸山。茶夏録云土不宜茶，今亦間有之，自閩中來者多。鹽曬海滷成者，色極白，宜野灣今歸仁有鹽場。酒燒酒，國中自釀，味甚烈，致遠及供應多以水滲入。紅酒，太平山出者名太平酒，八重山出者名密林酒，醇酒出土噶喇。米肌嚼米汁而成，如乳酪而甘淡，閲日則酸，國王朔望餽天使有此。或曰以此埋土中經年，取作燒酒，味醇無比。中國人聞其從女子口中嚼成，多不敢飲，琉人競取，以爲絶佳。

臣按：《隋書》謂釀米麵爲酒，味甚薄，或亦其加水者歟？

紙有數種，皆穀樹皮爲之，俗呼棉紙。清紙、護壽紙尤佳。大護壽寬可四尺，直可二尺許。中護壽寬可二尺，直可尺五。小護壽視中者寬直略減一二寸，而紙料亦遠不及。有花紙，俗呼圍屏紙，出土噶喇，有緑紋相間者尤佳，然方幅皆僅如中護壽，不宜書，裱窗壁間亦殊可愛。有高麗紙，云自高麗來，七幅可作一帳，極耐久。徐葆光《球紙》詩：「流求繭紙扶桑蠶，十華搗就藏龍龕。一縑一紙購不得，島客求書致滿函。冷金入手白於練，側理海濤凝一片。昆刀裁截徑尺方，叠雪千層無羃面。我毫弱似痴凍蠅，寒光耀腕愁凌冰。捲叠空箱加什襲，携歸到剡誇溪藤。十載京師了書債，廨墻寺壁都遺疥。高麗繭紙稱最精，年年貢自朝鮮界。方幅雖寬質此同，兩邦職貢皆海東。邛竹蒟醬一水通，望洋浩浩歌皇風。」筆徐録云用鹿毛爲之，短管僅長四寸餘。今所用多福州來者。油有魚油，熬魚脂爲之。燈油，榨油樹子爲之。桐油絶少。呀喇菩子榨成尤佳，亦可作蠟，然不易得。蠟出姑米山。燭如中國，柏油爲者色如蠟而微黑，鎔滴衣紙上，俟凝剔去之，絶無油迹。櫻有紅、黑二種，出大島。糖碾小蔗汁熬成。亦有冰糖、白霜。聞天使館閒時國人設廠造糖其中。烟土音淡巴菰。扇有團扇，或青或白，灑金作畫。有泥金五華者名玉團扇，惟王宫中有之。有摺扇，名櫂子扇，單面不複，今亦有雙面。又一種名倭扇，外兩骨，中拗向外，惟僧人得用，土音曰倭几。又有蕉扇，圓爲日扇，男子用之，婦人用者缺其旁如缺月狀，名月扇。金《星槎勝覽》云：地有砂金，曰神物也，人不得擅取。夏録云未驗有無。銀多自日本來，作長條或彈子大，閩人謂之球餅。舊餅一兩抵中國八錢，新餅一兩抵中國七錢。珠螺蚌中間有之，圓而無色。夏録云地薄小而大寶不成也。蘇鐵出大島。刀有腰刀。長桿者爲衮刀。　徐葆光《球刀歌》：「我本書生弄弱毫，恭承天命駕海濤。介事勉將授玉册，禮成宴列嘉賓敖。主人貽我雙珮刀，黝魚皮室象鼻絛。蛟身拔鞘乍尺許，晶英射目寒生毛。燈前轉側銛光幻，摺鐵圓紋細相間。採得扶桑十日華，更著鬼工千日鍊。薄相何緣應此祥，腰間玉檑愁難綰。我聞日本鐵最精，刃踰一尺神威成。挾之出境厲禁死，此邦何以供吹笙。中外一家通玉帛，三十餘世皆銷兵。旄頭寸鐵不加飾，槍槊木具存其名。鑄就名刀贈華客，歸與上國爲干城。方今西寇正跋扈，嘉峪頓刃勞經營。與宴諸君盡材武，决拾命中力如虎。得此輸君意氣雄，早爲廟畫收邊功。」漆器多自日本來。石硯材嫩而鬆，似將樂石。礪石，出葉壁山。石芝，沿海沙磯上多有之，有根有葉，大如盆，小如盎，陰森碧水中，參差叠出，潮落拾之。海松、海柏，有紅、白二種，大者可三四尺，根蟠海底，取之易脆裂，色久輒變，難以致遠。珊瑚　松紋舊録云俱出八重山，國中未嘗有。硫磺出鳥島，世以充貢。亦出土噶喇。

蔬之屬：菜有白菜、芥菜、菠菜、蘿蔔、香苦、絲瓜、茄子、瓠子、芋、葱、蒜、韭、薑、薤、芹、薺、蕨、茴、蔆茭、茼蒿、香菰、紫菜、木耳。防風根如小蘿蔔，可醃食。菰俗呼冬瓜醬，醃之味佳。石花菜生海灘上，如苔，煮之去渣，其汁凝成塊，亦可蜜食。異産有紅菜細如亂髮，類石花菜而少扁。鷄脚菜　麒麟菜俱生海灘上，頗相似，有黄、白二種，一名鹿角菜。海帶菜一名昆布，生海中，可治癭疾，出姑達佳。松露土音蓄蘿，九十月中生大松樹下土中。實圓白，色類菌，産具志頭者尤良。灰色者生牛糞中，不可食。辣蕎樹生，有數種，開花白色，結子有大如指而赤者，有略小微黄者，俱長寸餘，有小如豌豆而圓赤者。女蒡　甕菜生水田中。茯苓菜

果之屬：藕　蔗色紅節短，一年皆有，小者用以造糖。西瓜　木瓜　橘五六月色青緑便採食，味酢，至冬紅乃甘，有數種。香橙　金柑　佛手　柑　杏　梅小如龍眼。荔枝　龍眼二種皆自閩來，不甚繁植。葡萄　桃　栗　柿　核桃　櫻桃　楊梅別有一種極小，土人醃以充饌，或云即覆盆子。枇杷小而微長，元旦食新爲百果之首。異産有蕉實芭蕉花開，一穗數尺，色紅，每花一瓣，中有心五六條，瓣落則結實，如手指揸開，熟時色緑，以草糠覆之則黄，如薯而甘，名甘露。櫧子實如橡栗而小，出大島，一名芝子。

草之屬：花不别見。凡草木者入草類，木本者入木類。萱有單瓣，有重葉。異産有文萱，一名歡冬，花特小，葉有青白相間紋。茸草極纖柔，波上及東苑尤多。蔛可蓆。又有一種心可點燈。天門冬　麥門冬　紫蘇　天芋　獨脚蓮　芸香叢生花，一穗數十朵，結子如青英石珠。觀音蘭　豆蔻花　砂仁草三種葉相似，皆供蒸炊用。烏木毒葉闊如曇花，長尺餘，每葉沿邊有白線，亦有無白邊者。一葉似烏木毒，叢生，出土只一葉，無枝幹無花。鬱金　桔梗　牛蒡　牽牛　葵　玉簪　金錢　書帶草　車前　蒲　艾　鳳仙　鷄冠　水仙　百合　剪秋羅　秋海棠　曇花　聚八仙葉如蘭而柔，八月葉敗，土中挺莖三尺餘，花如萱，簇生莖頂，有黄紅色數

種。胭脂花有紅白黄三種，結子中如粉，可食。藤有紫藤，蔓生，花如葡萄。又一種叢生，葉極小，花紫色，尤艷，天界寺内有。薜荔　蘋　馬齒莧　仙人掌　雁來紅　燈籠草開小白花，結子如燈毬，膚始青後黄，外皮漸褪，内層如紅紗罩，中一子圓赤如燭焰，閩人呼爲九聯燈。午時花略似燈籠草，開花以正午，色紅大如錢。午時蓮　蓮圓鑑池及八幡嶺下池多有。蘭四時皆有。俗尚蘭，呼爲孔子花。異産有西表蘭，出八重山、姑彌島西表地。有風蘭，葉比蘭較長，香如山柰、茴香，篾竹爲盆，懸掛風前，極易蕃衍。有名護蘭，葉短而厚，與桂葉同，大僅如指，三四月開花，與蘭無異，一箭八九朵，香味清越，出名護嶽巖石間，不假水土，或寄樹椏上，或以棕皮裹懸之。粟蘭，一名芷蘭，葉如鳳尾，花如珍珠。蘭棒蘭，狀如珊瑚樹，緑色無葉，花從椏間出，似蘭較小，亦寄樹椏上可活，花味最易引金翅蟲。又有松蘭、竹蘭。菊種不一，有太白仙影、祥星清曙、秋山霓裳、山紅曉錦、黄霞、朝霞、晚霞等目。異産有野牡丹土名芇花，葉與牡丹無異，二三月花開，纍纍如鈴鐸，素瓣紫暈，檀心如碗大，極芳烈，其葉嚼之以爲口香，種出太平島。沿海沙土中又有一種，葉如芍藥。野蘭花小如菊，葉似蒲公英，疑即中國青蘘。禪菊色不一，花如中國萬壽菊，葉粗厚似野蒿。雷山花土名吉茄，葉如鐵梗海棠，花如牽牛差小，鴉翠色，四五月開，十一月結子如豆莢。山蘇花一名猿莚，無花無幹，出土長不及尺，葉如蕉而小。吉姑羅一名火鳳，人家墻上多植之，以辟火。無花，幹似霸王鞭草，葉似慎火草，土人呼福禄木。徐録云花似黄菊，紅者爲福禄木，誤。

木之屬：松最多，一種出土便開枝，散蟠數畝，夭矯不假人力。柏　檜亦多蟠地作態。榕　樟　楓　柳杉自閩分種。槐　樸　櫻榈　黄楊　桐刺桐，葉似桐而圓。朱桐，中心抽莖，簇花數十朵。白桐，葉花略似朱桐。梧桐，特少。桄榔　榔俱略似棕榈，特高大，天界諸寺多有。榴有單層，能結實。千層者，有大紅、淡紅、白數種，不結實。桂八月開花尚少，十月後大放。木蘭　木蓮　雪毬　山茶　杜鵑　山丹　茉莉　長春　紫薇　海棠　天竺子一名南天竺。夾竹桃　扶桑一名佛桑。千葉者有大紅、淡紅、黄諸色，單葉者惟大紅一種。中心蘂高出花瓣外一寸許，如燭承盤狀，故一名照殿紅。四時皆花，六月尤盛。相思木　邪睇疑即素馨。庭梅土音什喇子吾，花樹略似郁李。異産有樫木一名羅漢杉，似中國羅漢松，木理堅膩，國中造屋樑柱皆用之，出奇界島尤良。福木葉如冬青特大，對節生，形如腰子，厚而光澤。一名常盤木。樹身直上數丈，四時不凋，葉可染緑色，開小黄花，結實如橘，可食。呀喇菩葉皆似福木，亦對節生，白花似梅，實圓，可榨油，與福木俱號君子樹。徐録云葉紋對縷如織，中邊映日通明作金黄色。舊傳鬬鏤樹葉如橘，疑即此也。鐵樹一名鳳尾蕉，一名海椶櫚。葉勁挺對出如鳳尾。好鐵凡大院落及衢路旁皆植之，島人碓其根爲粉以充糧。徐葆光詩：「蕉葉棕櫚身，樹汁鎔精鐵。　襹褷鳳尾張，向日中心敝。」櫨一名油樹，子可榨油。黑木一名烏木。黄木　赤木一名紅木。福滿木高數尺，葉似木槿，花如橘子，纍纍紅色，可食。又一種如女貞子，甘酸可食，亦可染物作青蓮色，名山米，又名野麻姑，疑即青精。古巴梯斯土音闊利子，高數丈，葉大如柿葉，花五椏，八九月實似青果，大而少匾，香甘，中有仁如欖仁。徐録云閩中有之，名戊土。閩人殊未嘗見。右納樹高數丈，葉如白桐，夏季開花，如中國秋葵，黄瓣檀心。地分木葉如榖樹，小白花叢生，冬月開，有毒，可藥魚。月橘葉細如棗，開小白花，甚芬烈，一名十里香。結實如天竺，子稍大，二月中紅纍纍滿樹，人家多植以代垣屏。梯沽樹極高大，葉如柿，每葉抽作品字形，對節生。四月初花，紅色，長尺許，每幹直抽，攢花數十朶，花葉如紫木筆。出太平山。悉達慈姑樹高丈許，葉類桃，子如葡萄，穗纍纍深藍色，名慈姑奶，不可食。萩枝條纖弱如柳，小葉如榆，亦作品字，九月開花，葉間遍滿，紫艷如匾豆花形。柴木理粗重，葉厚無花，只可供爨，故名曰柴。喫力土音吃利，字形作方刀。樹高數丈，葉如枇杷，夏月結子，成叢如火樹，姑米山尤多。阿咀呢葉長，旁有刺，久成林連蔓，堅利可爲籓墻，葉可造席，根可絞索。開花者爲男木，花白若蓮，瓣合尖，左右迸叠十餘朵，直上五椏，蘂露如杖，長數寸，芳烈如橘。女木無花，結實大如瓜，膚紋起釘皆六稜，可食，云即波羅蜜別種，一名鳳梨。

竹之屬：苦竹　猫竹　虎斑竹　鳳竹　竿竹　箒竹　烏竹　大竿竹　矢竹　笏竹　異産有觀音竹著地叢生，長尺許，寬三四寸，紫色。

禽之屬：雀　鴿　烏　鷺　鶉　鶺鴒　鳩　鷗　鳧　鴛鴦　燕七月來，不巢人屋。徐葆光《秋燕》詩：「春社中原秋社歸，天邊見客故依依。來遲不肯巢人屋，斜日空山獨自飛。」鷹九月中東北風外島飄來，然必以白露日至，驗之信然。徐葆光《鷹來》詩：「九月黄花背客開，西風摵摵獨登臺。海南數點横秋望，錯認鷹來是雁來。」雁不恒有。鷄産多，一種特小，短足長尾，出七島，名應潮鷄。徐葆光詩：「潮鷄喔喔忽連村，側枕先驚是客魂。日裏金鷄那知夜，扶桑枝上叫黄昏。」〔鵝〕自閩中購至，不多有。鴨亦不甚蕃。異産有古哈魯金黄毛羽，長嘴短尾，四月鳴。麻石翅羽緑色，白眉，九月來。伊石求子似麻石。烏鳳一名王母鳥，四月來。恨煞毛羽似鷹而差小，八月來。容葚翅灰褐色，黑頭。徐録云八月來，非。石求讀毛羽似雀，春乃鳴。莫讀史緑毛。二禽俱十月來。

獸之屬：牛　馬最蕃息，終歲食青，不食棧豆，故貧民皆畜以代耕，有事則役於公家。洪永間例以充貢，且常令人渡海市之。豕　山豬出今歸仁村及大島。羊　鹿姑達、佳西、馬齒、魚螺山、姑巴、汛麻山皆有之。盛夏鯊魚躍岸化爲鹿，鹿畏熱，以舌咂水，亦化爲鯊魚。犬大者傷人，有禁，多私畜之。猫　猿今亦少。

臣按：《隋書》及《明一統志》稱有豹、狼、熊、羆，今按其地皆無之。又云無牛、羊、驢、馬，驢則絶無，而馬最多。皆無足據。徐録云無虎、兔、獐，則誠然。

鱗之屬：魚有鮫魚、鯉魚、鮒魚、鰻魚、鰍、蝦、金魚、銀縷魚、草鱣魚、鰒魚、鯊魚。異産有鯨　鰩如白鳥，飛丈餘入水，即燕魚。徐葆光有「文鰩鬣是翎」句。五彩魚有緑色、紅色、翠藍色、黄色，緑鱗紅章，五采相間，土人就其色其形呼之，皆無名。墨魚出姑米山。石鮔似墨魚而大，首圓，下生八手，無足。毛魚細小，外視似腐，咀嚼有味。七月朔、八月朔各前後五日於海中成陣出，他月則否。佳蘇魚馬叉魚脊爲之。徐録云削黑鰻魚肉乾之，非。長及尺，梭形，色如朽木。出久高者良。以温水泡之，包蕉葉中，入火略煨，洗浄，漬以肉汁，薄切成片，頗可口。一石眉巴魚色紅。陳鰻姑魚　他麻魚　勿詩眉巴魚　阿甲拏魚　海馬馬首魚身，得者先以進國王。一拉不知魚即緑魚。海蛇國王問安天使，必具海蛇一束，長二三尺，僵直如朽索，黑色，猙獰可憎。國人以爲饌，云性熱，能療痼疾，并治癘。針魚唇長如針。亦名鱵。靴魚頭長如靴。

介之屬：龜　黿　鼊　蟹　螺　蛤　蚌　蚶　異産有龍頭蝦一名鰝，大者一二尺，形絶似龍。玳瑁甲如龜鼊，首尾形尖，頭帶淡紅色，國人以爲長簪。蟳味最佳，如蟹而大螯，嚙堅立斷。五色蟹多穴海岸中，兩螯左大右小，大以外禦，小以取食。惟大螯特赤，名曰照火。菩喇喀大螺，可吹，亦名吹螺。緑螺大如盆，可爲酒杯、杓、匙及飾螺鈿器物，常以充貢。呀低媽菩周圍生爪五，長三四寸，亦名壁虎魚。寄生螺小蟹，生螺殻中，以火逼輒走出。半身如螺殻，冷復自入。　徐葆光《後庭宴》詞：「小小螺房，寄居介族。一螯拒户身蜷局，横行無著。借空廬，雖稱擁劍非蠻觸。　看他堅閉深藏，郭索暫時跧伏。火攻幸免，又羡金爲屋。莫道客無腸，躁心常不足。」左旋螺徐葆光詩：「貢篚文螺異，虚中獨左旋。仄輪斜掩月，九曲小週天。佛髻學偏墮，仙房應側眠。新從東海獻，能吐日華鮮。」梔螺殼尖出如梔，有刺，亦名梔魚。車螯似蚶，大者可作浴盆，小者可作盎，爲户樞、爲釜，鋸之如牙，作諸器物。文貝小者如指頭，外白，背有紅綫兩道，大者紫赤玳瑁斑。陰地納喀似蚶，又殼圓如小荷葉。喀達哈螺，似貝白色，貝上凸下平，平處兩邊如鋸齒，兹螺只一邊有。海膽背生刺如蝟，蠕蠕能運行，可醃食。

蟲之屬：鼠最虐，猫皆供玩，不能捕鼠故也。蝎虎尤多，作聲如麻雀，冬夏皆然。蜥蜴如蛇四足，背有金色，緣階砌皆是也。蛇九月出，傷人立斃。姑米山尤多，晨起甲痕如織。𧍘蛆有長尺餘者，不甚傷人。蚊徹年有聲，晝夜薨飛，暴風時少減。蠅亦多如蚊，終歲不蟄。金翅蟲背上兩翼及足皆金色，中國常以供花勝。酷好棒蘭香，不去，因被獲。

琉球國志略卷十五

藝　文

嗚春嗚夏，皆吹息之自然；一葉一花，由化工之締造。我皇上文思天縱，睿藻日新，猶復博覽旁搜，稽古典學，重鐫金石，載輯風歌。天山敕勒之謡，爰與卷阿流火之什交誦迭賡，金聲而玉振之，豈球陽沐浴清化百有餘年，聲華所暎，獨無吉光片羽足備采風者之取擇乎？臣用是聽睹所及，極意蒐羅。凡中國人士有事東洋，記載吟詠，悉加甄録。即未至其地而文切彼事者，亦間爲拾取，以資博聞。至其國中撰著雖不多見，跡所流傳，亦時有雅訓者存焉，輒復寬其吹索，存其二三，以比於墜露輕塵，罔非海嶽之所樂受云爾。志藝文。

謝恩疏康熙三年

中山王尚　質

琉球國中山王臣尚質謹奏。臣質海隅庸劣，遭際聖朝。荷先帝柔遠之仁，撫字優恤，十餘年來，雖海道未通，所賜臣敕印滯閩多日，然島嶼之歸悃，臣民之向化，未嘗一日有遐邇之間也。恭逢皇上踐阼，景命維新。臣僻處一隅，遠隔萬里，不能匍匐梯航，舞蹈階墀，在天王聖明，量逾覆載，不庭之誅，臣實凛凛。乃臣不揣冒昧，敢有披瀝君父之前者，皇上仁孝天成，不改父道，仍遣正使兵科副理官張學禮、副使行人司行人王垓，賫捧先帝敕印幣帛，於本年七月十七日，臣恭設香案，望闕叩頭，跪聽宣讀，愈知皇上軫念微臣，倍加恩賚。臣彈丸荒陋，即捐糜頂踵，不知何以報天恩於萬一也。但臣捧讀先上敕諭，爲臣使人物故甚多，滯閩日久，將正副使併督撫諸臣分别處分。臣撫躬捫心，感悚無地。伏念物故多人，各有命數，已蒙我皇上格外殊恩，死有餘榮。至庀材鳩工，繕兵選將，破浪衝風，艱險萬里，以竣大典，臣不敢謂非諸臣仰遵皇上恩寵臣至意以至此也。臣已躬承天庥，竊幸億萬斯年，世守藩屏，不能少爲諸臣之報，而反重爲諸臣之累，中外均屬臣子，臣何人斯，豈能宴然清夜乎？伏祈皇上推繼述先意之誠，廣錫類群工之惠，憫念臣懇切愚衷，敕下吏部，悉加優敘。庶雷霆雨露，無非天恩，臣跼蹐愚忱得以稍舒矣。臣再有請者，先帝詔書、皇上敕諭臣已懇留奉爲傳國之寶，且使臣子子孫孫永戴恩於無已也，理合題明。臣曷勝激切悚息待命之至，爲此具本，令陪臣吴國用、金正春抱賫，謹具奏聞。

謝恩疏康熙二十二年

中山王尚　貞

琉球國中山王臣尚貞謹奏，爲恭謝天恩兼陳封舟瑞應，以慰睿懷，以彰使節事。臣貞彈丸小國，僻處海隅，感沐皇仁，已經再世。蒙天恩特遣正使翰林院檢討汪楫、副使内閣中書舍人加一級林麟焻，賫捧詔敕、幣帛，封臣貞爲琉球國中山王。臣與通國臣民，恭設香案，叩頭跪聽宣讀畢，又蒙皇上特恩賜臣御筆，煌煌天翰，遥頒小邦，榮光燭天，不特臣守藩之爲榮，即奕世之爲光矣。臣歷查前代請封，雖蒙恩准遣使，而奉命以後，每遲至三四年而後臨臣國，甚有十餘年而後臨臣國者。如前封順治十一年遣使，直至康熙二年始臨臣國。若使臣汪楫、林麟焻之朝拜命而夕就道，且當海疆多事之時，衝風冒險而來，從前所未有也。更有未見之瑞應，不敢不爲我皇上陳之。臣國僻在海東，去中國不可以道里計。往者封舟開駕，惟恃西南風而行，中道絶無停泊之處，故二三十日而至者有之，月餘而後至者有之，甚至水米俱盡，更有不可言者，從未有自五虎門開洋三晝夜而達小國者也。臣差有大夫、通事、舵工、夥長迎護封舟渡海，親見舟行之際，萬鳥繞篷而飛，兩魚夾舟而送，經過之處，恍若夢寐，不知已抵琉球内地矣。通國耆老臣民，無不以爲此開闢以來所未有，不啻從天而降。此皆皇上之文德功烈格天感神，且有御筆在船，所以有如此之瑞應也。臣自受封以後，颶風不作，雨澤應期，五穀有收，窮民得食，臣身亦加安泰，此皆皇上之恩賜也。而兩使臣之克副任使，真不愧皇上之特簡矣。臣以爲宜宣付史館，記載其事，以彰盛朝之瑞應，以紀皇上之實政。至兩使臣成勞議敍，知皇上自有鑒裁，非臣所敢妄奏。但查前封使臣張學禮等，以數年渡海，經先臣奏請，蒙加復職之恩，則今日之兩使臣，勤勞茂著，似不可不從優議敍，以勵臣工者也。至於皇上所頒詔敕，臣懇留爲傳國之寶，已經兩使臣查驗前封卷軸，付臣一併珍藏，理合題明。皇上所頒御筆，臣舉國瞻仰，惟有舞蹈歡忻，不能仰酬萬一。奉上土産物件，少佈涓滴微忱，統祈慈鑒。爲此具本，特差法司官王舅毛國珍、紫金大夫王明佐等賫奏謝恩。臣無任激切屏營之至，謹上奏聞。

謝恩表康熙五十八年

中山王尚　敬

琉球國中山王臣尚敬誠歡誠忭，稽首頓首，謹奉表上言。伏以聖武弘昭，特重内屏之任；皇文丕振，復膺外翰之權。隆體統於藩臣，安内而兼攘外；焕規模於舊制，緯武即是經文。拜命增虔，撫躬益勵。恭惟皇帝陛下，道隆堯舜，德邁湯文。統六合而垂衣，教仁必先教孝；開九重以典禮，作君又兼作師。臣敬世守藩疆，代供貢職。荷龍章之遠錫，鮫島生輝；沐鳳詔之追揚，丹楹增色。對天使而九叩，望象闕以三呼。謹遣陪臣向龍翼、程順則等虔賫土物，聊表芹私。伏願乾行不息，澤沛彌崇。統王會以開圖，合車書者千八百國；占天時而應律，驗禎祥於三十六風。將見文麟獻瑞，彩鳳來儀矣。臣敬無任瞻天仰聖，激切屏營之至，謹奉表稱謝以聞。

使琉球録序

明册使　夏子陽

皇上之御極二十八年，琉球中山王世子尚寧奏請襲封，時蓋嗣位一紀矣。初以關酋侵擾，海上戒嚴，故乞封稍緩。而會前撫臣代稱世子奉正朔，守封疆，關酋不能脅，天子嘉其恭順，數下禮臣議所使，題覆至再，最後從世子請，仍遣文臣二人往，如令甲。於是子陽以兵科給事中充正使，而行人司則王君士楨副之。癸卯三月入闈，治舟以行，凡三年，工始告竣，遂以丙午仲夏泛海抵中山，諏吉册封畢事而旋。報命且有日，迺採逞使所紀，綜以時變，質以周咨，稍修飾之，以爲録。録成，余宜有序。蓋余于役而益仰我皇上之明聖也。先時余等在閩，使舟尚不獲就，適有訛倭將爲使事伺者。閩中二臺臣慮損國威，欲請更成命，余謂奉命而出，海外具瞻，奈何以不信示之，而使妄窺吾怯，其損國威更甚。疏上，天子主余議，趣守臣速爲治舟，毋淹朝命。已復飭毖内地，不得陰通島夷，啓生戎心。比使事往還，卒恃無恐。嗟乎！向非廟謨雄斷，明見萬里，則海上之舟幾爲道旁舍，余等躑躅進退，且貽秦越者嗤矣。余又追憶疇昔關酋犯順，蹂躪我朝鮮，一時掖垣典戎之臣，率馳驅視師，倥傯無寧晷。琉球距日本咫尺耳，朝鮮既失，則琉球亦難獨存，我東南之地，且與夷逼，前所訛言，或亦可爲隱憂。賴國家赫聲濯靈，倭奴遁跡，平壤敉寧，以故中山一彈丸區，戴天所覆，世世奉冠帶稱爲東海波臣，即余承乏兵垣，亦憑藉寵靈，萬里作使，不以武飭而以文綏，大異疇昔馳驅倥傯狀，遭際明盛，何幸如之。頃余駐中山時，倭船卒至，余爲約束從役，謹持天朝大體，倭卒斂戢不敢肆，至有避道竊觀，嘖嘖漢官威儀，已復從使館願謁，稽首而去，余甚異焉。夫琉球不大於朝鮮也，中山世子未變於曩日也。嗣位之初，倭爲擾，受封之後，倭爲艷。此其故不在倭，不在琉球，而在我國家耳。夫惟天子恩威並暢，制馭得宜，即犬馬猶然帖服，安知海外殊域，漸被聲教，而嚮慕文明，不以中山爲前矛？而余列交戟下，隨且終藉國家無事之福，以佇觀重譯來王之盛。則斯役也，以昭明主，以表清時，以徵謚化，亦載筆之一快也。故諸具録中者不叙，而叙余所快覩歷歷如此。語有之：天子有道，守在四夷。是惟今日哉。

中山沿革志序

國朝册使汪　楫

琉球，《隋書》、《宋史》皆曰流求，《元史》則曰瑠求，時皆未與中國通，故紀名各異。隋煬帝大業三年，令羽騎尉朱寬入海訪求異俗，海帥何蠻言之，遂與俱往，抵其國，語言不通，掠一人而返。明年，寬復受命往，撫之不服，武賁將陳稜率崑崙軍人通語言者往，終不服，逆戰，爲稜所敗，掠男女千人，嗣是遂絶。元世祖至元二十八年，海船副萬户楊祥請以六千軍往降之，給金符賚詔以行，出海洋遽掠一山，軍小挫，未至瑠求引還。成宗元貞三年，福建省平章政事高興上言瑠求可圖狀，遣省都鎮撫張浩等襲之，禽生口百三十人，抗命如故。明洪武五年，命行人楊載詔諭，而中山王察度遂遣使入貢。明太祖待之恩禮有加，於是山南王承察度、山北王帕尼芝亦相繼臣服，俱受封於朝。其後二王使不復至，云爲中山所併，然年時皆不可考。然明之世，亦無有疑而致問者。臣楫備員史官，常思搜羅放軼，補舊乘之闕，會有册封之役，入國首以此爲問，皆謝不知，世系沿革亦秘不以告。蓋國有厲禁，一切不得輕洩也。嗣以諭祭故王，入其祖廟，預敕從吏具筆札，俟行禮時密録其神主以歸。已又購得琉球《世纘圖》一卷，卷中番字多不可辨，委曲探索，始知其國南宋始稱王，明初始通中國，元延祐間國剖爲三，明宣德時復合爲一。自宋至今，代已四易，所謂姓歡斯者無據，謂皆尚姓亦非也。爰就圖中所載可識者書之，疑者闕之，參以《實録》，約略詮次，爲《中山沿革志》二卷，用備稽考云。

使琉球雜録序

汪　楫

琉球自明洪武初通中國，歷今三百餘年，奉使至其地，姓名可紀者凡三十餘人。考其譔著，惟嘉靖中陳侃作《使琉球録》上之於朝，于是中山風土間爲學士大夫所稱説，然其言弗質也。萬曆中蕭崇業因之，少有增益，又附紀前此奉使者爵里姓氏，紕漏實多。嗣後夏子陽又因之。至崇禎中，杜三策從客胡靖所刻《琉球圖記》，則荒誕謬妄，百無一實矣。國朝康熙三年，使臣張學禮歸自中山，有紀事一書，質實無支語，已鏤板行。後爲所知誚讓，謂海外歸來，稍夸謾以新耳目，誰相證者，而寂寥如是。學禮乃毁所鏤板，而他客輒以意爲之，今刻遂與原本大異。臣受命後，即遍購諸書以行，按籍核之，合者殊少。爰即聞見所及，雜録成編。編分五卷，曰使事，曰疆域，曰俗尚，曰物產，曰神異。皆據事質書，期不失實而已。《周禮》職方氏掌天下之圖，以周知其利害，而小行人之職使適四方，其禮俗、政事、教治、刑禁之屬，各各條録，别爲一書，用反命於王，以周知天下之故。是知適四方者必有録，自古然矣。若比於《搜神》《括異》志怪之書，則臣不敢以所未見侈詭異之談也。

中山傳信録序

册使徐葆光

琉球見自《隋書》，其傳甚略。《北史》、《唐書》、宋、元諸史因之。正史而外，如杜氏《通典》、《集事淵海》、《星槎勝覽》、《嬴蟲録》等書所載山川、風俗、物産，皆多舛漏。前明洪武五年，中山王察度始通中朝，而《明一統志》成於天順初，百年中爲時未久，故所載皆仍昔誤，幾無一實焉。嘉靖甲午，陳給事侃奉使，始有録，歸上於朝，其疏云：訪其山川、風俗、人物之詳，且駁群書之謬，以成「紀略」、「質異」二卷，末載國語、國字，而今鈔本什存二三矣。萬曆中再遣使蕭崇業、夏子陽，皆有録，而前後相襲。崇禎六年，杜三策從客胡靖記尤俚誕。本朝康熙二年，兵科張學禮使略、雜録二卷，頗詳於昔。二十二年，檢討汪楫譔《中山沿革志》二卷、《雜録》五卷，典實遠非前比，然於山川轄屬仍有闕略，風俗、制度、物産等亦俱未備。蓋使期促迫，搜討倉卒，語言文字彼此訛謬，是以所聞異詞，傳焉寡信。今臣奉命爲檢討臣海寶副以往，自己亥六月朔至國，候汛踰年，至庚子二月十六日始行，計在中山凡八閲月。封宴之暇，先致語國王，求示《中山世鑑》及山川圖籍，又時與其大夫之通文字譯詞者遍遊山海間，遠近形勢，皆在目中。考其制度、禮儀，觀風問俗，下至一物異狀，必詢名以得其實，見聞互証，與之往復，去疑存信，因并海行針道、封宴諸儀，圖狀并列，編爲六卷。雖未敢自謂一無舛漏，以云傳信，或庶幾焉。且諸史於外邦載記，大率荒略。今琉球雖隔大洋，新測晷景與福州東西相值僅一千七百里，世世受封，歲歲來貢，與内地無異。伏觀禁廷新刊輿圖，朝鮮、哈密、拉藏屬國等圖皆在焉，海外藩封例得附於其次，若仍前誕妄，不爲釐正，亦何以見聖朝風化之遠與海邦内嚮之久，以附職方，稱甚盛哉。故於載筆時，尤兢兢致慎云。

圓覺寺碑

明　許天錫

大琉球東南海島之國，自昔不通中華。勝國初嘗招諭不至。洪惟我太祖高皇帝應天啓運，混一區宇，薄海内外，罔不臣服。於時率先入貢，顯被優寵，別於他邦。永樂初始受册封王爵。百餘年來，修貢彌慎。弘治丁巳秋，國大夫程璉、長史梁能、通事陳義奉今尚真王命，朝貢於京師，竣事，道三山，謁翰林庶吉士許天錫曰：「球陽有邦，歷世遠矣。惟今王大有令德，思輯用光，常遵舊典，請以陪臣之子入太學，得一聞天朝仁義禮樂之化，以壯國體。試言其概：國尅擇舊有書，王以正朔請尊之，因參用《大統曆》法。先世深居固衛，以貳其下，王惟推誠布德，躬巡境内，跋履窮僻，恒省其稅賦，遇孤寒輒貲出給之，民咸戴忭。王寬仁不嗜殺，亦未嘗曲法以輕貸人。猶能謹於國陽伏創圓覺禪寺，規模宏敞，儀物備至，以爲祝禱之塲。王每遊豫，必與民同，實國之瓌觀也。兹欲勒石於寺，是以彰王德，賜之以言。」某曰：「如子之説，則王之賢誠可謂奮遠特立於百世之上者矣。」乃爲之歌辭，俾昭示於後裔。詞曰：球陽有國，繫於裨海。弗庭於華，奚啻千載。惟我皇祖，仁厚萬方。率先慕義，來享來王。聖教漸加，十有餘世。風清氣回，儲祥發祉。崛生賢王，適號尚真。離群絶類，舍舊圖新。簡刑省罰，恤孤振阨。春行秋巡，厚下安宅。上熙下怡，廿有餘祀。崇德厚澤，川流罔峙。有美大人，薄言孔昭。我作詩章，庸代歌謡。

琉球國新建至聖廟記

汪　楫

自州縣皆得建學，而吾孔子之廟祀始遍天下。然學以外無所謂廟也，群州守、邑令、博士弟子奔走對越以爲之禮，鐘鼓、管絃、鞉磬、柷敔以爲之樂，牛羊、鹿豕、酒脯、俎豆以爲之獻享，不如是則與浮屠道士之事佛老者無以異，故孔子之祀行於廟而備於學，嗚呼，至矣。今天子重道崇儒，常以興教化、勤學校考吏之殿最，於是職方版圖，莫不以修學新孔子廟爲務。而琉球國遠在海東萬里外，亦建至聖廟於國門之久米村。蓋創始於康熙之十二年，立國以來所未有也。夫琉球自隋唐以後，國名始見於史書，又千餘年至明初，始修職貢通中國。皇清受命，首列藩封，歷三十年而祀聖人於今天子踐阼十年之後，謂非皇帝盛德大業，度越千古，有以漸被之而然歟？廟爲屋二重，其外臨水爲屏墻，翼以短栅，如櫺星門，中倣戟門之意，半樹塞以止行者。堂外爲露臺，東西拾級以登，皆與浮屠、道士家異制。堂内割後楹爲神座，塑王者像，垂旒搢圭，而署其主曰「至聖先師孔子神位」。座左右四人雁行立，各手一卷，則《詩》、《書》、《易》、《春秋》四經也。余惟孔子以道德爲百世師，顔、曾、思、孟配享載於祀典，不可謂其專治何經，海外之誦法者惟孔子，而所以尊吾孔子者實惟此《詩》、《書》、《易》、《春秋》之故，若知此四經者非弟子之徒之所能爲，而又見夫聖廟之有四配，與《詩》、《書》、《易》、《春秋》之數適相當也，遂人予以一經而祀之，若曰吾以祀吾經云爾，總之皆以祀吾孔子云爾。嗚呼！琉球之君若臣其可不謂信經之篤而尊聖之至者歟？雖然，君子之舉事也，始定其規模，繼必求其美善。今日者廟既成矣，因廟而擴之爲學，則費不繁而制大備。吾聞琉球之取士也，舉秀才於童子中，而不以文藝試於有司，此意最爲近古。然當其始，董戒必稟於父師，而其人亦莫不自勵以待舉。迨其後，德業之消長，一聽其人之自爲，吾不知果皆率循强勉而勿怠否也。夫秀才者將以儲異日長史、大夫之用，則教之不可無專師，試之不可無成法。誠因廟而擴之爲學，擇國中敦行誼、工文章者爲之長，俾以時訓督其子弟，修舉釋菜、釋奠之禮。國之中或難其選，則直疏其事而請於朝，乞如往昔教育故事，聖天子聲教誕敷，方將登四海於文明之治，吾知其必得當也。如此，則琉球之經學日明，因所及而益廣其未備，於以表率友邦，凡有志於聖人之學者無不奉琉球爲指歸，嗚呼，豈不盛哉！豈不盛哉！

琉球國新建至聖廟記

册使林麟焻

康熙二十有二年夏六月，予同太史維揚汪公奉命封琉球。由广石揚帆，天風自南，不三日而抵其國。甫駐節，通事官循故事以謁孔子廟、天妃宮爲請。予思天妃司海道，歷著靈異，琉球祀之舊矣。若吾夫子之廟，稽諸往載，琉球未聞有祀者。於是進諸大夫而詢之，咸跪而言曰：聖廟之建，肇自康熙八年，陪臣入貢中國，見夫學宮巍峨，布滿天下，瞻慕感動，歸而陳諸王前，度材命工，厥廟斯興。予聞其言，肅然起敬，爰潔齋祇謁。至則覩輪奂具美，丹雘黼黻，恍登堂而親申如夭如之容。繚以周垣，堅以甓甃，筍業在列，如入室而聞金石絲竹之音。雖講經肄業之舍，稍未有備，而規制弘闊，其與中國亦幾無以異焉。夫自吾夫子春秋後，中國崇祀聖人垂三千年，而外夷無聞。今琉球一旦先之，嗚呼，偉矣！謹按《星槎勝覽》諸書及前代群公使録所記，盛稱琉球雖僻處一隅，在瀛海中最爲守禮之邦，歲奉職貢，恭順謹畏，得尊君親上之義，官制巾服有别，鄉舉里選由俊秀而升，試以文藝，然後服官。國中搓手膜拜，道遇尊者，輒伏地不敢仰視。風俗淳厚，路不拾遺，人重犯法，無剽掠争鬭之事。賦税則王及臣民分土以爲禄食，上下不交征，庶幾古井田遺法焉。獨惜其未有祀孔氏以爲遺憾。今聖天子在上，重道右文，加意學校，以仁義禮樂懷柔萬方，中山賢王果能觀感淬礪，建立聖廟，儀型其國，此邦風俗之美、教化之行，豈不視昔有加哉！吾夫子常欲居九夷矣，或曰陋，子曰：「君子居之，何陋之有！」又其告子張也，言忠信，行篤敬，雖蠻貊之邦行矣。然則聖廟既建，人知嚮學，争自濯磨，俾紩衣兜帽之俗，咸彬彬然有儒雅之風，是又忠信篤敬行於蠻貊之明驗也。九州之外，島嶼雜國，貫胸、雕題介於琉球者動以萬計，誠見聖道至大，極天際地，靡不覆幬，吾知窮髪之鄉，日月出没之所，必有聞風而俎豆者矣。秉彝好德，人心攸同。中山賢王之率先倡化，與其諸大夫之導君以善，皆可書也。抑予更有進焉。廟之崇祀聖人，非徒設輪奂具美丹艧黼黻已也，凡釋菜、釋奠、合舞、合聲，以至鄉射、讀法諸大典必一一倣中國而行之，庶幾不爲具文，王與諸大夫其勗之哉。予故樂記其盛而爲之援筆以告。

琉球國學碑銘

徐葆光

中國無孔子廟，皆學也。自京都至於十四直省府州縣，無慮數千百，靡不設學。學之中闢堂寢以釋奠於先師，歲再舉，著不忘其自，正所以爲學也。若徒廟祀孔子，與浮屠氏之宫何以異？且聖德侔天地，戔戔牲豆，曷克報稱，而以廟爲？中山之祀孔子也，四十餘年矣。其未立廟也，人之謂中山云何及，廟既立，人之稱中山者又云何賢王之世世嚮化，與賢公卿、都人士之遵王路而道日新也，皆於是可覘已。余方奉使時檢前使刻録，讀汪、林兩使臣《中山孔廟記》，知其興起也有端。及來是邦，封禮未行，先拜廟廷。楹廡秩如，堂序皇如，俛仰之間，又肅焉而生敬矣。大夫程君順則有碑記建廟顛末，實成於康熙之十三年甲寅之歲，時尚未有明倫堂也。今觀其廟之左方有室新建，堂構維傑，上室奉啓聖公及四配神主，兩廡設學教授，歲立講解、訓詁師二員，惟其人豐廩餼，尊體貌，而以通事、秀才之雋者若而人皆從業焉。月有講，歲有考，六經之文與上諭十六條等書，凡有裨於行誼者皆箋刻而講明之，斌斌乎其日懋，則斯堂之爲之也。八月上丁釋奠之辰，公卿人士咸執帛爵，舉國欣欣，以就典禮，齋宿維三，鼎俎有實，品列上下，有度有文，遠人環觀者皆翕然稱之。大夫又以啓聖公祠、明倫堂、儒學三大牓來乞書，余矍然知中山之能尊我夫子也。《閟宮》之詩云：「新廟奕奕，奚斯所作。孔曼且碩，萬民是若。」大夫啓請踵廟成學，以教其民，其自今日進於治歟？夫中國皆由學而有廟，今中山則由廟而有學。登闕里之堂而觀其車服禮器之惟一，又何先而何後歟？海隅出日，罔不率俾，堂哉皇哉，殆不越乎學之一言而已。爰拜手而爲之銘曰：水東流兮歸大荒，中有國兮鄰扶桑。歲職貢兮戴我皇，就日月兮聖道大光。廟貌兮有赫有奕，拜祀兮祝辭重譯。魚爲牲兮螽爲脯，物從土兮禮則古。絃誦兮兩廡，顒顒海中兮鄒魯。六學昌兮毋忘厥祖，士由世選兮爾藩爾輔。其永永獻琛於壽考兮，來賓旅。

琉球國新建至聖廟記

中山陪臣程順則

夫以聖人而君天下，不如以聖人而師天下也。君天下者澤及於一時，師天下者舉凡古今來、天之所覆、地之所載、舟車所至、日月所照之處，靡不被教化焉。噫，豈偶然哉！蓋嘗稽古危微之旨，堯以是傳之舜，舜以是傳之禹，禹以是傳之湯，湯以是傳之文、武、周公，至我孔子而集其大成。所以删《詩》、

《書》，定《禮》、《樂》，贊《周易》，作《春秋》，使天下後世之君臣、父子、夫婦、昆弟、朋友無不相安，於名分靡有亂者，較之君天下者何如也？琉球遠在海外，去中國萬里，宜若不聞聖道者。然自明初通貢獻，膺王爵，至洪武二十五年王子洎陪臣子弟始入太學，復遣閩人三十六姓往鐸焉。萬曆間紫金大夫蔡堅始繪聖像，率鄉中縉紳祀於其家，望之儼然，令人興仰止之思，不可謂非聖教之流於海外也。至皇清定鼎，聲教誕敷，斯文丕振，較前尤盛。時有紫金大夫金正春，於康熙十一年議請立廟，王允其議，迺卜地久米村，命匠氏庀材，運以斧斤，施以丹雘，至康熙十三年告竣。越明年，塑像於廟中，左右列四配，如中國制。王乃命儒臣行春秋二丁釋奠禮。既新輪奐，復肅俎豆，猗歟盛哉！從此覩車服、禮器，恍如登闕里之堂，躬逢其盛也。師天下之功，不於此而見其無外哉！臣順則奉王命紀建廟顛末，謹摛筆而記，以勒諸石，永垂不朽云。

新建啓聖公祠記

程順則

稽古帝王之興，必以祖考配郊社，重厥本也，况集群聖之大成而爲萬世師者，而可不尊其所自出耶？皇帝握符御宇，聲教誕敷，文命之化，遍及遐陬。故琉球雖僻處東溟，人頗知學，已鼎建文廟，春秋行釋奠禮矣。唯是尼山振響，實發源於鄹邑。今孔子既有廟而啓聖公弗祀，則所云尊其所自出者之謂何？予乃同長史等官，議援中國例，啓請建祠。王允其請，既發帑金，命匠氏庀材立祠於廟左，於康熙五十七年秋七月起工，隨至季冬報竣。中設啓聖公神主祀之，左右以四氏配饗，悉遵天朝舊制，非創也。維兹之舉，而水源木本寓焉，是亦可以教孝矣乎？而吾王之尊聖，必遡其所從生者而祀之，亦足千古矣。

廟學紀略

程順則

琉球國僻處海外，風俗質朴，自明初通中朝，膺王爵，時王子洎陪臣子弟始入太學，至洪武二十五年，復遣閩人三十六姓往鐸焉。雖東魯之教澤漸濡，而尼山之儀容未覩。及萬曆間，紫金大夫蔡堅始繪聖像祀於家，望之儼然，令人興仰止之思。嗣紫金大夫金正春恐家祀近褻，非尊聖重道意，於康熙十一年請立廟。王允其議，迺卜地久米村。至康熙十三年，令匠氏庀材，不日成之。越明年，塑像於廟。又明年，行春秋釋菜禮。既新輪奐，復肅俎豆，恍如登闕里之堂，躬逢其盛也。創始之功，洵不祧矣。續於康熙二十二年，蒙册封正使翰林院檢討汪公楫、副使内閣中書舍人林公麟焻賫到〔御〕書「中山世土」四大字賜王，復奏允陪臣子弟入國子監讀書，均異數也。然皆立廟以後事，可知崇聖教即邀帝眷，其理微矣。從此睿藻輝皇，如睹龍文鳳彩。監生歸國，與人言孝言忠，孰非聖澤之所及者遠且大耶？順則仰瞻曠典，感激歡忭，載筆特書，以誌一時之盛云。

中山學校序

中山陪臣蔡文溥

粤稽古帝王之撫天下也，未有不廣立學宫而能昌明世道，淳厚民風者也。蓋學校之設，原以養人才；人才之生，實以備國用。三代之時，自國都至於州閭以及鄉黨，皆有學校，以廣教化。凡禮樂刑政之事盡出於學，而士之所見所聞無非先王之前言往行，故士習日以醇，而人才日以盛，豈非由上之人化之教之得其道耶？迨其後，去先王之世久，學校之教衰，爲治者不以禮教而以法令，是以科條愈煩，民風愈澆。豈今人之不古若歟？亦無以化導之使然耳。中山雖在海外，自大明以來通中國，貢典不絶，沐聖天子文教者蓋三百餘年矣。今世家子弟徒嗜膏粱，日好遊觀者常多，而篤志芸牕，精通經史者甚少。是亦由父兄之教不嚴，遂致子弟之業不修也。今我新嗣君勤修學問，講論治平，凡所設施，皆憲章古聖賢之道。上行下效，捷如影響。故自王都以及鄉邑，莫不奮然感發興起。康熙乙未歲，會議於各鄉中，隨分捐資，公建學堂，而選士之通經善行者爲師，以教子弟，誠一時之盛事，萬世之良模也。於是從遊者皆争先恐後，就師肄業，而知言忠信、行篤敬，有彬彬鄒魯之餘風焉。賢君嘉文教大行，特遣近使巡宣，鈞諭勸勉諸生曰：爾曹潛心肄業，孤甚嘉之。但學必以不倦爲功，積久而成，不可以旦夕求其效也。且所謂學者不但誦讀章句而已，蓋小而進退應對之節，大而修身、齊家、治國之道，其敦人倫、篤宗族、和鄉黨、美風俗之事，無不出於學也。故爲師者當以此施教，爲弟子者當以此講習，爲國取士亦不外此，可不勉歟？嗚呼！吾君之所以振興文教，化導士人者，至矣大矣。由是師之所教，學者所習，皆以實學而不以虚文，凡所以致知力行之事，忠君澤民之道，莫不盡心講求，處期無愧於聖賢，出期有用於邦國，養成德器，他日登庸廊廟，皆可以爲菁莪、棫樸之選也。佇見都邑之間，風醇俗美，户誦家絃，臣與臣言忠，子與子言孝，躋中山於一道同風之盛矣。予才慚製錦，學愧操刀，未獲刺股之勤，徒切生花之夢，莫能頌揚休風於萬一，不揣固陋，以敘其事云爾。

琉球國創建關帝廟記

程順則

予至中華，見所在神祠血食鄉土者甚多，獨關帝廟貌清肅莊嚴，上自公卿大夫，下至婕兒牧豎，莫不凜然起敬，瞻禮恐後也。帝果何以得此於人哉？蓋吾嘗聞英雄之生也，其氣足以凌霄漢，其節足以激怒濤。夫當漢獻孱弱，群雄割據，有一才一技者孰不思有所依附，以成功名。而帝獨識昭烈爲帝室之胄，委心事之，間關勞苦，百摺不回。且其時江東有權，許都有操，亦足稱一代人傑，乃顛倒賢豪，駕馭一世，而獨有帝在其眼中。蓋吴雖得地利，而不知輔漢，魏則挾天子令諸侯，均非光明磊落之所爲，視帝之忠義，奚啻天壤也，其心摺於帝也宜哉！且熟讀《春秋》，手不釋卷，舉凡二百四十二年之事瞭然於胸，所以一舉一動，皆本麟經而出之。予嘗讀帝廟聯，有云「後文宣而聖，山東一人，山西一人」，由此觀之，中朝以帝爲聖，其尊帝可謂至矣。兹琉球國已建孔子廟，而獨於帝缺其祀典，豈帝之聲名止洋溢於中夏，而不能遠播於海外歟？予謂不然。歲癸亥，爲今上御極之二十有二年，册封正使翰林院檢討汪公楫、副使内閣中書舍人林公麟焻，知吾國有欲爲帝立廟意，乃捐俸五十金以爲之倡。我王喜爲立像祀之，從此俎豆馨香，帝之靈爽，實式憑焉。然或則疑之，謂琉球王位世及相傳弗替，小心恭順，兵革不興，祝帝之意果何爲也者？不知帝之正氣可以塞天地，帝之大義可以貫古今，能使後之爲臣子者靡不知有君父焉，豈獨廉頑立懦、寬鄙敦薄已哉！若止論其武功，則古今戰勝攻取，號稱萬人敵者，夫豈無人，而何以獨帝之聲名至今存也？然則立廟之意，固在此而不在彼。

書手摹石臺孝經後贈中山王

徐葆光

孝爲百行之原，《孝經》爲六經之要，無貴賤古今一也。自古帝王由此則治，反此則亂，列於典籍者班班具在也。子曰我行在《孝經》，於弟子中詔參加詳，蓋道統係之矣。秦火虐焰，不及簡壁，發之魯共，藏之河間，孔安國以隸古定寫之。迨至漢武之世，其文則著。由茲以降，韋昭、王肅諸家皆有訓詁，至唐明皇乃集定諸注，手書八分，建碑石臺，至今巍如也。我皇上以身盡孝，由此以治天下者垂六十年於茲，古今經籍靡不窺究，而於《孝經》尤三致意焉。既命集爲《衍義》，朝夕觀覽，又御書於石，以示臣下，四海萬姓仰如日星，蓋未嘗不一日心在此經也。中山世封，無間内外，聖道日東，六籍咸備矣，而於《孝經》尤重。王化之遠布，海邦之圖治，皆於是可覘已。及奉命來册封，例先蠲吉諭祭於先王。既及境，王猶稱世子，守次不郊勞，其循禮也如此。迨祭日，世子素服戚容，升降俯仰，威儀卒度，遠人來觀，可謂曰孝。既受封後，詢其土俗，觀其政令，條理井然，有駸駸日向内治之勢。王年雖少，知其能纘承先服，推此於國，心甚嘉之。古人出使，賦詩贈言，以相親厚，禮也。同使之臣既斐乎其有作矣，余忝介列，詞又無文，伏思我皇孝治，此邦共守，百家奥説，義總在經，篋中適有石臺八分墨搨，遂摹一通，爲屏幛以奉王左右朝夕觀覽，以守至治，此使臣之志也。抑尤有進者。經文著於孝武，其享國也五十餘年；經義備於明皇，其享國也亦五十餘年。三代以下，國祚久長無踰此兩君者。今我皇上萬年永定，古今莫並，六十年來，化日初長，四海仁壽，上下安樂者，亦此經之助居多。王富於春秋，尚其寶此，仰法皇帝，懋勤典學，躬行以暨百姓，海隅日出，罔不率俾，國祚其有涯乎？

遊山南記

徐葆光

那霸江以南，皆故時山南王地也。自迎恩亭渡，沿江有村曰垣花。左帶南砲臺抵海，右翼小禄，迤連豐見城。村中米廩數區，屋茅蔭樹，一徑南出，道儀見山，高不數仞，可騎而越也。己亥十一月二十一日，偕紫金大夫蔡温，都通事紅士顯，從客翁長祚、黄士龍、吴份，弟尊光等上下騎從百餘人，渡江截山而南。微風從西北來，吹衣不冽。取道田畔，其溝淖處水陷馬足，緑秧初蒔，氣候如中國二月時。南踰坡嶺，三四牧牛曝岡上。徑淖田，循海南爲大嶺邨，灌棘環密，漁户數十家。村盡有泉，西流入海。山石岌嶬怪特，佇馬久之。是時午潮漸起瀰漫，遥見海中横嶺鬱然，大夫指曰：此砂嶽也。其下砂川三十里，皆細沙，潮至成川，水石粼粼，螺蛤可數。没馬足半尺許，馬性狎水争馳，飛流濺瀑，前後相蹴，如行細雨中。遥見嶽下數馬蹀躞，踏潮往來，如海面上行，乃主人遣爲置頓張幄吏也。既至嶽下，山頂蕉樹攢翠無間罅，下皆巨石撐牙，石根穿漏，如可動摇。時日正午，乍昏，雨驟至，人騎百餘，避石下無沾濡者。飯畢，復騎而南。潮益深，馬行益疾，過潮平、志茂田等邨。又二十里至一邨，曰絲滿，墟前數十家面海，石益奇。以楂渡馬，讌白金巖下。巖高十餘丈，一面砥平如削，古樹蔭翳，石洞蔽虧。邨男女皆隱身石罅中，戢戢窺客。大夫請聯句，題石厓上。日下舂，復騎至高嶺，山南王故城也，曰大里城。

故壘如疊甗，中空荒蔓，無殿宇，道旁民家冢牢石多文城，或刻螭虎形。摺而西行，譯者曰此國吉山也。下嶺有泉渟瀠，曰惠泉，歇亭掬飲清甘。俄至大里橋，此山南外城濠也。大夫曰尚巴志襲山南時燬之，今以木梁之，磵聲淙淙。時已昏，大夫預檄諸邨民遞燃巨葦數十，導行谿谷中，崎嶔下上，不辨厓術。由真玉橋、和久田、泉崎橋歸館，夜漏三鼓矣。是遊也，去涉海，歸度嶺，往來六十里。譯者曰中國人嚮無問塗者，兹行殆鑿空云。

茶亭記

中山陪臣真　常

蓋聞茶之珍於天下，雖起於神農氏，惜未見遺書。至李唐時有陸鴻漸者，論茶之風味，辨水之美惡，著《茶經》三篇，以傳於後世。便於口養，或用祭祀，或通神仙，皆是物也。今上自天朝，下達士庶，暨海外蕃國，未嘗一日可以去茶，茶之爲用大矣哉！若無陸羽，則不能顯茶之德；無茶則羽亦不能得其芳譽。陸羽可謂最得茶之妙而受益於茶者也。伏惟我中山王上沐皇恩，矢忠矢敬，慕上古之風，師中華之俗，留意風雅，淑躬素絢。於是一日令紫巾官夏德宣相地擇吉，築茶亭一座，於見朝之暇，汲水烹茗，爲休息之所。經之營之，不日不月，毋傷民力，毋勞百工，斯誠吾王慈之深、仁之至也。夏氏爰奉教令，壬戌之秋，律中夷則，謹卜靈地於崎山之陽，築茶亭於雩壇之下，不日厥功告成矣。其爲地，東南開園囿，或封土塊者，春秋咏花賞月之標致也。西北鑿小池，或移松樹者，冬夏乘凉禦寒之名區也。中架小座臨南嶽者，茶亭也。峰回路轉，飛流噴薄於巖中者，芳泉也。縱目瀛海，賈舶漁舟，隨潮下上，汪洋歎靡涯矣，此澤梁無禁之美利也。回觀原野，農夫耒耜，麥隴稻畦，民産樂有恒矣，此農時不奪之流風也。至若月影昭欄，松風響徑，太平氣象，豐歲休徵，又何莫非兹亭之佳勝，視聽之美觀哉！竊以我王之德，體天地之心，夏氏之量，佐栽培之功，所以斯亭雖夏氏之所營，實我王之所就，古之所謂元首明哉，股肱良哉，庶事康哉，此之謂歟？是爲之記。

重修南北砲臺記

中山陪臣蔡　温

霸江百川所會，與海相通，貢船暨西北諸艘，往來中山之咽喉也。南距饒波，北抵泉崎，東達宇平、板敷。近人規小利，或聚泥土築田陌，川苦其狹，變爲涸溝。其尤甚者，至塞川以爲田，爛土泥水，流入霸江，江將塞矣。明君賢相特命向文思等疏濬斯江，或播田地以廣其川，或除爛泥以深其水。宇平、板敷等處復通，長川順流。臨海寺西築石橋三座，迎恩亭北構石橋一座，渡地村臨江築塘架木橋二座，計橋五座。垣花村加二橋，共木橋三座。泉崎橋改修，牧志南派之水決以西注。自康熙丁酉五月初五日起，至明年閏八月二十日告成。或曰臨海寺南石何爲不除？文思曰：斯石係乎風水，且江海颶颱不時，若非斯石，船隻難泊也。康熙正十七年戊戌十二月記。

諭祭中山王即事

汪　楫

海風激激馬蕭蕭，龍斾徐過真玉橋。國主望塵遥下拜，聖朝肯使尉陀驕。

三尺黄麻下閟宫，密雲靉靆日曈曨。陰膏著物無由見，盡在絪緼一氣中。

册封禮成即事

〔汪楫〕

夜雨廉纖快曉晴，相看搓手賀昇平。海風不動秋風勁，吹作嵩呼萬歲聲。
龍跳天門下碧虚，光芒萬丈掩璠璵。强鄰一任誇多寶，敢把珍奇鬬御書。
紫巾黄帕繞丹墀，鼉響鯨鳴羽扇欹。獨上龍亭呼萬福，錦衣紗帽好威儀。
石城百尺擁王宫，渾樸規模自不同。巖壑迴環松影外，樓臺隱見海光中。

馬耕田歌

汪　楫

中山山多稻田寡，耕不見牛時見馬。曳犁負軛當町畦，編草絡頭泥没髁。噴沫徒憐氣凋喪，跼蹐安知材盡下。王良伯樂無時無，不待悲鳴淚先灑。側聞洪武開國時，曾來此地求騧驪。連檣累舶動千匹，購買不惜傾高貲。陟險衝波有底急，每繙舊史常懷疑。維時布衣起江左，涣號止及東南陲。壯士健（咨兒）〔兒恣〕騰踔，步卒敢向中原窺。圉人太僕但充位，登牀厭穀皆虚詞。誰歟忽建鑿空計，外廐祇藉長風吹。飄飄遠致列雲錦，騎出奚啻熊與羆。永辭絶域騁皇路，寸長一技皆得施。不走沙塲縶畎畝，吁嗟爾馬生何遲。今制三年兩入貢，使者執鞭大夫控。天子垂裳顧曰嘻，此物何煩跨海送。異域從教寶驌驦，天家絶不求麟鳳。終老邱園何足惜，竟辱泥塗亦堪痛。吁嗟爾馬無自傷，不逢湯武逢虞唐。縱有龍媒四十萬，中山只作華山陽。

八月十七夜過波上候潮

汪　楫

中山忽過中秋節，連宵對月鄉心切。客言十八潮生辰，萬里波翻定奇絶。我聞此語神爲王，隔夜傳呼啓門臬。海濱大都無障礙，望遠還須登嶙峋。夷官遥指波上好，勝地佳名夙所悦。半夜騎馬到山脚，皎月繁星一時滅。天欹地側風怒號，列炬如林不得爇。歇鞍徒行杖馬箠，或作蹣跚或蹩躠。小憩争依石臺穩，冥坐只覺山根裂。神女擲砂群目閉，水怪搏風萬夫咽。擬凭絶壁窺鮫宫，轉類乘車入鼠穴。不分空濛都晦昧，真慚勝游成甋甋。昌黎默禱衡雲開，東坡密詠廬峰列。顧我胡能匹二公，正直感通同一轍。摩空誰將銀燭晃，掠波恍見金蛇掣。須臾天地還舊觀，放眼依然對澤沆。剪餘十丈五丈雲，掃剩千堆萬堆雪。石笋崖下浪如礮，匉訇乍定偏清澈。波底石片能作花，朵朵芙蓉手堪掇。惜哉可望不可親，鐵網徒令青玉缺。泅水巧鑿煩老漁，擘出蒼皮等蟬蜕。意中得失渾錯料，宇外游觀殊小别。歸來作歌紀所見，天淡雲收笑才竭。

中山竹枝詞

汪　楫

道是佳人亦復佳，一生赤脚守荆釵。宵來忽作商人婦，竟戴銀簪不脱鞋。土妓不得簪銀，道遇官長必脱草鞁，跣足據地，候馬過乃起。若中國人主其家，則超然禁令之外矣。

兩耳無環髻不殊，孰爲夫壻孰羅敷？譯人笑説公毋惑，驗取腰間帶有無。國俗男子二十始薙頂髮爲小髻，服與婦人無別，唯男子必以大帕束腰，女則曳襟而趨，皆無衣帶。

中山竹枝詞

林麟焻

手持龍節渡滄溟，璀璨宸章護百靈。清比胡威臣所切，觀風先到却金亭。

徐福當年採藥餘，傳聞島上子孫居。每逢卉服蘭闍問，欲乞嬴秦未火書。

日斜沙市趁墟多，村婦青筐藉緑莎。莫惜籌花無酒盞，人歸買得小紅螺。

匹練明河牛斗横，鼕鼕衙鼓欲三更。思鄉坐擁黄紬被，静聽盤窗蜥蜴聲。

三十六峰瀛海環，怒潮日夜響潺湲。樓西一抹青林裏，露出烟蘿馬齒山。

射獵山頭望海雲，割鮮挏酒醉斜曛。紙錢挂道松楸老，知是歡斯部落墳。

心齋生白室能虚，棐几焚香把道書。讀罷憑闌笑幽獨，藤墻西角對棕櫚。

廟門斜映虹橋路，海鳥高巢古柏枝。自是島夷知向學，三間瓦屋祀宣尼。

王居山第兔園開，松櫪棕花倚石栽。多少從官思授簡，不知若箇是鄒枚？

奉神門内列鵷行，乞把天書鎮大荒。唤取金縢開舊詔，侏儒感泣説先皇。

閟宫薨桷壓山原，將享今看幾葉孫。二十七王禋祀在，鼇圭錫鬯見君恩。

譯章曾記莋都夷，槃木白狼歸漢時。何似島王懷聖德，工歌三拜鹿鳴詩。

宗臣清俊好兒郎，學畫宮眉十樣粧。翹袖招要小垂手，簪花砑帽舞山香。
望仙樓閣倚崔嵬，日看銀山十二回。笙鶴彩雲飛咫尺，不教弱水隔蓬萊。
纖腰馬上側乘騎，草圈銀釵摺柳枝。連臂哀歌上靈曲，月明齊賽女君祠。
久稽異域歲將徂，自笑流連似賈胡。三老亦知歸意速，時時風色相銅烏。

諭祭中山王尚貞尚益禮成恭紀廿四韻

徐葆光

海島無遺澤，天王歸賵遥。吉辰儀具舉，幽壤禮咸昭。專介求恩衈，馳綸走使軺。經年遲節命，十日降雲霄。仙詔諸靈護，龍光奕葉邀。戒期開正寢，列陛設行朝。鐃吹軍儀肅，氍毹馬步驕。海沉香爇路，火浣帛攔橋。排仗雲霞麗，侵晨風雨銷。巖松飛翠蓋，鐵樹引雲韶。抃舞肩相屬，啁嘈語絶囂。望塵迎玉案，謁闕備工寮。緇素猶冠首，銜牙未珮腰。拜庭祈祝號，宣祭遣巫招。悱惻天心露，鏗鏘玉韻飄。屏藩勳最茂，枝幹恨連凋。海服喪頻告，曾孫齒尚齠。十年今賜恤，三世幸承祧。體薦牲牢潔，登歌簫管調。兩楹設銀綺，三爵奠蘭椒。昭穆欣同祔，恩光被一朝。刻銘留鼎鼐，頂册秘瓊瑶。寵渥鮫人泣，恩濃鯷户謡。伏鯨長守窟，怒颶不驚條。獻雉趨王會，浮航指斗杓。萬年同壽域，世世戴唐堯。

册封禮成恭紀四章

徐葆光

海邦萬里歲朝宗，奉册天朝禮最恭。中外一家同壽域，祖孫五世共皇封。國泉瑞應天邊詔，翠蓋陰成嶺上松。六十年來三遣使，日邊偏荷聖恩濃。
十里連岡走翠虬，雲璈夾路引珠斿。仗前争擁夷民拜，域外如親帝里遊。玉檢輝煌天上册，朝儀照耀海中洲。蓬萊仙館環相望，只恐爐烟障遠眸。
中山宫殿壓山椒，設闕王庭儼内朝。乍啓瑶函瞻日麗，高宣天語入雲飄。龍章五色從中賜，御璽三封奕世邀。九列親方隨拜舞，紫羅帕首錦纏腰。
大典重光歡會門，玉函帶礪誓長存。十年攝事猶稱子，此日膺封始拜恩。舞蹈庭中藩禮肅，起居闕下譯詞温。使臣將命無餘事，載筆歸來獻至尊。

中秋宴小樂府十章

徐葆光

丹桂飄雲落，金風拂殿來。仙洲娱上客，徧舞袖新裁。
當筵呈帖子，第一起神歌。海國羲皇代，天孫降福多。
皇恩如海深，海深不盈掬。隊隊綵衣童，聲聲太平曲。
朱笠垂曼纓，珊珊摇雜貝。繁絃何滔滔，和雅與心會。
竪頭笠簇郎，曲項琵琶部。後行引吭歌，前行蹋節舞。
宫漏秋來永，方諸月正中。燕開長不夜，樂奏迭無終。
魚龍動夜瀾，戢戢仰雲端。似聽霓裳曲，天風落廣寒。

國酺傾池飲，王人偏作賓。譯詞郵勸釂，語隔意偏親。
星流湯谷沸，火迸燭龍旋。凉夜浩如水，當杯月正圓。
皓魄流華采，清暉間九行。重輪瞻聖德，中外共環瀛。

重陽宴龍潭曲集長吉錦囊句

徐葆光

摇摇錦旗夾城暖，蛇子蛇孫鱗蜿蜿，松谿黑水新龍卵。鳶肩公子二十餘，鬬乘巨浪騎鯨魚。黑幡三點銅鼓鳴，銀浦雲流學水聲。烟底驀波乘一葉，海綃紅文香淺清。毒虯相視振金環，舞霞垂尾長槃跚。亂捲黄河向身瀉，秋肌稍覺玉衣寒。秋寒掃雲留碧空，凉夜波間吟古龍。玉宫桂樹花未落，燭龍兩行照飛閣。方花古礎排九楹，銀雲櫛櫛瑶殿明，玉壺銀箭稍難傾。撾鐘高飲千日酒，主人稱觴客長壽。山頭老桂吹古香，玉喉窱窱排空光。亂袖交竿管兒舞，午夜銅槃膩燭黄。挐舟海上尋神仙，斫桂燒金待曉筵。天河落處長洲路，遥望齊州九點烟。

琉球三十六島圖歌

徐葆光

琉球屬島三十六，畫海爲界如分疆。羅列衆星皆内拱，中山大宅居中央。往來稅賦有期會，冬夏候汛輪舟航。其北太島號爺馬，境鄰倭國分東洋。太平諸山作南鎮，臺灣直北遥相望。前王察度通朝貢，島酋始附中山强。星槎舊録缺地紀，其國有禁多周防。封舟此來落國北，葉壁六點斜相當。勒柁回針取那霸，船頭但見椅山黄。姑米馬齒渺何許，面南極望空青蒼。今來三月遍諮訪，海濱踏盡猶徬徨。洲嶼雖能舉一二，更船遠近猶迷方。主人輸誠出圖籍，題寫六六何周詳。棋置尺幅三千里，對音繹字標其旁。其中各島語言别，譯詞受事中山王。顒顒獨居乃恭順，無一自大如夜郎。聖人聲教彌六合，河源佛國歸堂皇。天下全圖成一覽，朱書墨界窮毫芒。琉球彈丸綴閩海，得此可補東南荒。朝來張挂向東壁，紅旭冉冉升扶桑。

中山竹枝詞

徐葆光

小船轟起半天中，一尺檣懸五寸篷。渡海歸人當有信，竿頭昨夜是南風。渡海之家例造小木船，桅帆畢具，置竿頭立庭中，候風以卜歸期。自閩歸國皆以南風爲候。

衾子垂垂不繫腰，招風長袖學芭蕉。不知螺髻東西墮，玳瑁簪長尾倒翹。女衣名衾子，腰無帶，被身上。頭髻甚鬆，東西偏墮，蓋古倭墮髻也。女簪玳瑁，長尺許，倒插髻中，尾翹額上。

纖纖指細玉抽芽，三五初交點點瑕。墻上空憐小垂手，迴風如捲落梅花。女十五黥手指背墨點如梅花。

海濱魚市早潮還，細徑斜通失汁山。頭戴荷筐趁墟去，歸來壓匾翠雲鬟。辻山一名失汁山，女集所。

海光晴漾碧天雲，三五龍姑自作群。石筍崖邊朝不動，雪崎洞裏拜龍君。波上山一名石筍崖，寺中有神，手劒而立，名不動。波上山東有小山名雪崎，下有洞，正、三、五、九月謂之吉月，女子相約拜洞以爲常。

中秋滿月照空村，鷄犬無聲晝掩門。八月靈辰惟白露，家家三日守天孫。白露節國中爲大節，前後三日閉門不語，静坐守天孫。天孫氏，國中開世祖也。

小窗傍晚向西開，忽見纖纖落鏡臺。豫算初三拜新月，隔墻先約小姑來。俗有待月之期，初三夜焚香對月拜，十八夜焚香立待月升，拜畢乃坐，廿三夜焚香坐待月上乃拜。

海波日出静無垠，子午靈期又一新。銀蟾今日團圞夜，汲取新潮獻竈神。每月十五，女至炮臺取潮水獻竈。

題使院種蕉圖

蔡文溥

數株蕉扇半遮空，仙客栽培興不窮。虚檻籠陰消暑氣，幽窗伴月引涼風。飄摇影出高墻外，掩映緑浮一院中。擬似輞川當日景，好將圖獻未央宫。

呈册封天使四韻

蔡文溥

熙朝恩寵航溟海，萬里鮫宫紫氣臨。五色彩雲天子詔，一泓秋水使臣心。東藩恪守共球職，北闕頒封雨露深。爲咏皇華光遠地，高懸遠望想商霖。

徐太史枉過四本堂誌喜

蔡文溥

陋巷蕭蕭一草堂，翿翿旌旆下寒鄉。村僮也識朱輪客，咸道文星載路光。

同樂苑八景

蔡文溥

延賢橋

江芷汀蘭映水清，風飄香氣到前庭。曾傳東閣招賢地，可勝圜橋聚德星。

恤農壇

明王軫念草萊民，時上農壇望畝頻。省斂省耕行補助，海邦無島不生春。

洗硯塘

一曲銀塘供洗筆，光浮星斗自成文。金鱗列隊争吞墨，彷彿龍宫獻彩雲。

望春臺

臺上新晴宿霧披，鸞旗掩映日遲遲。春和淑氣催黄鳥，正是農工播種時。

觀海亭

峰高路轉欲凌雲，亭上風光自不群。縱目遠觀滄海外，登臨何異讀奇文。

翠陰洞

人間似隔紅塵外，錯認桃源有路通。陰鎖洞門閒寂寂，惟餘鶴夢月明中。

摘茶巖

香出瓊樓閬苑種，長承雨露葉蒼蒼。春來每向巖頭摘，先製龍團獻我王。

種藥堤

聞道仙家延壽草，移栽堤上自成叢。莫教劉阮長來採，留與君王佐藥籠。

東苑八景

程順則

東海朝曦

宿霧新開敞海東，扶桑萬里渺飛鴻。打魚小艇初移棹，摇得波光幾點紅。

西嶼流霞

海角晴明嶼色丹，流霞早晚漲西巒。若教搦管詩人見，定作箋頭錦繡看。

南郊麥浪

錦阡繡陌麗南塘，天氣清和長麥秧。一自東風吹浪起，緑紋千頃映溪光。

北峰積翠

北來山勢獨嵯峨，葱鬱層層翠較多。始識三春風雨後，奇峰如黛擁青螺。

石洞獅蹲

仙桃花發洞門開，猛獸成群安在哉？將石琢爲新白澤，四山虎豹敢前來？

雲亭龍涎

凌雲亭子有龍眠，吐出珠璣滚滚圓。今日東封文筆秀，好題新賦續《甘泉》。

松徑濤聲

行到徂徠萬籟清，銀河天半早潮生。細聽又在高松上，葉葉迎風作水聲。

仁堂月色

東方初月上山堂，萬木玲瓏帶晚霜。照見皇華新鐵筆，千秋東苑有輝光。

琉球國志略卷十六

志餘

志之有餘，所以收遺散補軼事也。故雜記、叢談類多節録，以備參考。臣因擇其事之無條可附者，別次篇末，雖其言不足爲典要，然以資談苑之搜採，存後起之徵據，或亦少有裨益。志志餘。

張學禮《紀略》：封舟過海，例有從客偕行。蘇州陳翼字友石，多才藝，王請授世子彌多羅、王墫亞弗蘇、三法司子喀難敏達羅三人琴。寓天界寺習一月，移至中山王府又月餘。授世子思賢操《平沙》、《落雁》、《關雎》三曲，授王墫《秋鴻》、《漁樵》、《高山》三曲，法司子《流水》、《洞天》、《塗山》三曲。西湖吴燕時，字羽嘉，精岐黄術，國中求治者立愈，亦有數人受其傳。

徐葆光録：國中無琴，但有琴譜，國王遣那霸官毛光弼於從客福州陳利州處學琴三四月，習數曲，并請留琴一具，從之。

汪楫録有神異一條：康熙二十年九月十四日黎明，夢與同官喬萊登一山，仰瞻有碧霞元君廟，疑爲泰山神，下拜。神衣飾如妃后，命坐，辭，神曰：「公操爵人之柄，坐宜也。」因坐，已復賜食一器。

覺以告萊。二十一年元旦謁關帝，得籤詩有「一紙官書火速催，扁舟東下浪如雷」句。三月與中書林麟焻同充册封琉球國使。林蓋字石來，喬則字石林，乃知夢與籤詩莫非預定，獨疑於泰山神無涉。行次杭州，楫時方疏請諭祭天妃，及登吴山，謁天妃宫，見旛書碧霞元君，越日於孩兒巷得《天妃經》一函，詳書歷朝封號，始知崇禎十三年加封碧霞元君，示夢者蓋即天妃也。

又云：使臣登舟，必先迎請天妃，奉柁樓上，而以拏公從祀。拏公者，福建拏口人，常行賈卧舟中，聞神語曰：「某日將行毒於某處。」公謹伺之。至期果見一人抛毒物水中，公投水收取，盡食之，遂卒。以是面作靛色，後爲土神。明兵攻閩不即下，出牌誓曰：入城不留一人。公化爲耆老，進曰：「若改留爲殺，當獻城。」從之，請以水燈爲號。時荻蘆門水深不設備，而居民以神誕日放燈於此，明兵望燈入，公擁沙助之，遂克城，果不殺一人。後封宣封護國天下兵馬司協佑尊王。海船必奉之者，以海上多礁霧，專藉神力導引云。臣兹役亦循例奉迎香火上船，姑米之險、石塘之霧，神實有靈焉。因詳訪閩人，云公實卜姓，以業拏舟爲神，故稱拏公。今各省藩司庫神皆明時命，以公主之，故人亦多奉爲財神。

又云：封舟過東沙山，有兩大魚傅舟左右行，或前或後，首尾時見，長略與船等。入夜星光爛然，白鳥不可數計，環檣而飛，迎櫂之神鴉不足異矣。臣兹役到閩，相傳封舟渡海，必有大魚導引，不特汪使時有之，但他時不覺耳。臣出洋後留心察之，果見大鯊魚或二或四，夾舟而行，將至姑米，萬鳥亦復迴翔，及近山反無一雀。舟人云是宿洋鳥，止則浮寀水面，飛則銜寀而起。又有紅蜻蜓，繞桅而飛，舊録云颱颶將起之兆也，後果驗。

又云：過溝風濤大作，投生豬、羊各一，潑五斗米粥，焚紙船，鳴鉦擊鼓，諸軍皆甲露刃，俯船作禦敵狀。問溝之義，曰中外之界也，食之復兵之，恩威並濟之義也。

夏子陽録：洪、永時出使琉球等國者，給事中、行人各一員，假以玉帶蟒衣極品服色，預於臨海之際經年作舟，藏明器二具，前刻天朝使臣，上釘大銀牌一面，有急知不免，則請使臣仰卧其中，以鐵錮之，任其漂泊，庶有人見，取其銀，而置之于山，俟後使得載歸耳。夏子陽曰：琉球之役，窅渺汪洋，茫無際涯，或見絶島孤山，一點空青，半落天外，幸而濟則幸矣。不然，我躬不閲，遑恤我後。是以前使久已去之，要之只在造舟用人處喫緊，其所足恃惟式憑國家寵靈，與仗平生忠信兩者而已，如曰設桴翼、造水帶則愈淺矣。

張學禮《紀略》：請封各官王念其遠出多年，各加俸米不等。

徐葆光録：前明琉球人不剃頂髮，亦不用網巾。萬曆中册使謝杰，長樂人，有母舅某從行，携網巾數百事，至無售者。謝使遲册封禮久不行，云本國既服中華冠帶，如陪臣有一不網巾者，册事不舉。琉人競市一空，閩人至今相謔强市者則云琉球人戴網巾也。

又云：親泊村戲馬臺東有獲劍溪，山北王有寶劍名重金丸，兵敗擲于志慶真河，百年後流至水漲溪，光插天。伊平屋人得之，獻中山王，今爲王府第一寶劍。

汪楫録：傳聞國祀六臂女神，手執日月，名曰辨戈天，靈異特著。以婦人不二夫者爲尸，尸名女君，王及世子、陪臣莫不稽首致敬。國有不良，神輒告王擒之。鄰寇來侵，神能易水爲鹽，化米爲沙，尋即解去。故國人事神甚謹。明有使臣某至國，詰王國無城郭兵甲，何以禦外侮，王備言女神之靈。使臣曰：「脱神偶不靈，奈何？」其後倭忽大至，王被執，久之始釋。王曰：「神之靈遂爲天使一言敗之乎？」嗣是不復以辨戈天爲言。臣按使館後善興寺右有天滿神，云即祀天孫氏女處。圓鑑池天女堂稱辨才天女，戈字疑才字之誤，天字下當加女字，於義爲順，姑闕之。

徐葆光録：中山僧有臨濟宗、真言教二種。臨濟宗爲禪門，禮誦外，多學爲詩。真言教爲人祈禱書符咒，正、五、九月尤多，祈福俱戒葷酒。居首里諸寺皆臨濟宗，在那霸者惟東禪寺、清泰寺及廣嚴寺三處爲禪宗，餘皆真言教也。國禁僧不得渡海入中國，惟至日本參學者有之。僧衣多用朱黄色等紬絹爲之，袈裟外更有一衣，如背心狀，名斷俗。僧披剃後，有名著籍上之理梵司，皆有廩米。圓覺寺爲國王本宗香火所在，僧禄特重，歲八十石。天王寺、天界寺、崇元寺歲二十四石。臨海寺亦二十四石，護國寺四十石，二寺在海濱，爲國王許願獻佛之所，故禄石次之。他則不論僧衆多少，每年支米八石，一云支口糧四名，每名一石三斗五升，共五石四斗云。

附録

清史稿周煌傳

周煌，字景垣，四川涪州人。乾隆二年進士，改庶吉士，散館授編修。二十年，命偕侍講全魁册封琉球國王尚穆。尋遷右中允，再遷侍講。二十二年，使還，奏上《琉球國志略》，命以武英殿聚珍板印行。以從兵在琉球失約束，下吏議，當奪官，上以煌遠使，且在姑米山遇風險，命寬之，仍留任。二十三年，大考二等，開復。尋遷左庶子，命上書房行走。累遷兵部侍郎。三十八年五月，命如四川按壁山民訟武生勒派；十月，復命如四川按蓬溪諸生訟縣吏勒派：俱鞫虚，罪如律。四十四年，擢工部尚書。四十五年，調兵部尚書。四十六年，上幸熱河，煌詣行在入對。四川方多盜，號爲啯嚕子。總督文綬疏報，遣將吏捕治。上以諮煌，煌對：「啯嚕子所在多有，縣輒百十人，其渠號『朋頭』。白日劫掠，將吏置不問。甚且州縣胥役亦爲之，大竹縣役子爲盜渠，號一隻虎。」上爲罷文綬，調福康安督四川，命防護煌所居村。四十七年，命爲上書房總師傅，未逾年，以煌不勝總師傅，罷之。四十九年，調左都御史。五十年，以病乞休，詔以兵部尚書加太子少傅致仕。尋卒，進太子太傅，賜祭葬，謚文恭。

（中華書局標點本《清史稿》卷三二一）

海山周少司馬登舟圖詩有序

錢陳群

乾隆二十一年春，海山少司馬任編脩時，同侍講全君奉使琉球。使還，上嘉其清操，命直禁籞，侍諸皇子讀書。尋出視學豫章，昨移節吾浙，按試嘉郡，事竣詣余，出所繪登舟圖索題。余忝老友之末，製四言五章，以紀其事。

我皇握符，恩覃海宇。西被東漸，朔南咸叙。中山波臣，世受嫗煦。歲在柔兆，請嗣封土。稽典秩宗，選賢文府。臣魁臣煌，實膺斯舉。則錫之章，龍光駝紐。叶碾與切。剛日戒行，閩天率旅。

首塗虎門，針路是東。行五六日，礁石則逢。遭迴信信，檣傾颶風。天吴海若，奔走豐隆。烝徒怖伏，震蕩舟中。彼蕃遣吏，曰避其鋒。或登于岸，或縋於郍。公獨鎮定，筊卜安衆。叶平聲。

計日乃達，嗣蕃稽首。起居天使，鞠脃搓手。宴饗斯承，贈賄則否。往復徒爾，冰淵是守。却金亭畔，王捧斗酒。跽而陳詞，天子萬壽。天使還朝，言陪王舅。申請國恩，橋門觀耦。

歸颿西指，石盤在瞻。飲吴隱缶，麾陸賈金。槖筆紀載，職方所諳。帝嘉乃績，恩禮載覃。命趨玉墀，晨直經函。月卿是貳，眷遇特深。公益勤慎，自矢丹忱。再畀玉尺，文教是任。

公臨吾郡，走也老止。公餘存問，念故人只。出出使圖，咫尺萬里。讀所題詩，天家麟趾。徵實攄誦，詞醇誼美。有蔚其文，同時卿士。斯典懿矣，斯圖偉矣。誰其傳之，三朝柱史。

（清刊本《香樹齋全集》續集卷二十九）

送家景桓編修奉使琉球即次紀恩述懷原韻

周長發

好從渤澥洗塵纓，萬里乘槎擁旆旌。殊域迢迢沙嶼去，高懷朗朗玉山行。衣冠羽翠圖王會，屏障雲煙護島城。自有大觀供嘯咏，安瀾海若不須驚。

地號高華早築宮，車書玉帛萬方同。沉香浦外曼陀雨，鬥鏤林邊趙趠風。憑眺江山忘近遠，傳宣聲教暨南東。使軺歸述中山景，異事能驚百歲翁。

（清乾隆刊本《賜書堂詩鈔》卷七）

徐傳舟自琉求回京語次即贈一篇并序

陳兆崙

傳舟少年善琴，仁和人。自請與册封使周侍讀爲海外遊，亦奇士也。

謝公泛海當新霽，絲竹無聲風遽厲。只爾喧豗碕岸灣，那見重溟浩無際。回頭笑煞孫興公，面無人色欲垂涕。謝亦强顔人不悟，直待云云柁轉捩。周郎使節迫王程，豈比清遊自專制。遥睇扶桑點點烟，萬里琉求此焉濟。濟水貯水舟載舟，千石米鹽一具椢。人臣義不避艱險，何與公事起投袂。平生癖愛三尺桐，待訪成連受絶藝。謂不富貴又不仙，乞米長安徒敝敝。譬若臨流偶唤渡，邂逅師德成密契。姑米山尖狂颶奔，萬斛龍驤葉辭蒂。千夫叫號阿母降，海神林氏，未嫁女，舟當危急，輒呼阿姆，則有神燈來援。阿姆，閩人呼姑之稱也。霧裏燈移半虧蔽。事詳周侍講《琉求志略》。若負之趨舟入山，松間架屋臨危砌。烏鬼扶輿鐵沙滑，紫金官名。擁帚青宮麗。纔定驚魂對茗鑪，便發奇聲寫繚戾。移情恢詭自得師，僂指去來已隔歲。天子曰嘻苦使者，特晉榮階照華裔。豈知臣客有王生，誰爲當官結韈繫。官不三公不薦士，士亦不前懲慕勢。男兒遇合自有命，要拓心胸蓋一世。偏安士夫戀華屋，油壁重帷新婦閉。見説方期汗漫遊，盍款高閶訴上帝。

（清乾隆刊本《紫竹山房詩文集》卷六）

題周侍讀海山奉使册封琉球國王登舟圖八首

陳兆崙

榮華草露曖風前，三立誰能見未然。獨有寶書香姓氏，千秋爲溯掛帆年。

早達周郎宦晚成，廿年冰署老師生。而今我似磯頭石，送爾乘風破浪行。

殷侯出塞馬蹄疾，便覺韓公歎不虛。把示七言三峽句，氣吞鯨海更何如。臨發佳作「平生風浪輕三峽，況值鯨鯢久不驚」。

高標使節駕星虹，萬里威儀照海東。笑煞米顛寒乞甚，烝徒三兩自稱雄。海嶽帖：僕烝徒如禁旅，兩人並行，肅肅無聲。

仰嵌平危閣俯層梯，四護風濤置榻低。未礙如埋不知曙，扶桑時報一聲雞。

極知呵護答懷柔，還仗丹誠副壯遊。姑米山腰如見試，争教驃信不低頭。姑米遇風，見自著《海東集》。國王跪迎封册，行九叩禮始此。

新詩脱口譜隨傳，客爲彈絲主扣舷。非此主應無此客，果然海上有成連。有徐生者善琴，自言願隨觀海，以進其技，且爲使者譜新詩入操，亦奇士也。

依舊輕裝鶴與琴，歸途衆目識臣心。傳家一軸瑩如雪，何似分兒陸賈金。

（清乾隆刊本《紫竹山房詩文集》卷十一）

送周景垣座主奉使琉球

劉墉

吾師過海去，海水春悠悠。青天磨出碧銅鏡，白日照爛珊瑚鈎。借問此何行，天書下螭頭。中山之王傳世土，儒臣將命承天休。儀曹送衣燦宫錦，上有負仁抱義祥麟遊。峨峨萬斛船，浩如鯨鯤浮。船頭到船尾，行倦中遲留。閩疆對海門，遥望三琉球。明珠晃漾目光眩，山川城郭一氣如圓毬。清風何飄飄，披拂三神洲。神清之洞渺何許，髣髴瓊樓玉宇可見不可求。雲中雙鳳來，赤岸高帆收。君臣紛迓到賓館，祥光瑞霧環行輈。册書讀罷日當午，鼓舞海若騰蛟虬。使汝國祚長，使汝福禄酋。使汝嘉穀無螣蟊，使汝邊境無虔劉。天子億萬年，長撫大九州。爾邦之君世康侯，錫馬蕃庶百無憂。天使駕言旋，載道聞歌謳。何由識天使，綵服豐而修。過此一萬里，西望峨眉秋。神仙中人此焉宅，碧雞金馬翔巖幽。笑攜緑玉杖，來朝紫綺裘。飛凌小海翫海鷗，清辭麗句敲琳球。荒唐與細碎，囊括談天鄒。賦海不道鹽，區區木張何足儔。歸來就中有東海，我從夫子追冥搜。

（清道光味經書屋刊《劉文清公遺集》卷五）

送周可園前輩奉使琉球二首

李中簡

世告曰求章，重洋落漈長。靈槎艤滄海，膚使下文昌。赤日三山影，青天萬寶光。定知南斗外，占律候風檣。

海月憑闌拾，眈奇有夙緣。魚龍迎寶册，風雨化靈篇。絶域木華賦，歸裝劉寵錢。故巢鸞鶴侶，相望動經年。

（清嘉慶刊本《嘉樹山房詩集》卷三）

題海山周少司馬泛海登舟圖

錢維城

周公銜命封琉球，麒麟蹙補衣蟠虯。揚帆振節氣軒舉，撞鐘伐鼓聲喧咻。軍民塞塗令牧走，雲山排空天地浮，洪漣踏蹴來登舟。平生壯志此初發，突過鼇身見一髮。我聞颱颶曾憑陵，公謂蛟龍躬款謁。島夷大長道旁俯，畏公神明對公舞。金帛何勞陸賈求，山川還用馬援譜。歸來詩篇紛可數，波濤不著一塵土。示我幾册中山書，兼有長卷登舟圖。登舟放洋使去聲。事始，宣威拔險皆其餘。方今聖德彌八瀛，流沙既被開南溟。虎臣汗馬闢疆宇，儒生博帶趨承明，風雲到眼人俱驚。封侯敢説輕投筆，自顧曾無縛雞力。羨君破浪出鴻濛，即是長驅度沙磧。酒酣一放海天謡，濡毫更向雲臺壁。

（清乾隆眉壽堂刊《錢文敏公全集·茶山詩鈔》卷十）

南臺登舟圖周景桓學士奉使琉求小照也乙酉裝潢成卷屬題

蔣士銓

閩吏恪具艨艟舟，海色如鏡祥光流。翰林奉使全與周，銜命遠涉封琉求。聖化八紘包九州，東西南海同浮漚。南臺屹立控遐陬，一堤以外乾坤浮。去華入夷途孔修，水籤特報初程郵。皇威臣寵丹青裒，氣象千萬一卷收。導引龍節旌旗斿，儀衛肅赫軍吏侔。周公繡衮乘華騶，玉山矗矗春悠悠。端凝風度如陵丘，送者觀者歡油油。公繼眉山産于涪，文筆扛鼎拏龍虬。誦詩三百美專對，帝曰漢臣惟汝優。公涉險阻忠信謀，天吳向若不敢偷。臨事排決無蔽㑊，燭照物理人焉廋。獨持大體宣皇猷，謝絶贈賄嚴財賕。濱島地下苦隘湫，公出正氣驅疾憂。夷風國俗相咨諏，一一載記聲鈎輈。作志練賦閱春秋，濡染大筆何其遒？有時攬結爲吟謳，懷主戀闕多夷猶。奇情藻思乙乙抽，物外狀態供雕鎪。赤文緑字耀衆眸，仙人讀之針芥投。歸獻明光付鞮鞻，帝曰汝才遠克柔。夷使疊至陳共球，識公暗指清班頭。當公詞館職校讎，循循何異書生儔？況公自好不競緑，帝拔于衆誰實由。用公作楫安陽侯，小試已見承天庥。事過追憶雜喜愁，《皇華》《四牡》斯圖留。底用射魚跨之罘？鵾鵬曾伴逍遥游。

（上海古籍出版社《忠雅堂詩集》卷一三）

送周中允前輩奉使琉球四首

朱筠

南風下飛濤，壯哉海外使。峩峩獨周公，拜命此將事。是日上都門，同官各洗觶。小别青鸞群，新服赤麟賜。想見天人儀，平生丈夫志。公親承帝咨，南極遠傳示。九天星宿行，乘槎渺遊戲。三獻酒可起，萬里國且至。

皇帝御天下，表海内外同。文德與武事，左右從雨風。南徼鞭狂虎，西陲豢癡龍。恢奇過王會，于物何不容。眷彼琉球邦，其王世恪恭。天子嘉有命，發使海南東。知公持節到，膜拜神降空。其國久蒙化，重爲宣上功。

頗聞海客談，荒怪十五六。王者有神靈，往往通四瀆。船開初不前，水官朝其族。中流漭千里，夾濟雙鯨腹。有時颶冥晦，大地斡輪軸。海妃化金鳺，一髮光可逐。感通信呼噏，雲日訝明肅。吞舟山負背，五色雲掛肉。其餘萬怪狀，事事出耳目。前賢汪與徐，紀載稱實録。公今爲此行，博物比華璞。况承聖人命，百靈走匍匐。風平波不動，蚤夜布諸牘。絶域徧輶軒，更可問風俗。書成歸石渠，《山海》不足讀。

先生臨當行，高調吟清詩。長安萬口傳，若送空天颸。和者數十人，金奏間羽吹。嗟我豈有能，蹇足追狻猊。所愛三峽句，百讀無休時。聞之内重者，無遠近險夷。三復古名賢，其意良在斯。獨無幾微見，益信昌黎詞。何以頌先生，王事惟驅馳。

（清嘉慶椒華吟舫刊《笥河詩集》卷三）

送周景垣侍講奉使琉球

朱　珪

大海内外同官家，琉球告至來天涯。翰林主人初拜命，手捧帝詔宣荒遐。鳳皇銜書九苞下，麒麟賜衮三公加。同官拱手送龍節，屬國膜拜徯星查。詩成高唱和千疊，傳示海外群伊亞。昔聞天使下海國，寶册上有神光遮。翽翽飛雀王母使，鎮壓鼇戴如女媧。海靈清穆肅覲覛，出水頭角相排衙。青天無雲龍正見，當空五色開旌牙。信知中孚足利涉，約束異類同魚鰕。況今威德更無外，班正禮樂除紫鼃。九金已見鑄魑魅，四遠孰敢驕龍蛇。此行奇壯近莫比，大颿穩渡先梅花。極南戴星指孔雀，夜半浴日騰金鵶。天威萬里更咫尺，舉國仰面天雲赮。神人來下盛儀衛，綵輿飛上凌閶闔。其王恭順世藩服，授以銀印佩以緺。奇觀不數蜃吐市，歸信喜候灰吹葭。子淵飛文檄金碧，相如持節走蜀巴。如公於古自不愧，蜀士千載争矜誇。歸來《方言》要公續，好問奇字傳侯芭。

送同年全侍講出使琉球二首

朱　珪

北極有大人，南車指天蓋。合符三山中，繼世九州外。念子直文昌，舒佩何娧娧。一朝擁龍節，金勒馳玉軑。峩冠赤珊瑚，綵舞光綷縩。去乘貫月查，照海看珠貝。望雲日方中，依斗夜未艾。勗哉萬里行，風順好激汰。

中山海東南，去天近可忖。北海子之家，環天同一本。壯哉子遠遊，視若出八梱。氣吞龍伯低，勢壓鼇背穩。豐儀真天人，五綵爛繡衮。海中百靈怪，望子走且遁。海外諸大長，赤日見晉盾。何以贈吾子，内足外不損。

（以上清嘉慶刊本《知足齋詩集》卷二）

題周海山司馬奉使琉球登舟圖應令子東屏少司農屬

朱珪

昔公奉命使屬國，高飆巨艦開東洋。靈鼇駕浪試忠信，回旋落漈千仞强。我公仗威天咫尺，神燈流火星吐芒。石牙轟船舵牢穩，千夫助叫海不揚。中山君臣額手拜，龍天呵護龍節光。禮成卻賮廉畝水，歸陳宣室徽册將。洊階台斗繪勤蹟，舜歌益贊皋賡颺。到今四十又五載，忽撫遺卷增慨慷。從公昕夙接談笑，典型直諒百鍊剛。况今小鳳更同直，後先使蜀存卭駹叶。馬淵畫錦何足耀，要以咨度收强梁。愧無雄文壓百怪，述公清德淩徐汪。

（清嘉慶刊本《知足齋詩集》卷十五）

題周文恭公煌登舟圖圖爲乾隆丙子册封琉球廈門登舟時作也卷中無體不備獨少五言斷句補成十首

趙懷玉

册封本膚使，典重爵亦優。公年四十三，時甫官編修。

文物數中山，登舟儀衛盛。圖之紀初行，且以寵君命。

前驅負弩矢，文武夾道遮。樓船雄跨海，陋彼博望槎。

颶風起姑米，身豈鴻毛輕。守官不移地，澹然置死生。姑米山過颶，碇索皆斷，接封大夫鄭秉和勸易小舟登岸暫避，公不可。

至誠能感神，臣節孚天貺。百靈爭效職，使者竟無恙。當危迫時，海中有神火、神燈之異。

禮成還闕下，慰卹天語温。從此迭遷拜，始終荷渥恩。

我未親謦欬，遺像瞻清高。至今披畫卷，耳畔聞波濤。

青宫逮朝列，大筆紛淋漓。已窮一辭贊，聊補諸體遺。

仲子託素心，謂公次子興岱。申以昏姻好。隨公遽騎箕，人琴痛長抱。

明德有達人，食報在似續。努力誦清芬，敬爲後昆告。

（清嘉道間武進趙氏刊《亦有生齋集》詩集卷二十六）

海東集　海東續集

〔清〕周煌　撰

校點説明

《海東集》二卷，《海東續集》一卷，清周煌撰。

周煌生平及有關出使琉球事，已見前所著《琉球國志略》介紹。

《海東集》卷上僅收《中山賦》一篇，用漢賦例，將琉球之山水、地名、人文、風俗等囊括殆盡，可與所作《琉球國志略》對看，頗顯才力，故爲後使齊鯤等録入《續琉球國志略》中。下卷則收與出使公務有關的詩作。

《海東續集》收出使行程中及在琉球所作諸詩，可謂精彩紛呈。如記從福建出發赴琉球所見諸島，可稱完整的行程表。周煌以詩名家，其寫海外事，如《姑米書事和端木賢贊上下平韻三十首》，描繪細緻，時雜以琉語、術語、夷名，使人如臨其境，妙趣横生，後來黄遵憲以舊體詩寫新事物，尤其是七言絶句《日本雜事詩》一百九十首，爲世所稱，而周煌早已開其先河了。此外，一些寫海景的詩也頗多壯句，如《中秋波上晚眺》云：「歸雲赴壑天邊盡，倒景銜山海上浮。」《九日奥山登高用杜牧之齊山詩韻》云：「海門翻雪鶴初到，洞口沈雲龍不歸。」均跌宕可喜。至於《山南紀遊追和前使徐澄齋先生韻》之「斷雲沈絶壁，缺月挂欹橋」，亦善於勾勒形容。

《海東集》及《續集》今傳世有乾隆年間寫刻本，藏國家圖書館，該館出版社曾予以影印。集均周煌門人金壇馮秉忠書，然《續集》有陳兆崙乾隆三十四年（一七六九）序，可知二集非同時刊行。後周煌於編全集時將《海東集》、《續集》詩遴選一百二十九首（其中有一首不見《海東集》，今附書末。）編入《海山存稿》卷十一，今有上海古籍出版社《清代詩文集彙編》影印乾隆五十八年（一七九三）葆素家塾刊本，然此刻又有嘉慶元年（一七九六）姚鼐序，知爲嘉慶年間重刊本。該本不收文。此次校點，即以乾隆刊本爲底本，校以《海山存稿》。書後附顧宗泰詩四首及姚鼐《海山存稿序》一篇，以資參考。

（李夢生）

目録

海東續集

海東集卷上

中山賦有序

臣煌言：臣聞古者王人使於下國，所以奬善忠宣上德也。然若周、秦八月常奏方言，春秋五善兼稱咨事，入國而問俗，陳詩以觀風，先王採焉，以辨八方，有由然矣。臣昧道瞢學，忝職史館，謬荷選擇，銜命琉球，慮負明恩，夙夜祗懼。臣謹案，琉球介在海表，自隋以來始見簡策，歷世而降，史官沿列名號，而前明始通職貢。至我朝恭順有加，前此奉使者多訪攬殊俗，筆之於書，以識遐異，而諧以聲韻，播之詞章，闕有間也。臣汎剽單慧，不自揣量，輶軒所莅，博考廣搜。或聽覩所閲，或諏詢所及。凡山川形勢，都邑宫室，與夫典禮制度，物産人風，各附其俗，攝其體統，以成斯賦。非敢務采色夸音聲而已，抑將庶幾古詩之流，合乎採風之意。雖辭理野質，不足以承高天之垂聽，宣册府以永留，要惟慺慺之誠，蘄以宣贊盛化，光闡幽末，故敢陳聞闕廷，冒顔奏御，伏惟萬幾閑燕，賜觀覽焉。臣煌無任惶悚屏營之至。其辭曰：

維大清百有十三載，累盛光乎烈駿，冠三五而登閎，被萬億以赫震。有飛車以禀朔，或測水而納賮。散景耀以矚幽，胥砥礪而率順。于時百越之表，大壑之東，國曰琉球，實惟海邦，易世繼祚，禀於王朝，以丐庸封。我聖皇鑒之，乃稽舊章，涣大號，頒鴿纓，降鳳詔。選使星於鸞坡，載龍節於海嶠。肅奉皇靈，遥臨虎户，靺鞈成圍，舳艫按部。挂帆百尺之梢，覘風五兩之羽。晷漏定辰，南針指道，馬銜避旗，陽侯應禱。望雞籠之巔，自閩五虎門放洋，十一更見雞籠山。歷花瓶之島。花瓶嶼，近雞籠。冏鳧翼以霞征，掣鯨波而電掃。釣魚之臺，自花瓶十更見釣魚臺。渺若玦環；黄尾、赤尾，釣魚臺四更見黄尾嶼，十更見赤尾嶼。泱漭其間。姑米點墨，自赤尾六更見姑米山。馬齒浮鬟。馬齒有東西二島，爲入琉門户。趋漲截洄，暨乎中山。

夫中山者兆基太古，萌柢大荒。洪濛絪緼，天孫啓疆。闢黿鼉之居，踞蛟龍之磧。三男二女，神人是宅。歷萬七千八百餘年，世更代易，至於舜天乃卓犖而光赫。《中山世鑑》：始有一男一女，生于大荒，自爲夫婦，生三男，伯爲王，稱天孫氏，叔爲官，三爲民。二女皆三首六臂，姊名君君，爲天神，妹名祝祝，爲海神。傳二十五代，歷萬七千八百二年。後因其臣利勇篡立，日本人舜天爲浦添按司，舉兵討之。廼疆廼理，既庶既繁。勝國初建，奉詔稱藩。明洪武五年遣行人楊載賫詔至國，於是中山王察度遣其弟表貢方物。巴志中起，中山自元延祐中國分爲三，洪武中三王並封。山南佐鋪按司巴志滅三王，奉其父爲王，永樂二十年嗣位，賜姓尚及冠服。推亡固存。隨風乘流，内附中原。洎逢盛世，歸命一尊。通冠冕於上國，傳帶礪於外垣。

爾其地勢則散涣夷陸，嵬瑰崴磈。上當女牛，分野斯在。琉球分野與揚州吴越同屬女牛星紀之次。洲渚沆溶，巖峻堀礨。南北廣斥，袤延數倍，施靡曼衍，四百餘里。狀如長虬，浮乎積水。隋使羽騎尉朱寬望其地形如虬浮水中，故始曰流虬。所以取類錫名，職方附紀也。芒芒黖黖，呀呷相吞。臨崖周流，四屬無垠。洪潮迴復，澎濞雷奔。修鯢妖蜃，噓噏雲昏。環以崇島，三十六所。監撫鎮之，各島酋長外歲遣監撫官涖之，太平、八重、大島各三員，馬齒二員，餘小島各一員。無有齟齬。星羅棋布，縈衛周禦。於是層淵爲池，襲險爲阻。鐵沙限其門，將至那霸港，皆鐵板沙。金城崇其堵。跨三省中山分山南、山北，爲三省。以帶垌，指五嶽國中辨嶽、八頭嶽、佳楚嶽、名護嶽、恩納嶽爲五嶽。以鎮宇。茂區域之昄章，按經途而即叙。其山南則有兼城、大里、豐見、小祿、真璧、佐敷，振溪通谷，曰具志頭，曰麻文仁，曰喜屋武。南隅之瀕，汩雲城之玉泉，在玉城村，國王每歲祈雨於此。翕觸石而雲吐。遵常雩於龍見，應皇舞而興雨。山南省間切十二，大里、玉城、豐見城、小祿、兼城、高嶺、佐敷、知念、具志頭、麻文仁、真壁、喜屋武。其山北則歸仁都會，治始金武，久志、羽地，旁帶本部，歷大宜味以曁國頭，維邊陲之險棘，極湫湄於陰陬。山北省間切有九，金武、恩納、名護、久志、羽地、今歸仁、本部、大宜味、國頭。若乃首里居中，長世守器。那霸泊津，冕紱攸萃。西原中城，環列後蔽。前倚久米唐榮之地，三十六姓中朝之賜。世舉茂才，敷納明試。乃有閟宮，在真和志。原廟衣冠，守祧是寄。於左則南風之原，東風之平，澶漫靡迤，拱向作屏。於右則枕輢北谷，結湊勝連，與那有城，具志有川，越來、美里，緜屬纚聯。中山省惟首里、泊、那霸、久米四村不入間切，真和志、南風原、東風平、西原、浦添、宜野灣、中城、北谷、讀谷山、勝連、與那城、越來、美里、具志川共間切十四。間切間切，球音麻吃力，譯言府也。之號，三十有五，綺繡相錯，唇齒相輔。采地是頒，世祿是取。獻穗納秸，以奉其主。號爲村頭者，蓋以百數。雖伍保而一屬，等神州之小部。要統轄之有定，亦蜂屯而蟻聚。

其山則南起高嶺，隱轔鬱律。表以八頭，鍔鍔列列。連岡乎國吉，山名。中瞻辨嶽。鬱乎漸漸，踞土中以偃蹇。俯而觀乎浦添，眺恩納之崛錡，軼雲雨而北起。名護鞠其峩峩，又林岑以嵾嵯。佳楚巍巍以造天，日月經於岩崿。歷倒景而絶神，猋厥高慶而不可乎彌度。與夫儀間姑場，七里萬松，龜山櫻島，石火金峰，皆山名。運天屹巘，在今歸仁，亦名上運天。砂岳辨華。在大嶺砂川海中一里許。干青霄以飛翠，吐丹氣而爲霞。比方壺與崑閬，恍松喬之所家。

其陂澤則有霸江，爲中山咽喉，兩砲臺夾峙。玉湖，即玉泉。許田、有湖在許田山下。饒波，在石火山流下，水東北流。大榮通津，在宇勝嶽下。富藏長河。在金武山下。宛潭膠盭，浹渫盤渦。控清引濁，灌注陂陀。滈滈乎若星畢之下澤，潰布濩而滂沱。於是毛魚布陣，極小，七八月朔前後五日出海，餘月則否。文鰩戾空。有翼能飛，俗呼飛魚。海膽似蝟，背生刺如蝟，蠕蠕能運行。鰝蝦如龍。大可一二尺，形極似龍。石鉅叉手，首圓，下生八手。針魚淬鋒。頭戴針，亦名鱵。文螺紫貝，蝀鼇玳瑁，詭類殊質，彩錯錦繢。振鬐奮甲，拜浪揚風，噞喁贔屭，聱耴乎其中。

鳥則太和異雞，王母烏鳳。烏名，一名王母鳥。元鳥秋來，燕常以七月至，不巢人屋。海鷹颸送。白露日從日本隨風飄至，應期不爽。容蕊雀名。黑首，麻石雀名。白眉。緑毛辨莫讀史雀名，亦呼莫讀吏。之異，金羽翽古哈魯雀名。之儀。翻翃頡頏，隨波刷蕩，濯翮珠灑，鼓翅雲颺。沸卉軿訇，來往於其上。

其獸則牛羊犬豕，野猿山猪，馬不齧豆，馬終歲食青，不識棧豆。鹿乃化魚。六月沙魚躍岸化爲鹿，鹿畏熱，亦化爲沙魚。其蟲豸則蚯蚓寒唱，蟋蟀春鳴，毒虵添足，蝎虎作聲。聲洪如雀。元螘腹水，蟻腹有水。花豹冬雷。蚊四時皆有。蜥蜴朱丹，厥耀皚皚，緑延榛莽，趯踔窪隈。

爾乃臯澤塊圠，林藪跃蔓。異萼灌叢，榮色晃炫。煌煌扈扈，更盛迭蒨，馝馞四時，肦蠻萬變。花則佛桑、山丹，石竹、銕錢，吉茄、土名雷山花。火鳳，人家墻上多植之，以辟火。篙桃、篙桃似郁李而尤小。猿筵。一名山蘇花。青陽菊芳，白露梅妍。歡冬之花，仙人之竿，美人紅蕉，名護香蘭。名護嶽出蘭。吐芬揚烈，宗生族茂。抑若沉麝競爇而馥郁觸鼰，貝錦散彩而繁豔錯繡。其嘉卉則油樹、寔不可食，用以榨油。鐵樹，即鳳尾蕉。烏木、紅木，門鏤、舒黄，土名呀喇菩。常盤染緑。一名福木，可染緑色。梯姑吐菜，葉大如柿，每葉抽作品字形，花葉如紫木筆。地分含毒。地分有毒，可藥魚。古巴梯斯，一名戊土。悉達慈姑。葉類桃，子如葡萄，深藍色，不可食。福滿卑結，木高數尺，葉似木槿而差小。右納高株。樹高三四丈，花如黄石葵。攢柯拏莖，蔚若鄧林，輪囷虯蟠，橚矗蕭蔘。或從風而鳴條，或暎日而垂陰。連卷巖碕之岊，羃壢潭淵之潯。

其果則枇杷迎春，枇杷熟最早，常以元日食新。芭蕉結夏。蕉寔如手楂指，一名甘露。鳳梨津潤，阿呾呢葉長旁刺，開花者爲男樹，結寔者爲女樹，其寔一名鳳梨，云即波羅蜜别種。芝子圓寫。如橡栗而小，一名櫧子，又名椎子。甘至滿房，實落被野。陸獻桃梅，隰儲蔗藕。任土所麗，亦莫不有。其蔬則女蒡、辛蕎，茯苓、松露，松根所産蕈。麒麟、雞脚，石花、昆布。四種俱海中苔藻之類，各就其形似名之。瓜疇菜畦，縝紛軋茐。陽蓝陰敷，隨時代茁。

若其原野則畛畷鱗接，墳衍瓜分。百穀條暢，蔭翳鋪棻。山種豆而卒歲，隴刈麥而方春。黄粱當暑以登圃，緑秧負霜而懷新。土冬煖，常以十月插秧。其賄貨則麻姑草簟，大島木棉。麻姑即太平山，大島土名烏父世麻。供蕉布於刀尺，土人織蕉爲布。流日本之鐶鋌。市用倭國寬永錢。太平甘醖，蜜林紅黐。廩栖北谷北谷多稻田。之稻，國榷宜野之鹽。宜野灣，曬鹽處。其寶利珍怪則硫磺、鳥島所出。紅銅，海螺、石松，有紅、白二種，馬齒人没水取之。珊瑚交柯，産自八重。隱賑葳蒐，精曜陸離。誠節慎以經理，良賈貿而咸宜。

若乃荒陬詭譎，倜儻罔已。紅日墜而生泉，牧志村有泉，相傳見紅日入地而生。白沙化而爲米。金武村有千手院，一僧泛海至，大著神異，民歌曰：神人遊子，白沙化米。石變金以築宮，謝名村有金宮，察度王母行其地，見石物皆黄金銀，其父取作金宮樓閣。劒騰光而出水。親泊村有獲劍溪。是其幽遐極異，旁魄衆態，禹鼎之所不圖，山經之所不載。倘神農之未知，雖伯益其猶昧。烏可以㸌㸏其形，仿像其概。

若乃觀其内奥，浮游中區，豐蔚所盛，惟王之都。亘崇墉之巘巘，越岑嶺而特建。標龍岡與虎崒，近王宮左右石壁鐫「龍岡虎崒」字。託喬基之漫漫。繚垣緜聯，峥嶸絫輯。霞駮雹熛，皜曜赩歙。通門四闢，增崖臨磴。左啓水門，右顧久慶。俱王城門名。宏璉廓落，緜蠻黝糾。東極繼世，王府後爲繼世門。跨躡于後。其前則歡會西向，歡會，王府前門名。義取朝宗，中華日仰，忠順恪共。瑞泉、刻漏，二門名，俱歡會門内。廣福、奉神，俱近王殿内門名。重闈洞出，爌炾嶙峋。霳寥窌以中處，九房王殿九間，俱西向。環句而連櫨。累層構以庨豁，赫旷旷以宏敷。駢密石與雕碣，互磊砢而相扶。瓌材攢羅以叢倚，仡戢舂而枝柱。刊層平堂，颱颶是防。木無綈錦，土無壁璫。廣庭砥平，連闥對廊。用覲陪貳，布教頒常。於是波臣助理，毗代作楨，上自國相，法司權衡，大夫謁者，庶務經營。下逮百司，登仕有程。㦸紫巾，曳錦帶，戴華簪，飛翠蓋。蹡蹡濟濟，直事聽理，以出入高門者衆矣。

徒觀夫王城之外，比屋連甍，里巷四達，街衢相經，瓴瓦茅簷，竹簾籬屏。亦有甲第，當道横陌，柱列樫木，墻壘礪石，户設重版，室布層席，粉箋木壁，滲緑界白。匠斲之費，動鏹千百，向、翁、毛、馬，此之是宅。班列肆於辻山，辻山在那霸，女集地。會日中而競走。集魚蝦而駢坒，委懋遷於女手。并所任之重輕，咸有戴而無負。若臣鼇之冠山，時疾趨而矯首。濟有無以常偏，侈化居之充阜。叛喧嘩以喤呷〔一〕，渾袖幕而紛蹂。

若其舊俗，良辰吉日，始春終冬，炫奇鬥巧，以樂熙雍。擊毬蹋歲初女子皆擊毬板舞爲戲。而珠颺，驚雹響於月杖。横巨板以對舞，若飛仙之上舉。飫飲海濱，士女繽紛，麗服葱蒨，照水暎雲。撫華舟而競渡，犯巖淵以拔河。舊録六月有月之夜，士民皆拔河争勝。鏦金鼓以揚旌栧，憚夔龍而感蛟鼉。乃迎祖神〔二〕，火炬炘炘，秋而盆祭，七月十三日夜家列火炬二以迎祖神，十五日盆祭。熛訛碩麟。引大年以久在，待廣廷而拜月。舊録八月家家拜月，謂可益壽。羅蕡實於華籩，焚椒蘭之蓬勃。守天孫以鍵户，舊録白露先後三日守天孫。懼毒螫之難逃。奉粢餅而餉鬼，臈日餉鬼餅。謂獝狂之不可遭。汲新潮，探雪崎，正、三、五、九月婦女相率雪崎洞拜水神祈福。饗巨石，拜叢祠。徘徊降靈，君君祝祝，天神颬颬，厥臂有六。宿麥既秀，新穀既嘗，一日之蜡，御彼女王。舊録國中有女王者，王之宗屬，世由神選以相代。五穀成時，女王渡海至姑達佳山，採其熟者嚼之，各處乃敢穫。鉦鼓響，箏笛和，太平唱，落鷹歌。落鷹，笛曲。梵唄激，殷嘍囉，巫覡舞，翩婆娑。神遲迡，福嵯峩，膜拜具，蠻顔酡。所以希錫羡、樂嘉祐者，汾沄沸渭於前，故荒俗之繆訛也。

然其君子溫恭明懿，恪共典憲，附麗皇極，緣督自勸。望帝紘而北面，嚴庶翼于等威。隔歸墟之渤澥，凜天顔之不違。爾乃乾元聖節，履端始辰。清臺授時之日，職方貢篚之晨。服其荒服，蹈舞揚塵。儼璇樞之遥燭，爰端拜而稱臣。然後坐層臺，班土揖，鞮鞻嘈嚖，吁喁翕習。酌清醥以獻壽，齊曲跽而擎拳。授饔飧以大饗，亦命爵而割鮮。尊卑懽樂，軌物昭宣。已事而竣，徧爲德焉。及將奉禋祀，獻精誠，豐融暗藹，介爾昭明。搢守圭，整皮弁，拂石鼎以炷香，詣木亭而馨薦。望於山海，偏隅所瞻，貍沉疈辜，徠祇綦嚴。大川、玉城，知念、久高，率有攸報，取血啓毛。《中山世鑑》：久高島、知念、大川、玉城諸處，春稻夏熟，至今在彼春夏四度蜡祭〔三〕。慨霜露之既濡，聿感物而增思。省崇元之梵宇，崇元寺即先王廟，左閒監司香火。妥先靈而罔匱。致敬恭于明神，合群祀以咸秩。懋顧德而允懷，祚多福以元吉。

若夫泉崎之宮，俎豆莘莘，命教後學，釋菜是遵。庠序既設，典籍紛紜，惇誨師傅，於茲爲群，啓發舊章，校理同文。於是生徒祁祁，陶化染學，習華音而訓詁，漸立志於禮樂，苟不安於蠕蠢，克興道而慕義。更漸摩而就將，徵茂德之廣被。是以綵綸下賁，赫濯遐荒，懷憓奉恩，雍肅祗莊。上舞下歌，頒斌咸戾，躡踵接肩，揜裳連襼，稽顙樹頷，扶服蛾伏者，莫不蒸聖風而草靡，欽德音而麗奕世。頒玉之儀既備，幣餘之錫既逮。登降宴飫，式禮毋廢。乃復增修貢職，仰答皇賚。移珍來享，傾誠面内。于斯之時，疏俗同熙，含和吐詞，頌聖人之在上，慶滄嶼之安流。景昭光之振耀，羌風翔兮雲游。環大瀛以爲家，奄窮髮與重舌。裁員嶠之文錦，佩瑶池之玉玦。頻伽鳴於元墀，紕罽陳於紫闥。焉獨蠻陬外隅，仰辰光之末哉！

海東集卷下

奉使琉球紀恩四首

帝德如天被八荒，東瀛重譯奉恩光。九金禹鼎圖方物，五玉周班載國章。石室舊緘黄紙貴，露華新浥紫泥香。恰逢禮樂陳王會，海表河源地共長。

詔選儒臣入睿題，恩華先已耀金閨。撫夷何分堪持節，在聖猶兢是執圭。豈有文章同炳虎，須知味翼不濡鵜。一朝冠服分槐省，稽古榮叨五等齊。

厎事清時問請纓，遠將鳳簡颺龍旌。四方自足明初志，萬里真堪屬此行。到日聚觀香案吏，趨程飛渡化人城。平生風浪輕三峽，況際鯨鯢久不驚。

海外孤城島上宫，皇威遐暢百靈同。鼇頭遣護三千水，鵬背招生九萬風。望闕每依天極北，乘槎果到地維東。遥知此日成都市，定有星占賣卜翁。

將赴琉球恭請聖訓召見養心殿次日擢臣侍講紀恩二首

封泥璀璨下瀛中，向日葵忱勵匪躬。天有恩光迴曲照，帝於心理擊包蒙。險夷豈合殊臣節，丹苦還能厘聖衷。臣等伏蒙慈諭：海行雖險，爾等心要誠，不可說苦。惟此傳家清白在，歸裝不辨陸生同。

鸞坡載筆歲崢嶸，天顧恩深每自驚。竊愧祕書難遍讀，早從講席荷殊榮。十三年秋，特旨擢臣侍讀，閣臣以守制回籍覆奏，乃始别除。青宫華選除方始，近除中允。霽宇龍顔近更明。二十年來趨走地，倍增瞻戀不勝情。

奉迎天后香火登舟恭紀

木蘭清淑久鍾靈，木蘭陂近湄洲，后誕生地。新飭封舟展德馨。五色鸞旂開御仗，八行騶從起仙軿。屢迎佳氣争呈彩，龍衛澄波不敢腥。對港樹藏柔遠驛，封舟泊近南岸，其北即琉球館。臨江花發問津亭。天書珍重應加護，海國殷繁總遹寧。直以皇華窮島嶼，還將周道等滄溟。鼉梁詎足誇前事，犀帶何煩燭異形。雲擁赤符瞻碧落，浪收蒼水想元冥。鬼因忠信猶歆薦，神爲和平定駐聽。乞取南風三日緊，布帆高穩渡文星。

賫奉詔敕出南臺舟次恭紀二首

入律蕤賓動琯灰，例以夏至後渡海。樓船帆正鬱崔嵬。金章玉節海邊出，鼉鼓龍旂山外開。旗、鼓閩中二山名。南國屏藩親祖送，東方陪隸仰昭回。書生並有乘風願，似此王程得幾來。

鷁首雙高俯大洋，遥知不日是扶桑。先安廉石争風力，總有恬波應國祥。耀遠旌麾通浩淼，凌空笳吹起潛藏。明朝底物常相對，碧海青天日月光。

太平港祭江取水

不枉港由名，茲行際太平。分甘將衆共，受福叶王明。沉璧惟懷慤，投錢亦矢清。例投小銀錠於江然後取。臣心如此水，敢復忘精誠。

怡山院諭祭海神恭紀

江神河伯外，吾亦分醯雞。望若真難水，朝宗詎測蠡。三公周秩亞，二使漢星齊。此日精禋舉，煙平大海西。

五虎門放洋

已過雙龜石，初辭五虎門。何時爲彼岸，此路尚中原。白日分寒燠，青天雜曉昏。區區馳九摺，直欲陋王尊。

望雞籠山

路入扶桑尚幾更，海中船行六十里爲一更。何年籠著此山鳴。舟中已有玻璃漏，還待朝陽第一聲。

望釣魚臺

一髮青山認釣絲，投竿終古拂珊枝。試看今日舟人喜，不是臨淵起羨時。海行見山則喜。

海上即事四首

龍艘萬斛受風斜，六月輕寒雪浪加。從識人間無落葉，果然天上有浮楂。簸揚忽似南箕近，向背還同北户睽。最是夜光明北晝，坐深衣露濕清華。

針路微茫日本經，海舶率用日本羅經。寶於龜鑑座中銘。長令甲乙輪爲直，夥長以司針，置正副二人。真有乾坤磨不停。分水似犀投木柹，以木柹從船頭投海中，人疾趨至梢，人柹同至謂之合更，人先柹爲不及更，人後柹爲過更。出波如蒜見花瓶。嶼名。豈知中外原無界，溝祭空煩説四溟。舟過黑水溝，投牲以祭，相傳中外分界處。

萬靈呵護仰天威，昔所傳聞總未非。海舶合同黄帽住，接封大夫黄帽。水仙元共赤鱗歸。過釣魚臺，有大鯊魚隨舟。蜻能入舍雙雙引，鳥解銜窠得得飛。二物皆所見。好語海翁須記取，不妨知我亦忘機。

半生踪跡未云奇，且喜茲行冠蓋時。豈獨觀天因井小，由來見日爲山遲。三千界内金銀化，八九胸中蒂芥遺。除却存誠更何事，恩波全沐聖人慈。臨行奉有恩訓，已見前注〔四〕。

泊姑米山二首

朝來人簇立，子細見遥山。望可三更外，行猶一日閒。占風旗不滿，測水箭何閑。箭亦所以定更，其用與木柹似。忽憶蓬瀛路，驚疑且引還。

向夜山中火，遥傳五點横。國中約外山見封舟則舉火爲號，以次達那霸港。平安因汝報，容易即天明。島氣收浮蜃，人心狎駭鯨。殷勤三老意，打槳作將迎。姑米頭目以數十小舟牽挽，近山下椗。

姑米阻風二首

昨日復今朝，維舟對汐潮。從山三面轉，初泊山南，後牽至山北。共水一心摇。羊爲角難戢，箕因舌易饒。亦知忙底事，不敢學逍遥。

未似無雷國，還同不夜城。鐵沙排雁齒，銀礫促鼉聲。熠耀争陰見，蜿蜒習水行。颱颶將作，水中有光如星火。海蛇黄色，浮遊水面。今皆驗。故應心腹事，菅蒯托平生。

接封大夫治館舍請登岸不許作此示之

恭持使節漢廷臣，颶母風生駭浪頻。敢擬此身還屬我，須知今日莫驚人。過都六鷁歸何處，謂護封二號船〔五〕。夾舳雙魚會有神。惆悵壺飧相餉意，小舟蕩槳幾周巡。連日島人運送水米〔六〕。

觸礁後移居公館三首

使命憑誰報，天涯一水閒。不教成露處，應得待生還。邂逅鷗兼鷺，徘徊觸與蠻。相看殊未失，即是喜歡山。

底事欲書空，兹游汗漫同。天閶縹緲外，身事有無中。幸不虚填海，知非錯恨風。等閑驚一震，相助洗炊籠。是日雷公誕，俗名洗炊籠颶。

不鑿凶門去，向例封舟渡海必造明器二具，上釘銀牌，自康熙五十八年罷。懸弧誓此生。天扶龍節出，人傍蜃樓行。盡拔泉仙宅，如遊裸國城。回頭問輿隸，甘苦略同情。

既登姑米山北岸望闕叩頭口號一首

憑誰呵護賸殘魂，顧影猶疑心自捫。一死豈堪酬簡命，三生只合拜天恩。看山意等披雲快，就燥情逾挾纊温。萬里即今同咫尺，幾回西望九重門。

馬齒山看日出〔七〕

泰山日觀何孱顔，欲往從之修且艱。昨者乘軺出其下，但聞雞鳴欲出千里一瀉同朱殷。朅來海上浮楂去，云何亦苦天緣慳。初如坐井與窺牖，心目眩晃難爲堪。强從扶持出艙外，望望已復高三竿。

頗疑此願竟不遂，僮僕爲我司温源。連朝走報東方啓，天水一色如流丹。以雲爲車雨爲馬，倏忽蔽掩收金丸。我聞神龍見尾不見首，變態出没虚無閒。蘇公守登看海市，見由所感不見亦偶然。晨發姑米夕馬齒，輕風送我生微瀾。仙人脚踏羅與紈，促渡烏鵲鞭文鸞。時正七夕。海中有雲更無數，獅象一一朝天門。須臾赤霞開左右，下照魑魅如犀煙。扶桑頂上陰火燃，格格不吐猶將吞。逡巡斗大出萍實，非珠非彈流晶盤。執規秉矩亦何有，體其方也用其圓〔八〕。日初出望若方體，光滿後始圓。六螭就御騑而驂，羲和率職無尸官。世人之論曰長如年〔九〕，烏知夫其終無既，始無端。我初讀詩《天保》篇，獲福義取朝光暾。乃知古今貞明者，惟用其晦明斯懸。今朝喜得天地全，平昔守管安足存。吁嗟乎，平昔守管安足存。

封舟到霸港王世子親率陪臣出迎恩亭祇迓紀事

頒書東下大瀛洲，祇命王儲禮數修。五色仗開雙雉尾，三呼聲動六鰲頭。翹瞻漢節依香案，恍識天顔拜玉旒。往日拘牽傳守次，如今亭共聖恩留。

先師廟行香恭紀

三山霑聖澤，萬世仰人師。「萬世師表」額今摹懸其上。俎豆猶循魯，宫墻詎陋夷。升天階莫及，觀海水難爲。不是遭明盛，桴浮若爲隨。

天后宫行香恭紀

此生誠未斷，不擬問巫陽。弱水杯能渡，昏衢燭有光。業扶登彼岸，還倚溯中央。角黍辭龍去，牂牁著鹿將。恩波天上闊，客路斗邊長。永念酬明德，葵傾傍佛桑。

諭祭禮成恭紀

醲露灑扶桑，覃恩卹故王。作屏雄震位，輯瑞翊乾綱。廣樂聞何所，遮須夢未央。爰因予纘服，特用沛旌良。哲嗣初繩武，皇仁重錫光。永言推不匱，曠典出非常。明幣頒天府，朱提降尚方。苾芬凝醴盎，朗潤燦圭璋。彩旭暄宗祏，松雲護古岡。衣冠增僾愾，階戺盛趨蹌。儐爾馳工祝，休哉肆享嘗。龍文欽實録，執事葳焚黄。

册封禮成恭紀四首

扶桑初旭放新晴，佳氣葱籠入島城。遠捧天書金錯落，高擎内帛玉縱横。龍亭乍過群神伏，鳳蓋旋臨列騎縈。盛典幾人親再見，華顛呼似作嵩聲。

八幡橋接萬松岡，嗣服趨迎守禮坊。坊距歡會門半里許，世子例迎詔敕於此下。虎士隊中森棨戟，騶官聲裏簇旂常。四家向、翁、毛、馬爲大族。勳舊承新澤，七姓蔡、鄭、梁、金、林、毛、阮，皆明初賜籍。班聯近末光。故國會從何處見，樹人樹木歲年長。

錦幄連雲喚仗齊，傳宣朝命上丹梯。諸侯自不用夷禮，天子元來輯介圭。賜有拜登嚴咫尺，容無俯仰謹端倪。即看震兑宫開處，知是葵心總向西。王宫殿皆西向，中國在海西也。

御書樓出殿高層，奉使儒臣此一登。銀牓久懸天露渥，金泥常惹海雲蒸。聲靈已自隆三錫，典禮寧惟重百朋。歡宴北宫歸路晚，蓬瀛山色碧崚嶒。

中山王詣館謝紀事

新恩初拜上朝臺，册封後諏吉謝恩，乃始詣館。禮數還勞適館來。千騎東方足雄長，百年使節有追陪。香煙鵲尾飄林外，伎樂龍鱗出水隈。是日國王所經處皆設路供。聞説官民同獻壽，山南山北詠臺萊。

中秋宴即事

北宫秩秩啓賓筵，卜晝還兼卜夜便。桂向小山寧借月，時九月四日。燈開秋節不須年。是夜放煙火。一時蘭麝香煙上，百尺樓臺蜃氣連。猶有堪誇三五夕，醉人扶路火城邊。

重陽宴即事

桄榔樹葉暗龍潭，烏榜紅舷倒影涵。蜃氣正收山點碧，蛟涎未斷水拖藍。乍催鼉鼓横流發，旋拂霓旌取道探。芳荇自開蘭桂入，浴凫分散綺羅參。在田見處爻占二，燒尾成時浪躍三。巖旭漸低光不夜，頷珠頻奪睡猶酣。騎鯨客路如相導，乘鯉仙人本素諳。忽憶一槎天海闊，長風何日馭西南。

恭逢皇太后萬壽聖節臣等謹率陪臣紫金大夫以下於明倫堂慶賀訖復召宴使館國相王叔王舅法司等官皆至恭紀

孝治光中外，慈雲靄萬春。八荒瞻富媪，九服拱萱辰。入律葭初暖，含暉草欲新。仙階翔鷺鷥，御席擘麒麟。玉簡來瀛嶠，金根憶紫宸。未能趨鳳闕，還與率鮫人。地尚仍唐號，官方作漢賓。是邦元守禮，有學亦明倫。明倫堂，使臣行禮處，在久米府唐榮也。明初賜籍居此，以充朝貢。啓幄雲霄迥，躋堂咫尺均。班聯何肅肅，登降故振振。度索桃名碧，蓬萊闕化銀。樂應張百戲，宴足列千珍。盡日蠻歌競，同時綵舞陳。籌添連海屋，露溢及波臣。似爾王基纘，猗歟帝命申。朝臺登已數，屬國慶猶頻。最好青韶歲，相娛白髮晨。鸞回榮再世，烏養幸兼身。中山王祖太妃、母太妃皆重慶。率土彝皆秉，敷天典有惇。人間多喜懼，天子大尊親。共凛無違理，宜敦不匱仁。教忠因教孝，凡百庶其遵。

喜二號船至

遮莫登臨觸緒頻，久穿望眼一時新。是日王叔法司等官陪遊龜山，因得先見，頃報至。尋常忽作半年客，咫尺相逢萬里人。此日更爲明日約，逆風還結順風因。例以夏至來，冬至去。今阻風那霸，以此之逆，成彼之順，可喜也。從兹最識皇威遠，暘谷先回彼岸春。

丁丑元日二首

中天萬國正朝元，節使依然駐海門。玉笋班中仙珮擁，金爐煙裏御香温。已無舄化雙飛術，頓有衣沾五出痕。琉球無雪霜，今晨微霰如米大。一百年來聲教訖，親將陪隸酌罇尊。

堯階高處已舒蓂，新朔猶稽到譯庭。每貢使至京，必候十月頒朔，賫至已踰半年。自向嵎夷觀日出，誰知霏雪尚雲停。停雲樓，副使臣所居。春期應及龍騰甲，二月多霧龍出海。按今上元後即驚蟄，時當開洋。客路終强鶴姓丁。聞道鑾輿巡有日，護封舟至，云聖駕以今月十六日南巡。蚤思迎謁在江亭。

再奉節印出那霸登舟紀事

何事經年使久淹，風風雨雨一樓簷。天文北望迴珠斗，海道西行入水籤。亭有却金元不矯，舟多載米未爲嫌。思量此役雖無狀，愛看輕帆颺玉蟾。

封舟發那霸口號

東風習習拂征衣，春浪乘潮暖更肥。爲屬鷁飛歸便得，即看魚貫去相依。時同開洋共四舟。親方王舅法司及紫巾官皆稱親方。擬共雕輪挽，若秀争將綵扇揮。久米子弟十三四歲者名若秀才，封舟出港皆至砲臺，以扇摇之，謂之送風。别語不多深致意，每回朝貢見非稀。

海東續集

序

陳兆崙

原夫王名渴刺，國號始著《隋書》；島近彝邪，地志惟傳宋簡。中更五代，下訖勝朝，舉不得而招懷，詎有羅於職貢。又況至元降詔，轉亡其登岸者三人；亦越延祐興師，裁禽其就俘者百數。水澳之劫，彼且能來；珠虎之符，此焉莫往。他若募人越嶠，取道彭湖。書生畏罪而逋，漁師落漈而没。事非當有，勢亦宜然。惟夫海不揚波，威行萬里之外；風皆應律，恩噓一物之微。則我世祖定鼎之初，慕維新而早至；逮我皇上繩武之盛，嘉乃悃以再封。溯皇華之遺躅，頗具圖經；譜仙籍之異聞，重編邱索。天王大一統，陋他南尉稱臣；朝命過九章，藐爾北庭致拜。翹材館閣，爰蒙聯璧之稱；妙選風儀，絶異承宫之侣。時則雲移旌旆，照七路以遐騫；嶽峙艨艟，獵重溟而徑度。是窟致雙綃之翼，穩過星槎；無林來百鳥之朝，遥通仙使。金針所指，七日爲期；木柹纔飄，五更遽届。信矣坐如天上，快哉行在風前。顧猶雷動險中，水交洊至。髣髴高華之嶼，鼅鼊横騰；分明姑米之山，須彌倒卓。陽侯無狀，脅雄劍以飛光；箕伯何心，助乖龍之索璧。縱有儲乎長綆，已無冀乎一壺。夫何陰火依微，潛移水面；鶉味煜爚，下集竿頭。挾萬斛以如奔，倚一峰而作柱。遂乃晴開鰲背，歡動雞林。隸走睢盱，群知泗水；繩牽鬬鏤，客半腰絙。維時使者捧玉詔以加虔，懼王人之損重。後材官而緩步，烏鬼降心；戒軍伍以毋譁，紫金動色。於是户攢藤笠，按司梵頂以迎；宫出波羅，可老扳橋而伏。既嵩呼以蹈舞，隨天揖以周旋。居然鄒魯之風，迥變侏離之俗。則有官如俁遜，釋似脩然。閒接衣香，時霑蘭澤。丐李邕之一字，録白舍之千篇。流清譽於中山，碑宜第一；擲黄金於虚牝，士本無雙。正朔知時，豈復紀盈虧之月；造舟閲歲，能無驚榮落之花。撥煙霧以迴橈，敢忘畫舫；彙往來而成集，用副陳詩。斯其可前掩《新書》，後欺《廣記》者矣。徒觀其銜命而出，氣吐虹霓；垂橐而歸，聲鏘金石。即日舟中雅量，人傳謝傅之名；懸知海外同風，家繪韓琦之像。乾隆己丑仲秋月，錢唐通家生陳兆崙句山氏題。

二月九日初出國門門人朱玉階編修李西軒馬梅阿兩檢討毛其人庶常博虚宥主事張顒齋助教並見送於彰儀門外作此留别兼示岐岱兩兒

春明新霽後，柳色正依依。莫以摺枝贈，還應見雪歸。詩成初捧席，玉階出二小詩。酒盡更牽衣。借問貴游客，如兹别亦稀。

蘆溝橋

此是桑乾渡，危橋立馬時。已應人北望，况更水東之。積雪明遥岸，條風入故枝。從來題柱意，去日敢遲遲。

趙北口行宫瞻仰有述

駐馬依丹陛，摳衣上紫除。題高龍護篆，檻迴鵠窺書。水氣侵瑶砌，天光結綺疏。風生蘋動鷁，雨過藻遊魚。問俗紆春省，崇文旋斗車。上將謁孔林。金隄開月道，玉帳俯煙墟。海國乘查始，王程戀闕初。天顔還咫尺，向晚意躊躇。

鄭州故城懷古

趙北燕南一礪收，公孫城壘已荒邱。英雄獨有劉先主，何處容尋百尺樓。

十三日富莊驛雪

紫禁鳴鑾氣溢雷，是日啓蹕。清塵信有雪先開。花明輦路葳蕤入，鶴下雲端縹緲迴。侍從紛垂雕玉佩，賡歌歡送綺霞杯。誰何走馬交河道，亦似鞭笞白鳳來。

望嶽

愛山不見山，定非能愛者。見山不登山，猶愈無見也。驅車泰安郡，取道岱宗下。平生景仰心，十步一迴馬。天門與日觀，煙霏若可把。巉巉一片石，非青亦非赭。或是磨崖碑，剥蝕苔痕惹。古封七十二，夷吾識已寡。豈有金玉泥，等之濁香灺。龍飛十三春，天子幸青社。其上爲齋宫，展祀親尊斝。不勒封禪文，舉事關風雅。自時數遺祭，三靈鑒祝嘏。我友去年來，謂醇齋。爲告擒達瓦。準噶爾既平，達瓦齊獻俘京師，分祭岳瀆。兹行適海隅，春風正瀟灑。亦欲從之遊，何時得披寫。

嶽廟

東社蒼精祕殿開，金莖碧瓦露崔嵬。白雲總占封中出，紅日先從觀裏來。天下有時常徧雨，人閒無處不聞雷。使臣去向扶桑路，遥指三門拂斗魁。斗魁海岱以北，見《漢書·天文志》。

漢柏

新甫移從赤帝年，至今子葉道人餐。髯翁只爲蒙秦爵，合作尋常化石看。

唐槐

莫以南柯是夢鄉，似曾閲盡馬蹄忙。風流拔解人何在，猶自秋來滿院黄。

羊叔子故里今羊流店〔一〇〕。

裘帶眇何許，停車有所思。平吴推遠略，訦陸陋群疑。落日迴顔巷，用《世説》羊叔子何必減顔子語。流風傍習池。惟應同峴首，客淚墮殘碑。

平山堂四首

吴頭楚尾古名都，京口嵐煙入畫圖。畢竟遠山元不借，昔人詩「山色借江南」〔一一〕。一江眼底望如無。

此地何曾是故鄉，佳名且喜見吾岡。蜀岡也。竹牀蒲椅僧留客，分得清甘自在嘗。

廿四橋頭載酒船，珠簾高捲豔陽天。分明記得司勳句，又是春風荳蔻前。

清明時節晚冥冥，無數遊人出近坰。恣意笙歌消永夜，飢烏啼煞不曾聽。

京口候潮

盈虚曾説月爲儔，待送輕帆下潤州。要與蓬萊看深淺，不知來滯海西頭。

舟中即事

潮落潮平候轉遲，西風偏似阻行期。潮得東風始大，連日西風。如何居處兼舟陸，正是張融東出時。時糧艘橫在中流，潮退後客舟半岸半水。

五更起坐督人役挽舟就水

垂堂良可戒，豈是重千金。此日經危地，舟失水則側，遂與糧船争力，艙柱多摺。平生履薄心。翻思舟作芥，頗訝水爲涔。鐵甕潮如上，春波不厭深。

毘陵過雲洲草堂内弟方元三留飲時將赴舉京兆故有下句三月十四日。

舊聞家日下，三世乞居常。方故大興人，曾祖官常鎮道，遂家焉。去作星槎使，來尋晝錦堂。葭莩寧喻得，菅蒯莫維將。今夜孤舟夢，隨君入帝鄉。

雲洲草堂之左故蘇長公居常時宅也有洗硯池尚存宅舊爲方氏業今已易主不可得訪感而作此〔一二〕

我以生爲寄，公因老不歸。已無緡市宅，空有墨沾衣。石髮青螺疊，池心黑蜈飛。淒凉人代速，更阻款荆扉。

過無錫縣令致惠山泉

小小瓶罌薄薄篳，將來瓊液尚微瀾。新煎湯裏蟹魚眼，舊擘綱頭龍鳳團。百斛分甘元不節，東坡求惠泉詩「願子致百斛」。兩京置驛更無端。李衛公嗜惠泉，在京置驛遞舖。此行只合心如水，留取清風入腋寒。

胥門喜晤彭三侍御仲尹因招遊虎邱山晚歸有述

九載一相見，同遊跡肯删。莫縈蠶市夢，蠶市在眉州。且問虎邱山。歐冶憑誰化，丁威只自閑。劍池、鶴市也。惟餘聽經石，晏坐不知還。

西湖雜詠十首二十五日〔一三〕。

盥漱先來謁聖因，龍牌高處即楓宸。湖上聖因寺本仁廟行宮〔一四〕。微臣正有三山使，長憶恩波六十春。前使頒封者三，皆在康熙中。

前時曾記六龍迴，辛未歲上初南巡〔一五〕。行殿欣瞻掌鑰開。最是百花齊放處，香泥猶逐燕將來。行宮二首。

水繞山圍縱復橫，一亭中插壓波清。西湖不是彈棋局，望到心頭分外平。湖心亭。

岳鄂王墳枕翠微，江山不改市朝非。可憐枯盡冬青後，獨有松楸帶落暉。岳墳。

豢鷹養馬道人家，韻事無如此可誇。一瀉清池魚樂也，倚闌干處讀《南華》。玉泉觀魚。

路入幽篁步步攀，連筒接水細潺潺。問泉莫自分清濁，潤到人間不在山。

雨前山茗擘龍團，雨後山泉落玉盤。好借韜光分一榻，江潮海日界中看。韜光二首。

白衣大士栖天竺，妙相争傳現井中。我本尋山非拜佛，炷香不擬問鮫宫。大士籤相傳甚靈，余以湖山之便不敢瀆也。正使全公穆齋先詣請兆，其詞云：「有物不周全，須防損半邊。家鄉煙火裏，祈福是安然。」嗟乎，姑米之事，見於此矣。及歸自琉球，以正月三十日開洋，是爲祈福日。祈福者，蓋琉球未奉到頒朔前所權行時憲書中語也。附記於此。天竺。

初入蘇公第六橋，晚風落日馬蕭蕭。不須鶯曉兼花曉，但是春行也自饒。蘇隄。

無復南屏金鯽魚，晚鐘初上暝煙俱。誰人得似雷峰塔，更到殘陽影滿湖。入清波門。

雨後吴山晚望二首

東盡錢江西盡湖，城闉鮫蜃望如無。山當斷處元開越，水自潮時不入吴。池館儘通壺嶠氣，鶯花從説帝王都。春來煙樹人家外，正是維摩尺幅圖。

春雲如墨雨如油，明爲王程約放舟。少借此閒高處立，多於曩日晝中遊。前朝陵廟金牌盡，故國山河鐵券收。望海望湖人代閲，晚風吹上夕陽樓。

丁仙閣

是仙有分皆騎鶴，此客何緣復姓丁。莫向柱頭留語去，蹔遊少别總難聽。

出七里瀨望江上諸山有似蜀中

江岸平翻麥，山椒曲抱花。穿林聞鳥語，隔竹見人家。雨歇朝仍滴，灘奔夜更譁。故鄉聊此似，不覺在天涯。

清湖對雨

雨入錢江一路諳，此旬中可有三三。天誠欲漏何曾小，歲已爲霖合待甘。客枕傍溪喧夜蛤，山家趁市鬻春蠶。憑誰借得荆關筆，淡掃煙雲翠正酣。

蘇　嶺

雲葉封松鬣，風梢捲竹胎。山僧將茗至，一爲到香臺。

廣福菴僧文閣

僧從年少來〔一六〕，聽話仙槎路。斯人迹已陳，尚在此山住。文閣自言少時曾識前使徐澄齋先生於此。

宿雨初止發峽口度仙霞嶺天雨菴小憩遂步至頭關頂用蘇長公自陽平至斜谷宿南山蟠龍寺詩元韻

蛟龍幾日移湫窟，驅使奔濤撼山谷。風車雨馬厭逢迎，月姊星妃争婾煜。侵晨渡口出沙尾，到處杈牙縈水曲。却從平地望仙霞，初疑無路惟修竹。細泉漱石白於齒，雜花映山紅勝燭。三百六十梯未窮，下視千松藐一蔌。僕夫既殆馬既煩，旋市邨醪導午粥。寺僧見客眼先青，野老窺人毛欲緑。泥丸底事敢封秦，劍閣何曾堪據蜀。還將脚力鬥攀躋，身輕不用騎黃鵠。

仙霞嶺感事二首

貙虎當年井底觀，無諸城上滿旌竿。中原驛騎無消息，閒道猶飛小蠟丸。

曾從國史與編摩，武定安溪紀事多。余分修國史，於二相國事皆有藁本。忽憶驅車文德路，文德關在鎮遠府，吴逆之叛，督臣甘文焜死此，謚忠果。兩家賊壘竟如何。

四月十九日初食楊梅

櫻桃初薦後，氣色未全差。入佐龜蒙酒，陸詩「簷外青楊有二梅」。來從德祖家。不將黃趁雨，閩俗立夏後入梅，芒種後出梅。似有絳籠紗。時館於建寧書院。認取炎官道，依依火傘斜。閩中熱最早。

由洪山橋奉詔敕入城四月廿四日〔一七〕。

銀虬將駕海，金馬恰臨城。匝岸喧官騎，横波颺使旌。緑榕陰似蓋，丹荔實如晶。十里離亭迴，群公列座榮。時將軍以下皆於迎恩亭祇迓。因懷承帝簡，曾許典文衡。顧以家山夢，壬申被命典閩試，適丁母艱未行。難爲柳雪情。何期來越嶠，取道泛蓬瀛。福地緣終在，星軺快此行。綸褒從北闕，衮繡遂東征。佇聽南薫入，蒼茫問去程。

詣南臺拈香因閱封舟五月二日〔一八〕。

心香分得御爐煙，展禮仙蚪一肅然。鷁首迴翔支十二，海船命名按十二支，船頭邊板曰鼠墻，後兩邊欄曰牛欄，桅繩曰虎尾，繫椗繩木曰兔耳，船底大木曰龍骨，兩邊另釘彎杉木曰水蛇，篷繫繩板曰馬臉，船頭横覆板插兩角曰羊角，鑲龍骨木曰猿楦，抱桅篷繩曰雞冠，抱椗繩木曰狗牙，掛桅脚杉木段曰桅猪。見《赤嵌筆談》。鯤鱗騰躍水三千。深知靈可除狂浪，祇媿才非濟巨川。看取江干雙艦壯，清銜雅不號樓船。

少銀臺青圃同年招遊烏石山

淩晨摺簡來，烏石招短策。我昔耳熟之，青圃先有居在山下，嘗言其勝〔一九〕。謂是神仙宅。何階奉使便，兹麓駐棨戟。甫上鄰霄臺，四望已把搤。舊塢失蟠桃，山有大石如桃，篆刻蟠桃塢。荒池遺鳳翮。山有浴鳳池。名山浪得名，止是一拳石。仄徑臨懸崖，岝崿藤根礫。下岡忽平坦，寶光若可摘。福字鐫廣長，跂仰逾尋尺。古松護釵股，新苔蔓鐵畫。掬泉滌款題，徽國文公迹。山南石上朱子書一福字，俗呼福字坪。載瞻般若臺，陽冰擅匠伯。李陽冰書有三大絶，烏山般若臺其一也。方之朱子書，培塿無能役。乃悟遊山訣，當自措奇劃。不在高與深，所貴搜儒碩。剗之無所損，增之不爲益。始猶尋山膚，今已理山脉。遊山莫問山，須認遊山客。晤言快心脾，虚往而實獲。長嘯海天空，空花蘸酒碧。

少保范忠貞祠

今代昭忠典，勳賢第一班。聲名小大外，忠貞父文程。用小范、大范事。憂樂後先閒。玉帳臨雙省，金甌鎮百蠻。誰言螳臂奮，自覺虎牙閑。有角寧存國，無丸可閉關。塵纔從甑起，氣已向霄還。册府龍光遠，祠堂鶴表閒。世人傳畫壁，忠貞在獄日有《畫壁百苦吟》詩。泉路得留山，嵇留山，無錫諸生，在忠貞幕同遇害。晚進遥生仰，高風近許攀。松看心孕珀，竹想血凝斑。却喜鯨波靖，何辭海道艱。英靈真可作，一爲振疎頑。

青圃再招遊九仙山

絳帳于山下，九仙一名于山，時青圃掌教鰲峰。憑君數過從。閑尋十洲記，直上六鰲峰。鰲峰，宋狀元陳誠之讀書處，後人刻石。有客思驅鱷，何人欲釣龍。越王無諸有釣龍臺。磨崖成底事，山有明戚繼光平倭紀功碑。聖代又東封。

初食荔支用蘇長公詩韻

榕城三山石誰廬，城中三山，其一烏石。看山鍵户如枯株。余館在山下。主人餉客有駢實，馬軍走與火雲驅。中丞鍾公時有遺致。初疑星女繡羅襦，又類姑射冰雪膚。世人强欲立名字，荔支名無慮百十種。見之不問知爲姝。吾州昔有今已無，相嘗何分來海隅。楊梅盧橘取次過，視此奚啻十倍麄。乃知天寶嗜亦得，但恨汗騎同濺珠。自從谷堙園並廢，唐時貢路取子午谷，涪州有妃子園。至今疇復餐瓊腴。紅鹽白曬各殊趣，臭味較若區腮鱸。豈知盛朝亦不厭方物，罷遺置堠誠鴻圖。

姑米書事和端木賢贊上下平韻三十首

海門初下蹙波雄，五兩翻摶九萬風。確是一查來貫月，昨宵齊到廣寒宮。

曾騎快馬健於龍，寶册今行島上封。晝夜總能一千里，此身如水識朝宗。

馬齒東浮影叠雙，簾雲絶足氣難降。看來本似吴門練，已化長橋不化艭。自姑米東北爲馬齒，二山中通沙路，或斷或連，望若長隄浮雪。

百神受職逸支祁，空有龜山隔水湄。見《岳瀆經》。按琉球有龜山。我是大鵬還六月，果然來息在天池。

不關潮汐水添肥，半夜人呼事已非。疾痛尋常思父母，一時回首籲天妃。海舟有急則呼娘媽，云可速至。

爲從生後悟生初，修短難齊豈達歟。細想到頭儵亦樂，不教人説子非魚。

長繩千尺繫如無，日日更番入水濡。椗繩數斷，日遣球人泅水易之。欲識鮫人宫近遠，等閑盤裏淚成珠。

鐵沙如板石難齊，龍骨相遭亦似泥。舟既觸礁，龍骨皆摺。且與舟人同日喜，不辭消散爲黄齏。見《侯鯖録》載東坡語。

涉險争投有靸鞋，海舟上載小船名曰杉板，閩人謂之媽祖鞋。指頭從搯計非諧。寧知我亦同乾鵲，分到天涯是水涯。杉板下水，兵役争先躍入，弁官以兩使故禁不得，則牽挽之，不令去，浪來壓船危甚。余趣使放之，至三反乃與正使同濟。

危檣突兀望將頽，誰遣中流一柱來。水底有天還石補，媧皇何止用蘆灰。

倉皇不擬托靈均，利物何曾遂病身。唤出鴉班來駕浪，健兒真是可憐人。見上兵役争舟注。鴉班主登檣瞭望，上下如飛。至於出没波濤，游行自在，惟球人能之。杉板既遣，勢不復來，急命鴉班泅取，須臾立至。

滅頂如披絮帽雲，舟破後浪皆從頭上過。此時前路杳難分。撫躬只有天堪問，可獨科頭證舊聞。用管寧事〔二〇〕。

扶持來下水仙門，凡船出洋則關水仙門。萬里身兼九死魂。龍馬負書龜負印，詔敕節印同時捧出。百靈全識聖人尊。

障川無力轉狂瀾，雅量吾猶憶謝安。前日穩眠人不會，六月廿二日鄭秉和請登岸留衆在舟，余曉之曰：詔敕在上，舍去非禮，若奉以行，衆將何恃？明日再請，力謝之。而今齊插九霄翰。

兜率何如海上山，姑米山譯言海山。且從香案叩松關。樂天有院如相問，謫在人閒尚不還。

傳聞男女有三千，誰見徐生采藥年。今日輶車來問俗，滄波能得幾回田。

太覺伶俜不自聊，此生無事楚辭招。多情破甑頻回首，不比詩瓢與酒瓢。時命收取原船桅柁至，書籍行李漂失過半矣。

入國初疑見有巢，數閒板屋凡屋皆架空去地二三尺。長蠨蛸。情知藉地元無恙，争奈潮聲落枕坳。

聊憑決眥析秋毫，一彈能輕萬斛艘。落漈有人何處問，安根岻外盡驚濤。先是廿二日夜見一帆大如黑子，從東北引去，疑即二號船也。安根岻在姑米北，又最北則落漈矣。

縱横方罫室如何，細軟鋪棉亦踏歌。球俗屋脊四出如亭子樣，室内布細席，承以草薦，名脚踏棉。回想前身渾夢裏，一枝分占到南柯。凡坐卧皆不離脚踏上[二二]。

羇使頻看北斗車，仙居如住浣紗家。島中有淡水處令球人倒笱洗衣。詠嘲自比膏脂潤，衣上新痕有素華。

頗笑書生怯治裝，山薊麥麴豈曾將。病來自覺腰支憊，贏得防風日日嘗。球人以防風醃食之。

跏足仍兼跣足行，履既溼，至不堪著。愁來徙倚向南榮。平時《爾雅》吾難熟，鸚鵡螺前認寄生。

斷虹如鷽水風腥，天邊斷虹名曰破帆，稍及天半者如鷽尾，皆風兆也。百怪曾無一日停。自登岸凡十日而風不止。多少龍宮陰火在，不敲三昧燒東溟。

掃除重禮佛前燈，照夜神光信已徵。續命有絲元繫得，不曾求活用腰絙。詳見《志略》〔二二〕。

莫歎人閒有石尤，天風吹下鳳麟洲。移情正共成連去，徐生傅舟能彈琴。《水調歌》還忘遠遊。

生向明時不肯沉，偶然閱世去來今。尾閭豈是坳堂水，比似君恩尚未深。

路入風波只自諳，天功何敢己爲貪。忘憂最説林禽好，蜜林禽，琉球酒名，出八重山。争抵初回橄欖甘。

長日如年火正炎，山從太古想熙恬。朅來訪勝過三老，島上一頭目頗識字，位置松石亦佳〔二三〕。七里香中黑亦甜。七里香枝葉類黃楊，球人植之，剪其上令齊，疏密曲直，宛若屏障。

大荒何處是巫咸，又筮秋風欲舉帆。三十七更回望裏，更無誰寄鯉魚函。

七夕

今夕復何夕，他生即此生。家猶辭萬里，人似到三清。仙珮原臨水，雲軿又駕鯨。蒼茫問機石，不盡別離情。

初食甘露即蕉果。

本以心如結，還將味作甘。蜜脾無此釀，仙掌有誰探。潤可蠲煩渴，清能破宿酣。金風氣色動，投贈抵雙南。

米　肌

亦作中山酒，論功耻醉鄉。皴來還起粟，瑩在欲凝肪。豈有金同鑠，應無雪比香。逡巡三日得，米肌以浄糯米令小女子口嚼盛之盎中，三日作酒氣可食，狀如酪，亦不醉。底事麴生良。

屬　疾

萬里身同客，三秋病獨親。周旋惟作我，去住不由人。痛以今思昨，愁從舊入新。殊方艱藥裹，凡藥皆取自王所，球人無市者。革帶竟移旬。

中秋波上晚眺

爲報風岩石筍秋，碧莎如織一勾留。波上一名筍岩，八景之一也。自山脚踏莎而上，浄軟可愛。歸雲赴壑天邊盡，倒景銜山海上浮。社日未交無旅雁，客心隨到有盟鷗。還聞十八潮頭大，更約壺觴作夜遊。

對　月

舊是秋中月，今爲海外人。舉杯波在眼，入牖影隨身。夜氣魚龍静，天文牛女親。清輝如不隔，雙照莫嫌頻。

八月二十九日東北大風雨下如注平地水且尺許倒濺齋簷飛沙拔樹或曰即颱也詢之球人云每歲中亦不常有者

初如天馬踏簾櫳，覆雨翻雲勢旋雄。水有三千看欲立，沙無億萬數能窮。蕉心縱定聞雷後，鶴夢難禁警露中。借問孤帆何處是，海天一碧斷飛鴻。時二號船未至〔二一四〕。

九月朔先大夫誕日又爲繼慈忌辰感賦

偷生已今日，今日又偷生。險不登泉路，難爲滯島城。松楸何處所，霜露豈勝情。亦有梧棬在，幽明浪總驚。

圓覺寺九月四日。

天德名山第一峰，球人建寺多以山名之，不必皆山也。三花五葉有傳宗。龍淵深閟香縈鼎，龍淵，殿名，祀國王本宗。虎岑靈長唄叩鐘。「虎岑龍岡」四字鐫在王城外石岩上。此日璧池餘苦葯，何年神木已枯松。星軺欲駐搜心印，通使催臨曲宴重。是日中秋宴。

圓覺寺八景

觀蓮橋

橋影俯仰呈，蓮影上下綰。是一不是二，觀者具隻眼。

天女堂

慣雨曼陀羅，繽紛遍色界。維摩身不著，細認瑶光拜。

圓鑑池

空明露圓相，渾不離者箇。潛鱗出聽經，搊得菱花破。

龍淵橋

輪奐鬱香殿，長橋隔水通。何年神物化，還與問琳宫。

石泠泉

瑞泉伏還現，觸石湧清甘。日資香積供，餘澤在龍潭。

古松嶺

松童嶺尚存，木朽名不朽。因思德功言，立之自可久。

蓬萊庭

銀館金宮外，芳庭十畝寬。前時風果引，不擬隔青鸞。

雜華園

滿院綻天花，無相無無相。亦欲覓菩提，密樹靈臺上。

興禪寺

十尺招提近苑墻，天風微度木蘭香。僧閑趁雨鋤山藥，秋老餘霞醉海棠。紆徑喜容星騎入，舊題貪展玉籤長。喝三國師名。宗法知誰嗣，花落塵封曲盝牀。

九日奧山登高用杜牧之齊山詩韻

久見煙林一葉飛，登臨磴道尚依微。海門翻雪鶴初到，洞口沈雲龍不歸。舊爲蛇窟，僧心海來住，蛇相率遠去，故名龍渡寺。藉草還來尋勝地，寺東北松下前使憩飲之所〔二五〕。挂帆直擬送斜暉。蓬山暑氣何當歇，九日高頭未授衣。

是日歸館後頗自覺醉夜不能成寐因憶在都日與二三同人登毘盧閣窑臺諸勝廿年來晨星落落而余復以于役滯留海外撫時感事尤難爲懷云

何事秋來滯海邊，舊遊回首故依然。常吟處士籬間句，休值重陽雨裏天。京師是節率無雨。古寺看松還載月，報國寺有元朝松〔二六〕。荒臺尋柳已捎煙。浮沉聚散須臾事，紫蠏黄柑又一年。

九日紙鳶

翩翾省識鯉魚風，信有身輕入掌中。飽腹似帆從泛鷁，虚弦如矢引驚鴻。空懷化舄雙鳧去，無復將書一燕通。爲語凌兢多少意，海天蒸潦九秋同。

臨海寺三首

定有降龍法，離山而鎮海。一唱三日聾，留得桑田在。
西江可吸盡，此一大海水。清夜吼空鐘，群龍帖其耳。
問俗中山東，精廬東海中。古碑苔蝕斷，秋草馬蹄紅。

閏九日

旅館頻驚節物催，重陽且復見重來。世間除有黄楊厄，海外何無紫菊開。露欲試霜三徑隔，風猶挾雨一樓迴。廿年前閏吾能記，丁巳歲閏在九月。御水橋南數上臺。

是日同正使全穆齋從客王禹卿徐傅舟遊湧田畸適雨不果至城嶽因過察侍紀官馮纘宅即事二首

初入泉畸橋名。路更幽，登高偏值雨中遊。寒煙暝早藏山寺，晚汐凉多撼港舟。不分菊花猶未得，欲開竹葉竟難留。回時導騎尋城嶽，却有林園壓渡頭。

半畝堂開墅色新，白沙碧草静無塵。雨中小住皆佳事，天外相携幾故人。太傅妓車疑可假，琉球例設理座司，封使遊歷處以箏及三絃從，皆童冠者充之。參軍蠻語定如真。時有戲爲按司舉止者。更拚酬酢還從俗〔二七〕，歸去微醺欲墊巾。

長史蔡功熙爲言九日得雨來歲有秋求喜雨詩賦此應之

《月令》曾披太史編，前使徐澄齋先生著《月令》一卷。停車先喜問桑田。已將天上薰風至，信見瀛寰澍雨偏。海國頒封成故事，舊説國中受封則風雨時若，連歲豐稔。島人占稔入開年。尋遊不苦沾濡重，緑野青疇意亦便。

中山王送菊又九月廿四日〔二八〕。

是歲開應再，今朝賞乍新。即看黄帽客，不似白衣人。山小霜飛晚，秋長露裛頻。佳名煩譯得，一一上青筠。來菊有太白仙影、祥星清曙、秋山霓裳、山紅曉錦、黄霞、朝霞、晚霞之目，以竹簡書之。

渡那霸循山南行歷小禄豐見兩間切即事

自覺維舟意不堪，時已登舟候風。因尋往蹟過山南。邨纔通港深容艇，人有誅茆小作菴。春水未生秧似毯，冬田仍熟莢如蠶。秧長尺許可插，蠶豆盡花，亦有結角者，時十一月四日也。今年三月江鄉路，又向殊方此日諳。

豐見城

城爲山南王弟宅。按永樂初山南王弟汪應祖遣使入貢，王無子，遺命立之。

山南霸業久中傾，豐見遺墟跡已平。豈有椒聊滋下邑，空餘蔓草傍巉城。馬牛至竟風相及，蠻觸何曾角不争。山南王城距中山城僅十里，而豐見又距山南亦二三里許。從古廢興成底事，我來憑弔亦含情。

賤辰與正使全穆齋同日即席口占二首

莫論郭李有仙舟，今日同查泛斗牛。看取樽前孰賓主，蟠桃齊進鳳麟洲。

本來弧矢托桑蓬，彈指三生一水中。二百廿人全不死，明年湯餅酹雷公。六月廿四日爲雷公誕。

遊辨嶽

五嶽何年到十洲，琉球五嶽蓋是國人慕中華而倣名之者。試從望海海全收。高處四面見海。城標故國鼎三足，島界諸蠻蜃一樓。古木帶煙山閣晚，虛巖迴日石壇秋。停車問俗徵荒記，説有叢祠祝祝留。祝祝，天孫氏女，即嶽神也。

國相王叔尚宣謨園三首

爲有林泉癖，傳聞辨嶽名。主人延客賞，前日具書迎。載酒從山麓，迴車近島城。親賢休沐地，勝概冠蓬瀛。

海上風煙闊，憑收几席閒。以玆爲大隱，何處是長閑。石磴晴仍溜，榕門夜不關。故知情爛熳，飛蓋亦忘還。

品石奇章第，評泉陸羽家。宣謨自言所嗜在此。盟翁惟海鳥，娱我有春花。謂水仙、櫻桃、杜鵑、山茶、梅也，石榴、桂、佛桑亦開，時臈月三日〔二九〕。洞罅穿雲細，松陰漏日斜。無能常駐節，回首即天涯。

廣嚴寺看梅追和壁間徐澄齋萬年山即事韻

常愛花前大白浮，訖於冬盡始於秋。萬年山廣嚴別名。裏梅盈尺，幾朵殘紅掃地收。球雖有梅，却希見大者。

十二月望日立春

青帝司春動九州，新年淑氣舊年收。海壖已見飛秧馬，天闕初傳獻土牛。三素雲瞻通御座，五辛盤薦侑仙籌。微臣自比蓬瀛草，又在蓬瀛日出頭。

人日

暖雲如絮雨如塵，不見長安却見春。翻用趙嘏句〔三〇〕。十二月中都作客，八千里外未歸人。蠻花匝地紅於錦，海浪兼天白似銀。誰説道衡離思苦，江南山色尚堪親。

山南紀遊追和前使徐澄齋先生韻八首

再入垣花路，遊韁盡日程。已交春旖旎，猶似歲峥嶸。邨色樹纔辨，港頭潮欲平。懷歸吾賦就，羈泊此中行。垣花邨。

鄭氏曾分采，紫金大夫鄭秉彝食邑於此。居民數十家。瓜田人困石，莎徑馬驕沙。撾鼓修春社，收筒繫雨楂。傳聞有秦客，幾點武陵霞。時桃花盛開〔三一〕。大嶺。

砂川不可極，吾意一涔蹄。直用柳爲策，因穿花滿蹊。潮上時人馬行水中三四里許。魚鱗皴出没，鴈齒蹙高低。機事年來息，寧驚在渚鷖。砂川。

海上無名嶽，纔堪俯碧沙。衝風撑地軸，溜雨漱雲牙。野蝠來分乳，山蜂趁采花。枵然空一物，坐客有壘窪。砂嶽。

生男不生女，族類自成邨。長史爲余言：是邨人多男少女，婚娶悉取之外島。盡以魚爲市，應無犬吠門。我來聊憩樹，巨石圍立，中通一門，大榕蓋之，下可坐百餘人。地遠更移樽。欲覓留題句，空餘蝕蘚痕。絲滿邨、白金巖。前使徐公聯句處有石刻。

豈不稱形勝，其如礨起墻。悽凉埋雉堞，葱鬱走龍岡。龍岡見前注。鼠去悲榆社，蟲飛弔杏梁。興亡何預我，駐馬送斜陽。高嶺城。山南王故城也。

不食真堪惻，渟泓背嶺城。在高嶺下。是誰廉與讓，猶自冷兼清。細細抽山脉，澌澌接海聲。江南名第二，爲爾渴如酲。惠泉。

嶺路行行盡，逶迤一港遥。斷雲沈絶壁，缺月挂攲橋。海水常知换，大潮日爲换水。虹帆若與招。見前注。流光有如此，歸騎亂漁樵。石火橋。

留題停雲樓二絶句使館後院西曰停雲樓，副使之所居也。

雲去雲來自不停，開簾惟是有山青。莫言未帶孤根出，正到樓前葉滿庭。

日日居閑海上樓，蕩胸生處一虚舟。何當插得垂天翼，直截鰲頭魚山，在台州，歸途所經。料虎頭。五虎門也。

留别奥山

名山歷後跡從删，只有松聲聽未闌。三過不知身尚滯，再來應恐夢猶難。雲迴絶磴衣稜重，風捲殘潮酒力寒。坐向此閒分子細，他年留取畫圖看。

泊馬齒正月三十日〔三二〕。

經年奉使白頭波，歸路春風一擲梭。來向山前詢馬齒，不知比舊竟如何。

阻霧

五里誰爲設，雙丸自不開。惟宜將水測，已欲近山來。霧中無所見，以繩量水，深可廿丈，又泥色亦微異，知其近山也。負豈同藏壑，膠猶似置杯。海無風則霧不散，舟亦不得動。船人忽相報，若箇是天台。二月初七至初九，凡三日大霧，初十日霧開見台州石盤山。

三月六日奉節出城登洪山橋舟次

喜從瀛嶠峭帆回，驛有留賓復此開。報祀祇緣諏日緩，趨程不待相風催。青連海氣螭頭上，紅背天腰鬣尾來。記取炎州閑景物，麥多收拾稻多栽。

劎浦驛

神劍飛還不可尋，夜來猶似動龍吟。人間最有難沈氣，碧水青霄共此心。

鷓鴣

只有風波險，山中險亦平。如何行不得，癡絶鷓鴣聲。

杜鵑

鄉語三年隔，聲聲出高樹。還應謝故人，吾今北歸去。

過延平有言郡中不占雨而占雷山田帶沙雨後即滲惟每歲雷數動且聲大者石隙中輒有水出道無近遠以河爲歸不及不止及則其源亦即竭矣詩以記之

雷雨師均奏歲功，郡人祈請事難同。漫將天上銀河挽，未抵雲閒石髓通。驚蟄過時聽地奮，在山清後兆年豐。涓流並有朝宗勢，取次畬田接遠筒。

四月二十一日於河閒復命行在恭紀二首

一日來兼兩日程，欣參豹尾拂霓旌。詎知愚賤難言隱，俱入幽遐畢照情。霽宇有憐增感激，上語次每言可憐，可憐。簡書無狀總屏營。分明問對通神鬼，召問海上被風及天后靈應事甚悉。不比長沙召賈生。

例事重稽未可仍，兹役概不用前封例，即琉球撫恤一事亦較上屆爲減，因奏及之。矧於明器陋前徵。敢言福命原無恙，真覺威靈大有憑。封舟向以明器自隨，上語及，此臣具言皇靈神佑，實可不用，前使臣已停止。

上笑謂曰：「此自是汝等福命耳。」清蹕蹔隨臣所切，經年久役帝猶矜。召見之頃即遣先回京，臣等懇請隨駕，以在外日久，不許。一生九死尋常分，聽到温綸淚不勝。九死一生，皆上所降恩語也。

附　中秋對月

只似輕雲薄薄遮，即時清景滿天涯。簾櫳盡捲休焚麝，鐘鼓初收正集鴉。是夕酉刻日食，時正初昏。已欲舉杯來對影，不成歸夢去看花。明年海上憑誰共，應有人占犯斗槎。

校　記

〔一〕叛，齊鯤等《續琉球國志略》卷四引作「雜」，似當從。

〔二〕祖神，齊鯤等《續琉球國志略》卷四引作「祖師」。

〔三〕在彼，原作「在所」，據齊鯤等《續琉球國志略》改。

〔四〕此注《海山存稿》無。

〔五〕此注《海山存稿》無。

〔六〕此注《海山存稿》無。

〔七〕題下，《海山存稿》有注：「是日七夕。」

〔八〕體其方也用其圓，《海山存稿》作「其體方也其用圓」。

〔九〕世人之論曰長如年，《海山存稿》作「世人見日長如年」。

〔一〇〕題下注《海山存稿》無。

〔一一〕此注《海山存稿》無。
〔一二〕「此」字原缺，據《海山存稿》補。
〔一三〕題注《海山存稿》無。
〔一四〕湖上，原缺，據《海山存稿》補。
〔一五〕初南巡，《海山存稿》作「初巡幸江浙」。
〔一六〕年少，《海山存稿》作「少小」。
〔一七〕題注《海山存稿》無。
〔一八〕題注《海山存稿》無。
〔一九〕此注《海山存稿》無。
〔二〇〕此注《海山存稿》無。
〔二一〕此注《海山存稿》無。
〔二二〕此注《海山存稿》無。
〔二三〕位置松石亦佳，此句《海山存稿》無。
〔二四〕此注《海山存稿》無。
〔二五〕此注《海山存稿》無。
〔二六〕本詩二注《海山存稿》均無。
〔二七〕還從俗，《海山存稿》作「聊乘輿」。
〔二八〕題注《海山存稿》無。
〔二九〕本詩二注《海山存稿》均無。

〔三〇〕此注《海山存稿》無。

〔三一〕此注《海山存稿》無。

〔三二〕題注《海山存稿》無。

附録

少司寇周海山先生寄眎海東集題後得四首

顧宗泰

遥識天邊使，曾乘海外槎。九州同赤縣，一線望中華。曙拂扶桑日，宵迎鬱島霞。簡書將諭遠，詎獨壯遊誇。

其二

龍節銜恩去，南臺放鷁舟。風雲驚出險，沙嶼快安流。長嘯仙門驛，高吟辨嶽樓。木華猶卷舌，未極海東頭。集中於南臺拈香便發封舟，舟出洋，過水仙門、辨嶽則琉球國，中山慕中華五嶽而名也。

其三

不識波濤苦，宣威到大荒。舊風諳月令，前使徐澄齋太史《月令》一卷。新禮靖蠻疆。水積星辰近，城低龍虎藏。國城外石巖勒「虎崒龍岡」四大字。弓衣分織處，詩出服雲章。

其四

此行真不辱，萬里峭帆回。遍灑波臣澤，群傾漢國才。煙光鰲背遠，虹影鱟身開。歸復皇華役，裁歌耀上台。

（清嘉慶瞻園刊本《月滿樓詩集》卷十二）

海山存稿序

姚鼐

孔子之言曰：辭達而已矣。吾嘗論之，以爲聖人之門士皆服膺道德，有所道説，莫非本先王法言而推廣之者，故聖人第戒之以達而已。後世風俗變而士講於道義者不如古，其爲言也或不免於鄙悖，故學士爲辭又當問其所以爲辭者，非第求達而已也。自唐以來，詩人之辭最能爲達者莫過蘇子瞻。子瞻之詩縱横奇變，無所不有，而意未嘗不歸諸雅馴。然元遺山論詩猶譏之，至有「滄海横流」之歎。蓋前人言詩之嚴，固若此也。而近世之爲詩者，乃恣爲縱蕩，或傷禮教，以謂源出東坡體固宜然，不亦過乎？

涪周大司馬文恭公既以名德光顯於朝著矣，而其文學又宿爲館閣所推。今其嗣東屏侍郎以公《海山存稿》二十卷見視。竊觀其大體實近蘇公，用力不勞而闡發情事自極語言之妙，可謂辭達矣。而至其命意雅正，雍容典則，非特賡和於内廷，頌揚仁聖之鴻休偉績者，義正事實，同原雅頌。雖其道途所經，閑適所寄，莫不歸乎純懿之旨，有裨教化，而無纖豪之失理者。蓋其言辭之美，將比長子瞻，而託意揚理，且有矜重於子瞻焉。是真爲善學蘇詩，真爲朝廷大人君子之言，真足爲士林法矣。鼐不工吟詠，不足言詩人之極致，而生平持論，自以爲當爲詩人所取，惜乎公没矣，不得以此言正諸公，乃題其簡端，歸諸東屏，將以與海内言詩者証之。若夫子瞻蜀人也，公亦蜀人，而其體相類，世如以謂此蜀之詩派如斯，則所以論公詩者猶淺矣。嘉慶丙辰冬十月朔，桐城姚鼐序。

夢樓詩集·海天遊草

〔清〕王文治 撰

校點説明

《夢樓詩集》二十四卷，清王文治撰。

王文治（一七三〇—一八〇二），字禹卿，號夢樓，江蘇丹徒人。乾隆二十五年（一七六〇）一甲第三名進士，授翰林院編修，擢侍讀，外任雲南臨安知府。著有《夢樓詩集》等。王文治以詩文名，尤工書法，與梁同書齊名，世稱「梁王」，又與劉墉并稱。乾隆二十一年（一七五六），朝廷令翰林院侍講全魁、編修周煌爲正、副使，往琉球册封尚穆爲中山王。琉球高官及文人對中華書法十分喜愛，從前此使臣徐葆光《中山傳信録》所記，知歷次册使均聘擅長書畫者隨行，時王文治尚未登第，故全魁請其同行，琉球館舍、僧寺多有其題匾。王文治回國後，將出使經過所作詩删存爲《海天遊草》，存詩六十五首，後刻《夢樓詩集》時收入該集卷二。

王文治詩學盛唐，古詩跌宕豪放，袁枚稱其所作精神綿密，細筋入骨，高唱淩雲（見《夢樓詩集》卷首）。此集中所作海上詩，如《渡海吟》長篇，摩盡奇觀異事，逸氣横空，不可羈勒。在琉球所作寫景記事，乃至應酬諸詩，也沉鬱頓挫，音節瀏亮。

本次校點以上海古籍出版社《清代詩文集彙編》影印乾隆六十年（一七九五）食舊堂刊本爲底本，後附姚鼐《夢樓詩集序》及《清史稿・王文治傳》，以裨參考。

（賀聖遂　賀詩菁）

目録

海天遊草

乙亥之冬，琉球國王尚穆表請册封，使臣全魁斗南聘余偕行，余遽諾之。京中諸知交以重瀛路險，勸阻甚力，余時性頗好奇，必欲一觀於海，以拓其胸臆，遂違衆議而往。既歸，得《海天遊草》二卷，今删併爲一卷，古今體詩六十五首。

將往琉球留别諸同學

平生滄海心，十載困羈紲。京華緇素衣，策蹇行蹀躞。迫隘思遠遊，煩渴成内熱。何當懷抱寬，暫使樊籠脱。琉球東海東，世界隔潮汐。重譯求分符，亦足美皇業。浮查使者星，夙昔故相識。兹行偶然遂，聊用窮溟渤。洪濤割陰陽，中流雲漢没。寒風吹天空，白日大魚出。驚險絶比倫，心胸庶開豁。丈夫不得志，湖海隨播越。野鷗萬里波，生事那可説。觚稜下殘暉，驅馬離魏闕。經過故閭里，重覲舊林樾。親朋欣我至，壺榼自提挈。飄挂浮玉風，屐穿黄鶴雪。十日累千觴，流連不知歇。歡會無常期，愴焉念離别。夜寒江月落，雞鳴催曉發。

丹陽口號

春潮未滿客行遲，花墮清波鷺不知。一局殘棋簾乍卷，丹陽城外雨如絲。

丹陽懷彭晉函

都下分襟又隔年，經過梓里一凄然。孤鴻去國跡無定，老鶴向人鳴可憐。荒草夜聽江岸雨，緑楊春浸練湖天。此行何處通音問，滄海茫茫萬里煙。

宿毘陵驛

日暮泊舟處，蒼蒼煙樹滋。臨河樓上下，數里竹參差。白雨春申浦，青苔季子祠。蘭陵故鄉酒，偏是惹離思。

雨中望九龍山

虚舟信風潮，逶迤遵山路。開窗納蒼翠，自晨逮將暮。峰隨峭飄轉，目與層巒遇。雲歸鳥飛外，雨歇人烟處。何必窮登頓，賞心得沿溯。清暉適我新，邱壑逢余故。請具五湖櫂，散髮從兹去。

真娘墓

武邱山畔石參差，不見生公講法時。一夜真娘墳下雨，桃花落盡土花滋。

煙雨樓

西水驛前春水流，小桃花下繫蘭舟。月明故國一千里，獨上嘉興煙雨樓。

杭州十首

十載杭州夢，今朝白舫過。山村依竹木，城郭帶煙蘿。地有江湖勝，人經興廢多。吳山高處望，殘日接蒼波。

聞道雲林寺，飛來向鷲峰。頳霞崖欲墜，花雨路常封。峻嶺盤飢鶻，幽泉蟄毒龍。蕭蕭松徑外，獨聽上方鐘。

西湖一鏡明，樓閣映泓渟。蘭槳迎花泊，菱歌隔雨聽。晚波魚尾赤，春岫佛頭青。客子貪遊讌，連宵醉不醒。

我來三月暮，未覩曲江潮。日晏臨官渡，天風正寂寥。亂帆春雨重，隔水暮山遥。海氣連空岸，鼋鼉跡未消。

陌上看花女，猶歌緩緩歸。江山英略盡，宫殿昔人非。白草春澆酒，青松晝掩扉。表忠碑版在，一半長苔衣。

初經天竺寺，滿磵落松花。更上韜光頂，篔簹萬个斜。土風隨處異，景物望中賒。僧院晴燒笋，人家午焙茶。

到處尋幽勝，倦依獨樹根。漁舟歸浦潊，桑柘散雞豚。幾載民憂澇，雙峰雨又昏。關心課豐歉，偶與老農言。

鄂王埋碧血，大樹撼長風。寃獄留三字，邊塵没兩宫。前朝仍北狩，復辟賴于公。亦被青蠅構，孤臣飲恨同。

愛酒白居易，能詩蘇子瞻。風流兩太守，俱此駐帷襜。開濬成勞在，遨遊勝事兼。六橋煙樹裏，映水出紅檐。

春老梅花盡，孤山古月孤。千秋高士跡，十里夕陽湖。雲外迷歸鶴，門前聚野凫。誅茅吾有願，願此傍菰蘆。

周亦韓晨告昆仲招同全侍講暨諸同學遊西湖

湧金門外朝光暾，上湖下湖平漲痕。籃輿侵曉出城府，瓜皮小艇攜金尊。周郎地主稱好事，季難爲季昆難昆。斫魚劚筍親治饌，山家風味簡樸存。翰林先生更倜儻，擯斥騶從揮華軒。推窗脱帽自行酒，指點山色髯頻掀。一時座客盡豪翰，廋詞謔語成清言。南屏一隅聳碧岫，獅跧象伏虎豹蹲。舍舟登陸造幽峻，各逞足力攀雲根。披荆撥草互騁逐，輕捷不數猱與猿。興餘散步蘇公隄，隄直若弦庶草蕃。衆言此地便較射，繡堋花下懸旗旛。村莊婦女罕見此，蹋臂來看群兒喧。雲輕風疾官笴勁，一發已報楊葉翻。揮鞭大笑覓歸路，夕陽春水臨黄昏。人生此景難數遇，上馬擁鼻吟蘭蓀。回頭卻望遊覽處，瞥眼已被煙光吞。

錢塘江口號

春雲漠漠石斑斑，出入朝霞晚翠間。好是連朝風水逆，教人看煞會稽山。

嚴子陵釣臺

無處問高躅，空江一釣竿。須知天子意，也作故人看。嵐氣秋連水，潮聲夜上灘。雲臺群宿外，落落客星寒。

七里瀨聞子規

七里嚴陵瀨，千山列畫屏。急湍安水碓，亂石著茅亭。岸壞鼯鼪竄，巖深草木馨。杜鵑聲最苦，誰遣客中聽。

度仙霞嶺

閩越富山水，嵐靄帶州郡。高嶺扼要害，細徑盤百軔。千峰疑無路，虧蔽綫縷引。乍暖山花香，新霽洞雲潤。衣教蘅杜染，屐遺莓苔印。上攀初忘險，下視始知峻。絶頂構傑閣，枝柱青旻近。析薪僧兩三，見客閒問訊。霳霨浣霞池，趺坐落英襯。清泉激怪石，遠雜風篁韻。迴向不住心，始覺流年迅。茫茫萬里外，山海孤蓬鬢。

山田

山田高復低，澗水流還曲。牛背夕陽微，新秧映波緑。

福州雨後

青山浄於洗，過雨蟬初歇。一徑踏蒼厓，桄榔垂接葉。風微蘋末開，暑退荷衣潔。沿堤新水滿，潺潺鳴珮玦。誰家池上樓，紅蕉隔牆發。

食荔枝

也似東坡爲口忙，天南新得荔枝嘗。旋攀叢緑雲猶泫，乍擘輕紅手亦香。螺女江頭垂橄欖，亡諸城上暗檳榔。客窗朝起凉於水，蔡譜先教仿數行。

福州寓齋懷邱玉卿

玉卿閩人宦江渚，别後相思溯南浦。謂到閩中或相見，那知官程轉齟齬。憶昨江渚天初秋，風吹野水南山幽。白舫青簾行玉罣，烏絲紅袖寫銀鈎。筦絃聲裏燒官燭，日夜追歡猶未足。賢豪聚首古所難，時序催人今更促。自入閩中幕府清，多暇端憂愴幽獨。簷外桐花亦已頳，牆頭茘枝亦已熟。此際榕城望上杭，迢迢明月斷人腸。乘風便泛重溟去，縱有雙魚何處將。

南臺聽雪堂上人彈琴

日氣射滄海，萬山朝霧深。淩晨叩禪悦，筍輿穿遥岑。遠公出虎溪，横壁惟素琴。久遲去聲方得晤，移坐榕樹陰。爲我撫玉軫，仙風動璆琳。門外海潮響，和玆流水音。引領望空碧，感余萬古心。澹對絶思議，誰爲去來今。曲罷一蟬噪，殘暉在西林。

渡海前一日觀劇口占

把酒休辭玉盞深，扁舟明日海東潯。吴兒一夜銷魂曲，棖觸中原萬里心。

渡海吟

海門一揚帆，浩蕩不能止。地維天軸乍低昂，老魚屈强潛虬起。元氣頃刻風雨驚，天外罔兩陰陽爭。眼中誰辨路遐邇，耳邊但聽擊鼉轟雷聲。羲和騰御於朝潮之内，顧菟委照於夕汐之外。大千世界若浮空，一髮中原定安在。川后陽侯，儵往忽來，金支翠旗，靈光洞開。赤鱗白鳥前導而後送，天神欲降心徘徊。忽將黯慘變瑶碧，黑水之溝深似墨。渾沌如遊邃古初，元黄不辨乾坤色。那須然犀更照耀，颯颯陰風戰毛骨。方知中外有分疆，設險惟天界殊域。我聞百川萬派清濁殊，於廓靈海常委輸。奔騰日夜不肯歇，機關運轉如轆轤。偷閒我欲問真宰，問渠東去將何如。

六月二十四夜海舟爲颶風所敗溺水獲援同人或以詩見示率爾裁答得四百字

我欲窮溟渤，汗漫賦遠遊。言附博望槎，東向溯女牛。親戚攔道哭，朋好抵死留。揮手棄之去，千喚不回頭。獨藺爲絲綸，珊瑚爲釣鈎。上春别江邑，孟夏臨海陬。望洋發長嘯，豪氣横齊州。纚吉揭百尺，祭告羅珍羞。九颿一以發，海舟之帆凡九葉。千里争轉眸。礮礴走雷電，僄儆飛騄騮。那知中原遠，始覺乾坤浮。束髮慕奇險，積願今始酬。苦樂古相倚，快心必多憂。矧今履危地，豈得常安流。三日届古米，姑米山亦名古米山，琉球屬島也。七日困逗遛。十日颶母虐，纜絶不可收。是夜海雲黑，萬鬼聲颼颼。陰風扇腥雨，怒鯨鬭潛虯。洪濤排連山，上下相蹦蹂。巨艦觸嶕石，似臼以杵投。頃刻胥及溺，自斷今生休。珠燈起天末，金光燦星斿。若非神扶持，全活可倖求。時有神燈降於空中，船得近岸。島夷亦來援，破浪負我泅。霑濕出海岸，踉蹌赴行郵。赤脚緣鳥道，披髮度荒邱。生死不自識，反喜偕同儔。夷官勤職事，咄嗟命豆區。頮面得煖湯，饘粥還相賙。驚定默思維，三界真輕漚。小年及大年，晦朔與春秋。康莊亦摧輪，坳堂亦覆舟。壯夫七尺軀，詎能老鋤耰。海外博聞見，絶勝封公侯。生理儻無乖，行住頗自由。古米固窮島，民愚俗未偷。既欣禾稼登，球人以九月種稻，四五月收獲。是歲書有年。況有林塘幽。翼日轉晴霽，碧海如潑油。暮景獨散步，鳴蟬緑陰稠。何啻無魏晉，浩然忘殷周。

姑米山和友人韻兼呈周景垣全斗南兩册使

豐草深林大海濱，路迷真到武陵津。莫嫌荒島衣冠異，且訪名花杖履頻。螺琖今朝新釀酒，鯨濤昨夜暫時人。使星戀闕憑高望，何處祥雲是紫宸。

治將有海外之行桐城姚姬傳書朱竹垞題汪舟次乘風破浪圖長句爲贈頃姑米被風行笥典籍衆私所著述漂蕩盡矣暇日檢敝簏忽得姬傳此紙展對反復有懷其人

蛟涎龍跡何淋漓，濤痕重沓堆亂絲。開緘發篋涕漣洏，故人臨别手所持。去年共君住京師，巷南巷北勤追隨，一日三度無厭時。愛君初不工臨池，點點意造生古姿，余綰春蚓君不嗤。斷碑古碣同搜披，自許駏蛩靡改移，豈圖轉眼成別離。相思中外音書隔，海水無情浮遠碧。高樓何處哀箏急，即日遂良鬚鬢白。

海外七夕

試問銀河路，何如碧海遥。有星臨分野，琉球爲女牛分野。無睡待通宵。性命争蛟窟，雲天限鵲橋。文機何處訪，玉露夜瀟瀟。

長風閣立秋和全侍講韻

萬里横槎鬢欲絲，感秋騎省曉吟遲。凉生天外扶桑葉，月到人間桂樹枝。蛟蜃有涎沾海氣，鴈鴻無路寄鄉思。遠行此際才蕭瑟，宋玉當年恐未知。

停雲樓聽杭州徐傅舟彈琴

八月南荒苦炎熱，徐君隔牆不相見。渴思相就慰離索，十日五日纔一面。撥書邀我同據牀，爲我撫絃動清商。一彈一抑天地静，門前大海凝冷光。初爲《梅花弄》，衣袂襲芳潔。恍如置我深山中，流水斜暉立冰雪。續爲《桐葉秋風吟》，變哀摇落秋氣深。唧唧聲添砌蛩暮，騷騷響振巖樹陰。旅人經秋易華髮，那更天高秋海闊。中原相望不相聞，白露凉波墮殘月。徐君及我皆少年，奔波性命絶可憐。故鄉各有好山水，湖雲江樹同清妍。兹遊汗漫亦何謂，奇絶得觀天外天。一蓑一笠雙蓬鬢，且狎魚龍侣蚊蜃。誰從海外寄秋心，乞君更奏《思歸引》。

觀册封禮成兼贈紫金大夫鄭秉哲

大瀛三島外，小界九州東。合沓山蟠踞，窬淪氣鬱葱。有王稱守禮，奉職最輸忠。正朔滄波遠，名藩辨岳雄。贄曾重譯獻，琛已百年通。纘緒修侯服，封章達帝聽。璽書儀部發，使命侍臣充。秉節將天語，揚帆駕海風。迎恩冠蓋肅，適館豆籩隆。蠲吉開丹詔，凌晨啓雪宫。前驅黄繡繖，後騎紫花驄。周道平如砥，連橋曲似虹。街臨椰子碧，牖出佛桑紅。處處垂朱箔，家家結綺櫳。拜瞻來父老，喧笑聚兒童。次第穿雲磴，迴翔轉錦幪。建邦良已古，喬木盡成叢。翬閣聞銀漏，（刻漏門。）蛟涎滴石衖。（瑞泉門。）大廷宣聖訓，香案表臣衷。黄紙題緘鳳，彤墀序列鴻。趨蹌如對闕，舞蹈聽呼嵩。内殿開筵敞，官厨辦膳豐。錯惟酋長貢，（三十六島之長歲貢方物，悉以宴賓。）鮮得獸人罿。奔走俱膚敏，盤飱逮僕僮。（是日使臣僕役俱有宴。）歌徵弦嚦嚦，樂奏鼓逢逢。簾捲山光秀，窗延海色融。杯行歡已接，火繼讌方終。小相趨章甫，儒臣倚鄭崇。詩書鄒魯士，鬚鬢綺黄翁。石鼓曾披蘚，金臺舊剪菘。（秉哲曾入國子監讀書。）翩翩鸞入掖，噦噦鳥鳴桐。君意勞傾蓋，予慚類轉蓬。鶢居厭鐘鼓，鷗鷺避樊籠。汗漫身何託，風塵面久蒙。星槎隨幕府，蠻語學參戎。雪暗孤鴻過，天高一鶴翀。乾坤青眼在，山海碧雲空。冷露馨叢桂，清霜變岸楓。相期携酒榼，還與遞詩筒。一笑人間世，交親氣概中。

八月十五夜笱崖坐月有憶隔歲同朱子潁姚姬傳陶然亭之遊

海於天地物最鉅，荒怪俶詭靡終窮。有時駭水萬里激，掀天振地飛驚淙。黑雲壓空生晝晦，杳冥上下迷西東。今夕何夕風色静，纖塵不動波溶溶。誰碾冰輪上碧落，乍開塵匣懸青銅。此間風景最殊勝，如氈細草鋪蒙茸。雲根獨據看秋影，九州一氣蒼煙通。生平一二賢儁士，詩瓢酒榼到處同。去年帝京今海外，自傷踪跡真旋蓬。浮生離合豈有定，亦如海水遭天風。故人儻問近消息，汎乎不繫舟乘空。

望山南王故城

明初琉球國分爲三，曰中山，曰山南，曰山北，永樂間，中山王尚巴志并而一之。山南王故城在高嶺。

黍離憫周宗，銅仙辭漢京。豈惟帝王州，海外亦甲兵。昔玆遘陽九，禽荒啓鬬争。惟藩股肱郡，薦食鼎足成。山南及山北，割裂何縱横。有明正龍躍，飛檄通重瀛。接踵納琛賮，次第膺弁纓。運移繁華謝，代遠臺殿傾。荒荒海日薄，萋萋秋草平。高木振哀響，細路委斷荆。舊邦會恢復，竊據難兼并。默觀倚伏理，彌感古今情。

安里橋古松歌

鬱㶇彷彿垂天雲，又如車蓋來繽紛。老枝詰曲瘦蛟影，霜皮剥蝕蒼龍鱗。天高雲歛白月静，往往笙籟虚空聞。球陽産松多秀逸，依嶺緣岡蔚寒碧。泉崎十里至王城，千株萬株青黛色。此株獨具干霄材，群樹兒孫儼羅立。橋下覇江與海通，暮潮激岸聲琤琮。樹邊數息照孤影，逝者晝夜靡有窮。忽感前年風雨惡，故山吹摺十三松。吾鄉鶴林寺十三松壬申秋風雨拔去數株。

九日泛舟遊奥山同周全兩侍講暨中山鄭秉哲大夫

松濤聲接海濤流，九日球陽此泛舟。隔水人家殘照遠，際天蜃氣斷雲秋。蘇卿才調清如雪，角里鬚眉老似虯。誰遣歌喉出空翠，鄉心萬里暮悠悠。

龍　潭

寒潭徹底明，細縠平於掌。潭上立蒼崖，海欆高十丈。

瑞　泉

蛟涎横素練，佛乳鍾青壁。漏閣晝無譁，時共銅壺滴。瑞泉與刻漏門近。

墟　市

闘鏤風枝軟，芭蕉雨葉肥。誰家十三女，薄暮趁墟歸。

萬松嶺

盤岡萬株松，俱作龍鱗色。松逕有行人，籃輿隔深碧。

圓覺寺題壁三首

野梅枯盡白蓮荒，天女橋邊海色凉。片片辭柯叢際葉，被風都捲過迴廊。

王家宫殿鎖雲深，寺有龍淵殿，奉歷代先王木主。日暮輕烟罩薄陰。松檜乍疑雷雨響，鐘魚齊作水龍吟。

不借軍持逸興孤，舍人詩句半模糊。壁間有前册使林舍人「虚廊雙不借，静案一軍持」之句。行藏老衲休相問，萬里中原一釣徒。

閏九日同全周兩册使雨中登湧田崎欲遊城岳不果歸憇馮氏園小飲周詩先成即次其韻二首

一雨秋林萬壑幽，使星冠蓋美遨遊。未妨公讌頻吹帽，已分重溟不繫舟。五字河梁蘇屬國，經年書記阮陳留。生平不淺登臨興，霑濕還應到上頭。

殊方物候幾回新，猶自衣衫染庾塵。城岳忽迴金齒屐，藍田剛對玉山人。松筠密愛清陰遍，禮法疎緣懶性真。鴻跡醉餘從點䵷，他年誰爲拂紅巾。

筍崖月夜聽徐傅舟彈琴

大海無人處，月明生暗潮。孤琴時一奏，白露曖層霄。夜静水逾澹，秋凉天更遥。鮫人如解聽，清淚濕冰綃。

遊東苑呈中山王

淩晨陪清遊，松逕鞍初解。幽篁密蔽天，啓牖豁當海。雲水淡若空，島嶼没還在。階砌積茅茨，軒楹謝雕采。柴荆閒自開，魚鳥馴不駭。淳風域外存，古制賢王楷。攀林摘橘柚，緣岫拾蘭茝。零葉辭枝柯，繁葩尚蓓蕾。拂衣滄波深，懷鄉時序改。愧無枚叔材，徒有相如猥。徙倚望仙臺，漁歌隔青靄。

贈前法司蔡温二首

法司通儒術，能詩善書，曾爲先國王傅，今致仕，仍領具志頭采地，常備顧問。

舊作長沙傅，今尋辟穀方。青松巢鶴老，碧海掣鯨長。賜第巖巒萃，藏書玳瑁裝。昨過通德里，一徑踏篔簹。

海外存文獻，三朝列上卿。高雲歸岫早，泉水在山清。杯酒閒疏廣，蒲車老伏生。古人安可作，對爾一含情。

中山王席上贈首里翁盛卿翁允温馬克禮毛文麟四公子二首

中山貴戚子弟皆習歌舞，供奉王廷，謂之若秀，雲髮錦衣，頗極纖麗，四公子其尤也。是日公讌，國王命之行酒，各出絹素索詩。

驄馬烏衣白面郎，塗脂傅粉學宮粧。一雙秋水當筵轉，銀燭千條別樣光。

垂腰散髮彈如雲，白紵新聲白練裠。歸到中天應記得，瑯璈親向十洲聞。

次日豐見城按司攜首里諸公子見訪更索新詩再賦二首

一行金勒響瓊琚，公子群過水竹居。丱髮也堪千萬直，綺年多是十三餘。將離更唱紅蘭曲，相憶應看青李書。鸜鵒香醪斟酌遍，不知凉月透交疏。

那霸清江接海門，每隨殘照望中原。東風未與歸舟便，北里空銷旅客魂。盡夜華燈舞鸜鵒，三秋荒島狎鯨鯤。他時若話悲歡事，衣上濤痕並酒痕。

全侍講招同徐傅舟倪卷阿馮象泉張正其會飲

十月球陽葉初落，新寒天氣宜尊勺。况是黄花褭佳色，蹔抛羈思恣讙謔。繁絃急管錯雜陳，殊方之樂殊感人。觥籌往復爵無算，淋漓酣適忘主賓。酒闌曲罷沉清漏，徐君拂琴終雅奏。太音一洗箏笛繁，露草空庭耿星宿。

遊興禪寺

古寺人過少，木樨香正清。林深留鳥宿，石瘦著苔生。微聽遠潮響，兼之落葉聲。汲泉烹未熟，澹日上西楹。

善興寺晨起

九點齊州望眼賒，夜來驟雨北風斜。重衾畏冷朝慵起，卧聽雛僧掃落花。

善興寺雨夜向全侍講索酒

櫻桃零落不成香，晚食攤書卧竹牀。行跡祇依黄葉寺，蘇州好爲一瓢將。

向法司招遊辨岳歸讌今歸仁王叔宅

馬蹄曉破蒼厓青，主人半道歡相迎。停鞭席地少斟酌，把袖便挈穿林行。王城佳氣萃辨岳，國王望祀侔嵩衡。因知天外足妖怪，不然神柄胡峥嶸。我來登矚吁可怕，孤巒面面臨滄溟。忽如身世失依倚，赤脚獨踏金背鯨。乾端坤倪豁披露，目領其妙心難名。白髭王叔紅錦巾，王叔紅錦巾，按司紫錦巾，法司及紫金大夫紫綾巾，三品以下黄綾巾，七品至秀才紅綾巾，庶人以青絹帕首而已，不冠也。清酒絲繩提玉瓶。更邀轉轡向私第，捫蘿撥翠開園亭。園亭松柏遮疏櫺，榕門半啓竹牖扃。異花雜樹紛莫辨，但覺魂魄沾芳馨。晚來設宴張銀屏，妙舞青縣樂未停。群公莫惜醉復醒，客踪宦跡俱流萍。九州之外得國土，亦有侯伯君公卿。練裙公子况相識，謂玉城公子翁允温、具九真公子翁盛卿、幸地公子馬克禮、美里公子毛文麟。笑靨如花勸醁醽。將毋夢遊入玉清，款洽髣髴如平生。海山奇秀景慌惚，料應此世難再經。恨無羽翼淩蓬瀛，搔首五見蟾蜍盈。賓酬主獻極酣暢，中原回首難爲情。

虎巖行爲今歸仁王子作

王叔尚廷烈封於今歸仁，號今歸仁王子。

虎巖青，海水碧，深磵晨行虎有跡。榕門戍削引孤岑，怪石蒼松作人立。層巔直下俯洪波，龍卧蛟蟠物色多。佛家真現琉璃界，仙子休誇清淺河。王子於斯敞華屋，森爽朝朝看不足。況有幽花亞曲廊，檀欒脩竹映虛堂。綠煙欲滅垂鬭鏤，樹名。紅日初生開佛桑。我聞屋書襲爵年沖幼，球人呼其國王爲屋書加那志。王子保衡勛績茂。鹽梅故吏三法司，春柳門生千若秀。負扆不受外嫌猜，籲俊兼羅衆薪櫄。親爲叔父貴相臣，剖符大邑今歸仁。廟算周詳得閒暇，錦袍烏帽於此融心神。海楂野客人所籌，屐穿衣結恣遊眺。獨把珊瑚之釣竿，萬里滄洲一長嘯。多君頻召攀雲巒，正如爬疥諧夙歡。牽衣固請留筆跡，王叔求余大書虎巖字，摩巖刻之。爲君飛灑臨高寒。高寒卻望潮生處，三十六島星辰布。姑米馬齒當我前，微茫略辨來時路。夜深更醉白玉觴，不覺鄉心屢西顧。

迢　迢

迢迢碧海送歸程，唱到陽關第四聲。好是夜涼人薄醉，月明如晝撥銀箏。

王孫曲贈向文彥國王之尚姓也

王孫亭亭似瓊樹，瑜珥瑤環佩寶璐。華胄天孫千百年，中山王始祖天孫氏。猗蘭奕葉含清露。賢王開宴延嘉賓，宗臣子弟舞羅巾。綺紈隊裏行雲遏，絃索聲中白雪春。王孫少小諳音律，一曲梁塵有誰匹。絳口應羞北地脂，紅顏正似東方日。首里地名。長虹橋名。迤邐通，金鞍珠勒玉花驄。到處看人如堵壁，誰家嬌女笑書空。殷勤就我求奇字，螺箋香醪銀燭膩。憐才情性是天生，不惜歌喉勸沈醉。

王孫翰墨有深緣，國書懸腕揮雲烟。琉球國書如中國草藁而其文多不可識，王孫頗善之。蛟龍滿紙我不識，但覺體類芝與顛。匆匆無奈歸期近，未得微辭酬雅韻。瑶天一碧駕飛艭，瀛海三山但朝暈。從此相思更九州，世中世外兩悠悠。邯鄲一夜遊仙夢，往事都隨逝水流。

附録

夢樓詩集序

姚鼐

丹徒王禹卿先生，少則以詩稱於丹徒，長入京師則稱於京師。負氣好奇，欲盡取天下異境以成其文。乾隆二十一年，翰林侍讀全魁使琉球，邀先生同渡海，即欣然往。故人相聚涕泣留，先生不聽。入海覆其舟，幸得救不死，乃益自喜曰：「此天所以成吾詩也。」爲之益多且奇，今集中名「海天遊草」者是也。鼐初不解詩，嘗漫詠之以自娱而已。遇先生於京師，顧稱許以爲善，後遂與交密，居閒蓋無日不相求也。一日，值天寒晦，與先生及遼東朱子潁登城西黑窰廠，據地飲酒，相對悲歌至暮，見者皆怪之。其後先生自海外歸，以第三人登第，進至侍讀，出爲臨安府知府，赴任過揚州，時鼐在揚州，賦詩别去。鼐旋仕京師，而子潁亦入蜀，皆不得見，時有人自西南來者，傳兩人滇、蜀詩，雄傑瑰異，如不可測，蓋稱其山川云。先生在臨安三年，竟以吏議鐫級，先生遂返丹徒，來往於吴越，多徜徉之辭。久之，鼐以病還江南，而子潁爲兩淮運使，興建書院，邀余主之。於是與先生别十四年矣，而復於揚州相見，其聚散若此，豈非天耶？先生好浮屠道，近所得日進。嘗同鼐宿運使院，鼐又渡江宿其家食舊堂内，共語窮日夜，教以屏欲澄心，反求本性，其言絶善，鼐生平未嘗聞諸人也。然先生豪縱之氣亦漸衰減，不如其少壯，然則昔者周歷山水、偉麗奇變之篇，先生自是將不復作乎？鼐既盡讀先生之詩，歎爲古今所不易有，子頴俾人抄之爲十幾卷，曰「食舊堂集」，將雕板傳諸人，而鼐爲之序。乾隆四十二年五月十八日，桐城姚鼐撰。

清史稿王文治傳

王文治，字禹卿，江蘇丹徒人。生有夙慧，十二歲能詩，即工書。長游京師，從翰林院侍讀全魁使琉球，文字播於海外。乾隆三十五年，成一甲三名進士，授翰林院編修。逾三年，大考第一，擢侍讀。出爲雲南臨安知府，因事鐫級，乞病歸。後當復官，厭吏事，遂不出。往來吴、越間，主講杭州、鎮江書院。高宗南巡，至錢塘僧寺，見文治書碑，大賞愛之。内廷有以告，招之出者，亦不應。喜聲伎，行輒以歌伶一部自隨，辨論音律，窮極幽渺。客至張樂，窮朝暮不倦。海内求書者，多有餽遺，率費於聲伎。然客散，默然禪定，夜坐，脇未嘗至席。持佛戒，自言吾詩與書皆禪理也。卒，年七十三。

所著詩集外有《快雨堂題跋》，略見論書之旨。文治書名並時與劉墉相埒，人稱之曰「濃墨宰相，淡墨探花」。與姚鼐交最深，論最契，當時書名，鼐不及文治之遠播；後包世臣極推鼐書，與劉墉並列上品，名轉出文治上。

（《清史稿》卷五百三）

使琉球記

〔清〕李鼎元　撰

校點説明

《使琉球記》六卷，清李鼎元撰。

李鼎元（一七五〇—一八〇五），字味堂，一字和叔，號墨莊，四川綿州人。乾隆四十三年（一七七八）進士，歷官翰林院檢討、内閣中書、兵部主事。著有《師竹齋集》。乾隆五十九年（一七九四），琉球中山王尚穆薨，世孫尚温於嘉慶三年（一七九八）遣使請封，朝廷派翰林院修撰趙文楷爲正使，李鼎元爲副使往。嘉慶五年五月初七出五虎門開洋，十二日至那霸港；十月二十日出港返，十一月初二入五虎門。

本書一改前人出使記之體例，採用日記形式，逐日記在琉球所見所聞，舉凡行程、針路、禮儀、地理、形勝、風俗、物産等，一一於遊歷所見、接客所聞，筆之於記，予以考證發揮，間糾前人之誤，頗多真知灼見，正如法式善序所云：「於凡歲時、山川、習俗之詳，莫不有所根據，事以日繫，言以人稽。」用日記體記出使外洋，此後亦多爲人效仿，如稍後薛福成之《出使四國日記》即是。

李鼎元在出使前及出使中廣泛查考了前人有關琉球的著述，尤其是徐葆光《中山傳信録》及周煌《琉球國志略》更是爛熟於胸，故此次遊歷所及與向琉球陪臣所發問，可謂有的放矢。然全書又幾乎完全包括了徐、周二作，有些内容甚至與徐、周二録毫無二致，則所謂「日記」恐係出使返程後加工而成。

本書初刊於嘉慶七年（一八〇二），有師竹齋藏板本。師竹齋爲李鼎元齋名，可知是自刊。光緒間收入《小方壺輿地叢鈔》，有上海著易堂鉛排本。光緒本從《叢鈔》慣例，不惟删去原書二序不分卷，於文中凡涉考證、引用前人之文一概刊落。故此次校點，以嘉慶原刊本爲底本，底本有誤者據光緒本校改，二本異處，不再羅列。書後輯録同時人題贈此次出使使臣趙文楷、李鼎元及同行客王文誥詩文，以資參考。

（李夢生）

目録

序

楊芳燦

《使琉球記》者，賜一品服中書舍人副使李和叔先生所輯也。洪惟聖神御寓，遐邇來王，熙皞之化既成，醇醲之德斯布。嬰瓌鼜琫，執壤奠者四方；鯤鱷彗濤，慶晏静者八極。標若華於東道，置戴勝於西門，委炎火於南垂，棲燭陰於北陸。提封無外，振古罕聞。琉球者維常之附枝，鱗洲之小水。歲貢方物，世爲藩臣。嘉慶四年，歲在己未，故國王尚穆世孫尚温表請襲封，聖主懷柔遠藩，錫以恩命，臨軒召對，特簡儒臣，於是趙介山先生充正使，先生副焉，賜麟蟒服，奉典册以行禮也。先生學該衆流，識洞九變。乘風破浪，遂其壯懷；浮槎貫月，符其吉夢。兹迺握英簜之節，被織成之衣。鷁首乘雲，蜺旌耀日。精誠自矢，寧同虚誓愆祈；忠信可憑，何慮持衰不謹。天威所被，靈貺聿昭；祥飇送颿，神魚扶舳。魦潯鮷渚，清瀾鏡澄。伏鱗昇魵，采色錦絢。無蛟鱷之患，颸颮之災，凡六晝夜，徑達所届。前驅負弩，夾道焚香。國主稱娖以迎，陪臣黎收而拜。先生迺宣揚恩意，砥厲清操。俾海邦懷德，知中國之有聖人；荒服觀型，識大朝之多君子。銜命而出，成禮而還，往來利涉，重險如夷，前此所未有也。爰自始事，及遵歸途，循天曲日術之法，比年經月緯之例，凡所目擊，咸登掌録。每當星館宵静，風簾晝清。黄車使者，博採方聞；組帶儒生，能獻舊典。詢軼事於晁監，寫遺經於奝然。偶搜奥義，如獲珠船；廣集散材，待構雲屋。遂迺表士女之風節，載官司之典章，志山水之麗崎，記物産之瓌怪。油素四尺，鉛槧千言；文不矜奇，事皆紀實。昔騫、英鑿空，未聞著撰之工；酈、桑好奇，徒囿方隅之見。若夫出宙合之外，覽瀴溟之勝，以今方古，殆過之矣。是記也，王會有篇，職貢有志，彰國家之盛美；歸義有表，樂德有歌，嘉遠人之賓服；輶軒有采，皇華有述，勤使臣之職業。三善既備，九能共推，公之藝林，永以傳信。不揣檮昧，敬爲序引。自知淺見，甘貽測海之嗤；徒罄褊詞，終媿懸河之目。嘉慶七年季春，金匱楊芳燦序。

又

法式善

士君子之志爲無窮而職則各有所守，唯能盡職者其志之無窮乃愈見。世以銘鍾鼎、書旂常謂足震動一時而傳播後世，吾謂不可知者遇也，有可憑者時也，隨其時而能盡其職，則志之所在，不必藉功業而傳也。翰林前輩和叔先生，前在史局，克盡職業，改官中書，厥志不衰。使琉球歸，以所纂日記俾余校訂，於是嘆和叔爲能不負其職與其志也。琉球僻處海隅，財賦歉薄，典制簡陋，顧其人多畏葸而知慕禮義詩書，雖非素嫻，一二秀頴之士，頗有志於討論辨晰，我朝德澤涵濡，奉使之臣又皆有以化導而撫綏之。和叔廉於取而勤於學，嚴以持己，和以接物，人樂與之遊，有所詢必以實告，故其著爲此書也，於凡歲時、山川、習俗之詳，莫不有所根據，事以日繫，言以人稽，視宋趙汝适《諸蕃志》、元汪大淵《島夷志略》爲尤核覈，與邵詹事遠平《元史類編》記琉球事有可參觀者。此書之傳，不獨爲士君子洽聞之助，抑可以徵我聖朝聲教洋溢，雖僻夷小國，不啻在疆服之内也。而和叔才之偉、識之真，亦於是乎在。士欲不負其志與職，如和叔者可以法矣。嘉慶七年仲春，館後學柏山法式善序。

使琉球記卷一

乾隆五十有九年甲寅四月八日，琉球國中山王尚穆薨，世子尚哲先七年卒，世孫尚温取具通國臣民結狀，於嘉慶三年戊午八月遣正使耳目官向國垣、副使正議大夫曾謨進例貢表請襲封。四年二月，福建巡撫臣汪志伊以聞。禮部上其議，天子特命内閣大學士、翰林院掌院、都察院、禮部堂官選舉學問優長、儀度修偉者爲正副使。時選得内閣中書四員，翰林院編修三員，都察院給事中四員，禮部主事三員，於八月十有九日黎明引見乾清宫，奉旨遣趙文楷爲正使，臣李鼎元爲副使。先是，甲辰之歲，鼎元假遊浙江，秋九月四日泊舟温州城下，其夜夢乘舟出洋，舟極大，旗幟飛揚，人役甚夥，海天不辨。夢中一無所悸，遥見數山，浮來水面，幽秀奇特，作五律一首，醒時記一句云「雲養淡螺深」，并記舟牌有「免朝」字，急捉筆登載，常舉以問人，無知者，以爲夢也而置之。恩命既下，即覓同鄉周海山先生前使琉球時所著《志略》，意得有所遵循，開卷首見封舟圖，龍口有牌曰「免朝」，始悟兹役數定於十七年前。古人謂夢生於想，恐非定論。溯自乾隆二十年封尚穆後，距今四十餘年，舊典雖載，禮部尚須緩稽，而《志略》又未載受命後一切事宜，因思海内博通掌故者無如大宗伯紀曉嵐先生，因與正使趙介山偕謁。介山者安慶府之太湖人，嘉慶元年狀元也。先生一見笑謂曰：「二君來意吾知之，然事隔數十載，老夫何能盡識？猶幸及見全、周二前輩出使時有瑣細不登志略者二一，君願聞之乎？」皆曰唯唯。

先生曰：「琉球世居炎徼，明初始入貢。其人深目而長鼻，其衣大袖寬博，男女皆以帕蒙首，貴者戴冠式如僧帽而淺。封使之服明則給事中以麒麟，行人以白澤。本朝自康熙五十有八年海、徐二公出使，始用東珠帽頂，正副使皆賜正一品麟、蟒服，服由工部製造，禮部頒給，頂帶則自備。跟役正使二十八人，副十五人，例有頂帶者，仍許聘帶從客。出都門肩輿八人，例持節詔敕，前有黄蓋龍旗等儀，皆由工部咨取，所以壯天威也。」鼎元曰：「跟役頂帶有例乎？八座有説乎？」先生曰：「有麒麟爲將軍、提督之服，制軍兼提督者亦服之。前驅例有頂帶者，今既賜麟蟒，則因品服而波及前驅矣。既服此服，例宜八座。京師從無八座出都者，惟琉球、安南册使爲然，全、周二先生已行之矣。」鼎元曰：「應具摺謝恩乎？」先生曰：「非三品以上凡出使例不具摺。」鼎元曰：「然則賜服之後應具摺謝乎？」先生曰：「此服爲使而設，係朝廷體統，非有私於君等也，何謝焉？惟臨行當請訓耳。」鼎元曰：「册使既遣文臣而服麟蟒何也？」先生曰：「示武也。亦文武兼資之意也。」鼎元曰：「試學差皆有路費，此獨無，何也？」先生曰：「此差由兵部發先行牌沿途供給，又何路費之有？吾聞之前輩曰，凡翰林得此差，同館及同年友皆有厚贐，不減數千金，世情日薄，今固異於古所云矣。君等勉爲之，國體攸關，不得以緼袍不恥爲高也。」語既畢，先生有倦容，與介山請出，邀入師竹齋，私詰之曰：「聞起行在來春二月，今即有此命，毋太早乎？」介山曰：「此正皇上體恤使臣之意也。此差既無路費，安家製裝，種種須財，今所恃者惟汪舟次先生請支二年俸例，在前輩僅百八十金耳。若非寬以時日，安能驟辦？楷且欲借此餘日，告假省親，便籌一切。」余聞此悵然，羨介山家鄉近，轉念故園之遠。十月朔日，介山出都，余於九月二十有二日新遭胞弟鳧塘中允喪，不及送，自後遂無可商者。

十一月十有六日，禮部題爲請旨事：先經臣部議准敕封琉球國世孫尚温爲琉球國中山王，并賜䘏故國王尚穆，應遣正副使臣前往。續經臣部遵將各衙門保送人員及臣部司員帶領引見，奉旨正使著趙文楷去，副使著李鼎元去。欽此。臣等業經行文福建督撫，遵照在案。該臣等議得，此次往封琉球，一應事宜，除賜䘏故國王尚穆另行繕本具題外，謹將敕封應行賞賚并各項預備之處，按照乾隆二十年往封事例開列條款，恭呈御覽，伏候欽定。一、查向例敕封琉球國王頒給詔書一道、敕諭一道，此次應照例頒給。詔敕由内閣撰擬，封送臣部，交正副使敬謹賫往，宣付該國王祗受。一、向例賜該國王蟒緞二疋，青、藍綵緞各三疋，藍素緞三疋，閃緞二疋，衣素緞二疋，錦二疋，紗四疋，羅四疋，紬四疋，共三十疋。賜王妃粧緞二疋，青、藍綵緞各二疋，藍素緞二疋，閃緞二疋，衣素緞二疋，錦二疋，紗四疋，羅四疋，共二十疋。交封使帶往，仍將數目撰入敕内。此次應請照例賞賜該國王王妃，所需緞疋，均於内務府移取臣部，交封使帶往，頒給該國王祗領。一、正副使銜命出使，應照例持節，所有節及節衣由工部移送臣部，轉授封使，回日繳還工部。一、向例詔敕前用黄蓋一柄，龍旗一對，御仗一對，欽差牌一對，肅静牌一對，迴避牌一對，均由工部咨取，回時交納工部。并取前行牌一面於封使起行前期交兵部飭發沿途，飛遞琉球國，俾知預備，此次應照例辦理。一、向例正副使賜正一品蟒緞披領袍各一件，麒麟補褂各一件，行文工部辦給，仍許其自備正一品頂帶，事畢回京，仍用本任品服，此次封使亦應照例給予。一、向例正副使遠涉海洋，賜給諭祭海神文二道，賫往福建致祭，此次應請頒諭祭海神、祈報文各一道，由内閣撰擬，交封使賫往致祭。其香帛祭品，該地方官備辦，照例核銷。一、查頒外國詔敕例應繳送内閣，向來琉球每請爲傳國之寶，經正副使驗明，允留彼國，仍令其於謝表内聲明，此次亦應照例辦理。一、向例正副使恭賫詔敕卹賞等項，自京起程，沿途撥護官兵，其過海登舟，行令該督撫遴委幹弁二員、幹兵二百名護送，并酌撥修船匠役帶往，此次亦應照例辦理。一、向例正副使許自帶諳曉醫術醫士二名隨往，至家人跟役，正使許帶二十名，副使許帶十五名，兵部給與勘合，沿途支取夫馬船隻廩給口糧，此次亦應照例帶往、支給。一、向例正副使俱照伊品級預支二年俸銀，回日扣還在案，此次亦應照伊品級支給，回日扣還。以上各條，臣等按照舊章，敬行開列進呈，恭候命下之日，臣部行文各該處遵奉施行。臣等未敢擅便，謹題請旨。奉旨：依議。欽此。臣鼎元聞命後即自備正一品頂帶，製辦行裝，候正使假滿回京，恭請聖訓，擇日起行。十二月望日，琉球使臣向國垣等入京。先是賜服命下，有誡余且無換頂帶者，余曰：「不換是慢君命也，烏乎敢？」客唯唯而退。嘉慶五年庚申，正月戊寅元旦日甲寅五更，恭詣乾清宫門朝賀，旋詣東四牌樓馬大人衕衕天后宫進香。祠爲故大學士貝子福公康安建。貝子破擒臺匪林爽文，歸舟時將抵岸而風息，舟人下定待風，貝子唱令起之，否且行誅。定起舟走，忽觸礁，舟人驚惶，分無生理，忽見紅燈自遠飛來觸舟，舟旋，瞥眼間已入厦門口。祠之建，以報恩也。正殿爲天后塑像，後殿爲三官神像，西爲關帝神像。余進香，心爲之動，竊謂貝子建此祠未盡善也。凡天下受敕封爲正神者，率褒及其父母，况天后由孝女成神，後殿不祀其父母而祀三官，失其本矣。毋亦以天后父母未經受本朝封典，故不祀耶？果爾，何不籲請褒封乎？是貝子之疏也。此行仗神默祐，歸定籲請褒封，崇祀後殿，以妥神孝，酬靈貺。按《傳信録》，天后莆田湄洲嶼林氏第六女，母王氏。生於宋建隆元年庚申三月二十有三日，昇化於雍熙四年九月初九日，室處二十有八歲。徽宗宣和五年始賜廟，紹興二十有六年始封靈惠夫人，歷代加封至天妃。國初提督萬正色請於朝，加封天后。父名愿，字惟慤，宋時官都巡檢，渡海舟覆，賴后救免。寶祐五年教授王里請於朝，封父積慶侯，母顯慶夫人，女兄以及神佐皆有錫命。則是當宋時已崇祀矣。十二日，介山至京銷假。二十一日甲戌，琉球使臣向國垣等回國。二十九日壬午，浙閩總督玉德奏琉球遣正議大夫梁煥來迎册使，已到閩。奉上諭：「册使遠涉重洋，其乘坐船隻自應妥爲預備。且現在洋面未能一律寧静，著傳諭玉德飭令地方官將趙文楷等所需船隻預備穩妥，并派撥弁兵小心護送，俾其遄行無阻。」欽此。同日奉上諭：「沿海地方崇奉天后，仰承靈佑昭垂，歷徵顯應，溯查乾隆二年加增神號四字，嗣於二十二年、五十三年兩次各加增四字。現在各洋面巡緝兵船及商船往來均賴神力庇佑，著該衙門再議加增四字，并著翰林院衙門撰擬祭文，即交此次册封琉球正使趙文楷賫往福建，敬謹致祭。」欽此。於是内閣擬進，欽定四字曰「垂慈篤祜」。翰林院擬撰祭文，其詞曰：「惟神德冠川靈，功參昊綷。誕英奇於宋代，貞禀坤元；資保障於閩疆，信孚坎習。欽兹神力，翊我皇圖。涌澳泉而歡噪三軍，長島水而捷騰七日。靖逆殄鱷鮫之暴，助順徠魚鳥之祥。屢佐鴻勳，叠彰偉績。皇考高宗純皇帝三加懿號，載賁御詩。湄洲展故里之祠，淮甸踵時禋之典。用以答嘉貺，顯明威，懷柔之義昭然，佑相之符爍矣。朕睠綏南服，篤念洪庥。報能禦能捍之功，匪禮臣畺臣之請。特修馨祀，肆晉崇褒。衆人之母曰慈，來蘇其后；萬年所受者祜，合德於天。飭册使以告虔，冀淵祇之效職。雲旗默導，哨巡迅掃鯨鯢；星炬朗懸，配渡穩移鵞鸛。至於南海，聰明正直之謂神；康我兆民，享祀妥侑以介福。於戲！迓飇車於瀛澨，薦黄蕉丹荔以䜋詞；恬波鏡於滄流，佇翠羽金支之來格。懋申豐潔，溥籍靈長。」二十四日丁未五更，具摺恭請聖訓，巳初蒙召見乾清宫西暖閣，敬承天語，體恤小邦，不勝悚惕。二十六日偕介山赴禮部祇領詔敕卹賜、龍節儀仗等件，著一驗看〔一〕，謹送正使寓奉安中堂，惟御書未經用寶，移知兵部，驛遞閩省。是日兵部發下勘合，照尋常一品例填寫，與禮部所題跟役名數不合，途中恐致累，而兵部憚於檢舉，且恐誤行期，累自此始矣。

二月己卯二十有八日辛亥，黎明設香案，望闕謝恩畢，午刻拜辭老母，由米市衚衕起程，轉横街出轎子衚衕，不由菜市口者，俗有所忌也。介山寓彰儀門大街，亦於是時起程。先奉詔敕，付武弁負之前行，罩以黄蓋，儀仗後之，節後之，賞卹諸物又後之，正副使又後之。坐軟輿，舁者八人，前負弩者一人，帶刀者一人，後執坐槍者二人，步行扶輿者四人，餘人管理官私物各有耑責。出彰儀門五里至普濟堂，同鄉檢討楊萃中祖純，户部楊松崖彦青、周梧庭維垣，吏部崔君永福，刑部張安亭學潮，工部劉芳臯澤，廣東增城營守備唐君文才，候選縣令孫君光先、韓君海，寧波太守姪平山坦，餞於堂之正庭，同年給事中邵楚帆自昌、編修吴衣園裕德餞於堂之門内，禮部謝薌泉振定率其同館門人餞於堂之西廂，各進三觥。未初别，酉正宿良鄉縣，同節駟設香案奉安詔敕畢，以後日常爲例。縣令趙君宣霖來謁，江西南豐人。介山别居一館，相去不數武，飯後過談。是日惟午時晴，出門選吉時，或其驗也。

二十九日壬子，陰，大風。介山從客三人王君文誥、秦君元鈞、繆君頌，余從客一人王君華才，俱於昨夜至。早起同行，過竇店，不憇。申刻宿涿州涿鹿驛。

三月朔日癸丑，晴。過張桓侯祠，不入。六十里新城縣分水驛食，經白溝水，酈道元《水經注》「督亢水又南之白溝」是也。宋、遼以此分界，下爲酈亭溝，《水經》所謂「東逕涿縣酈亭」是也。俗傳涿州酈亭因道元故居得名，不知《水經》云「巨馬水又東，酈亭溝水注之，水上承督亢溝水於迺縣東，東南流歷紫淵東」，則已爲溝名矣。又云「余六世祖樂浪府君自涿之先賢鄉爰宅其陰，其水東南流，又名之爲酈亭溝」。是道元故居紫淵亦名酈亭矣。沿堤行七十里宿雄縣歸義驛。明雲間陸應陽《廣輿記》載雄縣有大雄山，余往來數次未之見。縣令馮君瑛來謁，問之，對曰：「不惟縣治無山，即附郭亦無山。」則陸記未足信。疑金人併歸義入歸信，非復周顯德時故州矣。是日午後大風，入傳舍迎送始聞砲。

初二日甲寅，大風，晴。卯刻行，瀰望皆水，道通一線，曲摺如盤蛇，十里達趙北口。橋十二洞，舟俱泊橋東，俗謂之燕南趙北，疑即瓦橋關。沈括《夢溪筆談》：關北與遼人爲鄰，素無關河爲阻。仁宗時何承矩守瓦關，始議因陂澤之地瀦水爲塞，欲自相視，恐謀泄，乃日會僚佐，汎船置酒，賞蓼花，作《蓼花遊》數十篇，令客屬和。畫圖傳至京師，人莫喻其意。自此始壅諸淀。古人謀事用心，慎密如此。三十里至鄚州。俗傳明成祖自燕起兵，此城堅固，攻旬日不下，繞道進，既承大統，屠州破其城，今城基尚在。成祖性輕殺戮，理或然矣。又四十里宿任邱縣鄚城驛。本漢鄚縣地，平帝元始二年使中郎將任邱築城於此。後高齊置縣，即因人得名。今城北三里有大邱，碣曰任將軍墓。碣小而新，殆近人附會爲之，未必真任墓。未刻介山過談，同寄第一封家書。

初三日乙卯，陰，大風。行七十里，宿河間瀛海驛。府爲京師之南府，天下之津途，陂澤沃衍，宜耕植，濱海鹽運，軍府所資，燕南重地也。太守姚芝佃梁學問、人品，海内欽慕，有古大臣風。先爲廣西廉訪使，爲巡撫孫公永清所劾，改部郎，轉侍御。今年正月皇上特簡爲河間大守。詢以風土人情，了如指掌，要地可謂得人矣。途中見麥三寸許，望雨甚切。

初四日丙辰，陰，大風。行六十里獻縣樂城驛食。縣治唐始移此，不惟非河間獻王舊封，并非漢樂城縣故地。故縣在今縣東南十六里，獻王封邑在今縣東南九十里，所謂景城廢縣也。天下邑治歷代屢移，執舊名而求之，百不得一矣。又十里交河縣富莊驛宿。是夜雪，麥苗得此，不啻膏雨。

初五日丁巳，大雪。行四十里阜城驛食。縣當南北衝，非漢故城。縣令張緑溪文旐來謁，河南靈寶人，己酉進士。途中遇同鄉鄧尉以伊護餉至保陽，立談片刻。又五十里宿景州東光驛。本蓨縣故治，地形四通，古齊、趙界。五代梁乾化二年晉爭河北地，梁人合兵攻蓨，晉將李存審時屯德州，謂諸將曰：「蓨縣方急，若坐視，使賊得蓨必西侵深、冀，患益深。」乃出奇兵破走之，自是梁不能復有河北。州之所繫亦重矣。與介山約遊董江都祠，日暮不果。

初六日戊午，晴，寒甚。行三十五里劉智廟食。廟名不知所起。按明正德中馬申錫駐桑兒園招流賊劉六等，劉應招而至，或即以此得名，而土人訛爲劉智耶？又二十五里宿德州安德驛。本漢平原郡安德縣故治，運河出城北，浮舟爲梁。聞山東糧艘將次出境。是夜寄二封家書。

初七日己未，晴。行四十里曲路食。沿途雪消麥茂，麥秋有望矣。又四十里平原縣桃園馹宿。是夜經行有所謂黄河沿者，按《唐志》德州有張公故關，孔頴達曰：平原縣六十里有張公故城，城東有津，俗名張公渡，即平原津。戰國時齊之西境以河爲界，此即黄河津濟之所。今河久失故道，津已堙而名尚在。父老相傳有可以徵古者，此類是也。縣令劉東堂懷清來謁，陝西華陰人，丁酉舉人，與凫塘鄉試同年。詢以風土人情、地方利弊，答云：「平原素不産棉，而男女多貿自他郡，以織爲業。到任後訪知縣中有鹵地數頃，不能種五穀，試令種棉，乃大穫，民皆仿行，近出棉不僅供一縣之用。山東素多鹵地，得此法通行，一省可無曠土矣。」又云：「乾隆五十七年歲大饑，民之流亡未歸者甚衆，所遺田地二百餘頃，民不敢種，因爲代募佃户耕種，既不欠糧，亦不棄地。」亦善政。縣有顔魯公及先主祠，蓋以魯公常守平原，先主曾爲平原相也。魯公祠内有文文山弔魯公詩碣，前明人補書，從客强記其韻以歸，因和之，惜未得録全文。

初八日庚申，晴。行五十里禹城縣劉普馹食。縣爲唐之還善鎮，乾元二年移置，以縣西有禹息城，故名。縣令潘君漢來謁，大興人，庚子進士。又五十里宿齊河縣晏城馹。店陋甚，濟南太守德屋圃生遣使持札起居，漢軍人，余戊戌同年。聞其廉静寡欲，有守有爲，重其人，即爲書答之。

初九日辛酉，晴，驟熱。行三十里齊河縣食。縣令柳世珍來謁。又二十里杜家廟小憩，熱甚。又十里潘村。從此步步入山，路多滑石。又三十里宿長清縣崮山馹。山多柏，層植而上，頗可觀。縣令徐竹亭紹薪來謁，乙卯歲凫塘典試山左，竹亭爲分校，闈中有唱和詩，直隸永平府人，學者也。申刻家人董祥患中風，移時卒。余此行祥頗得力，中道而逝，爲詩哭之。星家言奴僕星有得力不得力之數，余前有二僕曹玉、紀陞頗勤慎，皆早死，今祥又如此，豈真命耶？以五十千錢購一棺殮之，寄殯蕭寺，差回當令歸葬。

初十日壬戌，陰。介山來言先行，余視董祥殯出乃發。山行頗難肩輿，始加縴，五十里長清縣長城駐食。俗名萬德店，路傍柳青矣。午刻雨，不能望岱。又四十里新店小憩。又十四里宿泰安府泰安駟。大守李松雲堯棟公出，泰安令舒君輅來謁，與商岱頂進香事。是日齋，約介山來早登岱。

十一日癸亥，辰刻微雨。決意登岱恭謁碧霞元君祠，以天后於明末時曾封碧霞元君故。出館先於岱廟進香，雨轉大，狂風倒人，客皆中道返。限於王程，不能待晴，於遥叅亭元君像前禮拜。時進香者日常數萬人，廟中排列肆市，百物粗備，萊石爲尤多。廟東炳靈宫前漢柏五本，西北隅一本二株，臨西一株爲火所焚，焦中而枯外，異於甲辰、甲寅兩度所見，乃嘆松柏亦有刼。入午風雨轉盛，仍宿故館。夜寒甚。

十二日甲子清明，陰，大風。山行四十里崔家莊食。見徂徠山盡白頭，始知昨夜之雨在山已成雪，而所謂徂徠之松杳不復得矣。又四十七里宿新泰縣羊流駟，晉羊叔子故里也。是日五渡汶水，水環山流，人截山行，民夫捧轎以渡，諺云「蛾子抬青蟲」，頗類此景，蓋民夫皆有僱錢也。壁間見北平何琴立題壁詩云〔二〕：「路轉平岡一帶斜，短籬鷄犬見人家。青帘店裏黄粱飯，紫石墻頭白枳花。同向天涯連草榻，誰於秋水悟《南華》。今宵各有還鄉夢，明發離愁恐又加。」饒有風致，走筆和之。傍又有悟真題其後云：「半醉拈毫思邈然，偶將文字結因緣。悟時獨把《南華》笑，雞犬人家盡是仙。」亦有致，惜未知其姓氏。

十三日乙丑，晴。山行五十二里新泰縣新泰駟食。本春秋魯平陽地，漢初灌嬰下下邳，擊破楚騎於平陽是也。縣令狄君芬來謁。又二十里過敖陽，敖山在焉。《左傳》申繻曰：先君獻武廢二山。武公名敖也。前過小村，問新甫山不得，有一秀才東指曰即此山，俗名蓮華，其西則龜山、蒙山聯絡而南，蒙陰縣在其麓。又四十里宿蒙陰駟，亦名保德駟。縣令范君晉來謁。沿途見道路修理，溝渠浚治，其良吏乎！晚食餅粥，甚甘。

十四日丙寅，晴。山行六十里沂水縣垛莊駟食。見題壁有《敖陽曉發》詩云：「長隄隱隱柳鬖鬖，月落烏啼送曉驂。凉氣侵衣天欲曙，馬蹄聲裏夢江南。」款曰秀峰，不知何姓氏。又有古越陸耐菴已未冬月十九日題壁云：「衝寒夜渡白沙溪，霜染征衣月未西。野寺寂寥群吠犬，荒村迢遞數聲雞。當頭雪浄千山黑，背面風驅萬樹啼。遊子滿腔懷古意，半緣捧檄誤青齊。」頗能道眼前景。又見何琴立題壁五律一首，中云「殘陽人影瘦，亂石馬蹄忙」，亦佳句。再行二十里，有坊曰瑯琊古郡，後題蘭山令祁恕士新建。連日逐沂水傍蒙山行，頗有山水趣。又二十里宿青駝寺。土人云佛刹有青石駝，蹄腹陷於土，惟頭及鞍尚可辨，或係大家墓道物。然駝之設於墓道，制亦未爲久遠。

十五日丁卯，陰，微風。山行五十里過沂州徐公店駟，至伴城食。山於此盡平，郊麥苗較茂。又五十里宿沂州府沂州馹。州南連淮泗，北走青齊，勾吴道末口以侵齊伐魯，越既滅吴，亦出瑯琊以覬覦山東。晉宋劉裕越沂水而復青州，後魏尉元亦沿沂泗而争淮北。形勢使然，最爲兵衝，誠南北之咽喉也。首縣爲蘭山，地無此山，即艾山而别名。《左傳》隱公六年公會齊侯於艾是也。太守洪桐生梧、蘭令祁君恕士皆余故友，在京時常相過從，桐生又係同館，即日招飲，依依如骨肉。桐生以詩畫扇并詩刻香墨見惠，詩四首皆佳，末首云「送君亭館似勞勞，已約歸程候節旄」，意尤可感。

十六日戊辰，大風。行二十八里沂州李家莊馹食。有山亘於東，陂陀平遠，勢如長隄，若馬首之低昂，土人指曰馬陵山也，或曰即古瑯琊山。又六十五里宿郯城縣郯城馹，去縣尚十里，本爲臨沂故地，非春秋郯國治，故治在縣西南百里，爲大梁要隘。縣令周君履端來謁，託寄三封家書。是夜雨。

十七日己巳，陰，大風，巳刻雨。麥益暢茂，路滑甚，舍輿而騎。郯城紅花埠馹食。馹爲山左、江南界，街長三里許，盡茅店，瓦屋絶少，恐賞物爲雨所濕〔三〕，遂宿焉。是日見道傍密種皂角樹，樹既多刺，實又不可食，可避人馬之擾，道傍有田園者可取以爲法。

十八日庚午，陰。路濘甚，騎行六十里宿遷縣峒峿馹食。食後登馬陵山，見落馬湖，水勢浩蕩，不辨涯際。又六十里宿遷縣鍾吾馹宿。地爲春秋鍾吾子國治，故名。縣治在運河西，馹臨河東，時糧船過，江南淮安衛二幫領運蘇州屬元和縣、吴縣正米三萬三千六百七十一石六升五合九勺，船四十隻，領運者衛守備范燦，押空者守備孫必名也。是夜介山於亥初始到，行李車陷於泥，去驛四十里野宿，俗謂之打野盤。

十九日辛未，陰。候車不至，騎行五十里桃源縣古城驛食，俗名新安集。堤行又六十里宿桃源縣桃園驛，俗名重興集。縣治在運河西，本宿遷之桃園鎮，金始置淮濱縣，元易名桃園，今訛爲桃源。縣令曹君松篁來謁，丙辰進士，鄉試乙卯與大兒朝塏同年，有器局才具。詢知地方情形，地瘠民貧，多受水害。余從紅花埠至此，見瓦屋絶少，所言良不誣。是日介山未至，因不慣騎馬，爲泥濘阻滯矣。

二十日壬申，晴。欲候介山至，恐留住多擾，遂留札先行。約行二十里，不見魚溝，詢知順隄行乃直至王家營道，爲引道者所誤。又行四十里宿清河縣清江驛，俗名王家營。日暮始得食。隄上望洪澤湖，水勢甚闊，館舍新造，宏敞可容百人，館後有餘地，植檉柳八株成陰，大可納凉。

二十一日癸酉，晴。留住候介山，以紀恩留别詩刻寄漕督鐵冶亭保，余庚寅同年也。燈時鐵公和詩至，并寄其紀恩詩諸刻，慕其速，亦即依韻和交來使，有句云「能飽軍民是此官」，蓋規之也。戌刻介山行李及從客至，聞介山宿魚溝。

二十二日甲戌，晴。介山至，因同過黄河，至清江浦，縣令備船甚多，僅用大舟二、小舟一，餘令遣去，奉安詔敕畢，遂登舟。浦舊爲沙河，一名烏沙河，《宋志》：楚州北有山陽灣，淮流迅急，每致沉溺。雍熙中漕臣劉蟠臣議開沙河避淮水之險，其後旋淤。明永樂中平江伯陳瑄極力經營，大鑿清江浦，築隄設閘，築高家堰，運道乃無阻。然隄堰每易潰决，修防在人。天妃閘上即清黄交會處，爲漕運要地。河督吴菘圃璥來恭請聖安，余戊戌同館同年，敘舊言歡。隨答拜，言治河通運事極有條理，合龍定有日矣。留余飲，余以戒酒固辭。歸舟後承惠蟒衣、紗紬、酒脯等物。入暮，檢討韓君鼎晉自川來過訪，言故鄉宅爲賊焚，奉太夫人并眷口入都供職。因即邀介山過舟同食。平山太守姪亦於是日登舟，夜深不得晤。

二十三日乙亥，晴。介山從客不戒於盜，停舟訪緝，余先解纜過關。沿江糧船絡繹，盡江南幫。申刻介山至，同泊山陽縣淮陰驛。淮安阻淮憑海，控制山東，自古倚爲重鎮，荀羡曰「淮陰地形阨要，水陸交通，易以觀釁。沃野有開殖之資，方舟有運漕之利」是也。本古山陽郡治，以境内有山陽津得名。漕督鐵公來恭請聖安，旋招飲署中，戌刻歸舟。

二十四日丙子，晴。午刻東南風大，恃犁以行。犁木身鐵觜，繫纜於鼻，以殺風力，隨耕隨移，二人耑主之。八十里泊寶應縣安平驛，漏三下矣。地於前漢爲平安縣，後漢爲安宜縣，驛名以此。舟中登倉以望，白馬湖漾其西北，廣洋湖蕩其東南，水光接天，樹影浮沉，景最清遠，暮景尤可愛。署縣令方君觀鯉來謁。

二十五日丁丑，晴。風如故，感風畏寒，閉東窗，又不敢立船頭遠望，殊悶悶。行四十里已昏黑，風轉大，去高郵四十里泊。

二十六日戊寅，陰。東南風仍大，午刻至高郵州界首驛，以州北有界首鎮也。沿隄多斗門，爲宋轉運使吴遵路遺制。州介揚、楚間，岸峻而水深狹，藪澤環聚，易於控扼。過州不泊，行三十里泊露筋祠前盂城驛。宋州人秦觀詩曰：「吾鄉如覆盂，高據隄楚脊。環以萬頃湖，粘天無四壁。」故高郵亦曰盂城。

二十七日乙卯穀雨，雨。風轉順，過邵伯湖。湖爲晉謝安築，民思其德，比於邵伯，故名。州境湖汊最多，樊梁、新開、甓社號三湖，益以平阿、珠湖，又號五湖。蔣之奇詩又云「一十六湖水所瀦」，而揚州境又有艾陵、雷塘等湖陂，蓋其上有七十二澗，至此盡瀦爲湖，經官河入於江。午刻泊揚州江都縣廣陵馹，計行百有十里。鹽政書公魯來恭請聖安，都轉曾公燠遣人起居。江都、甘泉二令來謁，未見。山長馮鷺亭編修集梧過訪，詢知謝公榕生尚健，年八十七矣，壬戌進士，與石亭伯同年。飯後登岸答拜，皆未見，惟謁見謝公，以其爲父執，年老家居，於公事無嫌避也。是夜東風大。

二十八日庚辰，晴。東風仍大，不能渡江。鷺亭邀介山同遊平山堂，同年吴杜村郎中紹浣偕行〔四〕，減從人，屏官隸，駕一葉舟，蕩三尺槳，搜奇選勝，窮僻探幽，目極園亭花木之妙，耳飽松竹禽鳥之聲。芍藥初開，海棠將謝，或坐茂林而飲，或蕩蘭槳而歌，優焉游焉，樂難名狀。稍頃至平山堂，舍舟而登其巔，俯瞰揚州，枕江臂淮，爲轉輸之咽喉，湖海之襟要，誠東南一大都會也。相與品第五泉，盡七碗，登舟容與，且行且酌，林間燈出，岸上炬來，乃不得不歸，而坐客皆陶然矣。

二十九日辛巳，晴。東風仍大，杜村招飲，出所藏黄山谷書太白詩墨跡，龍蛇飛舞，迥非石刻可比。又觀趙子昂墨跡十札，真跡可愛。又宋搨李北海書《雲麾將軍碑》，精神滿足，所謂減真跡一等者。六一先生云：「物常聚於所好，而常得於有力者之强。」信然。酉刻歸舟。

三十日壬午，陰。東風如故，渡江之心甚急，而舟人阻之。觀察李公奕疇以督糧過維揚，詢知糧艘得數日東風盡過江，是大可慶，余小住有名矣。移時江寧孫方伯曰秉因驗工過訪，談利弊了然於心，能見之躬行，真有爲者。竊惟察吏之法，不在察察爲明，亦不在毛舉細事，大吏果廉而有爲，屬吏廉能者舉之，貪酷者去之，人心勉爲良吏，自能調劑得宜，方伯殆其人也。方伯爲雨村同年，觀察爲舊日同館，誼不容辭，故見之，且彼皆過客，無干謁事也。

使琉球記卷二

四月朔日癸未，日食。孫方伯邀遊平山堂，固辭乃已。時東風稍息，遂解纜，四十里至瓜洲，風逆不能渡。洲爲揚子江砂磧，狀如瓜字，謂之瓜埠洲，亦曰瓜步洲。南有城，宋乾道四年築，今謂之瓜步城。由西以望，有山綿亘四十餘里曰蜀岡，即平山堂所踞也。相傳地脉通蜀，故名。按《爾雅·釋山》：「蜀，獨也。」凡山之獨立無依者似皆可名蜀，不必盡通蜀也。然揚州自邵伯埭以南，岡阜連亘幾數百里，山又非獨立。或謂之廣陵岡，亦曰西山，爲得其實。入夜江聲甚沸，不能寐。

初二日甲申，晴。卯刻渡江，披衣起，細審北固山勢，上接鍾山，下臨海口，東南保障，是稱天塹。金山、焦山如螺浮江面，以東海潮之勢，真形勝地也。辰刻入京口，因山爲壘，控扼大江，三吴襟帶，最爲險要。巳刻泊京口馹。副都統阿公玉什來恭請聖安，隨解纜過丹徒鎮。鎮即漢縣治，土人猶謂之丹徒舊縣。行五十里去丹陽二十里泊。

初三日乙酉，晴。辰刻抵丹陽縣雲陽馹，風順不泊。六十五里奔牛鎮。古名奔牛堰，亦曰奔牛塘。《宋書》「會稽太守隨王誕遣將劉季之等向建康討劭，劭遣燕欽等拒之，相遇於曲阿奔牛塘」是也。未刻雨。申刻泊武進縣毘陵馹，晉毘陵郡舊治也。縣令周石雲宗泰與余至交，十年不見，隨招飲，丑刻歸舟。

初四日丙戌，晴。行九十里泊無錫縣錫山駰。約介山同遊慧山。山在縣西五里，亦名九龍山，又曰華山，又曰西神山，又曰鬥龍山。陸羽云：山陽有九隴，若龍偃卧，其東一峰即錫山，周、秦間産錫鉛，諺云「有錫争，無錫寧」，縣所以得名也。泉曰慧山泉，陸羽所謂第二泉也。邱壑大好，有石曰美人，亦有天致。薄暮遊秦園，園以石勝，引泉流逕右，瀌瀌有聲，惜黄昏未能得其要領，列炬映厓壑深黑可怖，乃棄之而去。

初五日丁亥，陰。行四十五里，風逆，暫泊五台山。山有道觀，頗清凈。午後强行三十里泊蘇州府姑蘇駰。春秋吴姬光使子齊築闔閭城，即此，非泰伯建國地。泰伯城在無錫縣東南三十里，今謂之梅李鄉，有泰伯廟，所謂勾吴也。織造全公德來恭請聖安。聞王夢樓先生在號船，因訪之，以夢樓曾從全公至琉球，可資考問，又係雨村房師，禮宜進謁。號船者乃備運銅鉛兵糧之船，閒泊時人即賃爲旅舍，便於旅店。夜大雨。是日謁見少詹錢竹汀前輩大昕，承贈《金石文跋》十九卷。

初六日戊子，大雨。藩臬各官來，辭不見。江蘇自岳公起爲撫軍後，政尚清静，非復前此繁華氣習，岳公真能勤儉率下，爲封畺大吏中不多得，惜有目疾，未得晤，心竊敬之。是日五柳居印得《六書故》百部送至，板爲余乾隆四十九年舊刻，寄藏五柳書肆者。

初七日己丑，大雨。舟不得行，悶甚。

初八日庚寅，晴。五更解纜，行五十里小泊吴江縣松陵駰。唐松陵鎮舊地，駰去縣城尚十里。又二十里黎里鎮，俗名八尺湖。烏鎮同知龍君度昭運餉至京都，過舟相訪，談往事爲之慨然。又二十里平望駐泊。

初九日辛卯，晴。風行五十五里泊嘉興府西水駐。介山約遊烟雨樓。樓在城南八里鴛鴦湖中，一名南湖，宋聞人滋云：檇李澤國，南湖尤大，計百有二十頃。時菱葉尚小，居民界以竹竿，頗敗湖景。樓後有小園，亦有奇石異卉。歸路便訪馮孟亭前輩浩，并其子星實方伯應榴，皆致仕家居，富有著作。孟亭有《李玉溪詩集補注》，星實有《東坡詩集補注》，極典核，并承見惠。酉刻歸舟。

初十日壬辰，陰。風逆行五十五里泊石門縣皂林駐。舊名皂林鎮，亦名皂林市。市南有寨，元將路成營壘尚在。《明史》：張士誠遣兵救湖州，常遇春擊之於皂林，俘其兵六萬。即此。縣故名崇德，本朝易以今名，以地有石門鎮也。

十一日癸巳，晴。行七十里至塘西，即官塘河。宋乾道十四年，臣僚言奉口河至北新橋三十六里皆爲斷港絶潢，宜急開濬。淳祐七年安撫趙與𥲅又募民濬廣之。河西岸有西塘，長十八里，今訛爲塘西也。浙江阮芸臺中丞元并司道皆遣人起居，中丞具有啓，意甚厚，亦以啓答之。又二十五里泊横塘，去北新關五里。

十二日甲午，晴。平山來舟話別，將之海寧任。辰刻過關，泊武林門外。將軍范寄菴建中、織造延儉宜豐、撫軍阮公、署方伯秦小峴瀛、署廉訪張穆菴映璣、觀察達、袁二公俱於武林門内官廨恭請聖安，龍亭、儀衛皆修整過營門，軍伍排隊跪迎，頗嚴肅。適武林巷公館奉安詔敕畢，中丞以下畢集，各寒温而去。

十三日乙未立夏，晴。中丞邀遊西湖。巳刻偕介山出錢塘門，先趨聖因寺，敬謹叩拜聖祖仁皇帝、高宗純皇帝牌位畢，隨遊六一泉。步行至花神廟，泛舟金沙港，因訪寶林上人。上人善畫，以墨梅二聯見贈。遂遊湖心亭，早食，由漪園至净慈寺沐浴，便訪小顛上人於萬松山房，芸臺新題額曰七代詩僧精舍。趙生西垣晉舊受詩於余，今在精舍肄業，因與同遊小有天園。湖上諸勝皆余舊遊，已詳載《南遊記》。申刻入城，將軍、織造、中丞公餞於中丞署。

十四日丙申，晴。往拜敷文書院山長王蘭泉先生昶。先生學有淵源，爲海内聞人，致仕十餘年，精神尚健，惟耳聾，是亦老人壽徵。從客楊生病痢已兩日，昨夜家人來告，因以驗方與之，一服而愈。方用槟榔二錢二分，厚朴、白芍各二錢，草果仁、知母各一錢八分，生甘草一錢，藥甚平淡，治瀉痢特神效。午後司、道公餞於藩司署，以齋戒辭。

十五日丁酉，晴。卯刻偕介山恭詣天后宫致祭，中丞陪祭。祭畢同出錢塘門，泛舟至金沙港，登輿趨上天竺進香，遂觀夢泉。歸遊下天竺，觀三生石。復遊飛來峰，石如懸磬，圓峰倒墜，九天雲垂。小憩冷泉亭，便遊靈隱，齋食於僧舍。食後遊龍井。西湖之山石以飛來峰爲最，木石以龍井、三生石爲最，竹以雲棲、韜光爲最，邱壑以小有天園爲最，余已八度來遊矣〔五〕。是日蘭泉先生招飲，至則馮玉圃給諫培、潘蘭垞侍御庭筠先在坐，皆余戊戌同年，歸田不出，教授爲業，具有高致。酉刻入城，祝杏南茂才志箕來，余庚寅座主止堂先生之子，將附舟至衢。

十六日戊戌，晴。招飲湖上舊遊於萬松山房，食後出湧金門訪玉圃於崇文書院，不遇。放舟至馬頭，登獨秀峰。介山亦隨至，同飲者處士朱青湖彭、何春樹琪、沈理堂本義、張秋江濬、上人小顛際祥、道士滄烟、茂才趙西垣、祝杏南，皆文士高人，逃於詩酒者。惟山右宋芝山孝廉偶客游此，亦余舊好，酒酣各以詩贈。芝山復以宋張即之墨蹟見貽，云：「即之殁爲水神，持以渡海，可靖風濤。」厚意良可感。酉刻入城。是日寄第四封家書。

十七日己亥，晴。奉詔敕至錢塘江登舟，中丞諸公送於鳳山門外。江名錢塘者，相傳三國時吴功曹華信以江濤爲患，議立塘以捍之，募有能致土石一斛者予千錢，旬月間應者雲集，因曰錢塘。然屢潰於風潮，常爲民患。五代梁開平四年錢氏欲築候潮、通江二門，潮衝擊不就，乃集强弩數百以射潮頭，潮水漸向西陵，遂積石植木爲塘，而城基始定。歷宋至元、明，歲有修治。至我本朝於海鹽建立石塘，仍固以柴塘，潮入江不得騁，其勢已殺，故杭州永無潮患，誠萬年鞏固之業也。巳刻解纜，風逆行五十里，泊渡船埠。

十八日庚子，微雨。風順乘早潮行四十里，卯刻至富陽縣會江馹，不泊。又乘風行百里過桐廬縣桐江驛。桐江西岸有桐溪，唐貞觀中築桐廬城，以溪得名，去縣西二十五里。今縣治乃開元二十六年移鍾山者，非漢富春縣之桐溪鄉矣。又十五里泊。

十九日辛丑，微雨。風順二十里富春山，一名嚴陵山。有二石，高數百丈，土人號爲子陵釣臺。其下曰嚴陵瀨，瀨上有子陵廟。泊舟與介山同登，廟前碑碣十餘，半苔蝕不能卒讀。有明莊一俊、范徠詩碣尚可辨，正復不佳。自桐君山而西，兩峰山勢蜿蜒如蛇，對走於平原之上，一水中流，秀壁雙峙，不減重慶三峽。其下有泉，則陸羽所品爲第十九泉也。釣臺對岸曰白雲原，相傳下有蘆茨溪，爲唐方干隱居，幽地合配高人也。過七里灘，風順七十里過建德縣富春驛，署太守方公應選偕縣令來，辭。又行十里泊。

二十日壬寅，微雨。行新安江上，清澈可愛，太白所謂「新江清若空」者是也。十五里至胥口溪，俗名大洋灘，水急恃縴以行，人肩一繩，異於他所。又三十五里白沙渡，新安江渡口也。又二十里泊許埠，去蘭溪二十里。

二十一日癸卯，微雨。過縠水驛，不泊。縠水即蘭溪，一曰大溪，源有二，自府東北流至縣者曰衢港，上游爲衢州；自府西流入縣者曰婺港，上游爲婺源。二水合而匯於蘭陰山下，類羅縠文，故曰縠水，合嚴州之徽港，是爲浙江三源。又四十五里大雨，裘家堰泊。

二十二日甲辰，雨。行四十里過龍游縣停步驛，十里泊。

二十三日乙巳，雨。風順行八十里泊衢州府西安縣上杭埠驛。驛程例於此陸行，總兵英公海來恭請聖安，蔣培元觀察繼暉、朱静齋太守理、縣令許君執中來，與商登岸事，皆言水大舟可至清湖，便於陸路。因乘原舟再行，即解纜行二十里泊。連日舟無停時，不暇登覽，然雨中看山，清境獨絕。

二十四日丙午，風順，水急灘多，舟行沙石上輾如雷，絶類潼江舟景，而險過之。去江山縣三十里塔溪泊。

二十五日丁未，陰。巳刻微雨，過江山縣，不泊。縣令黄君天益來謁，蜀人，余庚寅鄉試同年也。

人誠實儉樸，亦有守者。又行十五里，泊清湖鎮。

二十六日戊申，晴。介山以前途山路崎嶇，館舍甚狹，因讓介山先行。寄第五封家書。

二十七日己酉，陰。與杏南别。行三十五里過江郎山，一名金純山，一名須郎山。石峰三片，高插雲表，適雲覆其頂，未見全面，然山態轉奇。食後步步入山，過蘇嶺，道義上人來迎，遂小憩，見壁間多名人題詠。前使海山先生有五絶一首，走筆和之。此外如莊公培因、德公保、褚公庭璋、慶公霖，皆海内詩人也。登窑嶺，路轉峰腰，與縉雲桃花嶺谿壑無異。又四十里宿保安驛。

二十八日庚戌小滿，晴。上仙霞嶺，山頂有關無戍卒，或曰即古泉山。周圍百里皆高山深谷，凡登三百六十級，歷二十四曲，長十里，兩浙之襟束，八閩之咽喉也。杜佑曰：泉嶺山在衢州信安縣西南二百里，漢朱買臣云南越王居保泉山，一人守險，千人不能上，劍閣而外，此其匹也。惟石逕平鋪無梯級，異於棧道。半嶺先有關帝廟，可小憩，壁上多題詠，恒浴上人亦不俗，題詩三首贈之。廟側有泉，置亭於其唇，曰雨花庵，上有周櫟園先生亮工木刻詩牓，句極生新，復凝思和之。三里茶嶺，又五里小竿嶺，險不及仙霞，亦有關帝廟，僧寧遠俚甚，一茶而去。至廿八都食。地勢平曠，居民甚衆，歧徑可達衢、處諸郡，輿程記謂浙、閩分疆處，地名南樓，問土人不知，或即此，名廿八都者，以歧路所達之都計算而名之耶？食後再登楓嶺，即大竿嶺異名，迤邐而陡絶。舍輿而騎，登梨嶺，地宜梨，俗名五顯嶺，以上有五顯廟也。廟北有小天池，取徑甚幽，而亭勢甚敞，僧俗惡，頗敗人意，日常扃其外户，非余强啓之，則此境不得入目矣。盡日仰看山，俯聽泉，騎而忘苦，計行七十里九牧宿。

二十九日辛亥，晴。三十五里漁梁食。舊志：天下十大名山，漁梁其一。水南流爲建溪，北流爲信溪，建江所發源也。土人多堰水捕魚，故曰魚梁，山以此得名。道側有山如船，曰船山。又四十五里宿浦城縣小關馹。本漢漢興縣，屬會稽郡，吴永安三年改名吴興，乃屬建安郡。唐初又名唐興，天寶初改名浦城。城環越王山上，俯瞰大江，有形勝。縣令王君宗徽來謁，得介山書，知分家人由水路進。余仿而分之，僅帶跟役四人，餘悉遣上船，奉詔敕由陸路進，計與介山減從陸行所省夫價不少。問知祖舫齋撫軍之望已抵新任，太夫人留家，余以年家子，有登堂拜母之誼，請見，辭。

三十日壬子，晴。行三十五里過西陽嶺，嶺北多竹，嶺南多松，晝瞑晦，暑氣全消。又四十里宿人和館馹。觀察戴公求仁、趙公三元以公事之江山，因過訪。趙爲霛塘甲辰同年。土人以鐵綱燃松脂代燭，頗能照。

閏四月朔日癸丑，晴。行五十五里馬嵐食。傳舍臨江，軒豁而清幽，地屬甌寧縣，與建陽縣地方犬牙相錯。又四十五里過石陂、玉塔嶺，沿亂石、大溪等灘至營頭馹宿。舊名水吉鎮，正統四年設巡司於營頭街是也。馹屬甌寧，食供建陽，大有東家食、西家宿意。館後有小軒，近墻植鳳尾竹，有魚盎二，階前茉莉二盆，香樹兩株，點綴俱幽，鳥語蝶情，啾啾栩栩，心神爲之一清。

初二日甲寅，晴。行四十里七姑店食。館介兩山間，亭依樹蔭，杯中時有雲影往來，亦大佳境。又四十里宿建陽縣建溪馹。馹舍俯臨清溪，平眺遠岫，極軒敞。上游造舟爲梁度人，歷歷如畫。所經傳舍，此景爲最。縣令趙君庭翰來謁，霛塘丁酉同年，問知朱文公祠在城西五十里，未得謁。

初三日乙卯，晴。行四十里震前食。疑即蓋竹鎮，石晉開運元年南唐將查文徽擊王延政，自建陽進屯蓋竹是也。名震前者，縣南有鄭灘，或傳寫誤耳。又四十里過葉坊驛小憩。本前明舊驛，有吉陽溪，自驛口流入西溪，溪水較大。又四十里宿建寧府之甌寧縣城西驛。坐船家人夜半先至。驛在建溪南岸覆船山下，府治在溪北，東水襟山，爲全閩藩屏，亦東南勝地也。附郭爲建安、甌寧二縣，建令劉君爲凫塘甲辰同年，甌令歐陽君爲余庚寅同年，與商舟行事，皆以險辭。

初四日丙辰，晴。行四十里太平驛食。驛因太平山得名，然去山實遠。又四十里過大横驛，不宿。再行四十里戌刻至延平府，追及介山，同宿劍浦驛。余欲舟行而介山難之，然余慣歷三峽，今且渡海，何畏於溪？乃决意登舟，介山仍陸行。少頃延平守廣公善、副將李公慶雲偕南平令完君智來謁，語以來日登舟事，完令欣然。

初五日丁巳，雨。午刻登舟，即解纜，從者船稍後，遂不相及。江面甚平，特多石，凡急湍處土人皆謂之灘，亦有梨灘、箭孔、梅花諸名，實不甚險，惟兩岸亂石參差，水觸石作漩，有似三峽平處。行四十里，從人尚未追及，乃買船户米一升，就鹽虀一碟，與二僕同食。終日肥甘，忽得蔬食，大適口。申刻大風雨，泊尤溪口，計行八十里。

初六日戊午，晴。細玩閩江山水，粗類巴江，然山平而無奇拔氣，水緩而無建瓴勢，而土人已爲險不可測，亦猶度仙霞者不知雲棧之高，登漁梁者欲傲峩眉之峻也。行百里泊古田縣水口驛，介山猶未至。琉球迎封使梁焕來謁，黄帽闊帶，衣寬博，稍通華語，問知曾充通事，入京已四次。省城將軍、中丞以下各遣官持札起居，制軍玉公德由泉州寄札并以奏稿夾片見示，始知前大學士福公康安進勦台匪林爽文時高宗純皇帝賜以右旋白螺，往來順利，靈助非常，蕆事後留貯督臣署中，備渡海用。臣等此行又蒙恩准督臣所請，賞臣等奉以渡海。仰見我皇上體恤使臣，無微不至。謹按高宗純皇帝《御製文三集》有《右旋白螺贊》，注云：「每年藏中喇嘛於新正及萬壽節進丹書所陳供器，時有獻右旋法螺者，以爲奇寶，而不多見。涉海者攜帶於舟，則吉祥安穩，最爲靈異。」臣等何人，荷蒙異數，感激涕零。

初七日己未，晴。介山亦至，遂同登舟解纜，與介山各乘一紅船，水順無風，行百二十里過侯官縣白沙駟，不泊。又行六十里乎遠駟。是日舟中飲食皆取給閩與侯官二縣，奉安詔敕又別具一紅船焉。泊處去省會三山駟二十里。

初八日庚申，晴。辰刻抵洪山橋，閩令譚君掄、侯官令畢君所讜、海防同知張君采五來謁。午刻奉詔敕賞卹登岸，舁以龍亭綵亭，送館安奉。慶晴村將軍霖、汪稼門中丞志伊、李石渠方伯殿圖、瞻雲亭廉訪柱、陳琴溪觀察觀、副都統扎公拉芬俱來館駟，恭請聖安。申刻適館，汪公遣官咨送白螺，與介山啓櫝，敬謹驗收。其螺長五寸六分，得天地中和之數。腹圓，象太極。首尾各出二寸，由漸而削，象兩儀。凡四旋而及口，象四象。螺皆左旋，此獨右旋者，以陰承陽，迎天行也。膚嵌寶石八位，按八卦。外襲雲錦五重〔六〕，重一色，取五行相生之義，皆所以養之也。統藏以金匱，而無極之理備焉。宜渡海可以息風静浪，靈攝海族，真異寶也。前夢「雲養淡螺深」之句，得此奇驗，字字著落，異哉！少頃汪公來，素有清廉聲，與之語事事求合人情，人或謂其深刻，非知汪公者。坐間議及封舟事，云此次修理之費皆令船户自辦，故准船户帶貨。余曰：「此固人情，然封舟例不載貨，歷來册使至琉球不能按十月風信回者，俱由貨多且貴，琉球窮國，盡買則財不足，不買又恐得罪，百計設措，躭延時日。今貨雖准帶，貴貨宜禁，須令船户造册，具結呈驗，庶前弊可杜。」汪公以爲然。其後省會諸公絡繹皆至，隨與介山答拜，日暮歸館。是日初食西施舌，極鮮美，江瑶柱之次也。

初九日辛酉，晴。至温泉浴。泉在城南演武廳側，從地涌出，甃而蓄之，作暗穴以通於浴池，温如驪山泉。將軍慶公親爲修理，額曰不因人熱，語趣甚。隨與介山至撫軍署商調兵事，撫軍意在水陸兩營各挑一百，余與介山語之曰：「皇上以海上未能一律寧靖，著認真挑兵，似宜盡挑水師，庶緩急有濟。」撫軍亦以爲然。遂去緑營之兵，行文各路水師，尅期挑撥。即於是日具摺恭報到閩日期，面求撫軍拜發，并寄第六封家書，定期於十三日恭詣馮港天后宫致祭，敬懔聖諭〔七〕，齋戒閉門謝客。

初十日壬戌，晴。齋。

十一日癸亥，晴。齋。

十二日甲子，晴。齋。

十三日乙丑，晴。黎明恭奉諭祭加封天后文出城，至南臺之馮港，主祭者正使，陪祭者余與將軍、巡撫、都統、司道等官，皆朝衣，獨玉制軍未與。禮畢往驗封舟，舟身長七丈，首尾虚艄三丈，深一丈三尺，寬二丈二尺，較歷來封舟幾小一半。介山詰其故，撫軍以閩縣海船但有此等，余曰：「皇上諭令造舟，封舟自有式，非限以閩縣船也。且厦門六䑸船大與封舟等，曷不取於彼而必將就用此船乎？」撫軍無以應。余曰：「風信已近，必欲易舟，恐延時日。但恐兵役人數過多，舟不能容，奈何？」撫軍以臨期設法爲辭。二號船大亦如之，無龍骨，余又力争，衆口以爲可用，余不能强，但令加槐藤勒肚。是日將軍、撫軍、都統公餞於撫軍署，薄暮乃就席。

十四日丙寅芒種，微雨，午刻晴。通事鄭煌來謁，年六十，前度册封伊已爲通事，因問琉球一切事宜。據云撫夷無他法，惟在積忠信以感之，因其勢而利導之，否則有戴網巾之誚。予請畢其辭，煌曰：「前明謝杰充册使時，從客有舅某攜網巾數百事，至則球人冬夏一冠，無所用之，謀於杰，杰乃下教曰：中國以戴網巾爲敬，如册封日有不戴網巾者，以不敬論。於是球人强售而戴之，故父老相傳遇事有以聲勢强派者謂之球人戴網巾。」甚矣，一事拂人情，千秋成話柄，可不慎歟！

十五日丁卯，晴。琉球耳目官向國垣來謁。向曾於京師進謁，例不必見，今則渡海有期，宜博訪以就妥適，談次問亦以二號船無龍骨爲慮，然已無可奈何，亦惟曰過海仗天后，不盡在船。問知伊舟例貨已齊，惟兵丁未集，且俟之。是日登同年故太史何君西泰之宅，拜其母，家甚貧，少爲助薪水焉。

十六日戊辰，晴。黎明至馮港，恭請天后行像，並挈公登舟。祭用三跪九叩首禮，命道士舉醮，祭桅行一跪三叩首禮，道士取旗祝之，噀以酒，合口同言「順風吉利」。余與介山默禱於天后，以筊卜兩舟吉凶。頭號船得第一筊爲陽陽，聖斷曰：「牧羊此地已經秋，今日還鄉嘆白頭。忠道已成名已遂，會看麟閣姓名留。」解曰：「蘇武還鄉之象。」預告歸期，可謂吉矣。二號船得筊爲陰陽，聖斷曰：「運行坎坷免施爲，猶是荆山抱璞悲。璞本有成云是詐，時來不必淚雙垂。」解曰：「卞和獻玉之象。」

時皆憂二號船無龍骨，據筊亦正無慮。海船以鵶班爲重，每舟三人，人管一桅，各披紅執旗，緣一繩而上，疾如飛，不負鵶班之目。余時與介山登後艄觀之，天空日朗，風波不興，鵶班甫登桅末，西南風驟至，并帶微雨，神其示以順風矣。惜時兵未調齊，未得解纜。挐公者閩之挐口人，常行賈，舟卧聞神語某日當行毒某地，公謹伺之，至期果見一人抛毒水中，公投水收取盡食之，遂卒，以故面作靛色，土人感其德，祀之，以爲挐口人，故曰挐公。或曰公卜姓，以業挐舟得名。申刻入城，司道公餞於藩司署。夜大雷雨。

十七日己巳，雨。陪臣梁煥以迎詔儀注求訂，注云：天使船未至，先期遣探得信，即遣獨木船數十隻，以長綆引舟，王世孫遣官郊迎。首接用中議大夫、副通事各一員，駕小舟，樹赤旗，書恭接字，接官立船頭請安，送酒席。二接王舅、正議大夫、副通事各一員，駕舟送席，如前儀稟見，呈上儀注。三接法司、紫金大夫、都通事各一員，如前儀稟見，不送席。封舟入港，近臨海寺，本國備龍亭五，詔、敕、御書、諭祭文、節五者各奉安一亭，綵亭四，貯賜幣焚帛，鼓吹儀衛均排列却金亭，造舟爲梁，聯接亭階，砲三響，遣官上封舟稟知。天使遣從官分捧詔、敕、幣帛上岸，奉安龍、綵亭中，行一跪一叩禮畢。天使登岸，仍響砲三，即以鼓吹儀衛排列導行，王世孫率百官恭迎道左，望見龍亭，世孫跪，百官皆跪。龍亭至前，皆俯伏，候過即平身。見天使轎來，差官持帖跪迎，世孫拱迎道左，百官跪迎。天使至，下輿與世孫各一揖。世孫仍候升輿揖送，天使轎内答揖，百官跪送。世孫率百官先趨迎恩亭，奉龍亭於亭内，綵亭置亭外。天使至，下輿入亭，分立龍亭左右，引禮通事官唱排班，作樂，設世孫拜位於前，百官拜位於後。世孫跪奏云：「琉球國中山王世孫臣尚温恭請皇上聖躬萬安。」天使答以聖躬萬安。世孫起立，率百官行三跪九叩首禮畢，儀衛先行，世孫率百官騎馬導迎至天使館。世孫先下馬立道左，望龍亭至，仍跪迎如初。候天使轎至，差官請勿下轎，百官仍導引至東轅門下馬，排班跪迎，候龍、綵亭、大轎過，平身，奉安龍、綵亭於大堂。天使左右立，作樂，引禮官引法司等官入行三跪九叩首禮畢，各官引退閉門。天使將詔敕等件敬謹安貯。天使乃坐大堂，開門，引禮官引法司各官以次參見，皆行一跪三叩禮畢，引禮官引出，世孫乃遣長史投帖，親至請安。天使請見，世孫轎至頭門，欲下轎，巡捕官跪請進轎，由中門至二門内露臺下轎。天使趨迎，揖至會客堂上，行相見禮。世孫居東，天使居西，對拜，一跪三叩首。天使安世孫坐，行拂座禮，揖，世孫答揖，世孫回敬亦如之。茶至，一揖，遣通事寒温。茶三獻，世孫告辭，揖，天使送至轎前，世孫辭，一揖，升轎，天使揖送，世孫轎内答揖，巡捕官跪送於頭門。一、每月每五日問安，差法司、王舅、紫巾官、紫金大夫、耳目官、正議大夫、中議大夫、長史、那霸官、都通事、庫官等至天使館，引禮通事將各官手板并供應手板遞上，厨官對單點收。天使坐堂，各官參見，行一跪三叩禮，侍立請示，無事則退。一、每月朔望除問安常禮外，世孫用名帖遣遏闥理官、長史各一員，送羊豕酒果參見如前。法司等官常見行一跪一叩禮，垂手侍立，賜坐則跪謝，賜茶則揖謝，有問則立而對，告辭三揖，趨而出。耳目官以下常見俱行一跪三叩禮，垂手侍立，無坐，有問則跪而對，告辭則一跪一叩趨出。禮數周詳，亦無可更。惟時當四海遏密，因諭梁焕一切率由舊章，凡樂皆設而不作。是日守備王得禄來謁，云兵尚未調齊。

十八日庚午，雨。汪撫軍贈送行詩二首，有句云「拊循早識辭金事，酬唱難忘陟屺詩」，得古人贈言之旨。午後至將軍署，見壁間有寄塵字畫，詩僧大名，耳熟已久，問知其人現挂錫烏石山，將軍三度訪之乃肯見，其品亦可謂高矣。

十九日辛未，雨。將軍贈送行詩四首，有句云「時維占五月，令恰鼓南風」，自然名貴。并札云：寄塵有航海之興，願與同行。高人自有高致，此亦從前舊例應有之人，但尚未覿面，容再訪之。是日石渠方伯亦以詩見贈。午後至瞻廉訪署，問所謂樂圃荔支樓者，已杳不知所在。署基雖闊，荒落不治矣。

二十日壬申，陰。往遊越王山。山在郡城北，半蟠城外，東聯冶山，閩越王無諸之所都也。便訪唐馮審毬塲，紀略所謂二十九景者，半爲民居，不復能辨。午刻登頂，雨驟至，乃歸。

二十一日癸酉，雨。午刻汪撫軍招飲，署基甚高，踞嵩山之麓，宋王尚書祖道故宅也，閩時爲五諸侯館，至今猶稱館前。入門夾道皆荔支，堂側有精舍，軒豁可遠眺。層級而下，有園曰牧荔，即歲牧荔支以供御用者。餘地盡爲圃，饒瓜菜，撫軍躬行節儉，於此見一斑矣。維時芭蕉尚花，間有甘露，荔支猶未大熟，因向撫軍乞得盆植二本，已結實，意欲攜之過海，栽於中山。非敢希召伯甘棠，亦聊以自勵耳。

二十二日甲戌，陰。玉制軍寄到和詩，時方欲遊鼓山，匆匆札謝。減從出東門，約行一程，其山延袤數十里，頂有巨石如鼓，遇大風雨輒振擊有聲，郡之鎮山也。前明册使陳給事侃題名猶存。最高爲屴崱峰，人言天晴可望琉球，實不爾也。海氣終日如霧，安能極目數千里，亦猶泰山有孔子厓，謂孔子望吴見閶門，理不可信，《論衡》辨之詳矣。下山至湧泉寺，竇泉尚在，傳唐建中四年龍見於此，或與龍見於井同，不得謂爲祥瑞。

二十三日乙亥，晴。再至温泉浴，便訪寄塵於烏石山。寄公衡山人，名衡麓，别號八九山人，寄塵其字也。姓范氏，五歲度爲僧，略窺内典，好吟詠，工書善畫，有奇術，人莫測也。喜作方丈書，新於烏石南厓刻壽山福海字，結密無間。余卒至，其室圖書滿案，邀之徧遊各峰，欣然同行。山於唐天寶間敕名閩山，宋程師孟謂閩之三山比於道家之蓬萊、方丈、瀛洲，遂改名道山，曾子固爲之記。山有三十六奇，最奇者爲鄰霄臺之不危亭，傳工師創時四面材瓦土塈銖兩悉稱〔八〕，戒曰損勿修，修必壞。後人不悟而修之，果圮。世之妄逞聰明者，大都類是。華嚴頂上李陽冰篆刻尚存，太半苔蝕，不能卒讀。劉克莊詩云：「城中楚楚銀袍子，能讀曾碑有幾人。」余性好遊山，此山石刻題名甚夥，而不能細爲洗搨，與銀袍子何異。踞峰頂以望海，環其東衆峰三面羅列，城恰置亂山凹處，萬瓦浮青，三山掃翠，亦極宇宙大觀矣。午後微雨，因與寄塵坐文昌閣，叩其所藴，淵然以深，元遠而清雅，偕行之約遂定。酉刻雨霽，歸館。

二十四日丙子，晴。寄塵來，以詩畫扇見貽，并薦畫士施生爲余圖航海行樂，試令貌之，頗得八九，留與寄塵同食。何實齋長子來，問知其弟有舉茂才者，留之食，苦求去，亦介士也。

二十五日丁丑，晴。寄塵遣其徒李香厓來，蘇州人，亦善畫，將侍寄塵渡海。午刻方伯招飲，署極寬，荔支甚夥。堂踞大阜，阜北爲客庭，左高而右卑，世傳嚴高卜勝處。方伯善書，以所刻碑記數種見貽。余與介山於方伯爲後輩，情義有加焉。

二十六日戊寅，陰。海防廳移送渡海人役清册并執事等至，余見人數過多，恐封舟不能容，以爲或可裁減，而吏以例對，姑受之。查上次封舟過海，兵役滋事，故與撫軍商去千總而添都司，又特派能醫之巡檢顔家選，庶兵役有專管，雖稍變舊例，益加周詳。

二十七日己卯，陰。查渡海雖有舊章，尚多靡費，余初適館即與當道約一切務崇節儉，飲食毋豐，供應毋華，絲毫毋取。於行户恐尚有派累，因傳渡海人役，按册細加諮訪，期杜混冒之弊，絶科派之源。衆口一詞，皆云寔無科派，行户俱深感激。午刻陳觀察招飲，見署後有桑寄生一叢，老母藥餌常須此味，因乞爲剪藏之。陳爲梟塘同年，故有是請，此外即一草一木不敢擅受。

二十八日庚辰，晴。都司陳瑞芳來謁，云渡海兵已集，即同介山至撫軍署簡閲。兵擇其精壯者，鎧甲亦尚鮮明，當爲嚴立章程，三令五申之。陳瑞芳領百名護頭號船，王得禄領百名護二號船，并傳同渡海人役於五月朔日在南臺點驗登舟。船户以所帶貨單進視，其單内如肉桂、黄蓮、麝香等藥皆貴，盡裁去。東海所需藥材爲最，而尤以大黄、大楓子、茶葉、兒茶爲要藥，補品不甚需。是日撫軍遵例加陳瑞芳三品頂帶，加王得禄四品頂帶，加顔家選五品頂帶，武官轄兵，文官管役，體統肅然。

二十九日辛巳，晴。撫軍以兩舟貨價并船户甘結移至，細閲兩船貨價不及四萬，較前度少三分之二，私心竊喜，船貨無累，可望剋期早歸。隨令跟役先將行李上船，聞介山家人有私帶貨物者，介山逐之，此役能行余志者，端賴良友同心共濟耳。

使琉球記卷三

五月朔日壬午夏至，晴。向來封中山王去以夏至，乘西南風，歸以冬至，乘東北風，風有信也。早起命僕樸被登舟，午刻具龍、綵亭奉詔敕節幣安放中倉，同介山先至南臺館駐，點驗兵役，盡令登舟。舟二，余與介山共乘其一。前後各一桅，長六丈有奇，圍三尺。中艙前一桅長十丈有奇，圍六尺，以番木爲之。通計二十四艙，艙底貯石，曰壓鈔，載貨十一萬斤有奇。列龍旗、御仗於船頭，執事分列兩舷。龍口置大砲一，左右各置大砲二，兵器貯艙内。桅上有欽差旗、蜈蚣旗、五采旗、黃認風旗，大桅下横大木爲轆轤二，移砲、升蓬皆仗之，輦以數十人。頭纜圍尺有八寸，次尺有二寸，次尺。定三，皆以鐵力木爲之，形如个字，以代鐵錨。艙面爲戰臺。尾樓爲將臺，立幟列藤牌，爲使臣廳事。下即柁樓，柁前有小艙，實以沙，布針盤其中。鵶班之外有繚手、定手、車手各目。中艙梯而下，高可六尺，爲使臣會食地。左右分居，居復分兩層，名曰麻力。上層又劃爲三間，下層則劃爲六間，主棲其上，僕處其下，下層間臥二人。前艙貯火藥、貯米，又前以居胥役，稍後以居兵，稍後爲水艙凡四井，再後則都司居之。柁前艙則接封陪臣及從者居之。二號船稱是。每船約二百六十餘人，船小人多，無立錐處。余與介山不得已遣人札商撫軍，日暮不得入城。

初二日癸未，晴。遣陳都司、王守備入城，籌住人法。撫軍遣副將、福州太守、海防同知等官來相度，苦無良策，咨嗟而去。是日烏石山僧遣人餽寄塵荔支一簍，乃得飽啗。

初三日甲申，晴。撫軍仍遣前三人來，以勢撥兵丁四十人，令過二號船。余立止之，曰：「公等此舉是欲激變人心而令我等受累也。何者？渡海苦役也，酷暑苦時也，此輩亦人子，彼二號船已不能容而復益以數十人，將安置之？且選兵所以護船，遣去太多，尤非慎重，義不得已，人役尚可減耳。」因呼兵至前，諭之曰：「汝輩過船亦無處住，今欲酌減胥役，汝輩過海能代彼執役乎？」皆感泣曰如命。因每船減役二十餘人，人心始定。

初四日乙酉，晴。午刻泊鼇頭。申刻慶雲見於西方，五色輪囷，適與樓船旗幟上下輝映，舟中及兩岸之人莫不嘆爲奇瑞，因作頌以紀之。亥刻起定，乘潮至羅星塔，投銀龍潭，祭取淡水滿四井止，井各受二百石，封錮之，以鑰交陳都司司啓閉。

初五日丙戌，晴。連日皆南風，以水淺待潮乃行。辰刻至怡山院，奉諭祭文致祭於天后、海神，分胙於兩船兵役。問船户，知祭黑溝羊豕官未之備，因與介山捐貲購之。潮至仍行。

初六日丁亥，晴。無風，巳刻過管頭金牌門，領兵總兵許廷敬來謁，諭令嚴申紀律，以待風信。是夜總兵探得五虎門外有艇船。

初七日戊子，晴。無風，同介山禱於天后，禱畢風微至。時總兵札陳都司云艇匪尚在海口，不宜開船。余細視報單乃係浙江來信，語皆懸揣無實據，因飭都司，如果有艇匪，許總兵帶兵千餘，配船四十隻，便宜出海驅逐，何尚觀望。無西南風則已，有風即開洋。巳刻西南風大至，潮亦盛，令都司傳諭許總兵，排定船隻，各執器械，分三起出口。先鋒船十二隻爲一起，若遇賊，視賊船揚帆來即落帆讓之，如賊船落帆，我船即揚帆直過，不必打仗，俟二起接著打仗，聞連珠砲即將船轉回，前後夾攻。二起爲封舟，配戰船二十隻。三起配船八隻，左右接應。令船户車杉板置於舟右。杉板者，舟之小船，泊時渡人者也。佈置已定，令張帆，午刻開洋。舊例洗砲應在五虎門内，因聞有賊，故令出口再洗，藉以壯聲勢，懾賊膽。丁未風乘潮出五虎門，日入過官塘尾，越進士門，水淺起柁尺許乃過，亦竟不見賊，隨遣護送船回。封舟無玻璃漏，前經屢飭海防同知備辦，亦置不理，至是舟人以香代，具文而已。入夜接封大夫梁焕率其國夥長二人主針，目不轉瞬，與柁工相依爲命。午風單辰針，計行船五更。

初八日己丑，晴，午風大。日出無甚異，所謂「不識廬山真面目〔九〕，只緣身在此山中」也。黎明有二白鳥繞船而飛。午刻丁風，仍用辰針，計行四更。申刻過米糠洋，璇皆圓波，浪密而細，如初篩之米，點點零落，米糠字極有形容。日落計又行三更船，夥長云雞籠山、花瓶嶼去船遠，不應見。是夜用乙辰針行船六更，舟中吐者甚多。余日坐將臺，初不覺險，飲食如常。

初九日庚寅，晴。卯刻見彭家山，山列三峰，東高而西下，計自開洋行船十六更矣。由山北過船，辰刻轉丁未風，用單乙針行十更船。申正見釣魚臺，三峰離立如筆架，皆石骨。惟時水天一色，舟平而駛，有白鳥無數繞船而送，不知所自來。入夜星影横斜，月光破碎，海面盡作火焰浮沉出没，木華《海賦》所謂「陰火潛然」者也。舟人稟祭黑水溝，按汪舟次《雜録》過黑水溝投生羊豕以祭，且威以兵，今開洋已三日，莫知溝所。琉球夥長云伊等往來不知有黑溝，但望見釣魚臺即酬神以祭海。隨令投生羊豕，焚帛奠酒以祭，無所用兵。連日見二號船在前，約去數十里。

初十日辛卯，晴。丁未風仍用單乙針，東方黑雲蔽日，水面白鳥無數，計彭家至此行船十四更。辰正見赤尾嶼，嶼方而赤，東西凸而中凹，凹中又有小峰二。船從山北過，有大魚二夾舟行，不見首尾，脊黑而微緑，如十圍枯木，附於舟側，舟人舉酒相慶。巳刻微雨從南來，雷一發，雨倏止。午刻大雨，雷以震，風轉東北，柁無主，舟轉側甚危。接封大夫梁焕請曰：「水井漏，淡水將竭，如此風不止，當乘風回五虎門，再圖風利。」余聞大魚夾舟，若有神助，行海最吉，因令人視大魚，尚附舟未去，意者風暴將起，魚先來護舟，因與介山虔焚藏香，跪禱於天后曰：「使者聞命，有進無退。家貧親老，志在蕆事速歸。神能轉風，當籲請於皇上，加封神之父母。」鼎元自元旦發願，時刻不忘，想蒙神鑒，禱畢不半刻，霹靂一聲，風雨頓止。申刻風轉西南且大，合舟之人舉手加額，共嘆神力感應如響。是夜行六更船，仍用單乙針。

十一日壬辰，陰。丁未風，仍用單乙針。計赤尾嶼至此行十四更船。午刻見姑米山，山共八嶺，嶺各一二峰，或斷或續，舟中人歡聲沸海。未刻大風，暴雨如注，俗傳十一日爲天帝龍王朝玉皇之期，又十三爲關帝，颶發於前後三日，殆其驗也。然雨雖暴而風順，酉刻舟已近山，計又行五更船。球人以姑米多礁，黑夜不敢進，待明而行，亦不下定，但將篷收回，順風而立，則舟蕩漾而不能進退。初使風時各篷皆加插花褲，大篷更加頭巾頂，皆以布爲之，插花附於篷側，頭巾附於桅梢，至此盡落之，惟大篷不落。海舟所恃惟柁與篷，落篷下定，舟行最忌。戌刻舟中舉號火，姑米山有火應之，問知爲球人暗令，日則放炮，夜則舉火，儀注所謂得信者此也。丑刻有小船來引導，乃放舟由山南行，始用乙卯針。

十二日癸巳，晴。辰刻過馬齒山，山如犬牙相錯，四峰離立，若馬行空。計又行七更船，再用甲寅針取那霸港。回望見迎封船在後，共相慶幸。考歷來針路所見，尚有小琉球、雞籠山、黄麻嶼，此行俱未見，問知琉球夥長，年已六十，往來海面八次，每度細審，得其準的，以爲不出辰卯二位，而乙卯位單乙針尤多，故此次最爲簡捷，而所見亦僅三山，即至姑米。針則開洋用單辰行七更，後用乙辰，自後盡用乙，過姑米乃用乙卯。惟紀更以香，殊難爲據。念五虎門至官塘里有定數，因就時辰表按時記里，每時約行百有十里。自初七日未時開洋，訖十二日辰時，計共五十八時。初十日暴風停兩時，十一日夜畏觸礁停三時，實行五十三時，計程應得五千八百三十里，計到那霸港實洋面六千里有奇。據琉球夥長云，海上行舟，風小固不能駛，風過大亦不能駛。風大則浪大，浪大力能壅船，進尺仍退二寸，惟風七分，浪五分，最宜駕駛，此次是也。從來渡海未有平穩而駛如此者。於時球人駕獨木船數十，以縴挽舟而行。迎封三接如儀，辰刻進那霸港。先是二號船於初十日望不見，至是乃先至，迎封船亦隨後至，齊泊臨海寺前。夥長云從未有三舟齊到者，衆復驚喜。午刻登岸，傾國人士聚觀於路，世孫率百官迎詔如儀。啓門後，各官以次進謁。法司、王舅、紫巾官、紫金大夫爲一班，皆紫帽，立而揖答之。耳目官、正議大夫、中議大夫、遏闥理官爲一班，皆黄綾帽，立而拱手答之。那霸官、都通事、長史爲一班，皆黄紬帽，坐而抗手答之。少頃世孫來，年十七，厚重簡默，儀度雍容，白晳而豐頤有福相，寒温仰於通事，茶罷辭去。天使館西向，仿中華廨署，有旗竿二，上懸册封黄旗。有照墻，有東西轅門，左右有鼓亭。

有班房，類半間，國之小吏執事者坐焉。大門署曰天使館，門內廊房各四楹，以居吏役。儀門署曰天澤門，萬曆中使臣夏子陽題，年久失去，前使徐葆光補書。門內廊房左右各十一間，以居從人，中有甬道，道西榕樹一株，大可十圍，徐公手植，本四株，今存其一。最西者爲厨房。大堂五楹，署曰敷命堂，前使汪楫題，稍北葆光額曰皇綸三錫。堂後有穿堂，直達二堂。堂五楹，中爲正副使會食之地，前使周公署曰聲教東漸，左右即寢室。堂後南北各一樓，敞其中，有後門，樹塞焉。南樓爲正使所居，汪楫額曰長風閣；北樓爲副使所居，前使林麟焻額曰停雲樓。額北有詩牌，乃海山先生所題也。周礪礁石爲垣，望同百雉，垣上悉植火鳳，幹方無花，有刺，似霸王鞭，葉似慎火草，俗謂能避火，名吉姑羅。南院有水井。堂樓皆上覆瓪瓦，下砌方磚，板壁席地，院平以砂。桌椅床帳悉仿中國式，飲食日用之物無不畢備。樓前後有窗，海風徐來，頗無暑氣，賓至如歸焉。

十三日甲午，晴。恭謁先師孔子廟。廟在久米村，創始於康熙十二年。堂三楹，中爲神座，像如王者，垂旒搢圭，而署其主曰至聖先師孔子神位。左右兩龕，龕二人立侍，各手一經，標曰《易》、《書》、《詩》、《春秋》，即所謂四配也。堂外爲露臺，東西拾級以登，栅如櫺星門，中仿戟門，半樹塞以止行者，其外臨水爲屏墻。堂之東爲明倫堂，康熙五十六年程順則請建。堂北祀啓聖，久米士之秀者皆肄業其中，擇文理精通者爲之師，歲有廩給。廟中有前使汪、林二公碑記。次謁天后關帝廟。廟在久米村，三楹，中祀天后，西祀關帝，空其東以居人。是日即恭請天后、拏公行像登岸，安奉廟內。

十四日乙未，晴。飭從者各安執事，無妄出入。諭閽者嚴啓閉，差遣則付以籤，閽者驗放，無籤而擅放，責闇者。聞球俗有紅衣土妓，諭令驅逐，無附近使館，蠱我從人。諭長史一切供應宜從節儉，毋過豐，凡館中瑣事皆長史領之也。

十五日丙申，晴。早起於文廟、天后宫行香，世孫遣法司等官來，饋食有加。有紫金大夫鄭得功，能漢語，通事無能及者。長史、耳目官呈進供應事例，天使日米一斗，麵粉四觔，猪肉五觔，羊肉三觔，雞二隻，乾、鮮魚各四觔，蛋十枚，蟳二枚，蔬菜十一觔，西瓜二圓，米、醬、醬油、醋、鹽各四盞，豆腐三觔，醬菜半觔，燭四枝，燒酒二瓶，炭十觔，柴四束，瑞泉淡水二石。隨弁三員，減十分之四。全廩給減十分之五，無羊肉，半廩給減十分之六，口糧、月糧減十分之七。世孫五日一遣官賚牛酒問安，俱周詳不惜費。然物多亦正無用，乃於供應裁十之四，廩給裁十之二。問牛能耕，何以殺？長史云：「有大祀則殺牛，無故不殺也。」乃令去牛用羊。此行不宴會，法司等官來即以羊酒與之。仍於朔望日各賚以筆墨幣扇之類，以是日爲例。午後雨，虹見於東。

十六日丁酉小暑，晴。遣内丁、外丁、通事各一人至世孫處看拜，世孫留食，隨遣長史謝。余意欲親身往拜，長史云大禮未成，不敢勞駕。余考向例，果然。世孫來簡云「中山王世孫某」，余與介山簡云「册封正副使某」，皆遵例行也。是日斷虹見於北，按《指南廣義》，斷虹見則有颶，連日見之必有航海遺風者，余等真徼倖矣。

十七日戊戌，晴。閱案頭食單，有所謂龍頭蝦者，蓋水族雖多，隔日輪供，取視之，長尺餘，絳甲朱髯，血睛火鬣，類世所畫龍頭，見之悚然。徐葆光《傳信録》云一名鰝。按《爾雅》注：鰝，大蝦也。

無龍頭之説。取其殼以爲燈，可供兩日玩，三日而色變矣。

十八日己亥，雨。栽荔支於使院庭後，南北分列，南者一本二幹，北者一本三幹，長四尺以上，移自牧荔園，種曰陳家紫，既爲詩以祝之，并序其由來，刻碑立於北樓之側。球陽地氣温暖，或可望其榮實也。是日供食有毛魚，以細小得名，外視似腐而味耐咀嚼，率以七八月朔前後五日排陣出，土人取而鹽之，風味不減糟鯆，閩人以爲逸品，汪、徐二公頗垂涎焉。

十九日庚子，微雨。寄塵得詩四首，有句云：「相看樓閣雲中出，即是蓬萊島上居。」又：「一舟剪徑憑風信，五日飛帆駐月楂。」皆真境真情。是日食品有石距，似墨魚而大，腹圓如蜘蛛，雙鬚八手，攢生兩肩，有刺，類海參，無足無鱗介，味如鮑魚，徐録作石鉅。考字書無鉅字，余前遊登、萊，見有所謂八帶魚者，以形考之，當是石距。《異魚圖贊》注：章舉石距，烏鰂之别種。見《日華子》。

二十日辛丑，晴。世孫遣官問起居，禮答之。前渡海時汪撫軍送紹興酒二埕，此日開試，味益香，因與介山痛飲，所謂聞足音跫然而喜者也。席間食品有海膽，色如伏後卵黄，味如蝦蟳，乃取其肉而醢之者，正不知生作何狀，行當取驗之。是日國中祭稻神，此祭未行，稻雖登場，不敢入家。

二十一日壬寅，陰。連日食海味，腹漸作瀉，飭庖人但供時蔬淡粥，庖人乃以佳蘇魚進，問之，曰：此非魚名也，係削黑鰻脊肉乾而爲之。長五六寸許，形如梭，質如枯木，土人謂出久高島者良。食法先以温水浸洗，裹蕉葉煨之，切片如鉋花，連五七片不斷，又如蘭花，宜清醬，頗有異味。清醬甘美，十倍於閩。惟求佳蘇之義不得，適有長史至，問亦不解。因呼至前細核之，據云此品在敝國既多且美，自王官以及貧民皆得食，意殆謂如家常蔬菜，人人得食也。球人字皆對音，輒爲易以家蔬，以紀其實。是日爲龍母暴期。

二十二日癸卯，晴。午後偕介山、寄塵策騎遊波上山，一名石筍厓，以形似名之也。石垣四周，垣内板閣離立，三楹，下有平堂三楹，垣後可望海。沿海多浮石，嵌空玲瓏，潮水擊之，聲作鐘磬。東北有山曰雪崎，又東北有小石山曰龜山。稍下爲護國寺，國王禱雨之所。龕内有神黑而倮，手劍立，狀甚獰，名曰不動，或曰火神。庭中有景泰七年鑄鐘一，廡下又有乾隆五十七年新鑄鐘一。寺後多鳳尾蕉，一名鐵樹。西有石，高五尺，黑而潤，狀如骈佛手，爲書仙人掌三字於上。佛桑葉正與桑無異，世以木槿爲佛桑，未得實也。

二十三日甲辰，晴。法司等官呈進諭祭儀注，云：先期灑掃王廟，設香案，司香二人，設開讀臺於滴水西，設開讀位東南向，設先王神位於露臺東，西向，設世孫俯伏位於神主下，設拜位於露臺中，皆北向，設衆官拜位於世孫後左右列，設奏樂位於衆官拜位後，設而不作。祭日黎明，法司率衆官及金鼓儀衛集天使館，俟啓門進，叅迎請龍亭、綵亭入中堂，捧軸官捧諭祭文安奉龍亭，捧帛官捧焚帛安置綵亭，衆官排班，行三跪九叩首禮畢，前導至真玉橋。世孫素衣黑帶，率衆官迎伏於橋東道左，龍亭暫駐，世孫、衆官平身，天使分立龍亭左右，通事官唱排班，世孫率衆官行三跪九叩首禮畢。前導至廟門外，龍、綵亭由中門進，置廟内中堂。天使隨入，左右立。捧軸、捧帛官由東角門進，至廟東堦，西向立。宣讀官、展軸官由西角門進，至開讀臺下，東向立。司香二人舉香案置龍亭前添香。世孫率衆官由東角門入，上露臺，各就拜位，行三跪九叩首禮畢，退立於先王神主下，西向。捧軸官由東階進，天使取諭祭文授捧軸官，捧軸官高舉出廟中門，上開讀臺，宣讀官次之，展軸官又次之。捧軸官立案右，展軸官立案左，與捧軸官對展，宣讀官就開讀位，通事官唱開讀，世孫率衆官俯伏於先王神位之下，北向。候宣讀畢，通事官唱焚黄，捧軸官捧軸下臺，捧帛官捧帛由廟中門出，俱至焚黄所，世孫、衆官皆平身至焚黄所，候焚畢，回露臺，率衆官行三跪九叩首禮畢，退班。天使詣先王神主前祭，行一跪三叩禮，世孫俯伏謝。隨捧先王神主由東階進，安於東龕。天使與世孫行相見禮，再拜畢，茶三行，天使告辭，世孫送，如前天使送世孫禮。琉球七宴，此宴居首，以不宴會，故茶罷即歸也。

二十四日乙巳，晴。閒居無可消遣，與介山奕。用琉球棋子，白者磨螺之封口石爲之。内地小螺拒户有圓殼，海螺大者其拒户之殼厚五六分，徑二寸許，圓白如硨磲，土人名曰封口石。黑者磨蒼石爲之子，徑六分許，圍二寸許，中凸而四圍削，無正背面，不類雲南子式。棋盤以木爲之，厚八寸，四足，足高四寸，面刻棋路。其俗好奕，舉棋無不定之説，頗亦有國手，局終數空眼多少，不數實子，數正同。相傳國中供奉棋神，畫女相，如仙子，不令人見，乃國中雅尚也。

二十五日丙午，晴。世孫遣官起居，食單内有海蛇，長三尺以來，僵直如朽索，色黑，狀狰獰。起居日供一束，束五具，土人云性熱，能去瘋殺蟲，療痼已癘，殆永州異蛇類。余性無所忌，試令如法炰治，但有皮而無肉，味亦無他異，然土俗甚重之，以爲貴品。

二十六日丁未，晴。食後偕介山遊奥山。由却金亭登舟，徐録載前明册使陳給事侃歸時却金，故國人造亭以表之。舟東行二里至看見城，高丈許，周圍不十丈，荒廢無亭舍，《志略》謂之砲臺，徐録謂之看見城，問之從官，莫知建由。摺而西，步行小土山，時潮退，平沙泥淖略可步，舟不能及岸。過小橋至龍渡寺。寺在奥山麓，舊爲蛇窟，僧心海始闢之，蛇避去，因築堤截湖，引泉種松，而建寺焉。寺兩楹，徐澄齋爲題曰龍渡寺。今寺側又新建屋二楹。沿路多種美人蕉，寺前有小亭，亭前有小沼，水涸，小魚多熱死，有鯉長尺餘，奔若求救，因命取之，養以水而放之海。沼側有小廟，亦供不動，有大番字，如世所傳奎星圖。對山爲鶴頭山，時雲黑欲雨，遂急歸。寺後有貝多羅樹一株，多烏木，葉如棗，黑質而白章，性頗堅，國人用以作屏，以其有文理也。

二十七日戊申，晴。偶閲《志略》，屢見颱颶字。余不識颱字，遍查字書無之，然琉人每言大風必曰颱颶，閩人亦習言之。按韓昌黎詩「雷霆逼颶䬠」，是與颶同稱者爲䬠。《玉篇》：䬠，大風也，於筆切。《唐書·百官志》有䬠海道。或係球人誤書，歷來使者不深考，遂沿其誤，然亦未敢自執，俟歸質之博學者。

二十八日己酉，晴。偕介山遊善興寺。寺在使院東北，周垣可五六畝，樹多福木榴薇，中建板閣一，祀天滿大自在天神。户常扃，祈報者皆膜拜於門外。土俗敬神用瓣香而不焚，最尊敬者輒撒米數撮而去。佛堂亦供不動，更有神三首六臂，黑如桼，從官云此開國天孫氏神也。僧供茶甚甘，問之即本寺井泉。寺側有石池，叠石山，玲瓏可愛，百層拳屈，色如初燒瓦，上以花草點綴，問知爲石芝，結自海邊，然質脆不能攜遠。

二十九日庚戌，晴。連日細訪琉球山川風俗，《志略》略備，惟琉球寄語尚未搜採，徐録偶及之，亦挂一漏萬。因語法司官，擇有文理通暢多知掌故者常來館中，以資採訪。是日世孫遣楊文鳳來，長史言其文理甚通，能詩善書，與之語不解，因以筆代舌，著字詢其音義，并訪其方言，文鳳果能通達字意。是日爲天帝龍王朝玉皇暴，不應。

三十日辛亥，晴。首里公子向循師、向世德、向善榮、毛長芳來，以所作詩文進質，皆有思致。詢其來意，乃知世孫知余欲輯球雅，特遣四人來助。楊文鳳參稽一切，三向爲世孫本支，毛則王妃之姪，通漢文，能漢語，年皆二十以上，與之語，文理尚不及文鳳，而聰明善悟。世孫即令五人館於使院之西里許，因就詩韻字令，每人日注數十字來，疑者面議，後率以爲常。

六月朔日壬子，晴。連日球陽少雨，農家望雨甚切，因與介山至文廟、天后宫行香，遂默禱於天后、關帝，求賜甘霖，以救一方。是日世孫遣官起居，有加禮，食單始見米肌，狀如酪，味少酸。徐録謂釀米經婦人口嚼而成，名曰米肌酒，球人甚重之。細詢作法，實不用麯糵，而味亦不類酒，殆酪類也。食單又有福壽酒，名頗吉祥，細考之，仍是燒酒，著黄糖則名福，著白糖則名壽，中朝亦有此食法，特未錫以佳名耳。琉球土産惟有燒酒一種，純以米釀之。未刻陰雲密布，飛雨數點而止。

初二日癸丑大暑，陰。遣從官入首里看拜。從客寄塵等往遊泊村歸，以新稻穗見示，云稻已盡收。乃知球陽地氣温暖，稻常早熟，種以十一月，收以五六月。薯則四時皆種，三熟爲豐，四熟則爲大豐。稻田少，薯田多，國人以薯爲命，米則王官始得食。亦有麥、豆，所産不多。薯一名地瓜，沿閩人土語。

午後微雨。

初三日甲寅，陰，未刻大雨。蕃薯得此，不啻甘露。是日食單有蚶，取視之，徑二尺以上，圍五尺許，古人所謂瓦屋子，以殼形凹凸象瓦屋也。徐録謂國人以爲洗具，又以爲户樞。洗具前於善興寺見，長五尺許，然肉味不及小蚶。水族除鱘鰉外，愈大愈無風味，不特蚶也。即如此邦海螺，有圍數尺者，遠不及京師小青螺矣。

初四日乙卯，晴。食後偕介山遊七星山，俗名富盛山。出館東行至文廟，摺而南度泉崎橋，橋下爲漫湖滸。每當晴夜，雙門拱月，萬頃澄清，如玻璃世界，爲中山八景之一。過橋而南爲牧志村，有隄曰長虹。山多松，無亭舍，陵阜錯峙，如七星之蟬聯，多墳墓，墓皆依山而封截其前。由山北摺而東里許至城嶽，圓峰突起，灌木成林，山麓板屋一區，石大小横列，國俗以石爲神也。旁有小浮屠，立於乾隆二十七年，後署親雲上某渡海歸來造。前有古松數百株，東有泉曰旺泉，味甘，爲中山八景之一。旁有老松三株，奇崛可玩。東望見壺家山，瓦屋十數楹，東西對列，從官指爲國中陶處。未刻大雨，歸。

初五日丙辰，陰，巳後大雨。長史送佛桑四株，一種千層如榴，有深紅、粉紅二色；一種單層，花如燈盤，蕊單出如燭，長二寸許，有紅、白二色。朝開暮落，落則瓣卷如燭，花而不實，四季有花，深冬葉始凋謝。此地花開四季者甚多，氣暖故也。余感長史意，囑從客酬以酒，意有花再相致耳。

初六日丁巳，晴。是日國中作六月節，家家蒸糯米爲飯相餉，即中朝嘗新之意。迎封大夫梁焕以一盤見餽，因命庖人爲糕，和糖食之。食後遣通事、從客等至琉球先王廟習禮。蓋凡大典禮皆從行之通事、從客等執役，世孫亦先期遣官致請，謂土人不甚習禮，先遣至廟者，視其出入進退之路也。

初七日戊午，晴，辰刻微雨旋止。長史復以花二盆見貽，標曰水翁花，視之乃馬蘭花也。中山草木多與中朝異稱，蓋因國中少書，多不識古來草木之名，如羅漢松謂之樫木，冬青謂之福木，萬壽菊謂之禪菊，其初以意名之，後遂相沿不改，惜未攜《群芳譜》來一一證辨之耳。

初八日己未，晴。辰刻恭奉諭祭文及祭銀、焚帛安放龍、綵亭内，出天使館東行，過久米村、泊村至安里橋，即真玉橋，世孫跪接如儀。即導引入廟，按儀注行，樂皆設而不作。焚黄時有黄氣直上二十餘丈，結爲黄蓋，四垂瓔珞，莫不嘆爲奇祥。禮畢，世孫引觀先王廟。正廟七楹，正中向外通爲一龕，安奉諸王神位。左昭自舜馬至尚穆共十六位，右穆自義本至尚敬共十五位。諸皆稱神主，惟寧、豐、賢、質四王稱尊靈，又加稱寧曰康翁，豐曰宗盛，賢曰秀英，質曰直高。琉球俗質，諸王神主皆稱名，四王獨加稱者，殆以王有功德，仿中朝加謚之義而稱之耳。左壁向右木主一，書歷代有功王叔神位，右壁向左木主一，書先代王妃神位。楹上有四額，前四次使臣所題。廟前西爲神厨，東爲佛堂。堂之側爲僧厨，即崇元寺，中有甬道，道東西廳各三楹。前堂三楹臨街，正中洞門三，左右角門二，門前石路平敞，左右有木坊及下馬碑。周礪石爲墻，前臨溪澗，對岸松岡數重，村曰安里，屬真和志。茶罷即歸。臨行紫金大夫鄭得功前跪致詞，述世孫感激之忱，通國臣民歡躍狀，仰見我皇上孝德旁孚，無遠弗届，球雖僻陋在夷，罔不銜感榮幸，思念先王。是日球人觀者彌山匝地，男子跪於道左，女子聚立遠觀，亦有施帷挂竹簾者，土人云係貴官眷屬。女皆黥手背指節爲飾，甚者全黑，少者間作梅花斑。按《諸番志》，黎母俗女及笄即黥頰爲細花紋，謂之繡面，集親客相慶，俗與雕題、鑿齒同。初見紅衣人，頭面較良家修飾，衣亦鮮潔，蓋國俗不穿耳，不施脂粉，無珠翠首飾，此輩誨淫，或私爲冶容，偷施脂粉耳。人家門前多樹石敢當碣，墻上多植吉姑羅，或揉樹横卧墻頭，剪剔極齊整。婦女趁集者或戴筐而立，或置筐於地，男女老幼，不下數萬人，知生齒日繁矣。午刻歸館。申刻世孫遣遏闥理官餽胙，外送看席一桌，即賞來使，令與同官分食之。

初九日庚申，陰。辰刻世孫遣耳目官、長史以簡來謝，并致晏金十二兩。余與介山坐二堂，呼長史語之曰：「既不晏會，安得晏金？歸謝世孫，以後無容致送，徒勞君等往返。」寄塵以不服水土，得河魚腹疾，傳顔巡捕眕視。入夜大雨驟凉，覔夾被不得，以衣代之。是日爲地神龍王朝玉皇暴，驗。

初十日辛酉，雨。邀楊文鳳、首里四公子爲竟日談，得寄語百數十條。庭中寄生螺冒雨夥出，大小不一，長圓各異，皆負殼而行。螺中蟹兩螯八跪，跪四大四小，以大跪行，螯一大一小，小者常隱，大螯以取食，觸之則大跪盡縮，以一大螯拒户。蟹也而有螺性，《海賦》所云「璅蛣腹蟹」，豈其類歟？《太平廣記》謂蟹入螺中，似先有蟹然。從人有取置碗中以觀其求脱之勢者，力猛殼脱，頃刻死，則又與殼相依爲命，造物不測，難以意度也。

十一日壬戌，晴。食後偕介山騎至却金亭，馬較朝鮮果下馬稍高，耳特長，性馴，行沙礫中不見顛蹶。前初八日騎數百匹皆牡馬，不用牝者，恐亂群也。登舟渡過山南，稍上有板屋三間，名土地廠，有石無神像。西接長隄，直至南砲臺，徑荒不能直達。摺而南度大嶺，遊海邊村，無他樹，滿望皆阿呾呢，連蔓堅利，可爲藩籬，葉長可造蓆，刺生其旁，幹層裂如裹麻，根可爲索。開花者爲男木，花白，瓣若蓮，合尖左右叠十餘朵，直上五掗，蕊露如杖，長三寸許，頗芳烈。不實女木，則無花而實大如瓜，膚紋起釘，皆六稜，可食，或云即波羅密別種，一名鳳梨。村中泉石頗佳。

十二日癸亥，晴。長史送鐵樹四盆來，質枯如鐵，一本或數幹，無旁枝，叢葉蓋頭對出而勁挺如蜈蚣。一名鳳尾蕉，以葉對出形似也。一名海㯶櫚，以葉蓋頭形似也。其根碓爲粉可充糧，島人以御荒歲，處處皆植之，亦有攜至中華以爲盆玩者，則謂之萬年㯶云。午刻大雨，申刻晴。自此日以至二十四日皆大颶之期。

十三日甲子，晴。球地皆沙土，雨過即可行，無泥濘。食後偕介山騎過迎恩亭，沿堤行，堤長三里左右，石砟磈立。隄盡處爲砲臺，南北對峙，踞霸港口，環以埤堄，方廣不盈畝，無一人一物。臺西中流有巨礁曰馬加，爲琉球險隘門户，入港皆鐵板沙，堅如鐵，平如板，而利如劍，舟路曲摺避沙而行，誤觸之立碎，惟土人能知其道，故恃以爲險。歸路遊臨海寺，寺創於順治十二年，爲渡唐官船祈報之所，國人呼中國爲唐山，呼華人爲唐人也。石垣四周，佛堂三楹，面東，板閣一，無佛像而有香爐供石。舊名定海寺，有鐘，爲前明天順三年鑄。此邦觀海波上爲最，砲臺其次矣。入夜雨。

十四日乙丑，陰。荔支栽近一月，新葉茂發，有生機矣。早起偶步其側，見新葉有蝕者，薄視之，有蟲黄體而蒼文，兩角八足，身方而毛，世所謂毛蟲，類附葉爲巢，蒙如小蛛網，卵生如蠶子而速，大者二寸以來，命僕捉而阬之，盡掃其巢。嘉樹生蟲，修士來謗，固其所也。介山偶得一蟹，闊而薄，兩螯大於身，甲小而缺其前，縮兩螯以補之，若無縫，八跪特短，臍無甲，尖團莫辨，見人則凸雙睛噀水高寸許，似善怒，養以沙水，經十餘日不食亦不死。土人不知其名，以其得於沙也，名之曰沙蟹，爲詩以記焉。午後雨。

十五日丙寅，大雨。各廟行香。世孫遣官起居，食品有海馬，肉薄片迴屈如鉋花，色如片茯苓，品之最貴者常不易得，得則先以獻王。其狀魚身馬首，無毛而有足，皮如江豚，惜未得見生者。適楊文鳳、四公子來，即以海馬分韻，詩亦有理致，而不能繪其形狀，非余命題之旨，亦恐未見其生也。

十六日丁卯，晴。遣官看拜。偕介山遊鶴頭山，陟其巔，避日而坐。草色黏天，松陰匝地，東望辨岳，秀出天半，王宫歷歷如畫。其南則近水如湖，遠山如岸，豊見城巍然特出，山南王之舊迹，猶有存者。西望馬齒、姑米，出没隱見，若近若遠，封舟之來路也。北俯那霸、久米，人烟輻輳。舉凡山川靈異，草木陰翳，魚鳥沉浮，雲烟變滅，莫不争奇獻巧，畢集目前，乃知前日之遊，殊爲鹵莽。梁大夫小具盤樽，席地而飲，余亦趣僕以酒肴至。未申之交，凉風乍生，微雨將洒，乃移樽登舟。時海潮正漲，沙岸瀰漫，遂由奥山南麓搯而東北，山石嵌空欲落，海燕如鷗，漁舟似織。俄而返照入山，冰輪出水，文鰩無數，飛射潮頭。與介山舉觴弄月，擊楫而歌，樽不空，客皆醉。越渡里村，漏已三下，却金亭前列炬如晝，迎者倦矣。乃相與步月而歸，爲中山第一遊焉。

十七日戊辰，大雨竟日。長史覔得法司蔡温、紫金大夫程順則、蔡文溥三人集，詩皆有作者氣。順則别著《航海指南》，言渡海事甚悉。蔡温尤肆力於古文，有《蓑翁語録》、《至言》等目，語根經籍，有道學氣，間出入二氏之學，蓋學朱子而未純者。

十八日己巳立秋，晴。寄塵病初愈，欲遊波上，而力弱不能騎，長史爲之備轎。轎如中國擡榼，長三尺許，廣二尺，高三尺，啓其右以入，周圍以草簾，聞亦有用竹簾、紗布者。人坐轎底，頂有二環，貫以獨木，二人前後舁之，去地不及五寸，遠望如籠，不知中有人也。王叔以下皆乘之。薄暮寄塵歸，以布數疋見示，云購自市中。時昏黑不及細視。

十九日庚午，晴。寄塵以出遊受風，病復發，視之面赤甚，勸令服藥。因取視昨所購布，一米色，曰蕉布，寬一尺，乃漚芭蕉抽其絲織成，輕密如羅；一白而細者曰苧布，寬尺二寸，可敵棉布；一白而綿軟者曰絲布，乃苧經而絲緯，品之最上者，《漢書》所謂「蕉筒荃葛」，即此類也；一米色而粗者曰麻布，品最下矣。國人善印花，花樣不一，皆剪紙爲範，加範於布，塗灰焉，灰乾去範，乃著色，乾而浣之，灰去而花出，愈浣愈鮮，衣敝而色不退。此必別有製法，秘不語人，故東洋花布特重於閩。

二十日辛未，晴。食後遊辻山，國人讀爲失汁山，《志略》謂一字兩音，汪録亦作青芝山。石阜臨海，上多冢，亦有僧塔。山下爲女集，時尚早，墟無人，然遠不及波上。因仍至波上，坐而觀海。有船自山北來者，從官云柴船也。山下漁船甚夥，有撒網者，有釣者。午刻歸，遍考辻字不得，因悟琉球字皆對音，十失無別，疑迭之誤。《説文》：迭，更迭也。辻山左有波上，右有天久，山實有更迭之意，訛失爲十，遂成辻，而不知無其字也。即失汁二字，亦是更迭之義，與十摺同，非二音。余方輯《球雅》，乃知一字作二三字讀、二三字作一字讀者，皆義而非音，即所謂寄語，國人盡知之音，則合百餘字或十餘字爲一音，與中國音迥異，國中惟讀書通文理者乃知對音，庶民皆不知也。

二十一日壬申，微雨。供應所送得生海膽一具，形渾沌，通體刺如蝟，無頭尾面目，蠕蠕能運，旁有小穴，赤而方，或其口也。球人以形似，名曰海膽，剥皮取肉，搗成泥，盛以小瓶供饌，前已嘗之矣。若易名曰海蝟，尤爲得實。是日寄塵病小愈，夜與介山小酌。

二十二日癸酉，雨。東北風大，自十二日至於今日皆大風，世傳颶期，信而可徵。二十四日爲雷公誕，名爲洗炊籠，颶或預發於今日。時樓皆振動，窗紙盡裂，入夜不寐，聞壁間啾啾作雀聲，燭而視之，見蝎虎無數，火至俱避入隙。徐録謂不傷人，既目擊之，又懾以風聲，益不能寐，因呼寄公起，與談元理，頗有入悟處，遂與唱和成詩，未及數首而東方已白矣。

使琉球記卷四

六月二十三日甲戌，晴，風轉南。偕介山遊泉崎，登中島。島對奥山，隔漫湖，村西有園曰蕉園，中山八景所謂中島蕉園也。徐澄齋亟稱之，全、周二公時已廢，今歸馬氏。蕉盡荒落，然境自清幽，具林泉氣。出門摺而西，有礁孤立，高二丈，圍可五丈，重叠而上，小樹攢石頂，土人云係久米風水，所謂文筆峰也。歸路久米，憇倪氏宅。宅前有臺，宜遠眺，内魚池二，各圍丈餘，叠石峰其中如芙蓉，饒奇花異卉。

二十四日乙亥，晴。是日爲雷公誕。食後遊東禪寺。寺在久米東北，前臨下天后宫，後倚平山。六松盤若虬，西有茂林可半畝，階前穉桂數株。國中僅見木槿二，與中國同。佛堂有徐澄齋、王夢樓詩軸，僧岩桂年七十二，貌甚古，類有德者。籬邊香櫞一，蓽薆縈繞，若凌霄，子赤形如僵蠶，味類胡椒。鄭得功云邦人呼爲辣蒿，花白子赤，種三，更有小而黄、圓而赤者，食之可已冷氣。

二十五日丙子，晴。是日國中祭稻神，謂之大祭。家以糯飯饋客，稻既收，報田祖也。有梁長史邦弼饋糯飯來，鬚髮盡白，問其年方五十，詰其故，自稱小底，因云國人固多不壽，小底尤早衰。而胡靖録云人無勞心，多致天年，語不實。小底者，陪臣對天使之詞，若對從客則曰弟，亦成例也。通文墨者自稱夷官。

二十六日丁丑，雨。楊文鳳來，問以國中官制士習，對曰：敝國皆世爵世禄，官至大夫乃食采，亦論功陞賞，如渡海爲一功，充朝貢使爲一大功。無文字之試，士農工商皆各世其業。首里七大姓世爲王室婚姻，法司、紫巾官大都不出七姓。其子弟年十四以上入王宫應差，漸以資授職，由庫司官積功至曷闥理官〔一〇〕、耳目官而至法司官，大者曰親方，食俸自庫官始。世官惟蔭適長子孫。久米人官始於通事，止於紫金大夫，從未有至法司者。惟蔡温學優功著，王特用爲法司，子尚翁主，亦即移居首里，與七姓同貴。温之前有鄭迵，積功至法司，後爲日本所執，不屈死。久米官之子弟能言教以漢語，能書教以漢文，十歲稱若秀才，王給米一石。十五薙髮，先謁孔聖，次謁國王，王籍其名，謂之秀才，給米三石。長則選爲通事，積功至都通事、通議大夫、中議大夫，而至紫金大夫。爲國中文物聲名最，即明三十六姓後裔也。那霸人以商爲業，多富室，由夥長積功至那霸官，能漢語者用爲長史，無至大夫者。其他外島不過酋長，有按司遥領之。按司皆王之親屬。此國中官制之大略也。聽其言源委了然，筆談翻勝口談，當推爲中山第一學者。

二十七日戊寅，晴，無風。世傳是日爲地神龍王朝玉皇暴，不應。偕介山由渡里村泛舟，越中島渡饒波至豐見山麓。策騎而登，頂有山南王弟故城，徐葆光詩所謂「頹垣宫闕無全瓦，荒草牛羊似破村」者是也。稍東爲高嶺村，故壘圍里許，長史曰此山南王故城，名大里者也。王之子孫今爲那姓，猶聚居於此。城下有泉曰惠泉，惠泉之西曰芳泉。再摺而西，有泉從岩底噴流，味極甘，供諸村茗飯，取水者以船載磁盎，絡繹不絶。仍呼舟泛漫湖而歸。

二十八日己卯，晴。鄭得功來，問以國俗，有僧而無尼僧、道士，則通國但知禮佛，比邱、仙人俱所不敬歟？對曰：「國中雖無道士，却敬神仙。」問何以故，對曰：「昔有銘列子，家貧業農，性誠篤，無妻室。近宅有井泉甘且清，一日往汲，遥見井間有奇光，逼視之，見一女子，且汲且浴，衣挂松枝。銘列子惡其無恥，且污泉，陰取衣。衣不類國服，有雲霞氣，心異之，潛以觀其變。女浴畢呼其名而詬曰：『某何白晝爲賊？速歸我。』銘列子聞呼名，心益異，不應。女窘，以浴布被體見銘列子，遽伏地，有國色，不類國人。銘列子責之曰：『此松我松，井我井，胡污我泉？』女趺坐，正色曰：『汝言謬矣。夫松與泉，造化所生，非人得私，汝據爲己物乎？』銘列子初見心已動，又聞其言甚慧，乘機調之曰：『萬物受陰陽之氣而生，人亦得夫婦之道而生。陰陽有常，夫婦有別。汝女也，我男也，赤身對我，無理太甚，不自愧而反責我乎？』女陽怒曰：『實告汝，我非塵世人，仙女也。偶愛此泉故浴，豈識人間夫婦？我非此衣不能去，無辱我。』銘列子復曰：『天雨降世，即爲世間水。汝既降世，即爲世間人。誠仙也自去，衣不可得。』女曰：『聊戲君耳。神明鑒君誠篤，欲昌君家，君貧不能娶，以妾與君有夙緣，來爲君立子女，無去理。』銘列子喜，又恐女給衣去，因脱己衣衣之，遂爲夫婦。人初不之異，後稍異之。居十載，生女一男一，女名真鶴，男名龜年。時女九歲，男五歲，女緣滿將去，乘兒午睡，衣故衣出門。兒覺啼索母，女懼爲情牽不得脱，飛上樹梢。兒追及泣，願同去，女諭之曰：『汝等皆具夙根，無憂不貴，好事汝父，毋念我。』乘雲冉冉而没。姊弟啼，覓數日，野宿不歸。初國王聞其事，數遣耳目官密訪，莫知其家。是日見二兒啼泣甚哀，詰之，兒具以告，官因攜兒同行。方仙女之去也，銘列子探親於首里，三日歸，與兒遇於路，驚問其故，悲喜交集。官引兒見王，王養真鶴於宫中，令龜年就學，待長貴之，並賜其父銘列田地爲貴官，號曰銘列子。」余因其事可傳，遂援筆記之，即爲銘列子傳也可。

二十九日庚辰，晴。是日初見五采魚，有紅緑翠黄諸色，緑鱗紅章，五采相間，土人就形色呼之，無定名。又有一石眉巴魚，色紅如金魚。余俱不敢食，養盎中以爲玩品。又有鰩如白鳥，云飛丈餘始入水，疑即燕魚也。

七月朔日辛巳。行香，余至天后宫，數次見大門内有左廂，北向，屋甚小，遂不經意。至是啓視之，中供龍神行像，云國王禱雨則載像至豐見城設壇以祀。前六月朔，禱雨得雨，龍神與有力，亦宜致禮，因命王守備自後朔望分獻焉。前陪臣請先王廟中匾并天后、關帝對額，隨書付之。是日已刻成，挂壁間矣。世孫遣官起居如例。

初二日壬午，晴。遣丁看拜。同來都司陳瑞芳，泉州人，由武進士現官閩安鎮都司，年四十三，於五月廿四日病痢，痢痊而病轉深，自恃壯盛，不服藥，屢勸不聽，至是見有鬼入室，冠服皆球裝，黄帽者一、紅帽者四，近床牽其衣不去。守備王得禄以告，急取篋中人參一枝，遣顔家選眕視配藥。家選爲立方，仍告余曰：「病入膏肓，恐不起。」夜雨。

初三日癸未，晴。陳病劇，至酉刻逝，與介山往哭，備衣衾棺木，殮之如禮，集句輓之，云：「其生也榮，死且不朽。維子之故，我始欲愁。」并作五律二首，敘兵丁愛戴之情，申同舟之誼，以寄余哀。嗚呼！爲將官能使其兵哀慟思慕，其誠信有過人者，天不永年，殁於異域，痛哉！

初四日甲申處暑，晴。酉刻陳都司蓋棺，偕介山往憑之。停柩於室，守以兵，義當載歸，使其子以禮葬。世孫遣耳目官致祭，并餽安家銀五百兩，欲交介山帶付其子。余從旁曉之曰：「都司歿於使事，世孫宜具奏，即以此銀敘入，渡海後移交督撫，轉付其子。使者禮無私受。」官歸，以告世孫，如余所議焉。

初五日乙酉，晴，大風。偕介山致祭於都司，哭之慟。鄭得功奉世孫命來祭，極歎都司忠誠。余問之曰：「貴國亦有國爾忘家，可傳不朽之人乎？」對曰：「有。昔諸按司割據時，有八重瀨按司者强暴好色，窺玉村按司之妻美，舉兵襲殺之。其妻遣長子小按司雜亂軍以逃，即自縊。八重既失望，又恐子長圖報，密爲踪跡，聞在勝連縣平安名大主家，潛選兵五百，約期進取。先是玉村之臣里川庇椰長子龜壽聞變，即變姓名潛逃八重，將乘間行刺，聞此計誓以死報，先歸別其母。母憐其忠，不忍留，遂走報小按司，趣平安速爲備，意在死戰。平安急召吉田森川系數問計，吉田謂衆寡不敵，徒死無益。聞昔有代君任患者，今誠得一人肯以死代君，庶可緩禍徐圖。龜壽厲聲請以身代，吉田乃縛龜壽詐獻於八重。八重怒，命速斬，龜壽大詈無懼色。八重益怒，轉欲生苦之，令苦盡而後殺，乃下之獄。以吉田爲忠，日益親近。玉村有大臣波平大主者，日厲兵欲報仇而未集也，聞吉田縛獻事，大怒，親至勝連探問，欲誘殺平安而後舉兵。既至，平安告以故，引令見小按司，乃大喜，遂密告吉田爲内應，布兵復仇。時八重新舉子，日爲淫宴，兵既至，八重醉不起，遂斬於床上，出龜壽獄。」嗚呼，此真忠臣孝子矣！是不可以不傳，因記其略於此，而別爲立傳焉。

初六日丙戌，大風。是日食品有蕉實，狀如手指不相屬，色黄味甘，瓤如柚，亦名甘露。聞初熟色青，以糠覆之則黄，與中國製柿無異。其花紅，一穗數尺，瓣鬚五六出，歲實爲常，實如其鬚之數。中國亦有蕉，不聞歲結實，亦無有抽其絲作布者，或其性殊歟？

初七日丁亥，大風。自此至九日皆神煞交會暴。是日庖人進生玳瑁一具，首尾皆尖削，腹特大。首淡紅色，甲如龜，國人取其甲以爲長簪，沿海皆有之，傳至中國者率由閩粤商販，球人不知貴，以爲賤品。崑山之旁，以玉抵鵲，地使然也。俗不諳七夕，無乞巧者。

初八日戊子，雨。先是使院中有螺，殼頭大而尾削，形如船口，如卷書，背骨三峰如筆架，土人以狀類海舟三桅，名曰桅螺，余屬取生者視之。至是以一具進，藏身於背，無拒户，殼行如蝸牛，殆蚌類。凡介蟲無拒户之具者皆非螺類。

初九日己丑，雨。是日始見燕，狀無他異，惟不巢人屋中。國燕以八月歸，此燕疑未入中國者，其來以七月，巢必有地，問之土人，皆不知。别有所謂海燕，較紫燕稍大而白其羽，有全白似鷗者，多巢島中，間有至中國，人皆以爲瑞。

初十日庚寅，晴。是日偶見一鳥，黑頭灰翅，大如烏，問其名，陪臣對曰客莛。按《傳信録》，此鳥以八月來。又見一鳥，毛羽似雁而差小，土人名曰恨煞。余觀其狀酷類秦吉了，《志略》亦云八月來。或今歲逢閏，節候稍早，鳥固應候耶？

十一日辛卯，晴。偕寄塵重遊波上，攜酒行，倦即飲於護國寺。介山偶疾，不偕飲，殊無興。陪臣視余有倦容，以枕進，人各授一，有方如圭者，有圓如輪而連以細軸者，有如文具藏數層者，製特精，皆以木爲之，率寬三寸，高五寸，漆其外，或黑或朱，立而枕之，反側則仆。按《禮記・少儀》註：頴，警枕也。謂之頴者，頴然警悟也。又司馬文正公以圓木爲警枕，少睡則轉而覺，乃起讀書。此殆警枕之遺。

十二日壬辰，微雨。楊文鳳、首里四公子來，纂得寄語五百餘條。偶憶杜氏《通典》云婦人産必食子衣，以火自炙，令汗出。問文鳳然乎，對曰：「火炙誠有之，食衣則否。即今中山已無火炙俗，惟北山猶未盡改。」入夜月上，開窗見人家門外皆列火炬二，遣問長史，云：「國俗於十五日盆祭，預期迎神，祭後乃去之。」盆祭者，中國所謂盂蘭會也。

十三日癸巳，晴。偕寄塵沿迭山東北步行海灘上，見雪崎山厓，洞深敞如龕，礁石玲瓏撲人頂。憩片刻，仍循東北步至龜山，拳石嶙峋峙灘上，潮至不能上。南岸有窑，國人取車螯、大蚶之殼以煆灰墍壁，白不及石灰而粘過之。再東北有池，爲國人煮鹽處。遂自龜山東策騎越久米而歸。

十四日甲午，雨。是日爲先大夫生辰，齋，不下樓。

十五日乙未，晴。行香歸，世孫遣官起居，果有龍眼，種自閩來，味甚薄，聞植亦不繁。因念荔支他日即實，未必如閩，然果實亦固難得。《志略》載物産有荔，虚也。是日爲鬼颶暴，不應。連日見市上小兒各手一紙幡，對立招展，作迎神狀，知國俗盆祭祀先亦大祭矣。

十六日丙申，晴。偕介山遊壺家山。山脊瓦屋對列，瓻而黄，燒器皆粗惡。余每出遊，茶吏攜茶甌隨，色黄作裂文，描淺緑花草，其少粗者無花，甌蓋木質而朱漆，承以空心盤，托式如豆，斟茶二三分止，匙貯小糖塊，效中國果茶法，磁細而具雅。今觀陶處無之，問知細者出土噶喇，粗者出大島，中山土産無一適觀者，真貧國也。

十七日丁酉，微雨。鄭得功來，問以嫁娶禮，對曰：「小民禮固陋，世家亦有以酒肴珠貝爲聘者。婚時即用本國轎結綵鼓樂而迎，不計妝奩，父母送至夫家即返，不宴客。至親具酒賀，不過數人。」問：「《隋書》云貴國風俗，男女相悦便相匹偶，其舊俗歟？」曰：「然。聞我三十六姓初來時，俗尚未改，後漸知婚禮，此俗遂革。今國中法，有夫之婦犯姦即殺，豈尚容苟合？」余始悟琉球所以號守禮之國者，亦由三十六姓教化之力，國重久米人，有以也。

十八日戊戌，雨。向循師來，問以國中喪禮，對曰：「小民有喪，則鄰里聚送，親者護喪，泣送掩畢即歸。宦家則同官相知者亦來送，柩出即歸。大都不宴客。題主官率皆用僧，男書圓寂大禪定，女書禪定尼，無考妣稱。近日宦家亦有書官爵者。」問：「汪録云棺制三尺，屈身而殮之，信乎？」對曰：「近宦家亦有長五六尺者，民則仍舊。」蓋禮教漸敷，舊俗漸革，樸陋誠不免焉。

十九日己亥，晴。法司等官送册封儀注來，隨與介山酌定。云：先一日所司張幄結綵於館前，備龍亭三、綵亭二，凡經過處皆結綵，造版閣一楹，爲闕庭，設殿庭中。中置殿陛，左右列層階。設御案五於闕庭中，中案奉節，左案奉詔敕，右案奉御書，邊左置賜王幣，邊右置賜王妃幣。設香案，設司香二人於香案左右，設世孫受賜予位於香案前，設宣讀臺於殿前滴水左，設世孫拜位於露臺中，設衆官拜位於世孫後左右列。世孫左右立引禮官二員，衆官左右立贊禮官二員。陳儀衛於殿左右，設奏樂位於衆官拜位後，設而不作。至期，黎明法司等官吉服候館外，金鼓、儀衛畢備，俟啓門參見畢，請龍、綵亭入館，置中堂。正使捧節，副使捧詔敕、御書，各案奉龍亭中。捧幣官捧幣置左右綵亭中。排班，衆官行三跪九叩首禮畢，前導，世孫率衆官伏迎於守禮坊外。龍亭暫駐，世孫率衆官平身，天使趨立龍亭左右，引禮官唱排班，世孫率衆官行三跪九叩首禮畢。世孫前導入國門，立殿下，龍亭進至奉神門，執事者脱節衣，奉節授正使，奉詔敕、御書授副使，捧幣官分捧緞幣隨行，升闕庭，各安奉於御案。天使分立左右，捧詔敕官立陛下，宣讀官立開讀臺下。司香者添香畢，引禮官引世孫由東階升，衆官各就拜位。世孫詣香案前，引禮官唱跪，世孫衆官皆跪。引禮官唱上香，案右司香者捧香跪進於世孫，三上訖，平身。引禮官引世孫出就拜位，率衆官行三跪九叩首禮畢，平身。副使詣前正中立，捧詔敕官由東階升，副使取詔敕授捧詔敕官，高舉下殿，同宣讀官上宣讀臺，奉安詔敕於案。引禮官唱跪，世孫、衆官皆跪。引禮官唱開讀，捧詔敕官以次對展，宣讀畢，引禮官唱平身，世孫、衆官皆平身，捧詔敕官仍捧詔敕升殿授副使如前安奉。捧詔敕官下東階，國王率衆官行三跪九叩首禮畢，天使宣制曰：「皇帝敕使賜爾國王、王妃緞幣。」引禮官引國王由東階升，法司官隨行，至受賜予位跪。正使取國王緞幣，副使取王妃緞幣，一一傳授國王，國王高舉，法司官跪接，傳至案上畢，平身。引禮官引國王出就拜位，率衆官行三跪九叩首禮畢，天使宣制曰：「皇帝敕使賜爾國王御書匾額。」引禮官引國王由東階升，至受賜予位，跪。副使取御書親授國王，國王高舉，平身，仍安奉案上。引禮官引國王就拜位，率衆官行三跪九叩首禮畢，平身。引禮官引國王詣香案前跪，請留詔敕爲傳國之寶。法司官捧前代詔敕一一呈驗，天使驗明，允所請，副使捧詔敕親授國王，國王高舉，平身，仍安奉案上。引禮官引國王就拜位，率衆官行三跪九叩首禮畢，平身。正使取節，執事者加節衣，仍置案上。法司等官捧詔敕、御書、緞幣入内殿，派官守護節案。國王請天使拜御書，引上殿閣。天使瞻拜畢，國王請天使更衣，同往北宫行對拜一跪三叩首禮畢。茶三獻，天使告辭，國王前導，仍至御案前。正使奉節安奉龍亭内，天使隨出奉神門，與國王揖别，各乘輿。國王先行，率衆官出俟歡會門外，龍亭回過，國王以下跪送。天使至，出輿，國王揖别，衆官皆跪送。是日國王遣官詣館謝天使，次日遣官入王城答謝。觀其儀率遵舊典，亦守禮之明驗也。

二十日庚子白露，晴。寄塵云此邦之人肘率較華人稍短。《朝野僉載》亦謂人形短小似崑崙。余來兩月餘，所閲士大夫短小者固多，亦有修髯豐頤者，頎而長者，胖而腰腹十圍者，前言似未足信。適茶吏馬秀來，長八尺以上，因令出肘與香厓較，實短寸許，而香厓長不及七尺。乃知氣類所限，短小其常，且人體多狐臭，古所謂慍羝也，其理尤不可解。

二十一日辛丑，雨。向世德來，問以國中兵刑。對曰：「小邦人不知兵，刑惟三章：殺人者死，傷人及重罪徒，輕罪罰日中晒之，計罪而定其日。國中數年無斬犯，間有犯斬罪者，又率引刀自剖腹死，故國俗幾於刑措。」

二十二日壬寅，晴。王遣法司、長史來敬請先觀御書雙鈎上刻，以便懸奉樓中。因與介山敬請御書出，平鋪於案，視雙鈎頗得法，似善書者。鈎畢，余出七律詩一首，令以本國書書之，筆力遒勁，龍蛇飛舞，草法不類中國。試令讀之，率二十餘字乃成一句，重譯難通矣。

二十三日癸卯，晴。楊文鳳來，問以國俗舊無姓，然歟？對曰：「然。國中惟久米村梁、蔡、毛、鄭、陳、曾、阮、金等姓，乃三十六姓之裔，此外世禄之家皆賜姓，士庶率以田地爲姓，更無名，其後裔則云某氏之子孫幾男，所謂田名私姓也。」余嘗舉向循師之名問法司向天廸，對以不知，始信國中皆別有通呼之名，其書手板者特具文官名耳。余又問國王親支四世後輒改姓，向昨閱《中山世譜》，王妃有向姓，豈同姓爲婚歟？對曰：「否。首里有二向，一爲前王尚圓之後，今國王始祖也；一爲前代尚巴志之後，今所與通婚姻者也。」余始釋然。《世譜》即《世鑑》，前王尚穆改今名，昨從世孫借觀，乃中山第一書籍也。本國文籍固少，即購自中國者亦不多，故文風不及朝鮮。

二十四日甲辰，雨。與介山奕，以勝負賭酒。午刻小飲，入暮聞搊戰聲，又聞歌聲，多作梵音，亦有如中國弦索歌曲者，率搊三弦和之。余疑附館有紅衣人，恐從者爲所蠱，傳長史詰之，知爲那霸士大夫聚飲某家，酒酣起舞，歌以行樂，蓋國中習俗也。

二十五日乙巳，晴。是日行册封禮。方啓門，法司等官入，一切如前儀。途中觀者益衆，過中山先王廟，下山坦途里許，有水田，上萬松嶺，迤邐而東數里許，衢道修廣，有坊，牓曰中山。道南爲安國寺，對寺爲世子第，中路砌石爲墩，中植鳳蕉一叢、佛桑二株。更進，又一坊，牓曰守禮之邦，道左有天界寺，寺西南爲王塋，對塋爲大美殿。道旁有紅帽皂衣者執長竿排班立，數武一人，意即武士。世孫戴皮弁、服蟒衣、腰玉帶，垂裳結佩，率百官跪迎道左如前儀。更進，爲歡會門，踞山顛，疊礁石爲城，削磨如壁，有馬道，無雉堞，高五尺以來，遠望如聚髑髏，始悟《隋書》所謂王居多聚髑髏其下者，乃遠望誤於形似，實未至城下也。城外石厓左鐫龍岡字，右鐫虎崒字。城四門，前西向，即歡會門。王宫西向者，以中國在海西，表忠順面内之意。後東向，爲繼世門，左南向，爲水門，右北向，爲久慶門。再進，層厓有門，西北向，曰瑞泉，即每日秀才送館之泉也。左右甬道有左掖、右掖二門，通入王宫。更進，有漏，西向，牓曰刻漏，上設銅壺漏水。更進，有門，西北向，爲奉神門，即王府門也。殿庭方廣十數畝，分砌三道。由甬道進至闕庭如前儀，行禮畢，乃瞻王殿。殿九楹，左右夾室一，月臺覆以穹亭，中階七級，石欄周護，雕刻花鳥。殿上爲御書樓，高敞壯麗，鉅梯當楹立，正中懸奉聖祖仁皇帝御書中山世土匾額，左奉世宗憲皇帝御書輯瑞球陽匾額，右奉高宗純皇帝御書永祚瀛壖匾額，偕正使敬謹拜瞻畢，覺天章炳焕，日月光華，誠海邦世寶也。下爲王聽政位，中壁懸伏羲畫卦象，龍馬負圖立其前，絹色蒼古，微有剥蝕，汪録謂非近代物，今又經百年，畫亦無恙，知其保護愛惜者至矣。更衣後，國王揖入北宫，殿屋固樸，多柱礎，屋梁舉手可接，以處山岡，且防海颶，王宫如此，他屋可知。對面爲南宫，有樓，窗盡垂簾，簾以細竹爲之。隙地多蟠松、鳳蕉，奇石錯列。舊例此日宴於北宫爲第二宴，此行不宴會，茶三行辭歸。國王隨遣官來謝。

二十六日丙午，晴。遣巡捕官入王城答謝，且致賀。國王遣法司官來致詞，云國王擇八月初二日率百官於王府庭中行北面謝恩禮，初四日詣天使館拜謝，并呈拜謝儀注，如適館初見禮。大禮既成，幸無隕越，通國臣民，無不欣喜。余與介山亦如釋重負，因與歡飲，三更乃就寢。

二十七日丁未，晴。是日爲神煞交會暴，不應。食後楊文鳳送寄語二百餘條，并書本國字母以來。余以《傳信録》較之，無異。問以徐録謂一字可作二三字讀者，略仿中國對音，何以説？對曰：「此乃字義，非音也。小邦但知對音，不知切音。如平、上、去、入四聲，夷官初學爲詩乃知之，其實讀書仍用本國語義，故必須鈎挑，令實字居上，虚字居下讀之。凡民則但知寄語，亦並不知對音。即如徐録所云泊讀作土馬依爲一字三音，小邦以船靠岸爲土馬依，泊亦靠船之義，故曰土馬依，非三音之謂也。」乃知歷來册使俱就通事口授，以意解釋，未令通人筆之於紙，故音義不分。余作《球雅》，皆令文鳳等著字注其音，復注其義，并將通俗等語彙成册，令注本國語於各句下，就所注而輯之，字異而語同者合併之，無令重出，務在得實，以備一邦繙譯，名曰「球雅」者，仿《爾雅》體例，以漢文貫首，而釋其寄語於下，蓋欲以漢文通夷文，使不雅者亦歸於雅，此命名之義也。

二十八日戊申，晴。向善榮來。先是途中見衣之兩脇有縫不縫之別，因問衣制，對曰：「小邦衣制皆寛博交衽，袖廣二尺，口皆不緝，特短袂以便作事，襟率無鈕帶，總名衾。男束大帶，長丈六尺，寛四寸以爲度，圍腰四五轉而收其垂於兩脇間，烟包、紙袋、小刀、梳篦之屬皆懷之，故胸前襟常搊起凸然。其脇下不縫者，惟幼童及僧衣爲然。僧別有短衣如背心，謂之斷俗。此其概也。」余屢見僧家服背心，今乃知其名，殆即袈裟之遺制，稍異焉。是日集兵於演武場校射。

二十九日己酉，雨。是日食品有蔗與柑，柑味甚佳，蔗淡如水。日供有西瓜，味亦淡。以冬瓜合西瓜爲醬菰，大不逮小指，味乃大佳，土人甚珍之，設客不過二三片。館中日供此品，問之乃製自首里，專以供天使，他無得設。俗尤重醬品，貴官勸客常以筯蘸醬少許納客唇以爲敬。

三十日庚戌，晴。是日食品有紅菜，類石花而稍扁，色微紅，國人拾於海灘，每聚而售之中國，不啻海錯。又有海帶菜，一名昆布，深緑不類常色，《山海經》所謂綸組也。問之，則云售自寶島，非本國所産。

八月朔日辛亥，晴。向世德來，問其家世，言及其父早世，有悽然之色。余甚敬其孝思，因曰："貴國孝治如何？亦有孝子之名否？"對曰："羊跪乳，烏反哺，况人乎？昔宜野灣縣有伊佐大主者，前妻生龜壽而死，娶繼妻生松壽，愚甚。龜壽事繼母孝，國人莫不聞。母既恨所生子愚，又聞龜壽有令名，妒之，常短龜壽於伊佐前，且不食以激其怒。伊佐惑後妻，欲死龜壽以悦。將令深夜汲北谷，要而殺之。守僕謝名堂聞之，匿龜壽於家，往諫伊佐，伊佐怒其異己也，縛而放之八重山波照間，且謂事已露，不可殺，乃遣平安座下庫里就名堂家逐龜壽，毋令得歸。龜壽既被放，日夜號泣，飢寒并逼，欲自盡又恐張母惡。值天雨雹，病不支，殭卧於路。時潮平，御鎖奉王命爲巡見官，見之以爲靈也，近而撫其體尚温，知未死，覆以己衣，漸甦。徐詰其故，龜壽不欲揚父母之名，飾詞告。初御鎖聞孝子龜壽被放，意不平，至是見言語支吾，形色變異，疑即龜壽，賜衣食令去，密遣僕訪得其狀，遂邀伊佐來，陽謂己子不孝，以誘之。伊佐謂與己同病，告以情。御鎖乃傳集村人，繫伊佐妻至，數其罪而監之，將告於王。龜壽聞，奔求御鎖，願以身代。御鎖不忍傷孝子心，召伊佐夫婦面諭之，婦感悟，卒爲母子如初。御鎖歸，以告王，王嘉其孝，特賜官。此可謂孝子乎？"余曰："孝子哉！"遂樂爲記之，以爲事繼母而不能盡孝者勸，并以醒世之惑於後妻者。是日爲竈君暴，不應。

初二日壬子，晴。寄塵出訪楊文鳳，歸語余曰：「國陋矣。」余曰：「何？」寄塵曰：「國自王以下士以上乃著草鞁，貴者乃著襪。」余曰：「襪鞁奈何？」寄塵曰：「鞁名三板，上横平梁，中界寸繩，著時舉足入梁，納繩於拇指二指間。襪布素而單，及踝而止，別爲一竇棲將指。」余曰：「此固見之。所疑者國王耳。」寄塵曰：「王著靴，不得已也，爲天使，爲大典也。其平居亦著鞁，製以竹皮，但不用草，無所謂布履也。」余曰：「誠陋矣。然此貧國，非儉何以久？」余諸費爲之裁減，猶恨不得盡，即如草鞁不應著而著者已費數百鞁矣。東風不來，欲歸無計，爲嗟歎者久之。

初三日癸丑，雨，大風，應龍王大會暴。午後毛長芳以寄語百餘條來見，其揮汗不止，令脱帽，取而審視，乃以薄木片爲骨，疊帕而蒙之，前七層，後十一層。因問以冠品，對曰：「花錦帽遠望如屋漏痕者品最貴，惟攝政王叔、國相得冠之。次品花紫帽，法司冠之。其次則純紫。大略紫爲貴，黄次之，紅又次之，青緑斯下。各色又以綾爲貴，絹爲次。」是日從客聞國王經行處悉有綵飾，群出往觀，歸述其狀，云泉崎道旁列盆花異卉，繞以朱欄，中刻木作麒麟形，題曰「非龍非彪，非熊非羆，王者之瑞獸」。下天妃宫前植大松六，疊假山四，作白鶴二，生子母鹿三，池上結棚，覆以松枝，松子垂垂如葡萄。池中刻木鯉，大小五，令浮水面。環池以竹欄，旁有坊曰偕樂坊，柱懸一版，題曰「鹿濯濯，鳥翯翯，牣魚躍」。余聞而笑，客問故，余曰：「此皆《志略》所載，事隔數十年，一字不易，可謂印版文字矣。」從客皆笑。

初四日甲寅，晴。國王來謝，先遣長史以柬來，因煮茗以俟，預遣僕出館，記儀衛以告。亭午國王至，相見如儀，并餽刀布等物，再辭不得，乃受之。通事致詞，述國王感戴之誠，余亦述皇上體恤外藩至意以答之。茶罷辭歸。先國王未受封時戴烏紗帽，雙翅側衝上向，盤金朱纓垂頷下，束五色縧，至是冠皮弁，狀如中國梨園演王者便帽，前直列花瓣七，衣蟒，腰玉。肩輿如中國顯轎，中置大椅，上施亭蓋，無帷幔，轅粗而長，無絆，無横木，以八人左右肩之而行。問僕儀衛若何，對云：鼓吹八，鳴金四，方棍、紅隔路各二，旗十二，鐵叉、曲槍、狼牙鈎各二，長鈎、鉞斧各四，長桿槍三十二，月牙叉四，雞毛帚十二，馬尾帚、大刀、黄繖、花繖各二，看馬四，提爐、黄緞團扇、緑珠團扇各二，印箱、衣箱各一，紅桿槍、長腰刀、長斫刀各四，黑腰刀二，大掌扇一，金爐、金葫蘆、緑珠兜扇各二，小雞毛扇四，蠅拂、金桼匣各二。法司以下皆從行，紫帽近二十人，黄帽百餘人。

初五日乙卯秋分，晴。大颶旬，不應。梁長史來，問以年歲豐歉，對曰：「大豐，薯可四收。」余閲《志略》，知琉球田多瘠磽，獨宜薯。又知受封之歲必有豐年，今歲五月稍旱，心滋愧，因於六月朔默禱甘霖，雖自後雨不愆期，猶恐前旱或損禾薯，聞其言竊自徼幸，是皆皇上雨露之恩沛不擇地，海邦臣民倍覺歡欣恭順矣。

使琉球記卷五

八月初六日丙辰，雨。四公子以寄語四百餘條來。余昨聞長史言薯可四收，未敢信，復質之，四人皆云誠然，非受封歲無此豐年也。余曰：「國以薯爲命，亦知有《朱薯頌》乎？」皆曰不知，請余書其詞曰：「不需天澤，不費人工，能守困者也。不争肥壤，能守讓者也。無根而生，久不枯萎，能守氣者也。五穀不登，民食草木之實無厭，今用代五穀，能助仁者也。可以粉，可以爲酒，可祭可賓，能助禮者也。莖葉皆無可棄，其直甚輕，易爲飽，能助儉者也。耄耋食之不患噎，能養老者也。止童孺啼，能慈幼者也。下逮雞犬，能及物者也。而粱肉之家顧藐之不肯食，食則謂同於窶與賤，於是慨然爲之歌曰：令珠而如沙，人以之彈雀。令金而如泥，人以之塗穫。令朱薯而如玉山之禾、瑶池之桃，人以之爲不死之大藥。」書畢付之曰：「薯之用如此，慎毋賤視。」四人共讀一過，矍然曰：「吾今而知薯之德與薯之所以貴也，行當傳之邦人，毋諱食薯。」

初七日丁巳，晴。先是朔日諭法司等官以丁祭之期開示儀注，令習禮，并開單令備牛羊豕各色祭品。是日五更詣文廟致祭，一如中國儀，陪祭者琉球紫帽官八、黄帽官十有六、紅帽生二十有四、隨弁二員。國王舊例於王府門外設壇致祭，故不與。祭畢，偕介山遊和光寺，荒廢無可述。途間見久米村，竹籬剪剔，可入畫，梁大夫邀至其家小憩。庭前樫木三株，剪剔如纖。茶罷，大夫出紙索額，爲題曰三樹堂。庭有聚八仙，葉如蘭而柔，八月葉敗，從土中挺莖三尺餘，花簇莖頭如萱，有紅、黄二種。

初八日戊午，晴。致祭於關聖帝君廟。歸經迭山，墟方集，因步行集中，觀所市物，薯爲多，亦有魚鹽酒菜，陶木器，蕉苧土布，粗惡無足觀者。國無肆店，率業於其家。問長史何以市未見錢，對曰：「市貨以有易無，率不用銀錢。」余聞國中率用日本寬永錢，此來亦不見。昨香厓攜示串錢，環如鵝眼，無輪郭，貫以繩，積長三寸許，連四貫而合之，封以紙，上有鈐記，語余曰：「此球人新製錢，每封當大錢十，封舟回日即毁之。蓋國中錢少，寬永錢銅質又美，恐中國人買去，故收藏之，特製此錢應用，市中無錢以此，其用心亦良苦矣。」

初九日己未，陰。余每出見道傍聚觀夷婦，衣服勤作多有異，未悉其俗。昨歸自集中，以問長史，始知國中男逸女勞，無肩擔背負者，趁集、織紉及採薪、運水皆婦人主之。凡物皆戴之頂，女衣既無鈕無帶，又不束腰，而國俗男女皆無袴，勢須以手曳襟，襟較男衣長，疊襟下爲兩層，風不得開。因悟髻必偏墮者，以手既曳襟，須空其頂以戴物，童而習之，雖重百觔，登山涉澗無傾側，是國中第一絶技也。其勤作時常捲兩袖至背，貫繩而束之。髮垢輒洗，洗用泥，脱衣結於腰，赤身低頭，見人亦不避。抱兒惟一手叉置腰間，即藉以曳襟。問以不作帶鈕故，無能知其義者。

初十日庚申，晴。偕介山往拜國王，先遣通事投簡。午初至王府，茶罷將辭，國王遣通事致詞云：「此行不宴會，無晤語時，甚缺主人禮，心不安。有東苑在崎山，去此不二里，敢屈駕往遊，具便酌，作半日談。」與介山固辭，國王意益誠懇，不得已，同出歡會門，留侍僕六人，餘悉遣歸，毋令縻費。摺而北，逐瑞泉下流至龍淵橋，滙而爲池，廣可十丈，長可數十丈，捍以隄，曰龍潭，水清魚可數，荷葉半倒。再摺而東有小村，篠屏修整，松蓋陰翳，薄雲補林，微風嘯竹，園外已極幽趣。入門板亭二，南向，更進而南，屋三楹，亭東有阜如覆盂。摺而南，有巖西向，上鐫梵字一，畫如篆，下蹲石獅一，飾以五采。再下有小方池，鑿石爲龍首，泉從口出，有金魚池，前竹萬竿，後松百挺。再東爲望仙閣，閣前有東苑額，前使汪楫題并跋。閣後爲能仁堂，東北望海，西南望山，國中形勝，此爲第一。且遊且記，走筆和壁間徐澄齋韻四首。國王請入座，食品略仿中國，器皆景德磁，設高席如京師半桌，椅曰交椅。席三，天使、國王各坐其一，紫帽司酒，黄帽司餚，皆跪進。金壺高尺許，形如鳩，金盤圓而微鼓，凹其中以受杯，金爵圓闊上而稍削其下，可容五合，兩耳高出爵面，唾壺、潄盂、菸架畢具座側。酒三行，國王遣官致寒温。又三行，遣官致謝於國王，辭以既醉，國王再三勸。又三行，餚已九進，酒止，飽飯一甌，撤席。通事致詞云：「國王備有舞樂，舊供七宴，今既不宴會，可令裝束見，以表誠敬。」隨令舞童排立階下，人二十有四，年率十五以上，皆高梳雲髻，戴花滿頭，著采衣，衣長曳地，袖長等身，兩脇不縫，朱襪不履，人物美秀，盡宦家子弟。余與介山贊嘆稱謝。先是巡捕密禀，已遣人歸館取賞物，至是各賞一扇、一巾，遣令去。國王尚欲具酒，時已黄昏，固辭，乃告别。歸路列炬數里，炬長二丈餘，林烏盡驚，簷雀暗墮。蓋國王欲誇耀於客，未免過費，然七宴既捐，所省已不少矣。

十一日辛酉，晴。遣官入王府致謝，國王以磁薰爐二枚見餽，受之。食後鄭得功來，問以外島何實，對曰：「分之爲三十六，合之惟十二。如東四島姑達、佳津、奇奴、巴麻伊，計其實也。西惟姑米、馬齒，分馬齒而東西之則爲三島。南有太平山，伊奇麻、伊良保、姑李麻、達喇麻、面那、烏噶彌七島，而總謂之太平山。西北惟葉壁、硫磺、椅山爲大。截姑米遠支而北之又有度那奇、安根岷爲五島。東北有由論、永良部、度姑、由呂、烏奇奴、佳奇呂麻、大島、奇界八島，而總謂之烏父世麻。西南惟八重山，支而分之又有烏巴麻、巴度麻、由那、姑彌、達奇度奴、姑呂世麻、阿喇姑斯古、巴梯呂麻爲九島。」問何以治之，對曰：「擇本島能中山語者給黃帽爲酋長，歲遣親雲上監撫之，名奉行官，主其賦訟，各賦其土之宜以貢於王。」問間切有無，何别，對曰：「間切者外府之謂，首里、泊、久米、那霸四府爲王畿，故不設，此外皆設，職在親民，察其村之利弊而報於親雲上。」問間切略如中國知府乎？對曰：「然。中山屬府十四，間切十。山南省屬府十二，山北省屬府九，間切如其府數。此外有勢頭官、里之子親雲上、筑登之親雲上、里之子座、筑登之座，皆親民之官也。」

十二日壬戌，雨。梁長史來，問以國俗重僧，上人名尤貴，有道德知識可述者否？對曰：「昔中城縣姑場村有陶姓，先世簪纓，中落業農，有子松瑞，性穎悟，美秀而文。五歲讀書，過目輒成誦。父母愛之，仍令業儒，就師於首里。年十五，丰姿益俊，婉如處子。一日歸至浦添，暮雨驟至，見燈光出林間，逐火行，得人家，剥啄借宿。有少女燭而應門，室更無人。兒遠嫌，即欲他投，女以虎豹嚇之。兒進退維谷，徘徊門外，女曳之入，欲具酒，兒辭，伏案假寐。女潛偎就，薦枕席，兒以男女大倫，風化攸關，婉謝之。女求愈急，兒拒益力。女佯羞入户，將有謀，兒乘間逸。覺追者有虎氣，適至萬壽寺，大呼求救。寺僧普德入而坐之方丈，遣其徒置鐘於門。女追至，不敢入，繞鐘號，鐘忽躍起覆之。天明兒辭謝，僧送之門，啓鐘則死貍在焉。松瑞後官至紫巾官。」嗚呼，僧乃術家流，非有大知識也，然能救正士於危，不煩力而妖滅，術亦奇哉！

十三日癸亥，晴。王叔尚周、尚容來謁，行初見一跪三叩禮，命之坐。茶罷，通事致詞云：「小邦諸寺，圓覺爲大。國王欲屈駕往遊，特遣王叔請示。」余與介山曰：「閒居候風，得勝地遊覽固佳，但不宜過費，費則同於宴會，即不敢往矣。」爲定期於十六日。尚周者國相而攝政者也。

十四日甲子，晴。伽藍暴，不應。潮至，長史請觀漁，偕介山里渡登舟。漁舟數十集漫湖，背潮雁排，提綱立，截湖而撒之，徐逐網進，舉約以金聲，潑剌不絶，置船頭層撿至盡，理而張之肘。再撒再進，且漁且行，近中島，聚獲而驗之，大近百尾，小餘千頭。大例留充供應，陪臣請其小者，命委地作數十堆，策而分之漁人。國不知策，嘆其公而傳其法焉。

十五日乙丑，晴。行香，國王遣人賀節，並餽餚酒。嫌中秋例宴會，却之再。長史以賀節爲辭，乃受之。國俗自初十至此並蒸米拌赤小豆爲飯相餉，以祭月，風同中國。是夜與介山邀從客露飲，月光澄水，天色拖藍，風寂動息，潮聲雜絲肉聲自遠而至，恍置身三山，聽子晉吹笙、麻姑度曲，萬緣俱净矣。

十六日丙寅，晴。遣人入王府謝食後，偕介山遊圓覺寺。渡觀蓮橋，橋亭供辨才天女，云即斗姥。將入門，有池曰圓鑑，荇藻交横，芰荷半倒。國王迎於山門外，王叔以下跪迎。門高敞，有樓翼然，左右金剛四，規模略倣中國。佛殿七楹，更進大殿亦七楹，名龍淵殿。中爲佛堂，左右奉木主，亦祀先王神位，兼祀祧主，與《志略》所載同。左序爲方丈，右序爲客座，皆設席，周緣以布，下襯草，極平而净，名曰踏脚綿，使院日踐之而未得其名也。前楹板閣，護雕欄，方丈前爲蓬萊庭。左爲香積厨，厨側有井名石冷泉。客座右爲古松嶺，奇花異石，錯列松間。左廂爲僧寮，右廂爲獅子窟。僧寮南有樂樓，樓南有園，饒花木。寺僧無知識，頗愧喝三經山宗派。遊畢食蓬萊庭，國王頗勸酒。暮歸，列炬如前。

十七日丁卯，雨。世傳十八爲潮生辰，國俗於是夜候潮波上。按潮説不一，《山海經》以爲海鰌出入吐納。《異魚圖贊》主之浮屠氏，以爲神龍變化，義仿《海經》。《抱朴子》以爲兩水相合相蕩。《吴越春秋》以爲伍員之靈。是皆鑿空，無足深辨。盧肇賦以日氣出入衝激而成，《高麗圖經》謂天包水，水承地，地沉則水溢，地浮則水縮。余襄公獨以爲水之應月，各從其處，月臨卯酉則水漲於東西，臨子午則水平於南北。邵康節亦以爲潮者月之喘息。數説皆有理解，而應月之論尤精，方諸見月精而爲水，其明驗也，然要不離乎陰陽呼吸之氣。余住此三月，日記潮候，較内地率後三辰，如福州望日以午滿，球陽滿以戌，則又水生於西而歸於東，地氣不同，如候日出者地有高卑則時有先後，日月出時不易則潮生亦不易，故曰潮信。

十八日戊辰，晴。子刻偕寄塵至波上，草如碧毯，雺露愈滑，扶僕行，憑垣倚石而坐。丑刻潮始至，若雲峰萬疊，捲海飛來，須臾腥氣大盛，水怪摶風，金蛇掣電，天柱欲摺，地軸暗摇，雪浪濺衣，直高百尺，未敢遽窺鮫宫，已若有推而起之者，迷離惝恍，千態萬狀，覺枚乘《七發》形容未盡。潮既退，始聞噌吰之聲出礁石間。徐步至護國寺，尚似有雷霆震耳。潮至此觀止矣。

十九日己巳，雨。向世德以寄語二百餘條來，問之曰：「聞國盡戒，僧犯戒奈何？」對曰：「國俗男欲爲僧者聽，既受戒有廩給，有犯戒者飭令還俗，放之别島。」又問：「聞女子願爲土妓者亦聽，接交外客，女之兄弟仍與外客敘親往來，信乎？」對曰：「誠有之，然率皆貧民，故不以爲恥。若已嫁夫而復犯姦者，許女之父兄自殺之，不以告王，即告王王亦不赦。此國中良賤之防，所以重廉恥也。」

二十日庚午寒露，晴。國王遣法司來請遊南苑。香厓邀長史趁集購布，過長史家，遂留飲。歸問以所聞，對曰：「國人率恭謹，有所受必高舉爲禮，有所敬則俯身搓手而後膜拜。勸尊者酒酌而置杯於指尖以爲敬，平等則置手心。因長史命其子進酒，故得聞之。」余始悟國王進酒之禮悉仿中國行，非國俗也。

二十一日辛未，晴。自此至二十七皆龍神大會暴期。楊文鳳以寄語二百餘條來，問以歲時慶忌，對曰：「元旦至六日賀節，初五日迎竈。二月祭麥神，十二日浚井汲新水浴，謂之洗百病。三月三日作艾糕相饋。五月五日競渡。」余曰：「五月後我已目擊，歸舟當在十月，請述十月後者。」文鳳曰：「十二月八日作糯米糕，層裹欆葉，蒸以相餉，名曰鬼餅。二十四日送竈。正、三、五、九爲吉月，婦女率遊海畔，拜水神祈福。逢朔望群至砲臺汲新水獻神。此其略也。」余獨疑國俗敬佛而不知四月八日爲佛誕辰，臘八鬼餅如角黍而不知七寶粥。

二十二日壬申，晴。食後偕介山遊南苑，越中島富盛，摺而東，循行阡陌間。水田漠漠，番薯油油，絶無秋景。薯有新種者，問知已三收矣。再入山，松陰夾道，茅屋參差，田家之景可畫。計十餘里始入苑，村名姑場川，即《志略》所載同樂苑也，國王新易今名。苑踞山脊，軒五楹，夾室爲複閣，頗曲摺。

軒前有池，新鑿，狹而東西長，叠礁爲橋。橋南新阜壘壘，即鑿池棄土也。因壘以爲亭，僅容三人，宜遠眺。亭東植奇花異卉，有花絶類蝴蝶，絳紅色，葉如嫩槐，曰蝴蝶花。有松葉如白毛，曰白髮松。池東舊有亭，圮，以布代之。池西有閣，方丈餘，頗軒敞。山下多薯田，四面風來，宜納凉。國王請額，介山題其閣曰迎暉，余亦爲題其亭曰一覽。軒北有松，有鳳蕉，有桃，有柳。飯後黄昏，將辭去，國王命舉烟火，略與中國同。

二十三日癸酉，晴。長史來言，北山前夜出蛟，幸去島遠，未傷人。余曰：「蛟入海尚爲患乎？」對曰：「間亦有之。聞昔義本之世，有惡蛟入海，瀦北谷縣無漏溪，歲爲民害。陰陽家言須童男女爲犧祭，患可已。王曰：『我何忍以赤子爲犧哉？如不得已，請犧我。』衆官進曰：『犧用童，以一童而救萬民，王其許之。』乃下教曰：『有童男女爲國棄身者，予家萬金。』時宜野灣縣有章氏兒名思德者，年十二，姊名真鶴，長思德二歲，幼失父，家甚貧，事母至孝，日出採時果、拾桑椹以供食。一日思德行縣前，聞王教，歸語其姊，願以身爲犧，得金養母。姊曰：『汝承宗祧，任甚重，我女也，生無益於母，不如死。』思德固争之，姊急欲自刎，思德從之。將告母，姊曰：『不可告也，告必不行。』因紿母曰：『來日將往海汲水煮鹽。』母曰：『我夜夢乘龍升天，至今猶悸，可毋往。』真鶴曰：『夢虚也，何信焉？況夢無凶。』詰旦，瀦與弟出門，哭别於野，遂投縣自訴。縣乃授女於巫，擇吉往祭。祭之日雲霧四塞，有蛟眼如星，口吐火，巫祝方畢，將投矣，忽霹靂一聲，風雨交至，有老人如壽星者，左執旗，右握劍，且趨且叱，衆驚莫敢仰視，及霽遂失蛟。縣馳以告王，王既感雷雨之變，又念姊若弟忠且孝，天且憐之，萬金不足酬，乃取真鶴爲子婦，而以女妻思德焉。」嗚呼，舍生成孝，烈士猶難，况弱女穉兒哉！乃一念感格，事濟而身不必死，且致富貴，天之報施孝子，豈不厚哉！

二十四日甲戌，晴。馬法司邀遊天王寺。寺在圓覺寺東北，規模略類圓覺，宏敞不如。亦有木主，祀王父，世子之未册立者，兼祀王妃。有鐘，爲景泰七年丙子鑄。中奉金剛，手七星輪及刃。有草葉闊如蘭，中緑而白緣，其邊如綫，花長尺餘，名烏木毒。又一葉叢生，無花無枝幹，名一葉。又有葉如貼梗海棠，子如豆莢者，問知爲雷山花，土名吉茄，以四五月花，類牽牛而小，作鴉翠色，皆異種也。

二十五日乙亥，晴。寄塵遊波上歸，爲余言板閣無他神，惟掛銅片幡上，鑿奉寄御幣字，後署云元和二年壬戌，其唐時物乎？余曰：「《志略》已辨之矣。云日本馬場信武撰《八卦通變指南》，内列三元指掌，云上元起永禄七年甲子，止元和九年癸亥；中元起寛永元年甲子，止天和三年癸亥；下元起貞亨元年甲子。今元禄十六年癸未，國中既行寛永錢，證以元和日本僭號，知琉球舊曾臣屬日本，今諱言之矣。」

二十六日丙子，晴。有秀才璩榮餽蚫魚一斤、菊八盆，標名於竹片，曰太白、仙影、曉錦、朝霞、秋山、清曙、祥星、黄霞。花半開，葉自根而上無一損者。問來意，對曰：「小底性嗜菊，又嗜書。願以菊求書。」袖出紙一卷。噫，生亦雅矣！因留紙於案，收其菊而還其蚫〔一二〕。問以姓所自出，茫無以應。始知爲璩姓之誤，字典已載璩字，無足怪，惟以鮑魚爲蚫，則無其字矣。

二十七丁丑，晴。紫金大夫陳天寵餽花二盆，一禪菊，即中國萬壽菊，俗名江西辣也；一野牡丹，花纍纍如鈴鐸，素瓣紫暈，檀心圓而大，頗芳烈。《志略》云二三月花，今八月復花，知凡花常開四季矣。坐頃出紙一束索詩索書，并出所作詩求政。詩亦有清思，邦人但解律詩，無能古體者，楊文鳳亦然。

二十八日戊寅，雨。從僕購得應潮雞，雄純黑，雌純白，皆短足長尾，馴不避人。先香厓購一犬，小而毛豹斑，性靈警，與飯不食，與薯乃食，知人皆食薯矣。球地鼠雀最多，而鼠尤虐，亦有猫，不知捕鼠，邦人以爲玩。乃知物性亦隨地而變。汪録謂有大犬能傷人，問國人曰無之。亦未見有鵝、鴨，鳥獸之屬不産於海，其少也固宜。

二十九日己卯，晴。食品有異螺，大如盆而色緑。寄塵云粤産有勺，白身而緑柄，即此殼。邦人但貪其肉，不解爲器。亦間飾螺鈿，粗惡不足貴。又有魚，周圍五爪，長三四寸，名曰壁虎魚，方言謂之呀紙嗎菩。余皆不能食。

九月朔日庚辰，晴。行香後往驗封舟，知二號船以無龍骨，爲浪擊損，不堪再渡重洋，速命購材補修，并令舩頭號船。是日初見紙鳶，製無精巧者，兒童多立屋上放之。按中國多放於清明前，義取張口仰視，宣導陽氣，令兒少疾。今放於九月，失其旨矣。然地非九月，紙鳶不能上，則風力與中國異，即此可驗。球陽氣暖，故能十月種稻……東洋氣候同矣。國王起居如例。

初二日辛巳，晴。遣官入王城。是日初見鷹。此邦少禽，匪獨無雁，鷹爲東北風飄至，至亦不多，率痴不能擊，兒童獲之，繩繫以爲玩，至死乃已。又有鳥，緑羽白眉，狀如鶯，亦於是日至，名曰麻石，人多籠養之。是日集兵於演武場試鎗。

初三日壬午，雨。香厓歸自集中，謂余曰：「此邦屋俱不高，瓦必瓴，何也？」曰：「以避颶也。」「地板必去地二三尺者何也？」曰：「以避濕也。」「屋脊四出如八角亭，四面接修，更無重構複室，何也？」曰：「以省材也。」「屋無門户，上下限刻雙溝，設方格糊以紙，左右推移，更不設暗櫥，何也？」曰：「利省便，恃無盜也。臨街則設矣。」「神龕置青石於鑪，實以沙，何也？」曰：「祀祖神也。國以石爲神，無傳真也。」「屋上瓦獅何名？」曰：「《隋書》所謂獸頭骨角也。」「壁無粉墁何也？」曰：「示樸也。貴家間有糊砑粉花箋者，習華風俗漸奢也。」香厓曰：「國地不加增，而生齒日繁，人滿奈何？」余笑而不答。

初四日癸未，雨。先是國王以御書海表恭藩額業經鐫飾懸奉，請往瞻拜，已爲定期，此日雖雨亦往。食後偕介山入王宮，升樓及前楹，御書懸焉。金碧煇煌，永爲鎮國之寶，敬謹瞻拜畢。國王邀入南宮，指示園中花木異種。有地分木，葉如穀樹，小白花叢生，云葉毒可藥魚。又有梯沽，高數丈，葉如柿，作品字形對節生，直幹少枝，云花開四月，附幹攢朵，色紅如紫木筆，蕊長尺餘。由園摺而西，上王城，有亭依城立，望極遠。因與國王小憩亭中，品瑞泉，縱觀中山八景。八景者，泉崎夜月、臨海潮聲、粂村竹籬、龍洞松濤、筍厓夕照、長虹秋霽、城嶽靈泉、中島蕉園也。亭下多棕櫚、紫竹，竹叢生，高三尺餘，葉如棕，狹而長，即所謂觀音竹也。亭南有蚶殼，長八尺許，貯水以供盥。知大蚶亦不易得。遊畢將辭歸，國王留飲，命王弟出見，年十四，翩翩濯世〔一三〕。是日見案上有墨，長五寸，寬二寸；有老坑端硯，長一尺，寬六寸。疑爲舊物，命通事取視。墨有「永樂四年」字，硯背有「元豐七年四月東坡居士留贈潘邠老」字，問知爲前明受賜物。國中有《東坡詩集》，知王不但寶其硯矣。

初五日甲申，晴。國王遣官送菊二十餘盆，花葉並茂，根際皆以竹籤標名。内三種尤異，一名金錦，朵兼紅、黄、白三色，小而繁，燦如列星；一名重寶，瓣如蓮而小，色淡紅，絶類通草相生；一名素毬，瓣寬不類菊，重疊千層，白如雪，皆所未見者。

初六日乙酉霜降，晴。向循師邀寄塵食，歸言初見獅子舞。余曰：「奈何？」寄塵曰：「布爲身，皮爲頭，絲爲尾，剪綵相毛飾其外，頭尾口眼皆活，鍍睛貼齒，兩人居其中，俯仰跳躍，相馴狎歡騰狀。」余曰：「此近古樂矣。」按《舊唐書·音樂志》，後周武帝時造《太平樂》，亦謂之《五方獅子舞》，白樂天《西涼妓》云：「假面夷人弄獅子，刻木爲頭絲作尾。金鍍眼睛銀貼齒，奮迅毛衣擺雙耳。」即此舞也。

初七日丙戌，雨。楊文鳳、四公子來，各送寄語三百餘條。飲之酒，問之曰：「聞此邦産馬，亦有駿乎？」文鳳曰：「駿不易得，癖亦生禍。」余曰：「有説乎？」對曰：「昔首里有高平良者，官鎖側，性驕侈，聞大謝庇椰有駿曰飛兔，欲奪之。庇椰有馬癖，固不與，平良密賂其僕鳩庇椰而奪其馬。庇椰有二子，長曰謝納，次爲僧曰慶運，陰謀復仇，託獅象戲藝，以乘其間。會平良家有異鳥入神龕，心惡之，避居小灣，家人不之從也，而妻時往省焉。謝納聞之，藏劍於竹，以挑戲具，與弟慶運往。遇平良之妻於路，妻固躭戲，且欲悦其夫，呼而觀之。日暮妻欲歸，平良送之門，謝納急從後拔劍刺殺平良，僕驚散，慶運追及其妻，亦殺之。」嗟乎！以弄馬之故禍及其身，豈獨唐成公哉！書之以戒癖馬者。

初八日丁亥，晴。王叔尚周邀遊辨岳。岳在王宫東南三里許，過圓覺寺，從山脊行，水分左右，堪輿家謂之過峽，中山來脉也。山大小五峰，最高者謂之辨岳。灌木密覆，前有石柱二，中置栅，栅外板閣二楹。少左有小石塔，左右列石案五。入門石磴摺而東，數十級至頂，有石罏二，西祭山，東祭海岳之神，曰祝祝，天孫氏第二女也。國王受封必齋戒親祭，正、五、九月祭山海及護國神皆於此，國之鎮山也。王叔尚容、法司、紫金官皆從遊。遊畢，各以食榼供茶點。榼製精巧，或滲金朱桼，或滲銀黑桼，率刳木爲之，中叠方器四置食物，旁置酒壺二，盞、筯略備。未刻將歸，尚周邀至家。屋宇堅樸，庭饒石山花木，月橘尤多，葉細如棗，小白花，甚芳烈，一名十里香，實如天竹子稍大，聞二月中紅纍纍滿樹若火齊屏，惜未及見。有石池，方廣數尺，養龍眼魚十餘尾。尚周求額，爲題曰樂魚精舍。

初九日戊子，風雨，重陽暴應。國王遣法司魄水火鑪二。鑪通盛以木庿，下二層黑桼奩三四事，藏茗具，上置鑪，銅表錫裏，一置水，一置爐，空其周以煎水。余每出遊，茶吏攜一具以隨，愛其輕簡，國王魄有，因以其爲土物也，受之。

初十日己丑，微雨。梁焕來，問以迎賓禮，對曰：「國無揖讓之煩，客至不迎，隨意坐，主人即具菸架，内火爐、竹筒、木匣各一，横菸管其上，匣以貯菸，筒以棄灰也。遇所敬客乃烹茶，以細米粉少許雜茶末入沸水半甌，攪以小竹帚，以沫滿甌面爲度。客去亦不送。」噫，此固真率，無乃太簡乎！

十一日庚寅，雨。舊例重陽爲第四宴，具龍舟競渡於龍潭，已辭之矣。是日長史來言，龍舟具備，雖不晏會，曷觀競渡乎？余曰：「競渡，宴會之實也，烏乎可？」按《荆楚歲時記》謂五月五日屈原投汨羅死後，人傷之，故於是日競渡以弔。而梅聖俞譏原好競渡，歲不爲輒降殃，致民溺死，失愛民之道，諒有感而言也。《元典章》云：蕤賓節擗掉龍船，江、淮、閩、廣皆有，合移各路禁治。而順帝又特好之。史載帝於内苑造龍船，自製其樣是也。《武林舊事》云：西湖探春，禁烟爲盛，龍舟十餘，旗鼓曼衍。則又不定五月。琉球亦於五月競渡，重陽之戲，專爲宴天使設，更不可不辭。自此至十五爲龍神朝帝暴。

十二日辛卯，雨風。法司向天廸請遊家園，辭。時無霜，花草不煞，蚊雷不收。萩花盛開，條弱如柳，葉似榆，作品字形，花綴葉間如緣紫艷，類扁豆花。古巴梯斯實又名闊利子，高數丈，葉如柿，花五椏，實紅，大於諫果而少匾，仁亦類之，味甘香，小兒争食，不以餽客，試取嘗之，微有腥氣。

十三日壬辰，雨。王叔尚容邀遊末吉，以雨辭。供應所送海松、石芝各一盆。海松色如火，枝幹大小匀通至杪，葉酷肖側柏，根盤石上，石黑如枯椿，每本幹三四出，高三五尺不等。石芝或肖荷葉。荷花或肖芝，或肖鹿角，或肖羊肚，色或青或黄或白，高二三尺不等，皆玲瓏縐透可玩，然氣極腥，細砂積結而成，質又極脆，不能致遠，惟馬齒人能泅水深入，斵石取之，出水不二十日色漸退，枝葉花片漸凋，意其初生亦必有氣類相感，故能胎結生氣，自小而大。問之土人，莫明其故，統名曰砂。

十四日癸巳，晴。偕從客等策騎由泉崎渡過豐見城，越南山度絲滿村，人家皆面海，奇石林立。遵海而西有山，翠色攢空，石骨穿海，曰砂嶽。時午潮初退，白石粼粼，群馬争馳，飛濺如雨。再西度大嶺村，叢棘爲籬，漁網數百晒其上，村外水田漠漠，泥淖陷馬，有牛放於岡。汪録謂馬耕無牛，今不盡然。截山而北渡，過却金亭，返照已入港矣。

十五日甲午，晴。行香、起居如例。令船户速理封舟，以俟風信。食後楊文鳳偕四公子各以寄語百餘條來，余每疑球俗恭謹而懦，何更有按司割據事，因問文鳳曰：「余來已五月，見風俗謙謹，當無機械變詐者。」對曰：「人心難測，豈盡謙謹。昔有中城按司毛國鼎者，性忠毅，有智謀才略，誠格上下，國倚爲重鎮。有勝連按司阿庸者，貴爲郡馬，性貪狡，亦有文武才，陰謀不軌，憚國鼎未敢發，謬爲敬慕，實欲害之。忽日暮倉皇語國鼎曰：『適聞海東有警，欲速圖之，恐力弱。按司如以兵濟我，則無慮矣。』國鼎曰：『此國事也，何敢委？』問期，庸曰：『事不可遲，遲則變。請公來日密陳兵於末吉以待我。』國鼎許之。庸偵其兵已出，奔告王曰：『國鼎將爲亂。』王曰：『無之。』庸曰：『臣不敢欺，兵陳末吉矣，需悔無及。』王乃遣信臣登高望之，歸報曰信，遂急以兵付庸。庸得兵乃遣人以王教示國鼎，且趣之曰：『不早自裁，兵且至。』國鼎知爲所賣，無以自明，乃自刎。庸遂以兵圍其家，無老幼盡殺之。國鼎有妾曰查，山南查國吉之女也。生二子，長曰鶴，次曰龜，年十二三，英偉過人，時隨母歸寧，未及難。聞其父遇害，日夜圖報。變姓名往伺於勝連，與母泣别，母各賜以劍，且囑曰：『仇不復，無相見也。』阿庸既殺國鼎，心無所忌，志益高，謀益肆，日攜俊童美女遨遊山水間，歌以行樂。鶴、龜聞之，乃藏劍，艷裝而往，至則阿庸已半醉，見之疑爲仙也，呼而問曰：『若能歌舞乎？』龜急欲拔劍，鶴止以目，齊伏地對曰：『能。』命起舞，二子極意承歡，鶴並勸從者酒，阿庸大喜，以劍賜鶴，以衣賜龜。二子又提壺急勸之，皆大醉。鶴目龜，伏庸後，自以劍刺其腹。庸傷，退立未定，龜從後急斬之，并殺從者。此非貪狡之報乎？」余獨愛鶴、龜二子皆髫年，甘心仇人，竟遂其願，孰謂童子可欺哉！

十六日乙未，晴。張良暴，不應。遣人至王城，并送交《中山世鑑》。按《世鑑》載隋使羽騎尉朱寬至國，於萬濤間見地形如虬龍浮水，始曰流虬。而《隋書》又作流求，謂水行五日而至，土多山洞，王姓斯歡，名渴利兜，與所見又不甚合，殆未親至其地，親見其人也。《新唐書》作流鬼，似見其人形矣。而《元史》又作瑠求，明復作琉球，好事者遂加辨證。不知虬俗字皆對音，無足辨也。《世鑑》又載元延祐元年國分爲三，大里按司據佐敷、知念、玉城、具志頭、東風平、島尻、喜屋武、摩文仁、真壁、兼城、豐見城十一國，稱山南王。今歸仁按司據羽地、名護、國頭、金武、伊江、大宜味、恩納七國，稱山北王。中山惟首里、王城、那霸、泊、浦添、北溪、中城、越來、讀谷山、具志川、勝連、三平等國。余於中山、南山遊歷幾遍，大村不及二里而即謂之國，未免誇大。至於敘述國王功德，臣子之分宜然，然有昏虐之主，亦固不諱，猶有直筆之遺風焉。

十七日丙申，晴。尚容邀遊末吉山。過守禮坊，摺而北，越赤平、儀保二村。摺而東，度新橋。再摺而北，萬松排列，皆合抱。過萬壽寺不入，再摺而東，槿籬夾道，有峰獨出，曰龜山，與衆山絶，前附小峰，離約二丈許，邦人駕石爲洞，連二山，高十丈餘，結布幔於洞東。不憩，拾級而登，行洞上，又十餘級乃陟巔。巔恰容一樓，樓無名，四面軒豁，無户牖。後有石壇，祀神處也。予顧長史曰：「兹樓俯中山之全勢，不可無名。」因名之曰蜀樓，并爲之跋曰：「蜀者何？獨也。樓何以蜀名？以其踞獨山也。

不曰獨而曰蜀者，以余爲蜀人，樓構已百年而余始名之，若有待也。」樓左瞰青疇，右扶蒼石，後臨大海，前揖中山，坐其中以望，若建瓴焉〔一四〕。長史請曰：「額不可無聯。」因書前四語付之。下山遊萬壽寺，今名徧照，國王遣人餽柑，味極美，分食從者。歸路循海而西，厓洞谽谺皆奇峭，又一勝遊矣。

十八日丁酉，陰。寄塵歸自圓覺寺，語余曰：「今日見踏板戲矣。」余曰：「此戲載之徐録，正月戲也，今曷由見？」寄塵曰：「正月戲非正月始學也，時習之矣。」余曰：「奈何？」寄塵曰：「橫木以爲梁，高四尺餘，復置板而橫之，長丈有二尺，虚其兩端，均力焉。夷女二，結束衣綵，赤雙足，各手一巾，對立相視而歌。歌未竟，躍立兩端，稍作低昂勢，若水碓之起伏，漸起漸高。東者陡落而激之則西者飛起三丈餘，翩翩若輕燕之舞於空也。西者落而陡激之，則東者復起，又如鷙鳥之直上穿雲也。疊相起伏，愈激愈疾，幾若山雞舞鏡，不復辨其孰爲影，孰爲形焉。俄而勢漸衰，機漸緩，板未及安，齊躍而下，整衣而立。終戲無虚蹈分寸者，伎至此絶矣。惜公等限於禮，勢不得同觀。」余曰：「何必目擊，聞師言如目擊矣。」

十九日戊戌，晴。觀音暴，不應。法司向天廸邀遊其家，有園三畝，山石空靈，小池金魚數百尾。福木脩整異常，葉對節生，形如豕腎，厚澤可染，裂之漿出，實如橘，味腥，花小而黄，又與冬青異。天廸請題，爲顔其額曰潄石山房，聯曰：「明月松間，清泉石上；落花水面，好鳥枝頭。」

使琉球記卷六

九月二十日己亥，晴。時與介山定期於十月望日登舟。食後入王宮拜辭，示以必行，便預脩表。茶罷，國王先行，候於東宮，所謂世子府也，具果食，手奉三爵，飲畢，復行一跪三叩對拜禮，辭出，王依依如不舍者。便道訪楊文鳳及首里四公子，留詩爲别。向循師家有呀喇菩一株，葉紋對縷如織，中邊映日通明，作金黄色，徐録謂之鬥鏤樹，余疑即貝多羅樹。東禪、龍渡兩寺皆有之，寺僧常出數片求書，蓋葉經漚後，縷紡具在，薄如蟬翼，無異貝葉，但其大不及耳。實如橘，國人用以榨油，與福木同號君子樹。

二十一日庚子立冬。换戴冬帽，改行裝，球陽地暖，所攜長襟、長褂、皮衣皆無用，即過冬中毛羊皮已足，悔此行不知，枉費周章。跟役如例而止，多則無用，惟從客善書者不可少。球人重書，請者甚衆，兩手不能給也。至備賞扇、對、筆、墨、香帕等物，亦宜多備，體統所關也。琴、棋與畫不備亦可。是日初檢行裝，書此，後有來者幸毋再誤如余。

二十二日辛丑，晴。馬法司邀遊天界寺。寺在首里，坊南向，西南有石室，高丈許，封而不樹，中山之塋也。尚圓以來皆葬此，規模似圓覺而小。内殿木主獨尚懿爲王父，餘皆祀王妃、王女。樹有松，有桄榔，有椰，有福滿木。惟福滿最小，高數尺，葉似槿，子赤，纍纍可食。

二十三日壬寅，晴。往別王叔、法司諸人。尚容有鳥癖，籠養數種，有麻石，有恨煞，有客蓝。别有古哈魯，長嘴短尾，毛色金黄。烏鳳如秦吉了，石求讀似雀而黄，莫讀史似雀而緑。有樹曰喫力，高數丈，葉如枇杷，子叢生如火齊。花有杜鵑、天竺、夾竹桃。屋宇極浄，其性殆好潔者，因爲額之曰石瘦松清之室。

二十四日癸卯，雨。聞程順則曾於津門購得宋朱文公墨蹟十四字，徐葆光爲之跋，今其後裔猶寶之，借觀不得，因與介山至其家，開卷見筆勢森嚴，如奇峰怪石，有巖巖不可犯之色，想見當日道學氣象。字徑八寸以上，文曰：「香飛翰院圍川野，春報南橋叠翠新。」後有名款，無歲月。文公在宋不以書名，然墨刻流傳世間者莫不寶而藏之，蓋其所就者大，筆墨乃其餘事，顧能自成一家如此，知古人學力無所不至，爲跋數語以誌景仰焉。

二十五日甲辰，陰。遊都通事蔡清派家祠。祠初爲清泰寺故址，蔡氏買得之，以祀其先，内供蔡君謨畫像，並出君謨墨蹟見示，知爲君謨的派，由明初至琉球，爲三十六姓之一。清派奉其王命，護送封舟，能漢語，人亦倜儻。由祠至其家，花木俱有清致，池圓如月，爲額其室曰月波書屋。大抵球人工剪剔樹木，叠砌假山，故士大夫家率有邱壑以供遊覽。庭中竪長竿，上置小木舟，長二尺，桅柁帆櫓皆備，首尾列風輪五葉，挂色旗以候風。渡海之家率預計歸期，南風至則合家歡喜，謂行人當歸，歸則撤之，即古五兩旗遺意。

二十六日乙巳，國王來館送行，面餽金骨扇一柄，仍手奉三爵，將行，遣紫金大夫致詞，請照例仍遣陪臣子弟入太學讀書，懇回京代奏，許之。是日國王經行處，士人具各戲如前。飭船户備船具，飭兵役理行裝，仍往驗，二號船工已竣。至陳宅觀蘭球，俗嗜蘭，謂之孔子花，陳宅尤多異産。有風蘭，葉較蘭稍長，味如茴香，篾竹爲盆，掛風前即蕃衍。有名護蘭，葉類桂而厚，稍長如指，花一箭八九出，以四月開，香勝於蘭，出名護嶽巖石間，不假水土，或寄樹椏，或裹以椶而懸之，無不茂。有粟蘭，一名芷蘭，葉如鳳尾，花作珍珠狀。有棒蘭，緑色莖如珊瑚，無葉，花出椏間，如蘭而小，亦寄樹活。又有西表松蘭、竹蘭之目，或致自外島，或取之巖間，香皆不減蘭也。

二十七日丙午，陰風，應冷風暴。國俗浣漱不用湯，家豎石椿，置石盂或蚶殼其上貯水，旁置一柄筒，晨起以筒盛水澆而盥漱之，客至亦然。地多草，細軟如毯，有事則取新沙覆之。是日長史送文萱、芸香二盆。萱重葉小花，葉如蘭而闊，有青白相間文。芸叢生，子如碧珠，開花時一穗數十朵。

二十八日丁未，晴。連日以紙索書者甚夥，有棉紙、清紙，皆以穀木皮爲之，惡不中書。有護書紙，大者佳，高可三尺許，闊二尺，白如玉版，小者減其半。亦有印花詩箋，可作札。别有圍屏紙，則糊壁用矣。積既多，因與寄塵分寫之，仍標以原名，惡其混也。徐葆光《球紙詩》云：「冷金入手白於練，側理海濤凝一片。昆刀裁截徑尺方，叠雪千層無羃面。」形容殆盡。筆則鹿毛短管，不適用。球之學書者亦多購自福州云。

二十九日戊申，雨。往遊辨才廟。廟荒落，供辨才天女。通事云神昔靈異特著，號辨戈天，能易水爲鹽，化米爲沙，以禦外患。經某天使一言敗之，遂不靈，後改稱辨才天女。然國人至今猶崇祀惟謹。

或曰即天孫女，又曰即君君，天孫氏之長女也。予熟聞寶島即《志略》所謂土噶喇，而未知其命名之義，舉以問通事，對曰：「國中金、銀、珠、玉、絲、貨、銅、磁以及鮑魚、海參諸寶皆從彼島來，因以得名。」可謂貧而守禮矣。

三十日己酉，微雨。毛法司國棟邀遊儀間山。食後渡至南山，里許摺而西，入垣花村。村多米廩，如草亭，懸地四五尺，下施十六柱，空可通人，上裝以木版，率爲官家采地米，或數家共一亭。再摺而北而南爲南砲臺，隄間有碑二，一正書，剥蝕甚，微辨奉書造三字；一其國草書，前明嘉靖二十一年建，雖不能盡識，其筆力正自遒勁飛舞。因令從者解鞍坐堤上，鞍略同中國，朱漆描金，惟前後加紅帕四條以爲飾。韉或皮或氈，勒索用五色全疋蕉布，入手兩盤，垂尚及馬脇。鐙如曲杓，刳木爲之，首繫繩結鞍，空其口以容足。土俗騎皆不用鞭。又聞女亦騎，多側坐鞍上，兩足共一鐙，擁領蔽面，人控徐行，未之見。有木類福滿木，曰山米，又名野麻姑，葉可染，子如女貞，味酸，土人榨以爲醋。球醋純白，不甚酸，供者以爲米醋，味不類，或即此果所榨歟？又有樹曰悉達慈姑，高丈許，葉類桃，子纍纍如葡萄，色青，名慈姑奶，食之毒人。大要國以樫木爲上品，貴家造屋皆用之，次用松，次用雜木，絶少十圍者，地狹人稠，不能待其大矣。

十月朔日庚戌，晴。行香，國王遣法司官起居，送贐儀各五千兩〔一五〕。隨與介山坐堂集兵役呼法司諭之曰：「承國王厚意，雖屬成例，然使者百事仰給於官，無所用金。況我皇上體恤外藩，無微不至，使者尤當仰體。住近五月，已靡費矣，又復多贐，是使者德薄才庸，忠信之心不能見諒於國人，而上負聖天子柔遠之恩也，心竊自愧。今故集兵役並汝等同官，明告以不受之故，非有所嫌疑，歸謝國王，無勞往返。」隨諭兵役速具裝登舟，期不改矣。國俗歲定於是日换苧衣，其换蕉布衣則定於四月朔日。今從者摒擋一切。

初二日辛亥，晴。紫金大夫毛廷桂邀遊波上，留詩以別。歸過其宅，留便飯，席地坐，以東爲上，設氈。食皆小盤，方盈尺，著兩板爲脚，高八寸許。餚凡四進，各盤貯而不相共。三進皆附以飯，至四餚乃進酒，酒不過三巡。每進餚止一盤，必徹前餚而後進其次。初餚飯用油煎麵果，次餚飯用炒米花，三餚用飯。每供餚酒，主人必親手高舉置客前，俯身搓手而退。終席主人不陪，以爲至敬。此球人宴尊客之禮，平等乃對飲。大要球俗席皆坐地，無椅桌之用。食具如古俎豆，餚盡乾製，無所用勺，雖貴官家食不過一餚一飯一箸，箸多削新柳爲之，即妻子不同食，猶有古人之遺風焉。

初三日壬子，雨。鄭得功來，問以獲劍溪寶劍猶在乎？對曰：「在。昔山北王有寶劍名重金，兵敗擲於志慶真河，百年後有伊平屋人漁於河，見寶光燭天，網而得之，獻於王，溪所由名也。劍未擲時，山北王屢敗，以石無神，劍砍之，石分爲四，受劍石遺跡猶存，然卒至敗亡。小邦之興，以德不以劍。嗚呼！不有君子，其能國乎？」余爲之肅然起敬。

初四日，癸丑，晴。楊文鳳、四公子各以寄語三百餘條來，曰：「盡之矣，此外無能解者。」余曰：「非以多文爲富也，務實耳。」因命庖人備餚酒，邀文鳳等往別奥山。越中島，循泉崎而歸。竊疑《隋書》稱有虎狼熊羆，今實無之。又云無牛羊驢馬，驢誠無，而六畜無不備，乃知書不可盡信。是日初見金翅蟲，兩翼及足皆金色，性嗜棒蘭，嗅不去，遂被獲，土人籠養之以爲玩。連日國王遣人款留，婉謝之。

初五日甲寅，晴。恭請天后、拏公登舟。按歷來使録皆云十月二十後東風順送爲吉，而從無十月歸舟者，半緣貨多價未全結，亦由歸志不決，遂爲從人所誤。此行令船户出結，貨既少，以貨易貨，外補價無多，早令辦結。今復預請天后登舟，從人亦無敢觀望者。是日陳瑞芳靈柩送舟安放。

初六日乙卯小雪，晴。恭逢我皇上萬壽聖節，五更率從官於彝倫堂行慶賀禮，球官從者二十餘人，國王於宫門外望北慶賀。黎明祭於天后、關帝，告歸期，默祝焉。是日與介山具餚酒招從客飲，酒酣，有客曰：「聞海面西距黑水溝，與閩海界，古稱滄溟，亦曰東溟。球人不知，此行亦未之過，何也？」余曰：「渡海者多，著書者少。登舟不嘔，日坐將臺，親書其所見者尤少。率一人倡之，衆人和之，耳食之談，何可盡信？球人歲一渡海而不知黑溝，則即謂無黑溝也可。」客又曰：「琉球何得謂巽方乎？抑聞東鄰日本薩摩洲者，何地也？」余曰：「洲即今之寶島也。球處艮方，云巽方者誤也。針路由辰而卯，近寅而止，是其驗也。」客又曰：「此行無玻璃漏，其制可得聞歟？」余曰：「《志略》圖之矣。瓶兩枚，大腹細口，滿沙，一枚對口而覆其上，通一線以過沙，沙盡爲一漏，再倒懸之。凡二漏有奇爲一更，晝夜約二十四漏，得十二更，以應十二時，理猶時辰表也。每更或云百里，或云六十里。余此行就有定之里，對以表而例其餘，每時約行百有十里，雖風有大小，行有遲疾，以此行七分風證之，則百里之説爲長。至記以香，益無憑矣。」

初七日丙辰，晴。使院敷命堂後舊有二牓，一書前明册使姓名。洪武五年封中山王察度，使行人楊載。永樂二年封武寧，使行人時中。洪熙元年封尚巴志，使中官柴山。正統七年封尚忠，使給事中俞忭、行人劉遜。十三年封尚思達，使給事中陳傳、行人萬祥。景泰二年封尚金福，使給事中喬毅、行人童守宏。六年封尚泰久，使給事中嚴誠、行人劉儉。天順六年封尚德，使吏科給事中福建龍溪潘榮、行人蔡哲。成化六年封尚圓，使兵科給事中官榮、行人韓文。十三年封尚真，使兵科給事中董旻、行人司司副張祥。嘉靖七年封尚清，使吏科給事中浙江鄞縣陳侃、行人順天固安高澄。四十一年封尚元，使吏科左給事中江西永豐郭汝霖、行人河南杞縣李際春。萬曆四年封尚永，使户科左給事中雲南籍應天上元人蕭崇業、行人福建長樂謝杰。二十九年封尚寧，使兵科右給事中江西玉山夏子陽、行人山東泗水王士楨。崇禎元年封尚豐，使户科左給事中山東東平州杜三策、行人司司正雲南籍上元人楊倫。凡十五次，二十七人，柴山以前無副也。一載本朝册使姓名。康熙二年封尚質，使兵科副理官遼陽張學禮、行人山東膠州王垓。二十一年封尚貞，使翰林院檢討江南儀徵汪楫、内閣中書舍人福建莆田林麟焻。五十八年封尚敬，使翰林院檢討滿洲鑲白旗海寶、翰林院編修江南吴江徐葆光。乾隆二十一年封尚穆，使翰林院侍講滿洲鑲白旗全魁、翰林院編修四川涪州周煌。凡四次，共八人。因與介山題名其後。偶憶舊天使館有前明蕭崇業題灑露堂，謝杰爲之記，因與介山往觀。額尚在，記已亡，陪臣處其中，爲供應全局。按舊例國中供應設七司：一館務司，掌承發；一承應所，掌脩葺；一掌牲所，供六畜；一供應所，掌酒米蔬菜；一書簡司，掌帖札；一評價司，掌交易；一理宴司，掌宴會。司設黄帽官一，紅帽官三，雜役二十人。七司之外，更設總理司，紫、黄、紅帽官二十餘人，日伺使院前，天使出入，排班跪迎送，有事則以告。七司此行惟理宴司虚設。既問知其故，因即傳示六司，具行糧，十日爲度，毋縻費。

初八日丁巳，晴。楊文鳳來，語之曰：「君見聞甚博，尚有忠烈之士廣異聞乎？」對曰：「無之。有故事載於《志略》者不甚得實，公欲聞之乎？」余曰：「可。」文鳳曰：「昔有平良按司某與保縈茂按司善，誓爲婚姻。未幾平良舉一子曰鶴壽，保縈舉一女曰乙達吕，二人喜如約。鶴壽三歲喪其母，平良取繼妻生一子，遂惡鶴壽。會保縈卒，其妻欲贅鶴壽，母利其家富，欲以己子贅之，陰毒鶴壽瞽雙目，使告保縈之妻曰：『鶴壽不幸爲廢人，恐誤女。兄弟一也，曷以其弟代之。』母以告女，女曰：『背父棄夫而亂其倫，禽獸行也。能起吾父於九泉告而諾之，詞無費矣。』使歸以告，平母欲絶其意，譖鶴壽於平良，放之八頭山石穴中，欲死之。女日夜泣，思往救而無所，夢神示之，且告以治目方。寤告其母，如神言迹之，得鶴壽攜歸，如方以治，目復明。保母往見平良，告之故。平良大怒，欲逐其妻返鶴壽。鶴壽泣曰：『兒自幼穉賴母以生，敢忘罔極之恩哉？且母去弟將誰倚？』叩頭流血。平良感其意，遂不譴，仍以鶴壽贅歸乙達吕，使繼保縈之後爲按司。」嗟乎，愛己子而嫉前妻子，婦人之愚，至貪人富而欲殺其子，忍又甚焉。託非鶴壽至孝，悔何及矣。烈女如乙達吕者又豈多哉！

初九日戊午，陰。客有問風信者，予述《志略》答曰：「清明後地氣自南而北，南風爲常；霜降後地氣自北而南，北風爲常。反是，颶颶將作。正、二、三、四月多颶，五、六、七、八月多颶。颶驟發而倏止，颸漸作而多日。九月北風或連月，俗稱九降風，間有颸起，亦驟如颶。遇颶猶可，遇颸難當。十月後多北風，颶颸無定期，舟人視風隙以來往。凡颶將至，天色有黑點，急收帆嚴柁以待，遲則不及，或至傾覆。颸將至，天邊斷虹若片帆，曰破帆，稍及半天如鱟尾，曰屈鱟，若見北方，尤虐。又海面驟變，多穢如米糠，及海蛇浮遊，或紅蜻蜓飛繞，皆颶颸徵。汪録謂海魚無數，長四五尺，脊尾盡露，蓋誤以蛇爲魚，翌日颸風大作，經四晝夜不息，其驗也。

初十日己未，晴。恭逢皇后千秋節，五更率從官於彝倫堂行慶賀禮，球官從者二十餘人，國王仍於宫門外慶賀。歸視封舟，船户及兵役等皆備具，有已登舟者。

十一日庚申，晴。是日爲老母孟太宜人誕辰，惟恐人知，故不舉祝禮。方啓門，國王遣王叔尚周送團扇五柄、磁香鑪一對，親書大紅緞壽屏序文十二幅。予驚曰：「國王何以知之？即知曷不早告？」長史跪禀曰：「國王感激兩位天使諸物不受，故密遣小底輩問於内使，得知壽期，又密問家世，得其詳。國王因令楊文鳳撰文，親筆楷書，以致誠敬。知告必不行，故不告。正使大人亦如之。」予初猶不懌，然既已書之於屏，勢無却禮，因再拜受之。余素聞國王善書，展讀之，書法得松雪筆意，可謂此行一寶。惟文多過譽，心轉不安。於是館之人莫不欣然來祝，隨購羊、豕各二隻，酒四大瓮，分賞從者及球官，令熟食之。飲介山及從客於館，酒酣思母，歸心愈切。

十二日辛酉，雨。先是楊文鳳、四公子屢招飲，俱却之，至是請益摯，不得已抵其書齋，各以送行詩見質，觸余離緒，各依韻答之。文鳳以行樂圖歸我，展視則國人和余之詩悉書於上，已滿幅，是亦此行所得之寶也。

十三日壬戌，晴。楊文鳳來，問尚有異聞可誦乎？對曰：「昔有富盛按司侍士長田者因富盛爲絲數按司所害，匿小按司於從兄慶留庇椰所，將圖復仇。絲數偵知，以兵圍其宅。慶留欲救無計，子慶路有女曰乙鶴，願以身代小按司死，即自刎。慶留以頭給絲數，乃解圍。後慶路聞絲數出遊，伏兵要於路而殺之，小按司復得立，以夫人禮葬乙鶴焉。又有大里按司某爲仇家所害，繼妻攜己生及前妻子匿於荻堂村長子乳母家。仇知之，乘其不備，獲二子去。母哀懇於仇，乃許殺長而留其少。母曰：『誠若此，願殺少而留長。』仇問故，母曰：『長者前妻子，少者妾所生也。』仇感其義，并宥之。」余曰：「此皆《志略》所已載，然君言較簡練，存君文，事亦傳矣。」

十四日癸亥，晴。飭兵役來早各執事登舟，毋復上岸。悉出庖餘分賞球人之役於館者，外各賞銀一兩，篋中巾扇有未盡者賞球官，案頭積紙有未書者書與之。飭從者將行李登舟，頃刻盡，以無長物也。長史來告，封舟供行糧半月，余曰：「費矣。然海行無定期，多備無患。使者亦未敢以來時迅速輒邀天之幸也。」是夜與介山一燈相對，若有感者。

十五日甲子，微雨，巳刻晴，北風厲。午刻奉節登舟，國人遮道跪送，有泣者。楊文鳳及四公子、長史、通事哽咽不能出聲。緩行至迎恩亭，節駐，國王率百官送節，行三跪九叩禮畢，再跪云：「臣温寄請聖躬萬安。」謹對曰：「回京代奏。」節將行，國王袖出一札，不知何謂，通事致詞曰：「此國王代言柬也。」余與介山曰：「使者無私，可令通事誦之。」詞曰：「温啓：竊温僻處海隅，全無知識，荷蒙皇上天恩，准襲世職，感激難名。又蒙天使遠來，禱逆風而順之，險陟重洋，惟温之故。每恨國小民貧，禮疎供薄，乃承初入館即裁減舊例諸費，及船户呈上貨單，又蒙厚愛，於福州登舟時即將貴貨裁減，并令出結定價，惟恐累及貧國，并承捐除七宴。温屬臣子，固以爲禮在則然，惟是小邦别無可敬，端賴七宴，稍盡微情，今既捐除，更無盡情之處，屢具宴金，又皆却還，心益滋愧。乃承教訓國中士子，每遇進見，必策以忠孝。副使大人更爲小邦廣聲教，輯《球雅》，國之略曉文字者皆得就教尊前，執經問業。父師之恩，尤深感戴。欣幸久住，親炙多人，不謂屢次屈留，歸心愈急。隨遣法司按例每位贐金五千兩〔一六〕，及區區刀布土儀，又再四却金不受。在天使潔忠自矢，不愧名臣，而温身爲主人，毫情未盡，心實難安。况每次册封，從無十月歸舟，此固天使敬事而信急於恭復恩命，不知已爲小邦省費無算。凡此皆天使仰體皇上之心爲心，事事先爲體恤，不特温感入肺腑，即通國臣民亦謂天使體恤下情，從未有如兩位大人者。無奈語言不通，通事傳詞又不能備述，故特具柬代言，稍舒積悃，幸恕不恭。」讀畢，國王依依，若欲下淚。因遣通事謝曰：「凡所言皆使者分内事，過蒙獎譽，轉滋愧悚。惟願國王勵精圖治，福祚綿長。」復行一跪三叩對拜禮，國王率百官跪送節，再與國王揖别登輿，由浮梁登舟。國王跪於却金亭前，候安節畢，余與介山拱而揖岸曰：「節安公歸矣。」國王起，率衆官惆悵而去。是日爲東府君朝玉皇暴，應。

十六日乙丑，晴。南風，不能開帆。晨起禱於天后，并求筊，仍得第一，合舟皆喜。因與介山究歷來針路，汪公來針尚不及全公來針盡善，汪録云自五虎開洋，乙辰八更取雞籠頭，辰巽三更取梅花嶼，單卯十更取釣魚臺，乙辰四更過黃尾嶼，甲卯十更取姑米山，乙卯七更取馬齒山，甲寅并甲卯取那霸港。初開帆辰針得矣，兼用巽則太高，不得不用卯針取釣魚臺。蓋以乙針爲鈍，幾至臺灣矣。《志略》云：詰旦自五虎門開洋，單午風乙辰針日入行船六更，夜單午風單乙針行船五更，見雞籠山頭；十一日上午坤未風單乙針三更，下午單酉風單乙針日入行船四更，見釣魚臺，夜單丙風單乙針行船四更；十二日單午風單乙針一更見赤洋，轉單丁風單乙針至日入行船五更，夜單午風單乙針四更過溝；十三日丁午風甲卯針行船二更，見姑米山，風輕轉單午單乙針，日入行船一更，夜丁午風乙卯針二更。針路最爲真確，惟雞籠山後不見彭家山而即見釣魚臺，又不可解。蓋彭家山爲來針第一准則，汪用巽針不見彭家山宜矣，用乙針必見彭家山。且自雞籠嶼至釣魚臺應得十五更，而七更即至，記載有誤。知所謂雞籠山頭者，虛擬之詞，未得實也。此行針路實依之，其小有參差者，開洋用單辰，過赤尾仍用單乙，不用甲卯，參而用之，來針盡於此矣。介山曰：「今將歸，歸路尤要。」因與細閱《志略》。歸舟無不與暴者，而針又各不同，自乾而坤皆有用者。汪、徐二公歸路甚危，倉皇中針路無定。全、周二公歸路平善且多用辛針，來以乙，去宜辛，理尤可信。因預爲録書，粘之於壁，略云：正月三十率三舟開洋，乙卯針行三更，午時至馬齒山安護浦下定；初四日單癸風，用午針出澳，巳刻轉丑風，單辛針三更，午時過姑米山，單申針五更；初五日早乙辰風，單辛針五更，夜辰巽風，單辛針六更，過溝祭海；初六日單艮風，辛針三更，申刻大霧不見山，寄定；初十日霧開見台州石盤山，用未針，見温州南杞山；十一日東北風，單辛針七更，下羅湖下定；十二日甲針收入定海。針路且徐試，惟云乙卯針出霸港，豈有入以甲寅，出以乙卯者，恐誤風爲針矣。

十七日丙寅，晴。風東南，不能出口。頭眩腹泄，通體發熱〔一七〕，終日不食，寢不安。是日上淡水，滿四井而止。

十八日丁卯，晴。風仍東南。身熱頭眩漸愈，惟泄未止，因以常服驗方製藥一劑服之。午刻長史來告，是日辰刻國王初舉子。封事始竣，又添一喜，國福家慶，樂事可知。使者既得與聞，不可無賀，而篋中別無一物，詩以賀之。

十九日戊辰，晴。自服藥後泄一次即止，病已豁然。巳刻風轉東北，催船户出口。琉球通事、夥長并謝使俱至首里稱賀，不得開頭。

二十日己巳，晴。東嶽朝天暴，不應。東北風利，促解纜，卯刻揚帆出那霸港。岸上舟中送者如雲，舉手辭謝之。午刻雨，入暮不止。夥長恐有暴，收馬齒山安護浦下定。山勢橫亙二十里，犬牙相錯，出没海中，若斷若續，分東西二島，爲中山第一外障。泊處青山圍繞，無出路，有鹿見於山間，疑亦海魚所化。雨景大佳。

二十一日庚午大雪，暴期應，午後雨。

二十二日辛未，雨，風仍西北，午刻晴。偕介山駕小舟登岸，王舅紫金大夫從。沿沙洲行至山麓，有石高丈餘，玲瓏可愛。坐石上觀漁，皆赤身入水無寒色。馬齒人善泅，習使然也。移時土人以二鹿進，毛淺而小，眼似魚，魚所化也。始悟鷹化爲鳩，識者猶憎其眼，以眼不能化也。舟中齋時多，無所用，仍令攜去。循山麓而東，槿籬不剪，非復久米景。村中徑路曲摺，人家即以籬爲墻，瓦屋絶少。有板閣供石曰廟，廟前有泉，深不及二尺，味甚甘。泉南有一區，有黄帽跪迎，大夫曰此可小憩。屋制與中山同，親雲上之居也。大夫命於舟中取酒，余與介山亦遣僕就舟取飯。坐間問鄭得功曰：「夏録云此地産牛、馬、粟、布、文貝、螺、怪石，産於海者不可知，産於陸者何未之見？」得功曰：「陸産惟鹿，豈惟無粟，並無薯。」余曰：「居人安食？」得功曰：「食鐵樹根。先取根三煮而三浴之，去毒盡，碓爲末，雜石粉以爲餅，不過充飢度命。罪人率流此者，以地苦也。酋長間以鹿或石松易薯於中山，貧民不得也。」

二十三日壬申，大雨，北風甚暴。偶閲《志略》，中山昔有僧曰日秀，所居歲豐，人以爲神。又有宗實、不羈、瘦梅，稱三詩僧，汪、徐皆紀以詩，此行遍訪無一能詩者，亦未聞有通僧能以文字教人者，今大異於古所云矣。

二十四日癸酉，晴。北風少平，促夥長出洋，對以風信未定。余曰：「風信定寧無變乎？可行則行。」介山曰：「姑俟之。」遂止。

二十五日甲戌，晴。北風如故，决令開帆。介山亦以爲然。遂於巳刻解纜，子丑風用辛針，酉刻過姑米山。終日峭帆，舟轉駛微側而震，有吐者。余仍日坐將臺，飲食如故。《志略》云洋鳥止則浮窠水面，飛則銜窠而起。來時見白鳥飛，未見銜窠，至是舟行竟日無一鳥，豈歸路無山，遂無鳥耶？視海面深黑，天水遥接，豈即所謂黑溝耶？抑來者皆耳食，未敢親視，遂妄生奇異耶？是皆未可知，以余目擊，固無他異。

二十六日乙亥，晴。風與針如故。巳刻轉寅卯風，仍用辛針。翁爹暴，不應。

二十七日丙子，晴。辰刻轉己卯風，午刻轉辰卯風，針皆如故。戌刻風止，余已卧，聞譁聲，披衣起，禱於天后，漸復辰卯風，針仍如故。是日爲東府君朝玉皇暴，不應。遥望二號船在北，相去數十里，琉球兩船未知前後，令鵶班登桅望之，亦不見。

二十八日丁丑，晴。寅刻風轉辰巳，舟不能行，急起焚藏香禱於天后。辰刻風轉子丑而微，仍用辛針。未刻霧大起，夥長云宜一見山，恐夜暴舟逼山，心甚憂之。自二十六至此日，有大魚挾舟。

二十九日戊寅，辰卯風微，大霧，針如故。巳刻稍霽，見温州南杞山〔一八〕，舟人大喜。少頃見北杞山，有船數十隻泊焉。舟人皆喜曰：「此必迎護船也。」霧漸消，山漸近，守備登後艄以望，驚報曰：「泊者賊船也。」余曰：「舟已至此，戒兵無譁。速食，備器械。」余亦飽食。守備又報賊船皆揚帆矣，與介山衣冠出，先禱於天后，飭吐者、病者、怯者悉歸倉，登戰臺，誓衆曰：「賊衆我寡，爾等未免膽怯。然賊船小，我船大，彼絡繹開帆，縱善駕駛，不能並集，猶一與一之勢也。且既已遇之，懼亦無益，惟有以死相拚，可望死中求活。此我與汝致命之秋也，生死共之。」衆兵勇氣頓振，皆曰惟命。乃下令曰：「賊船未及三百步不得放子母砲，未及八十步不得放鎗，未及四十步不得放箭。如果近，始用長槍相拚。有能斃賊者重賞，違者按以軍法。」隨令守備牽一羊至，斬以狥，各整暇以俟。未幾賊船十六隻吆喝而來，第一隻已入三百步，余舉旗麾之，吴得進從柁門放子母砲，立斃四人，擊喝者墮海。賊退不及，入百步，鎗并發，又斃六人。一隻乃退，二隻又入三百步，復以砲擊之，斃五人，稍進又擊之，復斃四人，乃退去。其時三隻賊船已占上風，暗移子母砲至柁右舷邊，連斃賊十二人，焚其頭篷，皆轉柁而退。中二船較大，復鼓噪，由上風飛至。余曰：「此必賊首也。」密令柁工將船稍横，俟大砲準對賊船，即施放，一發中之，砲響後烟迷里許，既散則賊船已盡退。是役也，王得禄首先士卒，兵丁吴得進、陳成德、林安順、張大良、王名標、甘耀等鎗砲俱無虚發，幸免於危。惟時日將暮，風甚微，恐賊乘夜來襲，默禱於天后求風。不一時北風大至，浪飛過船，余倦極思卧，念前險假遇害，豈復能慮此險，况求風得風，可無憂，即憂亦無著力處。遂解衣熟睡，盡付之不見不聞。

十一月朔日己卯，陰。夢中聞舟人譁曰：「到官塘矣。」驚起，介山、從客皆一夜不眠，語余曰：「險至此，服汝能睡，設葬魚腹，亦爲糊塗鬼矣。」余曰：「險奈何？」介山曰：「上則九天，下則九地，聲如轉水車、鋸濕木，時復瘧顫。每側則篷皆卧水，一浪蓋船則船身入水，惟聞瀑布聲，垂流不息，其不覆者幸耳。」余曰：「脱覆〔一九〕，君等能免乎？余樂拾得一覺，又忘其險，余幸矣。」介山乃大笑。盥後登戰臺視之，前後十餘鼊皆没，船面無一物，爨火斷矣。舟人指曰：「前即定海，可無慮食。」申刻乃得泊，總兵何定江來，云奉制軍命迎護。余笑謝之，因語以北杞之戰，定江惶悚失措。余曰：「餒矣，他事且緩商。」遂令船户登岸購米薪，乃得食。是日二號船先至，琉球頭號船三更亦至。

初二日庚辰，晴。總兵倪定德來，始知七月間神風暴起，擊碎艇船百餘隻，并没海賊蔡謙船四十餘隻。皇上遣發藏香，恭祭天后，并有廷寄，令致祭官默祝臣等封舟早得回閩。天恩優渥，天后效靈，十月回舟，六日抵閩，去來如出一轍，實從來封舟所未有，是皆我皇上福大如天，恩深似海，故能海若效順，風暴不驚，聞命自天，感激無地。巳刻入五虎門，至怡山院，特購羊一、豕一，致祭於天后海神，宣讀諭祭報文畢。鄉之耆老夙儒拄杖來觀，咸曰：「神速哉！封舟自祖父以來未聞有此。」并出前度諭祭文請曰：「此鎮山之寶也，請留示後，別具謄黄。」余與介山曰：「謹藏之。」歸舟潮退不能行，聞琉球二號船亦至。是夜繕摺稿，脩家書。

初三日辛巳，雨，微風。卯刻乘潮行，去南臺十里，潮退，制軍遣人以小舟來迎，當道皆坐候舍人廟。遂令小舟奉節登岸，奉安天后行像、挈公於故所，同致祭畢，即於舍人廟飲胙。因語制軍以天后靈威助風擊賊，欲具摺奏聞，請加封天后父母，并恭報回閩日期。玉公曰：「加封事公歸自奏未晚，惟恭報回閩一摺不可遲，皇上懸望久矣。」因出廷寄見示，跪讀畢，淚涔涔下。余與介山約住不出兩日，擬即從封舟移入紅船，以免應酬之苦。制軍再三迎入城，不得已，奉節登岸適館。後始知介山太夫人潘於三月二十日在籍仙遊，隨往唁，相抱痛哭。斯役也，往來順利，風帆迅速，夷人歡喜，兵役無過，可謂至幸。惟都司陳瑞芳前歿於夷，介山登岸即聞訃，是爲美中不足。況同舟共濟，相處日久，未免痛心。申刻陳觀察送到家書，知老母康健，九月十四日又舉一子，母名曰海，稍慰烏私。又以介山故，緩至初七日登舟。寄塵於舟已病，上岸就醫，擬於初六日叩别天后，再往視。隨於各當道致謝告辭，并告以同使有喪，不宴會。因念余與介山同居夷館半載，無日不感念天恩，繫懷老母，常謂介山母尚少余母十歲，不謂有此變，念及此，歸心益急矣。

校記

〔一〕著一，光緒本作「逐一」，似當從。
〔二〕何琴立，「何」原誤作「河」，據光緒本改。
〔三〕賞物，「物」原誤作「耗」，據光緒本改。
〔四〕紹浣，原作「紹院」，據光緒本改。按吳紹浣，安徽歙縣人，乾隆四十三年進士。
〔五〕八度，原作「八渡」，據光緒本改。
〔六〕襲，原誤作「褻」，據光緒本改。
〔七〕懍，原作「凜」，據光緒本改。
〔八〕銖兩，原誤作「銖雨」，據光緒本改。
〔九〕廬山，原作「盧山」，據光緒本改。
〔一〇〕曷達理，依上文當作「遏達理」。按前此各録均作「遏達理」。
〔一一〕撤，原作「撒」，據光緒本改。
〔一二〕蚫，原作「鮑」，據上文及光緒本改。
〔一三〕濯世，光緒本作「濯濯」。按《晉書・王恭傳》：「恭美姿儀，人多愛悦，或目之云：『濯濯如春月柳。』」當從。
〔一四〕建瓴，原誤作「建鈴」，據光緒本改。
〔一五〕五千兩，按自明陳侃出使記始，歷次敕封使均記臨别所贐金未有過二百兩者，此「千」必「十」之誤。
〔一六〕五千，亦當作「五十」。

〔一七〕熱，原誤作「熟」，據光緒本改。
〔一八〕温州，原作「温舟」，據光緒本改。
〔一九〕脱，原誤作「託」，據光緒本改。

附録

琉球寶刀歌李舍人鼎元贈戴蓮士侍郎者。

朱　珪

紫薇天使中山歸，黑洋穩渡神烏飛。巨颿劃潮羅刹鬼，拔刀碎裂妖星旂。書生甚武劍佩戛，利器亦仗皇靈威。此刀番王鞠歷獻，購從日本玉屑霏。寶裝陸生不自祕，投瓊執友當天機。攜來詫我病魔走，拔鞘風泠妃呼狶。客豪食酒虎對吼，我歌拍案驪唾璣。回看西南太白閃，借我吹呋欃槍厞。光芒半夜燭珠斗，周麾萬里招虹徽。還君什襲獨漉舞，報爾祥覽雙熊肥。

（清嘉慶刊本《知足齋詩集》卷十五）

聞舍弟墨莊鼎元由內閣中書奉命充册封琉球副使聞之大喜因作詩二首寄京遥賀

李調元

怪君如烏集王廷，年不飛來歲不鳴。豈料日光臨紫省，忽傳天使過滄瀛。槎移牛渚河應動，航載龍章浪不驚。記取前程須努力，此行直繼海山旌。吾蜀奉使琉球自乾隆丙子海山先生周文恭公煌後，今四十二年吾弟復膺是命。

聞道中山海外懸，南風三日底山邊。百年豪氣銷磨半，弟今年已五十。一品恩榮服色全。向例册封天使賜一品麟蟒服。姑米颶高神共護，扶桑露灑詔初宣。琉球刀好君須寄，矍鑠兄猶喜弄鋋。

再和墨莊弟八月十九日奉命充册封琉球副使恭紀元韻二首

李調元

寵命傳來八月秋，柴門驚起滿江鷗。衰年兄忽喜如雀，早歲君原氣食牛。鴂舌應詢蘇軾集，東坡送子由使契丹詩：「時時鴂舌問三蘇。」註：「能背誦三蘇文。」龍潭争看李膺舟。正使爲安徽太湖趙介山文楷，丙辰狀元。向例中山宴天使有七宴，重陽龍潭宴其一也。别腸此去車輪轉，一日思君一萬周。

三甲傳臚第一人，弟登戊戌三甲第一。紅梨臣改紫薇臣。境當窮處無非鬼，運到來時若有神。同上峩眉慚後步，獨經滄海亦前因。遥知使畢歸朝日，萬國來同拱北辰。

（以上清嘉慶萬卷樓刊《童山詩集》卷三十七）

送李墨莊舍人奉使册封琉球國王兼簡正使趙介山修撰

汪志伊

中山昨請册封賢，早有飛章達御前。嘉慶四年二月，琉球國王世孫尚温遣陪臣齎表請封到閩，志伊於三月十二日具題。簜節敬持拋白紵，謂趙介山修撰。皇華能賦得青蓮。新知沙綫三千里，舊夢雲螺十七年。乾隆甲辰歲，公曾夢遊海，得「雲養澹螺深」之句。丁未歲福公往渡臺征剿林爽文，奉頒班禪所進右旋白螺，吹則風帆順利，因奉命留閩。今奏交使者，以資靈護。麟蟒珊瑚尊一品，球人應訝是天仙。

（清嘉慶刊本《稼門集》詩鈔卷六）

送李墨莊鼎元中翰充副使册封琉球用周海珊尚書紀恩原韻四首　趙希璜

大鵬左翼蔽東荒，俊疾争馳日月光。《山海經》：東荒之中有山名曰壑明俊疾，日月所出。石室投壺招玉女，《神異經》：東荒山中有大石室，東王公居之，恒與玉女共投壺。海珊持節焕金章。海珊尚書於乾隆丙子充副使册封琉球。雙鼅山名。隔斷花瓶嶼，三島氤氲龍腦香。遥盼蜀人前後至，葵心西向聖恩長。

虬龍比飾共雕題，祝祝叢祠鎖碧圍。琉球五嶽蓋是國人慕中華而倣名之。祝祝，天孫氏女，即嶽神也。洋舶快收姑米港，天孫笑執蜃樓圭。占星早辨浮楂客，投柹真同拂浪鷁。以木柹從船頭投海中，人疾趨至梢，人柹同至，謂之合更，人先柹爲不及更，人後柹爲過更。四十四年能守禮，坊名常與萬松齊。守禮坊距歡會門約半里許，世子例迎詔敕於此。萬松岡亦地名。

品服先隆上相纓，勳名看樹太常旌。身從北闕銜新命，氣始東方好右行。霸業尚遺豐見址，豐見城爲山南王故址。詩人豔説錦官城。鯨鯢來導波濤静，雨雨風風筆落驚。

歡會門開震兑宫，中山王宫西向。欣瞻行合與趨同。赤鱓屢致坡仙詠，黄帽猶傳海國風。海珊即事詩：「海舶合同黄帽住，水仙元共赤鯉歸。」注云：「接封大夫皆黄帽。」又注云：「過釣魚臺，有大鯊魚隨舟。」

祇命世隆荒服外，如潮恩湛日華東。四家勳舊應如故，毛馬崇班接向翁。毛、馬、向、翁爲琉球四大族。

（清乾隆安陽縣署刊《四百三十二峰草堂詩鈔》卷二十一）

送王見大文誥入趙介山文楷修撰幕册封琉球

張雲璈

六合欲賦非盡愚，八極不遊毋乃拘。王君鵬翮淩天衢，豈屑籠鳥觸四隅。京華一別半載餘，歸來爽氣生眉鬚。韡刀帕首纓曼胡，雄冠的皪銜品珠。謂我將詣中山居，此去竟作萬里踰。中山國在閩東區，昨乞朝命封厥儲。我皇臨軒特敕除，天水修撰衆所譽，兹選誰復能先諸。隴西爲副李右史鼎元墨莊。綸紵俱，巴蜀不數漢相如，南越何有陸大夫。麒麟賜服恩禮殊，揚旌唱騶儀衛都，豈僅張旜給角符。君爲温石幕府趨，陋彼緑水紅芙蕖。江淮閩粤經長途，梅花重洋開舳艫。子午之鍼一綫麤，玻璃之漏聲在壺。跳丸日月常浸濡，百靈祕怪相持扶。役使穹龜與長魚，鼇蛟颶母驅爲奴。輕帆如駛過彭湖，君於其閒歌嗚嗚。長篇傑句共唱喁，駭伏罔象逃天吴，海童淵客争貢諛。中山大長目睢盱，對此驚拜兩手膜。君才自可過嚴徐，贊襄大典識匪迂，能使荒服誠心輸。彼國始通在隋初，三山分合考核疏，當時使者各著書。君試爲按實與虚，補其不及删其蕪。行程所過雖須臾，山川風物羅清臚，自當一一重爲臚。看君意氣旁人無，安肯局促爲人徒。終軍西遊早棄繻，郭丹出關乘高車。君將自爲何有乎，此行先試良不誣。我見目睫誠小儒，羨君壯遊擬執殳。他日遄歸過我廬，紅螺酌酒烹佳酥，琉球魚名。乞君横埽鯨波圖。

（清道光《三影閣叢書》本《簡松草堂詩集》卷十六）

李舍人鼎元歸自琉球貽以布紙扇碗刀五物各系小詩報之

趙懷玉

舍人萬里歸，貽我布三匹。兩棉與一羅，各具雪霜質。亦有印作花，花名不能述。開篋試裁衣，海氣篋中出。

球紙皆穀皮，此獨藺所爲。或云來日本，大致同高麗。榮稱錫護壽，永與文房宜。慎勿汙惡札，留寫驚人詩。

五華玉團扇，不出中山宮。民間行櫂子，聚頭製特工。黃塗金燦爛，青展雲溟濛。使者一披拂，中外揚仁風。

木豆徧國中，尊者用瓦缶。惟玆琖與盤，形質朴而厚。曾堆松露菜，更貯米汁酒。每當享客時，持之誇左右。

衮刀二尺許，剡短柄則長。多君脱手贈，使我氣激昂。猶聞楚氛惡，兼苦蜀道長。願將賊血洗，再以七寶裝。

（清嘉慶道光間武進趙氏刊《亦有生齋集》詩集卷二十六）

送李墨莊舍人奉使中山即和紀恩韻二首

汪學金

槎客乘風汗漫遊，飄然何異狎沙鷗。息鵬六月心嘲鷃，乳虎三朝氣食牛。生時有夢虎之異。島嶼瀠迴臨絶域，乾坤軒豁入虚舟。看君火色鳶肩貴，五十功名似馬周。

綸閣文章白舍人，手持龍節問波臣。詩成海市奇無敵，筆灑天吴捷有神。歸橐千金嗤使職，賜衣一品記仙因。南溟咫尺通霄漢，引領占星指北辰。

（清乾嘉間汪氏井福堂刊《静厓詩稿》續稿卷一）

李墨莊舍人出示册使琉球歸槎圖卷率題其後

伊秉綬

聖皇嗣服覃化醲，深仁漸被東海東。休論荷蘭唊咭唎，扶餘日本兼朱蒙。維東南洋中山國，琉球大小歌駿龐。我昔鼓山眺絶島，黑子兩點浮青銅。海濤翻天天風急，欲踏銀漢凌秋空。周禮崇祀保小寡，吏報鰜至輸誠忠。其王即世世子夭，世孫籲請天朝封。大皇帝咨禮臣奏，慎簡使者憑天衷。李侯星精峩眉秀，誦詩三百千夫雄。鳳皇初鳴阿閣曙，麒麟服出乾清宫。龍旂虎節頒册命，元纁秬鬯珪璋琮。司空飭工駕樓櫓，司馬檄衛煩軍戎。澹螺養水暮天碧，老蛟驅浪晨霞紅。免朝牌掛百靈助，十六年夢奇遭逢。墨莊昔夢浮海，巨舫金牌大書「免朝」二字，今果驗。使者從天降那霸，琉球地名。天橋綵壓城頭虹。藩王負弩俯道左，舉國角稽鑾樂從。禮成辭饗却投贈，宣示德意三呼嵩。漢家羈縻今洽髓，御書再建樓穹窿。表文金葉詩楮葉，欲諏譯館詩文同。槎回梅花洋水静，一一指點來時蹤。北堂喜進陸賈酒，西域嗤紀張騫功。歡斯氏裔最恭順，定鼎初元來旅賓。汪楫林麟焻徐葆光周煌遞奉使，坊傳守禮胥華風。君偕充國謂正使趙介山修撰。更利涉，紀載國俗傳無窮。盛朝柔遠遠人至，交趾又遣陪臣通。

（清嘉慶刊本《留春草堂詩鈔》卷四）

嘉慶四年琉球國嗣子請封明年李墨莊中翰副趙介山殿撰奉使其地鼐爲文張之中翰歸報以琉球紙二種瓦杯一具翼日以杯飲之且侑以詩

吴　鼐

天書東下封琉球，詞臣暫作滄溟遊。蓬萊山下昔停泊，虚無金闕重軒眸。扶桑浴影報晴霽，霧然大霧迷水郵。海神狡獪試詩膽，天吴打鼓馮夷謳。日高霧净見群蟻，小憝聚哨排戈矛。先生忠信一夷險，波濤盜賊誰能仇。去來迅速古未有，歸裝如葉隨雲浮。紀遊奇句已萬紙，抄書爲我銀箋留。黄甆一具繪金碧，珍物愧爲蕪詞酬。八街潦減天方秋，水荇嬌艷疏篁修。軟脚筵設巨杯出，酒邊龍氣仍蟠虯。古窯汝定吾自有，此器曾鄭東瀛流。賦海之手吸江口，可使酒甕閒床頭。鼕鼕曙鼓鳴城樓，我歌未已君肯休。想君釃酒重洋舟，横視八表如一漚。習坎不窞賀此甌，君能再浮三白不。

（清光緒江寧藩署刊本《吴學士詩文集》詩集卷二）

李墨莊舍人使琉球歸見惠倭刀用少陵趙公大食刀歌韵賦謝

曾　燠

三十六姓語啁嘈，敬爲天使陳饇牢。五晝夜達滄溟艘，天威震疊蛟蜃逃。佩物取稱麒麟袍，敢獻下國之寶刀，試以口吹斷豪毛。舍人云國王燕饗凡七次，燕必獻刀一柄。又舍人由厦門達其都祇五日半，國人無不驚異。迴船中流孤島高，忽聞三老相驚號。狐貍嘯聚兼鼯猱，挺身不畏斧鉞膏。舍人揮刀風湧濤，紛紛腰領顛阬濠。舍人歸塗遇海盜數十艘，揚兵圖劫，乃率徒從擊敗之。歸來語予爲解縧，知予有志斬巨鼇。拔鞘寒光驚孟勞，卻慚腕弱非英豪。我聞海中群盜起，安南背恩爲禍始，頻年奪貨傷客子。中山事大頗知理，況又匣中有秋水，鷹鸇逐雀烏容已。儻泛樓船整戎紀，憑藉聲靈易易耳。防海諸軍頻送喜，招賊投誠便相恃，鉛刀之割安可倚。舍人何日執鞭弭，横海伏波當竊比。霜鋒取人萬人裏，爲我太空決氛滓。

（清嘉慶刊本《賞雨茅屋詩集》卷四）

送趙介山文楷殿撰李墨莊鼎元舍人奉使册封琉球

阮　元

同是中朝第一流，雲螺彩蟒拂麟洲。狀元風度今莊叔，才子神仙舊鄴侯。四月西湖留駐節，萬人南海看登舟。翰林盛事知多少，如此乘風乃壯遊。

（清道光文選樓刊本《揅經室集》四集詩集卷五）

送李墨莊鼎元前輩出使琉球

張問陶

使節中山遠，威儀海外看。星光開浩渺，風力助平安。波静揚帆易，天空下筆難。銜將君命重，莫作壯游觀。

仙境三山雨，恩榮一品衣。尋常輕地險，咫尺奉天威。紫鳳迎舟拜，黄雲擁詔飛。歸來話滄海，把酒更依依。

（清嘉慶刊本《船山詩草》卷十五）

題李墨莊前輩歸槎圖

張問陶

東海回槎氣象殊，三山揮手隔虚無。未能爲將能爲使，也是人間好丈夫。

碧浪紅雲幾萬重，奇詩他日問蛟龍。一泓海水杯中瀉，我亦能消芥蔕胸。

（清嘉慶刊本《船山詩草》卷十六）

送趙殿撰文楷李舍人鼎元册封琉球國王詩百韵

李富孫

盛治恢無外，車書達八埏。虞廷方受籙，軒后正乘乾。舞羽皇威遠，敷文帝德宣。神靈揚日域，聲教訖瀛壖。烏弋咸修貢，雕題益慕羶。外藩扶老穉，荒服静戈鋋。遐邇輸誠久，梯航向化堅。來賓猶恐後，重譯共争先。屬國傾心附，球陽效順虔。稟正原世世，通道總年年。月候三山近，風占萬里便。獻琛伻沓至，納賮舳遥連。古未歸圖籍，今纔廣幅員。波羅封乍襲，姑米勢甯孱。進表求恩逮，陳情冀祚緜。俞哉重降敕，咨爾尚需賢。選以儒臣貴，榮因册命懸。千官皆肅穆，四署更蹁躚。策使行齊列，臨軒意自拳。累朝鉅典在，一品寵儀專。充國矜華胄，鴻才沐化甄。無雙推著作，第一列神仙。簪筆趨彤陛，鳴珂上木天。位原稱内相，象已協星躔。綺宴瓷開帕，雲坳日視甎。黄麻文蔚若，蒼璧佩鏗然。禁近論思切，華清侍從聯。退朝頒彩錦，歸院徹金蓮。綿竹家聲遠，詞宗供奉妍。香名知早飲，綸誥職無愆。分草千言捷，含葩五字傳。掖垣憑出納，瑣闥任迴旋。令望瞻清要，澄懷契妙詮。紫薇翻繡幄，紅藥映鑾韆。每預中樞事，常賡曲讌篇。湧泉成欬唾，新樣洗朱鉛。兩美看攜手，崇班快比肩。儀蒙鑾仗半，函奉錦題全。慷慨偕縈轡，飛揚並著鞭。旌旄飄颯纚，車轂走喧闐。金勒光何耀，麟袍色愈鮮。猩猩披織罽，燦燦跨花韉。便絶江淮道，從踰嶺嶠巔。挂颿閩與越，鼓舵福還泉。洶涌波彌黑，噴騰勢轉顛。梅花紛賈舶，彭島接樓船。瓊蚌沙吹餤，驪龍夜吐涎。望洋驚掣洩，落漈駴回漩。忽見江妃笑，虚疑海若眠。鯨鬐飛疊浪，魚目睒重淵。風定星長朗，潮平月正圓。天神終擁護，槎使獨洄沿。七日程堪計，中山指更遄。士民欣欲覩，君長喜相褰。率部偕迎矣，承筐共勞焉。道旁旂茷茷，郊外鼓鼘鼘。笥笠縫偏細，蕉衫舞自翩。飲惟同突厥，俗本異先零。岸夾叢筠直，藤枯鬭鏤纏。佛桑禯爛漫，果藥鬱葱芊。亦有禾麻黍，尤饒梓栝楩。柵重環以水，畝少闢爲田。嶺表風差似，荆南氣不偏。盈虧知節序，榮落識璣璿。俊彦新歌誦，黌宫習管絃。衣冠都整麗，文物也便娟。宣諭當庭際，陳書立殿前。錦囊輝縹碧，寶翰閃金鈿。醲澤流黿嶼，深仁洽毳氈。懷方膏倍渥，感義涕翻漣。小大俱歡躍，臣工各勉旃。頌功難縷述，告廟試磨鐫。端愛賓廷静，剛逢上客延。秔香羅雪椀，蟻緑泛珠筵。瑤柱洵稱美，佳酥肯棄捐。諸羹添土物，豆實進肴籩。縱覺遐陬異，甯爲别慮牽。謳謠良可采，景色劇堪憐。高館時多暇，炎天暑欲蠲。聯吟依蠟板，得句壓金荃。酣唱消長晝，雄談悟夙緣。氣原吞八九，簡已削三千。飾佩刀逾炯，探幽屐屢穿。諏諮諳禮俗，沿革紀山川。裴秀觀如掌，桑欽筆似椽。參稽搜舊志，著録續新編。蓂莢頻凋葉，蟾蜍幾易弦。星軺重少駐，簜節恰言還。僊侶同移楫，蓬壺復扣舷。定鍼仍穩渡，健席莫憂煎。胸有馮唐策，裝無陸賈錢。心方厪北闕，服又應三鱣。報績天顔喜，酬庸異數駢。圖成看破浪，名合上凌煙。柱石翔鸞鳳，巖廊重珹瑄。佇瞻勳懋著，預想秩超遷。台曜連辰極，卿雲捧日邊。皇華争掩映，那不羡張騫。

（清道光刊本《校經廎文稾》卷二）

李墨莊兵曹招飲寓邸出示使琉球記讀之遲日奉題將以録别

舒　位

龍節曾經萬里回，螺舟奇夢浪花堆。「雲養淡螺深」，乃先生十七年前夢中所得句也。至是奉使有純廟時欽頒右旋定風白螺，隨封舟往。兩丸日月天邊見，一品文章海外來。館閣自通仙籍近，樓船早爲本兵開。先生時以翰林改官中書，充册封副使，歸艎至温州北杞山，擊退賊艇，斃賊二十餘人，當事者抑未聞也。卻因餘事能傳信，已是輶軒絶代才。又著《球雅》二卷。

低回天際舊龍門，重許相逢酒一樽。仕宦不妨居户限，江湖難記刻舟痕。著書歲月窮愁好，修禊鶯花感慨存。一曲《山香》砑光帽，别離如此易銷魂。

（清光緒刊《瓶水齋詩集》卷十四）

題李墨莊前輩歸槎圖用希祖韻

陳用光

壯懷誰與尋詩夢，認取天王使節來。事見先生《使琉球記》。姑米總傳名宿到，神魚穩護客槎回。日光紅擁亭邊騎，雲影青分海外臺。平壓鯨波祇孤坐，空無倚傍見公才。

（清咸豐刊本《太乙舟詩集》卷九）

送趙殿撰文楷李舍人鼎元册封琉球詩并序

胡敬

謹案：琉球國自歡斯啓宇，在南朝煩海帥之師，至察度輸忱，遂東土效波臣之職。今上御極之五載，世子某恪循往例，修表請封。上乃簡厥廷僚，寵之章服，時則翰林修撰官文楷、内閣中書官鼎元同膺是選，承命而行，甚盛典也。虎符龍節，雙乘貫月之槎；海若天吴，共衛銜書之使。劃銀潢而徑渡，望斗占程；奉玉册以遄征，分更記里。青山一髮，微茫認那霸之村；黄帕千官，導引作兜儈之語。香爇迎恩亭畔，霞蔚雲烝；詔宣廣福門中，嵩呼嶽抃。龍泉瀉地，濃添化雨之波；鐵樹撑霄，高挹卿雲之露。雝雝乎恩澤沛，典禮昭，國體用彰，皇華無忝，可預爲使臣頌焉。若乃禮成餘暇，俗省遐方。採馬耕女市之殊風，輶軒録輯；紀待月迎潮之逸事，囉嗊歌新。蕉扇擎來，蠻女乞清平之句；苔箋捧出，夷官誇松雪之書。從此月橘風蘭，都供吟料；紅魚烏鳳，盡入行裝。于以浮誇訂陳、謝之譌，沿革補徐、汪之缺。抑亦大雅之所素裕也。方今皇威遠播，文教覃敷。宫栽棘以爲垣，已非曩昔；廡儲經而壓架，漸啓文明。太乙然藜，侍子貢四門之學；上丁釋菜，素王尊萬世之師。蕞爾彈丸，喁然向化。將使臣之所以歌頌功德，奉宣教條，被以華風，革其餘習者，其在斯行乎。兹當雲路辭燕，星軺莅浙。明湖餞别，大開賞夏之筵；吉甫贈行，願效清風之頌。一篇序綴，五字詩成。

柔遠敷皇澤，非賢任莫當。無慚四方使，特簡二臣良。捧詔辭金闕，浮槎達海疆。噓春回辨嶽，挹露灑扶桑。鸞掖馳名舊，雞林流譽長。蓬萊風引便，天際望歸航。

（清道光刊本《崇雅堂詩鈔》卷二）

送趙介山殿撰文楷李墨莊中翰鼎元奉使册封琉球國王詩同曼兄作

陳文述

中山奕葉戴神州，永祚瀛壖聖澤優。屬國咸尊大皇帝，世臣原是小諸侯。法司奉表來姑米，太史占星識女牛。鳳詔遠隨龍節去，萬年雨露沐懷柔。

爐香滿袖出楓宸，卿月光涵大海春。聖代封藩仍舊典，天朝綏遠命儒臣。九霄翰墨翔鸞鳳，一品衣裳焕蟒麟。共識使星東指處，瀛波如鏡不揚塵。

漏滴玻瓈静有聲，重溟浩蕩一帆輕。梅洋東望三千里，葉壁西迴四十更。丙午録參來往路，乙辛鍼辨夏冬程。湄祠新敕崇封號，定有雙魚拜浪迎。

山連南北路千盤，萬歲聲中七姓歡。吟味敬書唐歲月，筑登争拜漢衣冠。緑珠團扇迎仙仗，紫帕金簪肅從官。莊叔文章鄰侯度，儘教窮海慰瞻觀。

駝印高懸受詔時，望塵羅拜舞毬獅。已看漢節輝三省，更有唐榮掌七司。福禄樹森天使館，臙脂花發女君祠。憑將畫日雙彤管，題徧扶桑十萬枝。

隱隱長虯卧海涯，東藩形勢劃靈沙。天横寶島兼平島，地繞垣花更謝花。容蕊曉啼華嶼月，梯沽宵放米邨霞。不煩重譯相通款，中外于今久一家。

毬陽風景問如何，護壽千番寫尚多。拜月香銷秋有影，占風帆小海無波。蕉園雪霽眠烏鳳，櫻島潮生上緑螺。三使輶軒遺翰在，《竹枝》重譜太平歌。

樓倚停雲覽八埏，禮成七宴早言旋。中朝恩大同滄海，天使心清比瑞泉。金壓歸裝羞陸賈，槎浮秋漢笑張騫。柔祇效順雲帆穩，會率陪臣到日邊。舒鐵雲注曰：墨莊先生曾繪《南臺祖帳圖》，彙集四方士大夫贈詩凡古今體二千餘首，裝成巨卷，屬翁比部樹培分書。比部書甫及半而失明，旋即奄化。辛未年，余落第淹留城南旅舍，墨莊諈諉余以隸體續書之，因得縱讀諸君之作。墨莊問余當以何人詩爲冠，余曰：「必不得已，其陳雲伯乎？此余手書此卷諸詩已竟，而後知之。」墨莊撫髀太息，且曰：「吾今而知不維作詩之難，即論詩亦復不易也。」今墨莊已歸道山，追思舊遊，恍如昨日。讀雲伯詩，振觸交集，不勝過橋之感，坿記於此。乙亥夏五。

（清道光刊本《頤道堂集》詩外集卷三）

送趙殿撰文楷李舍人鼎元册封琉球詩

錢福林

皇帝膺大寶，五載正月春。和風扇青陽，嗔嗔六字醇。南極緬甸司，交趾路無垠。循東至朝鮮，乃在大海濱。西逮巴克達，北竟踰索倫。列布稱外藩，力屈實心馴。是時典禮舉，柴犢嚴升禋。五岳兼四瀆，望祭諏吉辰。粵惟中山王，先世早服賓。航海特遣使，使來皆紫巾。上表千餘言，悃忱得自申。曰臣尚穆裔，拜手稽首陳。諸侯得更代，自古皆相因。兹值攝位期，未敢遽即真。願得天子命，以緝其庶民。伏俟降指揮，封册命王人。皇帝省章奏，曰宜嗣藩位。亦用監成憲，策命專遣吏。皇帝洪德施，育物無弗遂。上下四表外，度内爲處置。况彼屬甸男，如身分指臂。安忍隔膜視，不以封爵賜。丞相下尚書，御史亦博議。選舉務得人，以副懷遠意。修撰登玉堂，校理實職之。對策擢第一，專對豈不宜。中書直鳳池，綸綍亦所司。傳命萬里外，如在白玉墀。况乃承明廬，珥筆曾追隨。便可充此使，使出慎莫遲。二臣謹奉命，侃侃復諾諾。拜手辭闕庭，奉職共且恪。輿服既整頓，經營及囊橐。六卿諸大夫，祖道臨城郭。何用爲賜予，内府出金錢。青絲繫赤仄，百萬如雲煙。何用爲被服，麒麟織璀璨。春風卷卿雲，初日晃繡段。何用爲符信，龍節五尺長。垂纓一寸寸，色與金頡頏。緑罽作帷蓋，四角銀爲裝。馬頭絡青絲，走步自成行。從人四五十，各有金采章。旌旗及羽衛，鬱鬱增輝光。二月發都城，三月經齊魯。四月入吴越，清風少炎暑。自此度閩嶠，有門名五虎。向東生雲濤，是爲大瀛浦。樓船何高高，梛木爲桅柱。上作閙榢形，其旁繫雞羽。一篷數十丈，力勝千鈞弩。用力使翕張，百人恐難舉。天青風自起，船尾鳴金鼓。兵衛静不譁，鳥去忘處所。海道不計步，量測以更名。按時驗滴漏，沙落聲丁丁。一更六十里，兩更百二程。計程有三千，凡得五十更。海道不辨向，羅經以針指。亞班手持鏡，桅頂側目視。針鋒何所在，寅卯兼辰巳。一針向稍偏，去而千萬里。海神曰天妃，誠至神必靈。

有時化小鳥，亦復爲蜻蛉。人言遇颶日，風雨天晦冥。往往遠近際，一點神燈青。海中有巨魚，鱗金眼則赤。乘潮任遊戲，天漢去咫尺。大洋無所見，一山亘空碧。只謂見全身，不知微露脊。珊瑚多鬚梗，初作潼乳白。鐵網試相取，見風吐丹液。木難與瑟瑟，太古孕精魄。百寶諸珍奇，收羅賤如石。珠宮隱贔屭，黑霧吐蜥蜴。鱟遊陽冰開，鰲起坤軸坼。跋浪大鯨尾，排雲大鵬翮。使星一臨之，波愴平如席。萬神盡呵護，百怪乃辟易。固知瑞應昭，匪僅忠信積。五日釣魚臺，三日平佳灣。黄尾與赤尾，島嶼相連環。既入那霸港，回望姑米山。欲問路所經，靄靄煙樹間。船户笑拍手，下碇莫轉柁。鬱鬱復葱葱，此是屋其惹。築臺以礪石，嵯岈巨如舸。其內即王城，形勢此一鎖。王城多居民，地實名首里。所治府十四，最近爲首米。三十有六姓，秀者稱長史。通議耳目官，自按司以下。凡有百許員，爵秩皆金紫。今日天使臨，各各大懽喜。或竚海隄望，不得御鞍馬。前導王世子，再拜迎道左。天使遂即館，安置諸從者。米薪及芻禾，細至諸葅鮓。無不悉共備，勿敢少解惰。筵日吉禮行，繼乃宣詔旨。惟爾抒悃忱，皇帝用嘉爾。命爾有此位，善自乂疆理。世子九跪拜，永永懋福祉。其日天宇清，炎氣猶滿堂。桄榔椰子樹，濃蔭夾道旁。縹碧馥甘蕉，丹華灼榑桑。鐵樹數十株，各有十丈長。紅酒釀稻成，千日土中藏。銀盃泛月寺，螺勺傾雲漿。如梭馬叉魚，瑩理勝截肪。蔗冰割爲片，相映白如霜。毒蛇乾作腊，皮甲黑且僵。四尺頗不足，二尺三尺强。刻扇團蕉形，砑紙清繭光。種種皆自異，羅列薦芬芳。張華博物書，紀載安得詳。側聞琉球先，爰有天孫氏。赤足降大荒，桑弧御蓬矢。萬七千餘年，不知其統紀。譜系云如何，當詢左右史。又聞琉球國，其地始有三。中山據其中，兵甲猛如彪。互相爲犄角，山北與山南。何時并爲一，沿革宜討探。更聞琉球俗，行酒以俎豆。頗得三代意，輯睦無誶詬。其初文字寡，音讀以口授。漸知爲鈎挑，虚造成結構。協音及反切，懵懵忘其陋。大哉聖人世，中外咸在宥。命擇其生徒，入學稱俊秀。文治之所至，光天無不覆。古來馭遠人，每以武備修。暫服即攜貳，此義非懷柔。何况阻風濤，海外之九州。琉球所自始，人莫知其由。忝惟大業中，簡牒書流求。曰王姓歡斯，名爲渴刺兜。所居小王村，烏了稱豪酋。東當建安郡，一水可通舟。始命羽騎尉，入海窮討搜。僅掠一人還，地險不得留。繼遣虎賁郎，精甲乘順流。一人鼅鼊嶼，白刃起相讎。徒然獻俘馘，安得馴荒陬。李唐趙宋世，險遠非所籌。元一招撫之，師老功難收。蕩蕩鴻熙代，四海自順則。露頂與跗行，稽首莫不服。日所出入處，蒙奇盡兜勒。琛賮思委輸，聲教求拂拭。重譯一來至，皆付典屬國。琉球如垤坳，冠帶願受職。豈伊願受職，皇帝是矜式。皇帝實至孝，和氣充四極。皇帝實至仁，恩愛及兆億。皇帝實至儉，廑念耕與織。皇帝實至寬，刑罰心用惻。詰戎又神武，將帥當厲飭。徼域或藏姦，治之以餘力。務令我小民，無疆受厥福。安居樂曼壽，磑磑復即即。庶類觀咸若，人情慶允殖。琉球固内臣，地遠聽或逖。此行代王言，一一宜申析。非曰揚國威，要在宣上德。冬節北風起，畫鷁歸有期。應成採風録，兼有紀行詩。末學見未周，寫本願觀之。一千七百言，先用獻此辭。

送趙殿撰文楷李舍人鼎元册封琉球詩

陳嵩慶

名藩航海舊朝宗，輯瑞球陽九譯重。萬里蛟宫迎寶册，三霄龍節降泥封。波恬怒颶皆從律，兵洗炎州久靖烽。丹詔十行神敬護，雲帆高挂濟從容。

中朝清貫簡綸扉，内殿傳宣到紫薇。臚句名高蓉鏡第，珮環聲向鳳池歸。郵亭早識雙星使，仙骨新披一品衣。自有羽儀騰藻采，日邊遥見裔雲飛。

重洋孤嶼渡梅花，風颭靈旗繞莫鵶。拱北星臨牛野步，指南鍼定漏盤沙。洪潮八月掀雷鼓，神火三更走電車。一道牙檣銀漢迥，真同博望泛仙槎。

高駕長虹下碧螭，紫巾黄帕列楓墀。金縢舊册山河券，玉檢新綸典誥詞。荒服重瞻顔咫尺，島民争拜漢威儀。口宣天語馮夷静，如日方中露再滋。

玉座巍峩上錦茵，黄麻還向閟宫開。梁陰天子馳綸錫，符璽王臣歸賵來。鐵樹千年擎羽蓋，雲璈萬叠晉山罍。東溟世祚精靈合，聖孝重光遍九垓。

嵩呼鯷户擁襜帷，問俗輶軒甘雨隨。沙市人歸那霸港，竹書聲譯祚都夷。三山樓閣虚無地，百戲魚龍曼衍時。待補懷方域外志，民謡亦入至尊披。

白傅才華重海濱，廣寒宫闕聽韶鈞。九天翰墨蜚聲早，五色文章照眼新。繭紙争求擘窠字，《竹枝》傳唱趁墟人。壓裝詩擬珠千斛，如水清心勵外臣。

曈曨初日耀扶桑，載命行人鉅典光。客路二千餘記里，瀛壖三十六環疆。萬方玉帛來中土，四聖圖書鎮大荒。職貢巴賓隨使節，周廷王會軼虞唐。

送趙殿撰文楷李舍人鼎元册封琉球詩

顧廷綸

咨汝金閨彦，封藩滄海春。天心懷遠服，星使重詞臣。世土球陽闢，臨軒巽命申。歡斯三萬里，無忝大行人。

偉望推莊叔，清風繼太原。高文新典册，屬國舊屏藩。禮樂千秋擅，冠裳一品尊。明駝榮人選，天語九重温。

蒼茫天萬里，形勢宛流虬。重譯通魚馬，分星共女牛。山明潭際月，風静海中樓。隱隱梅花嶼，煙雲近十洲。

鵬翼駕連鼇，樓船十丈高。日光聯海舶，雲氣護征旄。鐵力關樞健，金繩鎖紐牢。虎門風色順，安穩靖洪濤。

到此疑無地，梅洋路幾千。羅鍼風際定，沙漏月中圓。萬鳥回翔集，雙魚導引便。浮槎真犯斗，謾語信張騫。

天際王城見，盤師下碇皆。舟停那霸港，人上馬伊街。鳳詔雙星奉，蜺旌一字排。迎恩亭畔水，浩蕩自天涯。

護壽先開讌，停雲氣象和。花濃新紫帕，春盎小紅螺。聖德符軒后，臣心鑒尉佗。願將千日醴，持介太平歌。

七姓牌金貴，唐營教令嚴。土風餘菽帛，海市問魚鹽。蜑女蕉爲布，蠻童紙勝縑。輶軒勤採録，聲教信東漸。

虎崒龍岡峙，村墟近萬家。緑垂書帶草，紅湛佛桑花。拜月三宵静，占風五兩斜。島夷三十六，國語譯姑麻。

西北銷金甲，東南望錦帆。紅雲扶玉節，丹鳳啓珠函。心跡冰壺似，聲華鏡海咸。天顏應有喜，歸第换朝衫。

送趙殿撰文楷李舍人鼎元册封琉球詩

陳鴻壽

誰從海國譜歡斯，詔命徠臣羽節馳。綸綍九天崇典禮，衣冠一品肅威儀。小坡風範神仙似，少室聲名島嶼知。四十年來重遣使，天恩中外總無私。

巨艦連雲鹿耳排，百靈效順掃煙霾。浮槎犯斗終疑誕，破浪乘風大可懷。金玉城開天有迹，卯辰鍼定地無涯。不教驚起蛟龍蟄，彩筆親題鳳字牌。

星野分躔屬女牛，蜿蜒形勢儼流虬。應潮乍聽天雞唱，薄曉還鞭石鉅游。沙漏滴殘空外月，烏風吹見海中樓。祇憑臺閣爲霖手，遍灑春膏到十洲。

卅六峰雄廿八王，揚帆東指近扶桑。鶴頭馬齒迎仙仗，虎崒龍崗拱玉章。宣詔臺高雲結篆，却金亭古墨流香。遥知率土歸誠處，不隔重溟萬里長。

呼吸通天説尾閭，八埏周覽意何如。花濃葉壁飛紅鴈，月冷泉崎走緑魚。競渡詩翻新樂府，停雲客愛舊樓居。荒唐徐福難徵信，莫問嬴秦未火書。

一代仙才重列卿，使星如月照東瀛。乞書直下牌金拜，擁篲争看集女迎。五姓語能通漢譯，七司官自掌唐榮。藩臣敬侍簪花宴，階下三呼萬歲聲。

輶軒録自採風謡，筆壓天吴氣敢驕。花裏樓臺秋拜月，枕邊風雨夜聞潮。星棋屈曲栽烏竹，日扇玲瓏寫鳳蕉。最是輕裝塵不染，鮫人底事獻冰綃。

笠舞花飛敞別筵，洋程從此履平平。測將綫影從西指，採得螺紋定右旋。金鶴兩行隨納賚，青蜓萬里護歸船。此行自比遊仙樂，題徧中華以外天。

送趙殿撰文楷李舍人鼎元册封琉球詩

蔣　炯

皇帝御極之五載，島夷蠻長皆來王。琉球僻處海東漈，天孫開國何渺茫。自從洪武降敕諭，始秉正朔趨冠裳。山南山北俄併一，兵甲銷熄蕃耕桑。我朝定鼎首入貢，厥金三品兼球琅。皇綸温厚歷四錫，雅才奉使推徐葆光汪楫。吾皇懷遠存大體，旅獒越雉争梯航。海隅蕞爾世忠順，請修舊典頒王章。皇帝曰咨余册爾，世守迺土毋怠荒。曰女詞臣典制誥，史才雅擅邦之良。女昔射策名第一，女以文教敷殊方。曰女舍人西川彦，承明簪筆勤趨蹌。女其持節副正使，孚乃忠信經重洋。二臣拜手稽首言，臣對休命誠恐惶。丹詔墨敕初捧出，道旁觀者生輝光。銀爪朱旗長丈二，麒麟繡服圍中央。嗚笳吹角下閩越，驛亭雨過榕陰凉。鳥船十道列兵衛，團花甲護金裲襠。轉沙驗更鍼指路，大魚排仗前騰驤。從此三日泊那霸，虹梁遠駕停高檣。臣民跪迎競搓手，身飾螺貝垂明璫。蠙珠懸項花繡臂，海風吹服紅蕉香。嗣王受封俯殿左，金纓皮弁盤龍裝。氍毹藉地錦覆屋，天樂三奏音鏗鏘。須臾禮畢頌聲作，七宴酒泛琉璃觴。紅綾裹襪結束整，蠻童十歲能登場。宮中瑞泉日供客，碧筒絳帕來雲房。歷來相踵盛如此，此去應更增輝煌。緬昔隋氏勤遠略，樓船橫海賫軍糧。豈知負固仍未服，空收布甲充庫藏。瀛壖向化在威德，中華寧恃金革强。皇朝大惠溥無外，尤賴使者頻宣揚。况聞彼土風氣古，每逢封册年豐穰。以馬耕田代牛力，黄雀撲簌飛倉箱。種薯作羹米嚼酒，家家服疇歌樂康。祝我聖德長無疆，嗚呼祝我聖德長無疆，歸輯國志陳明堂。

送趙殿撰文楷李舍人鼎元册封琉球詩

李方湛

金函玉山下楓宸，聖主臨軒禮命申。海外藩封典屬國，日邊槎泛大行人。天垂落漈看南斗，地併中山拱北辰。揚扢我皇柔遠意，直教中外一家春。

第一人披一品衣，珊珊仙骨重金闈。使能絶域符廷議，歌勞遄征餞帝畿。十道鳥船橫海過，雙懸虹旆挾雲飛。佛桑花發朱輪到，絶似瀛洲對紫薇。

蘭交開府浙西東，祖道胥江賦别工。啼鴂滿山春樹緑，明霞收雨海波紅。離情渺渺通吴會，鄉夢迢迢憶蜀中。祭罷嵋洲驅傳去，潮聲到耳學呼嵩。

梅花洋水接東溟，天入扶桑一髮青。蛟唇感恩趨絳節，梯航遣侍集彤庭。潮雞報曉知同朔，鼉鼓傳更亦效靈。占象也應誇列服，四朝五見使臣星。

珠盤玉敦仰光儀，瀛海風清羽扇麾。酒熟密林開七宴，月明久米閲三時。裝無陸賈昭廉讓，清比胡威答聖慈。歸國定翻新樂府，白狼槃木遜歌辭。

送趙殿撰文楷李舍人鼎元册封琉球詩

徐熊飛

鳳池才子共揚舲，手奉宸章溯杳冥。島月晴飛經海白，浦雲春暖壓篷青。天家恩信通荒服，使者威儀應列星。不負聖皇柔遠意，煙波回首夢朝廷。

龍節飄飖錫命初，樓船簫鼓動清虚。中山貢賦歸王會，南海風雲護簡書。島帥争迎時雨後，鬣帆飛渡夕陽餘。詞臣特選傳天語，諫院鑾坡總不如。

滄波千里接蠻煙，到及炎風五月天。山氣成雲魚負郭，榕陰過雨馬耕田。迎賓遞進黄封酒，犒饗頻頒御府錢。畫像題名留故事，高宗皇帝太平年。

歸舟不載異方珍，春去秋來物候新。已見天朝崇典禮，直令海徼識君親。采風徧訪三山事，報國寧辭萬里身。將相同科真不媿，他年青史紀名臣。

送趙殿撰文楷李舍人鼎元冊封琉球詩并序

汪家禧

我國家承天駿命，奄有區宇，湛恩深仁，洋溢方内，而薄海以外，奉正朔、效職貢者，亦含和漱淳，罔有闕遺。今上御極之五年，琉球世子以嗣位請。上特簡廷臣，命奉册使就位。于時翰林院修撰某、内閣中書某，承命以行。其行也，朝之士大夫咸榮之，謂琉球負海立國，西望閩界，至者必經滄水，過黑水，濤瀾壯闊，蕩胷决眥，極宇宙之奇觀。且聞其俗渾噩，席地危坐，盤盂倣俎豆，猶存古風。擴聞見，紀土俗，惟使臣是望。浙士謹獻言曰：人亦知國家柔遠之意，有加無已哉？琉球僻在海東，去中土不可以道里計。歲時賚予，既恩意稠疊，而于彼國君新立，又必命文臣往安定其疆宇，鎮撫其民人，琉球世膺天眷，宜何如黽勉，冀報稱于萬一哉！宜聖意俾遠人知感，在使臣敬承其事。于經浙，序以送之，且綴以詩。其詩曰：

帝奠九壤，無間内外。彼南溟國，職貢來會。嗣君展功，踰疆請封。帝咨群臣，才疇可庸。鶴立鸞停，拜命楓宸。揚旌浮江，唱驪達閩。遥遥中山，孤懸海間。島嶼詭異，如虬形環。龍節至矣，夷人萃矣。奔走恐後，罔敢貳矣。帝恩同天，無黨無偏。中山雖遥，賜以安全。綏之立之，又輔翼之。懷之柔之，實庇庥之。夷人稽首，祝帝萬壽。永溥洪恩，安我僻陋。維帝明聖，超虞軼唐。敬瞻使臣，亦萬夫之望。擬吉甫頌，愧非清風。翹首歸航，扶桑之東。

（以上《叢書集成》本《詁經精舍文集》卷十三）

題趙介山先生奉使琉球遺照

陶澍

憶昨轉漕浮吴淞，開船打鼓聲隆隆。天糈百萬道溟渤，龍驤一氣乘長風。竇山無山有高塏，登臺一嘯風雲改。書生意氣挾虹霓，不弄春潮但觀海。歸來忽遇乘槎客，卅載圖中識顔色。制策曾窺鐵石心，册封遠到琉球國。琉球地隔海東南，候律瞻雲聲教覃。久米琉球地。文風故無恙，錦衣玉貌留香龕。我觀此圖重歎息，恍惚明霞射朝艷。百靈呵護耀龍旌，蜃郎駭伏天吴匿。祇今海道平如砥，來往雲帆一杯耳。發運慚非作楫才，卻望膺舟渺雲水。

（清道光刊本《陶文毅公全集》卷五十六）

石柏山房詩存·槎上存稿

〔清〕趙文楷 撰

校點説明

《槎上存稿》一卷，清趙文楷撰。

趙文楷（一七六一—一八〇八），字逸書，號介山，安徽太湖人。嘉慶元年（一七九六）一甲第一名進士，授翰林院修撰，外任山西雁平兵備道，卒於官。著有《石柏山房詩存》、《菊花新夢》雜劇等。嘉慶四年（一七九九），朝廷派趙文楷爲正使，李鼎元爲副使，往封尚温爲琉球中山王。封舟於次年五月初七日出五虎門開洋，十二日進那霸港；十月二十日離那霸港，十一月初二日入五虎門。據趙文楷子趙昀《石柏山房詩存》跋及湯金釗《槎上存稿》跋，趙文楷復命後，將出使所作詩「手自删訂」，編爲《槎上存稿》，後於嘉慶二十四年（一八一九）刊行。趙文楷還作有《中山聞見録》，未刊，咸豐中已散佚。

趙文楷入仕前長期勞碌奔波，寄人籬下，一旦高掇危科，旋即出使絶域，更得山水之助，詩風清雄曠邁，伉爽俊偉，長篇多奇氣。有些小詩亦復多趣，如《過那霸人家》云：「編蒲席地竹簾櫳，六扇屏開面面風。一種清香消不得，佛桑圍在蠣牆中。」寥寥數語將琉球人鋪席據地而坐，門皆爲移門，家家種佛桑，以蠣石壘牆事，囊括殆盡。其他小詩，如《球俗》等，均詠本地風俗地理，深得《竹枝詞》風趣。用雄奇之筆寫奇山異水，描繪珍異海産如寄生螺、海鰻、龍蝦等，皆能得其神似，道人所難道。

《槎上存稿》單刻本今不見，咸豐七年（一八五七）趙文楷之子趙畇將其父詩編爲《石柏山房詩存》，將《槎上存稿》列爲第五卷，刻於廣東惠潮嘉道官署。此次校點，即以上海古籍出版社《清代詩文集彙編》影印咸豐刊本爲底本，并將該集序附後以資參考。

趙文楷、李鼎元此行過浙江，浙江巡撫阮元曾熱情接待，并招集浙江文士賦詩送行。據陳文述《送齊北瀛太史費西墉給諫奉使册封琉球詩序》云：「昔歲在庚申，修撰趙君、中翰李君奉使册封琉球世孫尚温，道出武林，述與從兄蔓生，同在阮中丞琅嬛仙館，承命賦詩，中丞爲梓寄厦門，兩君載之封舟，遠示屬國。」（《頤道堂文鈔》卷四）阮元所刻單行本今未見，阮元所作見《揅經室四集》卷五，胡敬、錢福林、陳嵩慶、顧廷綸等十人詩收入阮元編《詁經經舍文集》（《文選樓叢書》本卷十三），今已附李鼎元《使琉球記》後，可參。

（李夢生）

目録

槎上存稿

奉命册封琉球國王留别都中諸友

滄溟東去是琉球，飛楫來迎使者舟。萬里鯨波勞遠夢，五回龍節下炎洲。本朝册封中山至此五次。直教薄海霑皇澤，敢謂乘風愜壯遊。辨岳山頭迴首望，辨岳，琉球山名。紫雲天半護神州。

交到忘形信有緣，可堪此夕悵離筵。炎風朔雪懷人日，犵鳥蠻花異國天。利涉儘堪援往事，生還難必是何年。前使各有險阻，皆得無恙，然踰年始返。從今獨醉中山酒，一度相思一惘然。

出都門重别諸同年

弱冠事遠遊，恨未涉滄海。每聞風濤聲，此志竟何在。仗節使東夷，懷才愧庸猥。壯遊雖可樂，辱命得毋罪。同人惜我去，離筵威傺寀。悲風西北來，白日顏色改。漠漠桑乾河，日夜東溟滙。欲去還踟蹰，征驂難久待。珍重一尊酒，相期在千載。

珍禽集喬木，所得惟良儔。朝飛鳳皇池，暮宿鳷鵲樓。一鳥忽飛去，相顧鳴啾啾。此去何時還，不計春與秋。以此慟中腸，各各懷離憂。我聞少海外，乃復有九州。借問此間人，還在地中不？並生天地間，異域如同裯。但使志不異，皓首期同游。去去勿復陳，胡爲涕泗流。

和李墨莊前輩良鄉韻

萬里自兹始，此行殊未閑。驚心惟素鬢，送客有青山。旅館尋陳迹，正月入都曾宿此。新詩破醉顔。年年潞河水，清響到城灣。

宿富莊驛風霾大作

春陰漠漠雨如麻，三月寒城未見花。苦霧不開山嶂黑，大風初起日車斜。薄醪敵冷應無力，短鬢霑塵似欲華。却憶故人山寺裏，紙窗重閉細温茶。謂潘築巖。

至阜城大雪和王見大韻

霰雪乘風急，平林極目遥。懸冰鴟吻合，濺玉馬蹄驕。寒色籠青靄，春陰罨碧霄。野人泥没脛，相逐看襜軺。

回首京華遠，匆匆到阜城。凍雲溪樹密，殘雪戍樓明。鼓角催征騎，旌旗指去程。抱關愧迎送，生怕有侯嬴。

平原縣

地入齊東界，平原識舊名。尋仙無曼倩，遺廟有真卿。暝色歸鴉急，春陰遠樹平。行行看岱岳，決眥眼猶明。

顏魯公廟

漁陽鼙鼓震天鳴，太息驪山草木兵。中外祇知尊右相，君王甯得識真卿。山東諸將争收復，河北孤城共死生。廟祀忠貞應不愧，古原春盡暮雲平。

宿崮山

山勢當庭户，悠然遠客心。古祠收晚翠，細徑入春陰。漠漠石泉月，蕭蕭松樹林。夜深殘夢醒，清絶豁塵襟。

望　岱

雲開風日霽，縱目入空冥。石自飛來碧，峰從太古青。行行驚異態，面面見真形。已與山靈約，籃輿莫更停。

岳廟漢柏 時以阻雨不得登岱。

我欲登泰山，攀摺秦時松。山靈愁絶不我許，下遣風雨百道來長空。手持仙人九節杖，悄然坐對青芙蓉。傳聞岳廟中，乃有漢朝柏，冒雨試訪尋，果然見奇特。蛟龍盤挐勢崛强，皮膚剥盡枝葉黑。形容苦欲超尋常，畢宏韋偃畫不得。方廣數弓地，六株如鐵立，中有兩株相抱揖。山妖木客來蟠蟄，雷公下驅龍火焚，至今尚有燒痕出。摩挲此物三千年，坐閲人世如浮煙。將無漢武尋得不死藥，爲爾澆灌成神仙。茂陵抔土須臾改，荒草芊芊霜露灑。可憐枉自求長生，不如此柏今猶在。我今浮楂海東北，别君去兮長相憶。天寒歲暮好歸來，與爾扶桑一片石。廟有扶桑石，在飛來柏下，漢柏下無之。

羊流店弔羊太傅

將軍緩帶輕裘日，已信平吴自有期。可惜封侯緣佐命，由來謀國在乘時。三公摺臂徂徠墓，百代傷心峴首碑。豈有酖人羊叔子，生平陸抗是相知。

過桃源贈同年曹梅溪

風雨淮南路，春寒襲客衣。故人多政績，同志有光輝。麥隴鳧初下，桑陰雉不飛。劇煩才易見，莫歎賞音稀。
共有高堂在，憐君禄養榮。時梅溪迎母至署。白雲親舍遠，滄海客魂驚。蜃氣樓臺出，鯨波瘴癘迎。別離應隔歲，歧路若爲情。

過淮安鐵冶亭師以督漕紀恩詩見示和韻二首

飛輓從知任最艱，丁男調發力云殫。度支今見紓奇策，轉運由來是要官。寵命獨專開府節，風流還憶侍臣冠。政成得似清淮水，萬頃波瀾擇地寬。
銜命馳驅赴海東，又從鈴閣坐春風。謝詩顔筆傳人徧，岸草汀花涉趣同。尊酒何緣傾北海，瓣香吾願拜南豐。雲箋一卷如冰雪，日誦千回倚短篷。

露筋祠

環祠湖水浸明霞，桂棟蘭旗噪暮鴉。一徑白雲荒草合，行人祇上玉鈎斜。

過高郵州

我來不見秦淮海，流水寒鴉繞郭門。用少游「山抹微雲」詞語。渺渺吟魂成古昔，萋萋芳草怨王孫。江湖風落寒無影，湖月煙高碧有痕。惆悵一春花事盡，高城燈火又黄昏。

至杭州中丞阮芸臺前輩招游天竺諸勝以詩送行和韻二首

重臣作鎮自風流，藉甚聲名照十州。節鉞撫綏秦郡縣，韎韝趨走漢諸侯。巖邊苔蘚留椽筆，飛來峰有中丞題名。海上鯨鯢怯戰舟。時中丞奏請修理戰艦。繭紙飛紅多暇日，玉堂還爲紀前游。原詩及前在詞館事。

渺渺滄溟萬古流，手持龍節向炎洲。求仙不詣蓬萊島，屬國空慚博望侯。兩浙湖山容短屐，一尊風雨在扁舟。時泛舟西湖。重來已是探梅候，更到孤山續舊游。

錢塘觀潮

黑雲漫漫天欲晡，南風淅瀝吹菰蒲。江頭雨點大如豆，秃鶖老鸛鳴相呼。大船候潮如伏雛，小船拍拍如飛鳧。岸人譁言潮欲至，天地改色川原殊。蒼茫萬里但一氣，中亘一綫相縈紆。銀濤雪浪拍天立，素車白馬驚奔驅。雷公訇訇鼓聲怒，石岸駭落鞭貔貙。陽侯驕舞奮絶力，萬鈞一擲心膽麤。倏然欲去不得住，百怪曼衍千靈趨。長鯨掉尾鼉不語，奔走愧汗如追逋。孤煙落日萬頃碧，江海宛然雙玉壺。來何勇迅去何順，事殊興極長嗟吁。平生麗景飽兩眼，如此壯觀天下無。適將入海問廣利，紛紜作態胡爲乎。吾聞司潮有專職，云是當年種與胥。亡吳霸越須臾事，功罪俱屬西家姝。爾來事過數千載，餘怒未泯猶睢盱。越民芸芸亦何罪，石塘頹蝕荒膏腴。擇主而事古所羡，功成不退甯非愚。可憐白首鴟夷子，不及扁舟范大夫。

過釣臺

寂寞嚴陵瀨，高風百代名。至今江水上，永夜客星明。山小簷牙出，潮來石齒平。官船聞伐鼓，猶欲事宵征。

宿漁梁

再入閩州境，漁梁舊有名。亂山争雨勢，孤石逼灘聲。風景清如許，年華去太輕。擔簦前度客，驛吏漫逢迎。乙卯曾游閩。

聞鷓鴣

山排刀劍趨閩嶺，水擁蛟龍下建溪。已是行人行不得，青山還遣鷓鴣嗁。

至福州荷蒙恩命以西僧班禪所進右旋白螺安奉舟中用資利涉祇領感恩恭紀

八孔玲瓏脉右旋，螺身有八孔。靈淵胎孕是何年？來充西旅神僧篚，曾護東征上將船。前福大將軍征台匪曾奉命安奉隨行。 白玉一拳隨絳節，素蟾雙照破蒼煙。 九重南顧真無已，卻捧琅函淚泫然。

加封天后垂慈篤祜四字命臣文楷於福州致祭禮成恭紀

水德尊元后，神功徧大川。 皇靈嘉惠若，祀典協幽元。 有宋開基日，惟神降誕年。 普陀現前世，相傳天后是觀音化身。 湄嶼應高躔。 湄洲嶼，天后降生之地。 照井神符出，少時照井，有神人捧符出授之。 持機父命全。 據機而瞑，救父溺海。 冲虛方厭世，昇舉已飛仙。 四海仁慈布，三朝祭禱虔。 懷柔逢聖帝，崇奉配皇天。 康熙二年加封天后之號。 捍患燈光現，扶危雀羽翾。 波濤隨杖策，風雨應筵篿。 神前杯珓最驗。 近有鯨鯢在，遥看島嶼連。 漂流殲賊窟，安穩護兵船。 官兵勦艇匪，神助順著靈。 恭默思無斁，加封命已宣。 十行丹篆下，四字碧瑤鐫。 節使恭銜詔，祠官肅布筵。 齊明奠牢醴，跪拜盛班聯。 福建文武官俱陪祭。 香霧雲旗下，回飈翠蓋懸。 壽宫停要眇，歸馭送連蜷。 姑米滄溟外，姑米，琉球近島。 扶桑曉日邊。 臣心竭忠信，帝念爲殷拳。 册禮應時舉，封舟定早旋。 試瞻芝座上，漠漠起祥煙。

和慶晴村將軍送行韻二首

鰲峰小別五經春，乙卯冬去閩，今五載矣。 鴻爪泥中迹又新。 三島波濤憐遠使，八閩節鉞屬親臣。 牙旗傳令軍先肅，繭紙揮毫句有神。 咫尺不教風雨隔，鈴轅來往許頻頻。 寓館與將軍署最近。

越王城畔水天同，螺女江頭盡日風。 此去好看櫻島碧，櫻島，琉球山名。 朅來猶及荔支紅。 鮫人百道迎飛楫，海國千靈㡇壽宫。時奉命諭祭天后并祭海神。已信布帆歸路穩，波恬不擬問弓隆。甲子神名弓隆，呼之入水不溺。

和汪稼門中丞韻

善俗由來藉大賢，如公清德直無前。筠簾晝静垂銀蒜，鈴閣春深長木蓮。寬政不殊溟渤水，新詩猶憶建安年。如聞聖主紓南顧，褒璽時時到九仙。九仙，閩省山名。

即看畫鷁催飛急，深愧林烏反哺慈。原詩言及萱堂。滄海經年勞鶴脛，青山一桁列蛾眉。樓臺蜃氣朝成市，風雨龍堂夜詠詩。此後迴腸定何處，望仙閣上獨醒時。望仙閣在琉球崎山上。

食荔支

南風五月荔子丹，此物閩中推第一。吴儂饞口今再嘗，冰盤歷亂星毬出。輕紅擘破浄如雪，淺碧噉來甘似蜜。祇覺腑鬲生清凉，飽食甯須愁内熱。桄榔葉落雨注面，葛衣披肩脚不韈。手斟椒醑百丸空，那顧旁人笑饕餮。驅車直走六千里，黄塵漲天迎赤日。扶桑南望何漫漫，天與紅香慰愁絶。長安華筵重果實，堆盤但覓梨與栗。若教得此頳虬珠，日費金錢那可説。惜哉尤物生瘴鄉，雪豔冰姿盡埋没。遂令市儈一錢看，天公毋乃太屑越。從來佳人在空谷，黄土離離葬香骨。始知金屋與蒿萊，驗以妍媸應未必。爲君更作十日留，願我健啖齒不血。新詩爲繼玉局翁，好與傾城更饒舌。坡詩「風骨似是傾城姝」。

五月初七日開洋

旌旗鼓角動黄昏，使者樓船出海門。萬里有家迷遠夢，一身如葉去中原。雲來島嶼形疑似，夜静魚龍氣吐吞。珍重此行勞聖慮，莫將奇險更輕論。

舟出五虎門

漭蕩浮元氣，微茫接太空。天風吹浪碧，海日射潮紅。五石疑蹲虎，三山不度鴻。余心隨掛席，已逐百川東。

過釣魚臺

大海蒼茫裏，何人釣巨鼇。老龍時卧守，夜夜浪頭高。

渡海放歌行

舟至大洋，從人皆懼，哇吐者相枕藉。因登舟後將臺，歌以作其氣。

朝登南臺舟，暮發五虎門。長風獵獵西南來，海天一氣羲娥昏。手持龍節向東指，一别中原今始矣。借問何時却復還，海水直下千萬里。黑溝之洋不可以徑跨，雷隱隱兮在下。龍之來兮從如雲，天吴海若争紛紛。雨翻盆而直注，浪山立而撲人。坎坎兮擊鼓，搥大豕兮投肥羜。兵戈林立礮車轟，長鯨戢尾茹不吐。忽雲霽而天開，見姑米之一柱。誰言滄海深，滄海終有底，政如地中覆杯水。不然安得有此山，我行正在地中耳。蓬萊瀛洲方丈山，山山相間虚無間。徐福一去不復還，秦皇漢武何神仙。人生不死亦何有，不如生前開笑口。一時憂懼徒勞心，安問千秋萬歲壽。東海有螺剖爲樽，注以松醪容一斗。回頭更語神仙叟，醉中少異壺中否。璚漿玉液吾何爲，但願此海成春酒。

十一日見姑米山近中山矣。

三日天風便，遥看姑米山。五峰排水面，一綫出雲間。遠目真空闊，狂濤若等閒。舟人齊舉首，驚喜破愁顔。

李墨莊舍人自閩撫署攜荔支二株渡海種於使院

種向扶桑國，來從牧荔園。牧荔園，閩撫署貢荔支處。孤根託絶域，宿土憶中原。海雨新枝溼，閩煙舊幹存。島夷應護惜，毋用插籬藩。

知公有遺愛，即此是甘棠。涉海五千里，傾城十八娘。閩中荔支以十八娘爲佳種。宿緣真不偶，異國亦何傷。却羡重來者，新紅任飽嘗。

使館樓中

海雲漠漠樹蒼蒼，樓對平山一桁長。霧隱簾前無鳥雀，中山少鳥雀。潮來窗外有帆檣。牆外即那霸港，潮來時諸島貢舶皆至。鐘聲隔院丁冬響，隔院即下天后宫。花氣巡簷自在香。高卧繩牀消永晝，此身忘却在殊方。

遊臨海寺在北砲臺上。

海上何年寺，崚嶒倚礮臺。沙隄晨雨潤，石壁午潮來。設險形無缺，砲臺兩岸夾聳港中皆鐵板沙，中山險處也。憑高意轉哀。可憐豐見壘，狼藉長莓苔。豐見城係山南王故都。

長沙僧寄塵以詩投贈和韻四首

自笑非才奉簡書，玉京科第愧盧儲。空門有約抽簪後，海國今來拂榻初。蓮社幸偕同志侶，鶴巢應共半年居。乞公緣覺公無惜，不説羊車説鹿車。

妙畫通靈溢顧厨，新詩戛戛探驪珠。寄塵善畫能詩。煙雲胸已忘湘曲，金石聲猶徹海隅。太白舊傳開士句，杜陵原是贊公徒。寄塵爲墨莊同行者。從今領取滄溟闊，不數君山萬頃湖。

世界恒河不盡沙，談空枉自住毘耶。手持香積如來鉢，身上銀河博望槎。酒肉豈能妨佛法，海天隨處是吾家。閑雲野鶴無心久，肯歎汪洋未有涯。

天風安穩趁溟鵬，何異凌虚八駿乘。破浪已堪酬壯志，咒龍端合仗高僧。中山酒熟休停盞，半夜詩成急剪燈。爲語妙音須愛惜，莫教容易聽迦陵。

隨封游擊將軍陳瑞芳卒於琉球以詩輓之

頓失同舟侣，偏憐上將才。旌旆三島遠，涕淚一軍哀。炎海迷歸路，悲風撼夜臺。故鄉千萬里，猶自望君回。

二豎成夷鬼，陳歿前二日，二鬼守牀前，狀如琉球紅帽官，兵役皆見之。孤魂泣海天。島桅充馬革，球無杉木，又不善製棺，尋以太平島船桅命隨行匠人爲之。鑾榼奠蛟涎。生死誠如寄，功名已足傳。縱令終牖下，徒得婦人憐。

過那霸人家

編蒲席地竹簾櫳，六扇屏開面面風。一種清香消不得，佛桑圍在蠣牆中。

奥山龍渡寺

寺旁昔有大蛇蟠窟中，異僧咒之，遂渡海去，故名。

言尋龍渡寺，來上奥山巔。苔色緣厓古，松陰偃蓋圓。鶴頭盤遠勢，山有峰名鶴頭。蛇窟閉經年。

咒鉢僧何往，無人解悟禪。

波上寺觀海用前使周海山先生韻波上寺在辻山西北，一名筍厓。

雲容天色黯如秋，渺渺波濤去不留。萬里中原隨浩蕩，千年元氣共沉浮。誰云問渡尋河鼓，我已忘機狎海鷗。好語山僧勤掃榻，重來擬作醉鄉遊。

放舟奥山

中山有小舟，其制刳獨木。大者如野航，長短丈不足。四面去欄楯，亭亭有板屋。風雨不打頭，雲山欣寓目。我游愛此坐，轉棹青溪曲。潮掀浪勢高，風轉波紋蹙。鷺鶿起我前，兩兩去相逐。小魚白如銀，翻飛落霜鏃。水中有魚能飛。蠻榼餘福酒，中山紅酒名福酒，出麻姑山。夷官饋山蔌。醉後新月高，清光銜嶺谷。照此碧波心，頻頻以手掬。雲來山骨青，煙净松陰緑。舉手謝同游，吾欲從兹宿。

諭祭中山先王廟

松岡鬱鬱水湲湲，廟在真和安里村。首里西。紫帽車前趨相國，素衣道左拜王孫。中山王因未受封，尚稱世孫。千年帶礪雄鯨海，百道香煙繞蠣門。敬舉一杯酬世德，須令存殁識君恩。

游龍洞在龍渡寺旁，龍洞松濤爲中山八景之一。

奥山有龍洞，龍去不知年。惟有千松樹，濤聲驚夜眠。佛奇常閉閣，佛像多怪，皆閉閣中。僧老自安禪。釣得神龍子，歸途雨滿天。時於潭中得二鯉魚以歸。

游東禪寺在久米府南。

蕉衫蒲笠晚風凉，偶爲尋幽到上方。禪榻不收松子落，佛燈初上篆煙香。閣前海氣留殘雨，花外鐘聲散夕陽。懶向夷僧頻問訊，無言對我澹相忘。

中山七夕

此夕復何夕，佳期成古今。女牛光皎皎，風露夜沈沈。爲問銀河水，何如滄海深。閨中有少婦，相望淚沾巾。

夜　起

寒藤古木作秋聲，坐擁孤衾正二更。大海波濤鄉夢斷，殊方氣候客心驚。樓頭月落鵂鶹語，簷角風多蛤蚧鳴。自起推窗望牛女，濃雲薄霧不分明。壁間蛤蚧終夜不住作聲。

七月十五日

海外中元夜，人家户不扃。招魂旛是紙，是日以紙剪旛樹庭中。迎祖炬如星。門皆列火炬。鬼颶雲陰黑，中元必有大風，名鬼颶。龍濤雨氣腥。殊方欣見異，且莫歎飄零。

七月廿四日行册封禮口號

曈曨曉日館門開，謁者傳呼綵仗來。一道祥光東去疾，天書已過望仙臺。

海東十丈紅雲起，照見波濤萬頃丹。行到七星山頂上，萬人回首一時看。

守禮坊前歡會門，拜迎猶自號王孫。山龍賜服君恩重，始信藩王氣象尊。

羽士讙呼擁節旄，歸途落日下平皐。王人序在諸侯上，梯述甯辭拜送勞。球語主人曰梯述。

册封禮成紀事示中山王

積水東溟闊，朝天北極高。由來通島嶼，終不隔波濤。番舶時通鷁，夷官久貢獒。如聞封册請，常有制書褒。敕使三天下，章身一品叨。恩賜使臣正一品麟蟒服。鸞旂朱罕直，龍節繡衣韜。五日經滄海，雙舟入近濠。川原誇衍沃，將卒戒驚騷。諭祭光楹桷，榮施奠醴醪。先擇日行諭祭禮。纘戎光偉烈，貽厥及英髦。今國王乃以孫繼祖者。筮日宣綸綍，開門伐鼓鼙。一軍披組練，夾道肅弓刀。松嶺三竿日，泉崎五丈旄。瑞泉坊突兀，刻漏徑周遭。瑞泉、刻漏皆王宫門名。拜跪開丹誥，傳呼賜錦袍。贊襄惟一相，趨走是三曹。相國下三法司官最貴。賚及璚琚妃，歡騰髽首豪。是日外島酋豪門外列觀。迴翔銜詔鳳，抃舞戴山鼇。寶翰觀瞻徧，行禮後王引使者於正殿三層樓上瞻仰御書。層樓結構牢。綴聯星斗燦，呵護鬼神勞。中殿儀皆備，南宫静不嚚。王肅客於南宫。肅賓供粉餌，宴客却檀槽。此次以國諱傳免筵宴作樂。落日飛鳥影，秋風拂雁毛。片帆看欲掛，歸路詠將翺。此後惟候風信回朝矣。帝德頻沾溉，王心不怠敖。相思若潮水，終古去滔滔。

波上望中山形勢

三山横踞水東流，前中山、山南、山北國分爲三，所謂三山也。今混一已三百餘年矣。地比真丹一小州。天外丸泥增蔕芥，水中菰葉共沈浮。向來戰鬥争蝸國，盡日煙雲護蜃樓。誰信吾生太奇絶，此間還作半年留。

約李墨莊游奥山

夜來風雨過，天氣近新秋。沙路净如拭，山光翠欲流。鶴頭環紫翠，龍洞閟清幽。爲問青蓮客，猶能乘興不？

再游奥山

我愛中山游，就中奥山好。兀突壓滄溟，天風吹浩浩。東臨勢壯闊，西眺境幽窅。其中若坳堂，一逕出雲表。松老森龍鱗，石奇蹲虎爪。脩岩通曲港，潮汐争縈抱。蒼茫碧無垠，飛來雙白鳥。蝴蝶野花間，驚人去嫋嫋。物情各有適，生意不潦草。興愜已重來，情深恣幽討。白日忽西傾，薄霧生林杪。歸舟雨冥冥，一棹煙波渺。

紫金大夫鄭國樞和余波上寺詩以此贈之

誰令空谷詠生芻，白首風流鄭大夫。解語何曾譌鼠璞，論文信已得驪珠。老餘壯志争騏驥，新有詩名屬鶺鴒。須信相逢緣不偶，履聲來往莫踟躕。

游重島蕉園八景之一，在泉崎南，昔多芭蕉，今廢。

舊跡舊園在，芭蕉等劫灰。已無甘露採，舊結實名甘露。惟有粟蘭開。海日飛殘雨，溪煙漾碧苔。石梁騎馬去，吾意更遲徊。

游壺家山即城岳，在真和志古波藏村。

石磴盤青松，白日氣蕭爽。天風何冥冥，吹此驚濤響。松間有静地，草細平如掌。拂榻坐其間，瞻矚神獨往。夷官向我言，前年盛游賞。亭荒結構存，春至莓苔上。曲穴走清泉，平田多白壤。先生有尚豐，神智邁前往。一變抔飲風，師心事陶旊。球前無磁器，王尚豐始以意爲之，此地其陶廠也。猗嗟國有人，不愧蠻夷長。巖壑異陰晴，莎徑披菰蔣。會待秋風生，重來挾藤杖。

秋色

秋色來滄海，蕭蕭一夜風。寺鐘燈影外，客夢雨聲中。髮不經霜白，顔應借酒紅。席帆已收拾，歸路道山東。道山亭在福州烏石山上。

游辨嶽在崎山西南。

平生恨不陟崑崙，豈料扶桑看曉暾。山鬼一祠秋祭祀，海天五阜漢屏藩。此山及八頭嶽、佳楚嶽、名護嶽、恩納嶽爲中山五嶽。蓬瀛樓閣言皆幻，泰華兒孫勢亦尊。三百年來餘戰壘，鼎分遺跡竟何存。山下有舊時戰壘。

細竹編輕籠，肩承若等閒。坐應容宕漾，行不礙孱顔。疏箔宜攤卷，微風好看山。時逢溪上雨，歇在野花間。

球　轎

細竹編成，以木横貫於頂上而舁之。

中山王贈刀

刀購自日本，球人諱言與倭通，則曰出寶島。其實寶島、惡石島、土噶刺皆倭屬也。

寶島刀長四尺强，誰與贈者中山王。奚官當筵拔出囊，皎皎白日寒無光。青天無雲赤蛇下，山精水怪争潛藏。從人驚顧毛髮立，長風萬里來虚堂。我行拜受納入室，素壁高懸氣蕭瑟。横施雙鼻制作奇，裏以鮫皮緣以漆。君不見，歐陽公賦日本刀，矜誇異域來何遥。此刀本出土噶刺，夷人諱倭不肯説。惡石之島出精鐵，中有清泉流出穴。碧瞳蠻奴投之㘩，深藏那復計歲月。七月七日鼓鑄成，釁以千年老蛟血。生不願提刀取封侯，不用三刀夢益州。刀來刀來與爾一杯酒，一生伴我長遨遊。歸舟渺渺秋濤碧，手把銛鋒時一拍。雷聲隆隆電驚飛，海若天吴都辟易。長鯨百丈爾何爲，看取漫漫海流赤。

中秋長風閣作

正使所居之樓曰長風閣。

長風閣外海連天，天上嬋娟月正圓。波浪聲從簷際落，山河影向鏡中懸。秋來鴻雁無傳信，夜静魚龍未穩眠。莫望中原歎離別，幾人生到海東偏。

球女

異俗一何怪，南姑頂竹籃。球言女曰南姑，以竹籃盛物頂於首，無論輕重，總不以手執也。交通惟亥市，如中國之趁墟，皆女無男。負戴少丁男。赤脚拖三板，球履名三板。青絲倒一簪。簪末向前。侏儷衣紅絹，倚市更無慙。妓皆衣紅以自别，土名侏儷，猶言傾城也。

首里秀才向世德等晉謁館中分韻賦詩題其後向生等皆王親族貴公子。

繭紙分題擊缽催，揮毫詩就亦奇才。從今不數韓陵石，網得珊瑚海上來。

中山王招游東苑值雨晚歸苑在崎山上。

海水空濛裏，斯園足静觀。石樓環晚翠，松蓋倚秋寒。椽桷淳風在，亭臺皆堅樸。尊彝禮數寬。亭東纔咫尺，未上舞雩壇。亭東土阜一邱，形如覆盂，是其國雩壇，因雨未能上。海雨蕭然至，濃陰晚不開。簷牙懸碧溜，屐齒滑蒼苔。静室雲煙入，歸途燈火催。主人殊好客，攜手約重來。

中山王送菊却憶去年假歸友人送菊值病不能飲今又一年矣

隔歲東籬菊，相看正病中。身來滄海外，花與故園同。島石參差倚，溪煙淺澹籠。殷勤主人意，莫放酒尊空。

雨游砂岳在小禄大嶺村海中一里許，有巨石枵然如屋，可容百餘人。

黑雲如席雨霏微，渺渺西風吹客衣。醉向砂川在山下。尋石室，馬蹏濺起浪花飛。馬行海中，水深及腹而穩如舟。

石洞天開一奥區，朝趨海若暮天吴。此間容我垂綸坐，萬里烟波一釣徒。

垣花村在儀間山下，多米廩。

策馬儀間去，微風曉日初。孤村流水入，一徑野花疎。米廩無防栅，地少盜賊，米廩皆在野，無防守者。秧田任隔渠。重陽看欲近，東作已菑畬。中山九月耕田，十月布秧。

野鷹來鷹以九月東北風自外島飄來，不久即去。

野鷹來，風蕭騷，海天漠漠秋雲高。盤空欲下復不下，禽獸走匿亡其曹。扶桑九月天猶熱，十十五五争先發。翩然一擊覺身輕，萬里平蕪灑毛血。野鷹來，來何處？云是伊平與由吕。琉球屬島。此外之水乃弱水，古來無人至其所。其中云有三神山，樓臺璚樹虚無間。鳳皇鸞鶴好儔侣，何爲舍此來人寰。肅肅復肅肅，飛來上我屋。似曾識我中原人，獨立愁胡側兩目。此鷹亦非鷹，此是當時海東青。金、元間市海東青於海上。當時興平爲爾建大屋，金韝玉絛披彩翎。琵琶彈出新翻曲，曲名有天鵞避海青。天山圍坐千人聽。方今聖人戒游豫，高拱深宫奏韶濩。太阿一拭封狼摧，那顧草間狐與兔。買鷹懷鷂非其時，爾縱奇姿終不遇。野鷹來，無久住，雲飛海擊入空冥，慎勿飛入中原去。

龍潭在王城瑞泉下流滙處，水甚清，游魚可數。

一泓澄澈映冰壺，深處魚龍乍有無。欲探驪珠向潭底，眼前恨少水精奴。

游中山王新闢南園在宫南近村。

南園臺館鬱嵯峨，千騎游行載酒過。海上煙霞丹嶂遠，山中草木白雲多。蛟宫夜静驚燈火，錦石秋深媚綺羅。欲向洞元探玉訣，未知蓬島近如何。

國相尚周園

辨岳歸來晚，名園駐馬蹏。苔痕隨石闊，山影入簷低。尊酒衣香入，帷燈夜色迷。倚欄無限意，珍重壁間題。

王叔尚容園小飲

膽瓶新插菊花枝，共向花前醉一巵。歸去馬蹏沙路穩，西風吹我帽簷欹。

法司向天迪園

爲有尋山約，言過鄭李莊。雲陰迷鶴徑，海雨潤漁梁。静几時攤卷，高懷一舉觴。菊花開太晚，明日是重陽。

龍　蝦

館人供饋苦好異，就中有鰕形最奇。怪哉生平目未睹，貝錦映日光陸離。八足盤珊兩目出，森森介胄張之而。人言此物是龍種，胡爲入饌充朶頤。東海漁人潮下上，釣取巨魚二十丈。中流有柱插天長，漁人識是鰕鬚張。移舟緩避不畏懼，眼看奇物如尋常。海雲漠漠雷且雨，恐有蛟螭來攫取。老饕急取付庖厨，快刀細研如飛縷。對酒當筵欣果腹，何如桂臺老蛟肉。

寄生螺

天地本蘧廬，乃爲衆生窠。百年亦寄耳，過眼電光瞥。海螺有遺蜕，潮汐蕩逾潔。有蟲入其中，偶爾相聯綴。日久形亦化，契合猶居楔。六足藏盤磴，一螯當户闑。緣壁如懸珠，爬沙類跛鼈。有時復驚人，退縮影倏滅。偉哉造化功，生理亦何别。鳩既奪鵲巢，蟹亦居蛇穴。入室任他人，千古同一轍。太息謂微蟲，保身要明哲。

石松

生馬齒山下海中，漁人泅水得之，石質赤色，亦頗似柏。

君不見馬齒山下海千尺，海水中有古松柏。森然非柏亦非松，何人鏤刻琅玕石。葉纖纖兮枝玲瓏，血色萬古洪濤中。巧匠咋舌噤無語，信是天巧非人工。馮夷之宫夜開晏，火樹千枝萬枝見。朱鳳當筵怒尾張，赤龍繞座文鱗蒨。挹婁赤玉難爲色，石家珊瑚何足羨。漁人偷搯一枝來，河伯驚呼走雷電。君不見，滄海桑田一劫灰，今朝波浪昔蒿萊。摩挲此石亦非石，恐是麻姑親手栽。

海鰻

東海有蛇人不識，身如朽索色如墨。獰猙可畏勢絶倫，對此生憎況復食。青絲纏縛翠筐陳，夷人以之羞嘉賓。自言致此亦不易，買得一兩朱提銀。問之何爲爾，其味甘且旨。可以已大風，可以固牙齒。蝍蛆甘帶鴟嗜鼠，啗象咀虵何處所。吾甯異味失當前，性所不能難强茹。老齒未病身無風，安用毒物來相攻。

使館即事適首里毛生長芳等投詩書此答之

天風東引碧牙幢，爲策名王入海邦。雨露從知原不二，姓名休説是無雙。樓頭獨醉銀瓶酒，耳畔何來鐵篴腔。時鄰舍有篴聲。多謝諸生勤贈答，啞鐘難得應莛撞。

中山馬

我聞青海之駒高八尺，龍種不許尋常識。豈知海外扶桑東，欻見當年好頭赤。館門晨開森畫戟，黄帽奚官平屋幘。青鬘剪出三花高，球馬皆剪鬘。當階牽來氣無敵。雙瞳回顧凡馬驚，四蹏矗立如鐵色。偶然振鬣一長鳴，秋天無雲日色白。錦韉絲轡金絡頭，我時騎向南山游。直渡淺海如舟浮，惟聞兩耳風颼颼。我行萬里半天下，恨不千金買駿馬。憐才辜負九方歅，空見駑駘徧原野。豈如此馬好骨相，路隔滄溟空悵望。若教飛取入中原，百戰功成圖閣上。中山地險無甲兵，昔日三分今蕩平。可憐好馬千萬匹，脱銜負軛營春畊。中山牛少，畊田俱用馬。十月秧田青瑟瑟，芳草無邊半斜日。時平皂櫪老驊騮，努力畊田未爲失。

秋已盡矣溽暑猶如盛夏晡時雨過凉生喜而有作

雷聲隱隱復隆隆，樹杪微微少女風。山雨忽來收返照，海雲初起落長虹。無情溽暑經秋後，未老衰顔滿鏡中。遥想長安詞賦客，薄寒終日對簾櫳。

中山王贈東洋紙

春蚓秋蛇若屈盤，雲箋惠我勝流紈。興來自作襄陽體，染得煙雲在筆端。

又贈團扇

取次多情拜惠風，團團紈扇製成工。從今一事誇人説，明月攜來大海東。

球　俗

國儉無加賦，民醇不拾遺。入門皆跣足，舉案定齊眉。關鍵成虛器，兵戈祇飾儀。國無盜賊，戈戟以木爲之，備儀制而已。官閒無一事，支枕更圍棋。

終朝惟蕷飯，仕宦家食米，餘皆飯薯蕷。十月尚蕉衣。民冬夏皆蕉布爲衣。魚蟹形模異，蚊虻旦暮飛。蚊甚多，惟巳午二時不出。怪雲知蜃出，驟雨識龍歸。始信滄溟闊，還家夢亦稀。

東禪寺見王夢樓前輩壁間題句有懷其人丙子册封正使全穆齋前輩請先生爲從客。

東禪寺裏聞鐘處，詩有「來聽東禪寺裏鐘」之句。壁上留題四十年。蓮幕偶隨滄海使，槐廳原是玉堂仙。文名自昔雞林重，詩板於今麝燈懸。球人刻公詩於板，並佛像懸之。《表異録》：麝燈，謂繡佛也。惆悵當時帬屐客，相逢話舊各華顛。當時貴戚子弟歌舞奉客，如翁、毛各公子皆曾侍先生酒筵，今皆官於王朝，黄冠白首，爲言舊事，聞之悵然。

留别中山王

九月濤聲捲暮煙，秋風秋雨悵離筵。東來滄海疑天末，西去長安近日邊。鴻跡偶留成勝概，蜃樓親見是前緣。聖朝中外無遐邇，珍重他年令德傳。

中山王至館送行手奉金扇爲别書此報謝

海上暮雲合，歸潮一夜生。青山離夢在，落日故園明。拜賜誠無已，藏珍未敢輕。由來溟渤水，不及主人情。

留别中山士大夫

東風昨夜，蕭然旅客之魂；秋雨連朝，凄絶離人之緒。僕乘槎東至，持節西歸。掛海上之孤帆，望刀頭之明月。然而浮屠桑下，欲别殊難；那霸江邊，重來未必。諸大夫惠而好我，舉國人皆不棄予。荷長亭摺柳之情，值大海迴瀾之候。經年爲客，慨援筆以增愁；七子從君，請賦詩以見志。倘能報玖，定擬藏珠。

七星山上望中原，瘴雨蠻煙氣吐吞。甲帳未應留夢住，弓衣見説有詩存。路經馬齒看山色，天入龍沙落漲痕。十丈蒲帆風力健，去來安穩載君恩。

相逢傾蓋忍言歸，後會重期是也非。雪渚鴻泥遲我跡，海天龍雨溼人衣。一尊酒盡寒潮急，九月霜清木葉飛。珍重漫湖隄下水，垂楊垂柳最依依。

登舟後國王以生世子告漫成四絶賀之

一朵紅雲匝地開，歡聲環島響如雷。翻思昨夜西風緊，知是瑶池送得來。

浴出蘭湯繡褓新，恰逢天上降恩綸。明年鳳詔銜來處，彩幄從添後拜人。

回朝使節拜臨軒，定有周咨許盡言。一事博來當宁喜，海東新得小屏藩。

三日扁舟滯海濱，去來遲速定前因。歸途赢得逢人説，親見炎洲産鳳麟。

跋

湯金釗

吾師介山先生稟剛直之性，負開達之材。少習幕務，諳練政事。今上御極之元年，以第一人及第，中外以名臣期之。歲庚申，詔舉可册封琉球者，僉以先生對，遂與李公墨莊偕行。約束嚴明，舉動得體。成禮而復，天子嘉之，將大用焉。試以吏事，出爲山西雁平道。任事四年，遽卒於官。先生氣體素壯，自海外歸，心往往而悸，言笑異於他日，蓋風波危險，奪人神髓，調養猝難平復也。公子孟然過蘇，出《槎上存稿》一册見示。金釗受而讀之，清雄曠邁，力摹大家，一種俊偉伉爽之概，恍然侍几席而聽言譚也。先生以大有爲之才，遭際聖明，未竟其用，區區以吟詠傳於後，良可慨已。一鱗一爪，又忍聽其散佚乎？爰亟付之梓而志其梗概於此。嘉慶二十四年，歲在己卯秋九月既望，受業湯金釗拜手謹識於江蘇學使署之崇素堂。

補遺

李怡堂賦册封琉球詩見贈即次其韻

來往舟航恰一旬，登海舟以五日至球陽，回抵福建亦然。羈留海國半年新。住中山者半年。扶桑日月輝青極，久米衣冠拜紫宸。絶域由來尊國使，此身原擬付波臣。詩歌莫説登臨好，一路風濤也異人。

（《石柏山房詩存》卷之八）

附録

石柏山房詩存序

帥承瀛

於時寒谷日短，重關雪深，羈禽失群，危葉脱樹，余方習静返照，養疴獨居，思事披閲，彌苦昏眊。晁錯從髦期問故，得自口傳；蕭繹置左右讀書，不妨目疾。則有聲同變徵，愴甚哀絃。凄戾之音，如咽鄰家之篴；存殁之感，怳過黄公之壚。精靈可呼，紙墨欲語。乃我亡友同年生趙君介山之遺集也。夫才士多窮，文章憎達。豔稱温李，半世飄蕭；寒數島郊，一官拓落。羅隱終秀才之號，方干追及第之魂。才命相妨，古今一概。未有半生坎壈，忽登黄榜之巍科；十載高華，終鬱青霞之奇氣。已遭逢之極盛，仍時命之堪哀，如我介山者，誠古詩人未見之例焉。方其乾蔭早傾，楹書初授，呼貧共語，有母誰將。題糕能賦於十齡，負米已逾夫百里。迨夫車偕計吏，船號孝廉。擘楓亭之荔支，攀漢南之楊柳。泛櫂武夷之曲，題詩崔顥之樓。曉角清笳，破帆孤騎。中酒阻風之滋味，殘羹冷炙之悲辛。天上匏瓜，王粲登樓之恨；表中春菟，常何作奏之愁。未免生花筆乾，依蓮幕冷。加以春關待放，秋駕淹留。券慣租驢，巢同旅燕。果長安之不易，信來日之大難。幾幾乎北郭履穿，東方米盡。此《楚游》、《閩游》二草所由作，爲勞者之歌也。繼而緇塵踏徧，竟染柳衣；黑劫焚餘，忽開蓉鏡。名傳三策，香冠百花。九陛句臚，期霖雨之良佐；丙辰臚傳日，仁廟御製詩有「文楷嘉名期雅正，爲霖渴望副求賢」之句。初元授璽，得忠孝之狀頭。淮陰本國士無雙，李揆乃中朝第一。遂握九天之龍節，遠過萬里之瀛洲。入關猶認棄繻，諭蜀豈徒乘傳。酹酒蛟魚之背，鍼辨三更；宣威麟蟒之衣，集成一品。百靈風雨，紅燈見而天后扶舟；千隊弓刀，紫帽趨而名王負弩。於是雲藍染翰，銀管濡毫。玉册鐫恩，禮成亘古未臣之地；弓衣繡句，吟到中華以外之天。倭國購頴士之文章，雞林誦香山之詩句。讀《槎上存稿》一册，其遇可謂榮矣，其志可謂壯矣。而乃屬國初歸，已嗟銜恤；承明未厭，遽作監司。宦游纔駐夫雁門，凶問竟同於鵩舍。嘻，異矣！使其命原貧薄，何爲畀以大魁；如其才合騰騫，何又奪其中壽。一塲富貴，倏如春夢之婆；兩卷珠璣，唱出秋墳之鬼。如風輪之起止，如日及之榮枯。磊落當歌，誰爲拔劍而斫地；蒼穹何意，吾將呵壁而問天。信乎賦命之獨奇，而造物之不可測已。嘗合其詩觀之，始則泉明飢驅，魯公乞米。關河羈旅，不無危苦之詞；風月登臨，大有悲凉之作。即至卷阿賡唱，行邁光華。類皆清不取腴，麗而有則。蓋義心不離乎苦調，而古愁無間於歡區。天地商聲，雜以羽聲之慷慨；菰蘆窮士，終同秋士之幽憂。言爲心聲，於斯益信。然介山艱難奉母，極纏綿乎孝思；飄泊依人，復崚嶒乎傲骨。王沂公無心温飽，陸敬輿不負生平。聞其歿於官署時，至貧無以殮。是則趙清獻之在日，琴鶴相隨；盧懷慎之初亡，鹽豉而已。始終清節，出處完人。即無一編，亦足千古。承瀛論交杵臼，契極苔岑。同詠霓裳，官聯蓬島。永憶看花之侶，重尋落葉之篇。集中有和余落葉諸作。詩卷長留，猥待徐陵而作序；波瀾莫二，翻教敬禮以定文。難從泉路以論心，幾類瞑臣之躅足。嗟乎！鍾期長逝，敢重彈海上之琴；季子歸來，待親掛隴頭之劍。

道光九年己丑季秋，年媏愚弟帥承瀛謹題。

石柏山房詩存跋

趙昀

先大夫歿五月而昀始生，孤苦伶仃，賴生慈太恭人撫之，獲以成立。少長知嚮學，太恭人時告以先大夫已事，且手一編授之，曰：「是汝父心血也，其毋忘汝父之志。」昀跽而受之，與仲兄晙編次繕録，釐爲如干卷，藏篋衍中，久思栞布壽世，而家貧無力，奔走四方，迄未就事，蓋忽忽已三十餘年矣。咸豐丙辰，粤匪蹂躪江鄉，故居被燬，家藏數千卷悉付劫灰，是編獨以前數日攜出，得以無恙，豈非冥漠中有神物護持者哉？今年夏，兒子繼元奉太恭人就養嶺東官署，賫以來，爰略加校正，亟付之梓。先大夫著述甚富，不自愛惜，往往爲朋好取去。所著尚有《中山聞見録》、《臨雍恭進迴文賦》、館課詩文及《菊花新夢》等雜劇，大半散佚，惟《槎上存藁》經手自刪訂，蕭山湯文端公曾梓行，爲世傳誦，餘皆未定藁。今所刻一依舊録本，不敢妄有去取，重先澤也。泣思先大夫清風亮節，聲著海内外，不朽盛業，不僅在是，即昀等自顧無似，不克大顯先緒，區區校刊遺集，豈遂能不墜堂構之重？惟念先大夫一生心力略見於此，而太恭人之所以教昀兄弟之所以學，蹉跎數十年始獲畢其願，不禁囅然以喜，又悄然以悲也。刻既竣，敬書簡末。

咸豐七年丁巳嘉平月下澣，男昀謹識於惠潮嘉道官廨之燕喜樓。